文景

Horizon

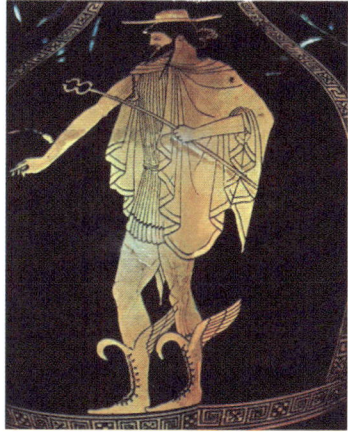

HERMES

在古希腊神话中，赫耳墨斯是宙斯和
迈亚的儿子，奥林波斯神们的信使，
道路与边界之神，睡眠与梦想之神，
死者的向导，演说者、商人、小偷、
旅者和牧人的保护神……

西方传统 经典与解释

Classici et Commentarii

HERMES

施米特文集

刘小枫◉主编

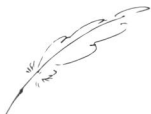

论专政

Die Diktatur

[德]卡尔·施米特◉著

史敏岳◉译

上海人民出版社

出版说明

　　1985 年，卡尔·施米特以 96 岁高龄逝于慕尼黑，盖棺被定论为
"20 世纪最重要的政治思想家"，"最后一位欧洲公法学家"。施米特的
写作生涯长达 60 余年（第一篇文章发表于 1912 年，最后一篇文章发
表于 1978 年），在 20 世纪诸多重大政治思想事件中扮演了重要角色。
虽然主要以公法学家身份闻名学界，有 "20 世纪的霍布斯" 之称，据
说施米特还代表了欧洲精神中的一种重要传统。无论赞同还是反对其
思想立场，政治思想家无不承认，施米特乃 "宪法和公法领域最重要
的人"（阿伦特语），其论著 "最具学识且最富洞见力"（哈耶克语），
"如今甚至开始盖过韦伯的光芒"（《法兰克福汇报》，1997 年 7 月
11 日）。

　　"施米特文集" 以编译施米特的主要论著为主，也选译有代表性
的研究文献。

古典文明研究工作坊

西方典籍编译部甲组

2013 年 5 月

目　录

中译本导言：魏玛共和的生死存亡与例外状态

　　1921 年，德国政体已经从战败前的君主立宪制过渡到自由民主的共和制，但政局仍持续动荡。这年，33 岁的法学讲师卡尔·施米特发表了《论专政》（*Die Diktatur*）一书，考察 16 世纪以来基督教欧洲的王权国家在转型为"人民国家"（又译"民族国家"）的历程中出现的专政现象。从形式上看，这是一部西方法制史的专题性论著，但它实际针对当时德国的动荡现实，尤其着眼于新生的共和国宪法所面临的内在困难。我们若要恰当地理解这部一百多年前的论著，就必须了解第一次世界大战结束时德国改制的曲折经历及其所身处的特殊国际政治处境。反之，一旦我们对当时德国的政治现实有所了解，也就不难把握这部论著的问题意识及其思考脉络。

一、德意志帝国的战败和改制

　　1918 年 11 月 11 日，德意志帝国陆军最高统帅部（Obersten Heeresleitung）正式宣布停战（不是投降），持续四年之久的第一次世界大战戛然而止。接下来，协约国需要与德意志帝国政府签订和约，以确认结束战争状态。问题马上来了：这时德意志帝国的君主政体正在瓦解，协约国该与哪个政府签订和约？

　　1918 年的 9 月底，随着美军 18 个师进入欧洲战场，德军总参谋部已经认定获胜无望。时任军需总监（Generalquartiermeister，相当于军方二号人物）的埃里希·鲁登道夫（Erich von Ludendorff, 1865—1937）将军，虽然在军事方面具有出色的战略眼光和战术决心，但在政治方面却缺乏洞识和必要的沉稳，而他偏偏又好涉足政治。9月28日，他担心战线会随时崩溃，向皇室发出紧急请求，催促政府立即与协约国进行停战谈判，以换取宽松的和平条件。这时，帝国内阁已经倒台，皇室正在组建新内阁，要求军方再坚持一阵子，遭到鲁登道夫将军拒绝。

走向民主议会制

10月2日下午，德皇威廉二世（Wihelm II, 1859—1941）召开枢密会议讨论是否停战，两天后（4日）就要上任首相的马克斯·巴登亲王（Prinz Maximilian von Baden, 1867—1929）表示坚决反对。他十分清楚，停战将会给帝国带来致命影响。事实上，德军撤退时很有章法，显得像是调整战略部署，协约国没看出德军是在溃退。然而在军方的压力下（5日），皇室最终还是责成巴登亲王经瑞士牵线向威尔逊政府发出了请求停战的外交照会（diplomatische Note），同意以"十四点原则"为基础恢复和平。

威尔逊政府拖了三天才回复（10月8日），并提出一个让德意志帝国难以接受的条件：德皇必须退位。这一回复具有历史意义，它让传统欧洲式的王国争霸或现代式的帝国主义大国冲突变成了民主制与君主制的决斗。实际上，这场战争本身并不是民主制与君主制国家之间的战争，俄国作为协约国的重要成员之一，在退出这场战争之前仍然是君主制国家。威尔逊甚至要求"只与德国人民的真正代表"谈判，而"多数美国自由派的要求更加过分"——强制德国签订无条件投降书，并在柏林举行胜利阅兵。在今天美国的政治史学家看来，"如果他们这样做，德国军官可能永远无法说服〔德国〕人民"——

毫无疑问，此举为后来纳粹的崛起打下了民意基础。[1]

　　其实，威廉二世在 9 月 30 日已经下诏，同意德意志帝国政体进一步推进民主化改革，修改立国时（1871）由"铁血宰相"俾斯麦（1815—1898）主导制订的帝国宪法（Bismarcksche Reichsverfassung），改行英式君主立宪议会制——首相将成为国家最高元首，仅对议会而非对皇帝负责，即通常所谓的虚君共和。在巴登首相向威尔逊政府发出请求停战照会的同一天（10 月 5 日），帝国政府也宣布将启动民主化改制程序，组建新的内阁。社会民主党多数派领袖弗里德里希·艾伯特（1871—1925）将这一天称为"德国民主的诞生日"，并认为既然皇帝已经自愿放弃权力，民主革命就没有必要了。对于帝国政府来说，自然是希望通过此举换取体面结束战争，美方提出的德皇退位要求让德方难以接受，并非不可理解。毕竟，从国际法上讲，这是干涉内政。

　　巴登首相与陆军最高统帅部沟通后回复美方（10 月 12 日），仍坚持体面结束战争。三天后（14 日），帝国政府收到威尔逊政府的回应，"语气比第一次照会要尖锐得多"，它"清楚地表明停战条件要由协约国而不是由德国人来决定"，还激烈抨击柏林继续进行"非法和不人道的战争"，这对德方指望"通过谈判实现不分胜负的和平"无疑是沉重一击。巴登首相是"来自德国南方的自由主义知识分子"，但一周后（22 日）他在帝国议会发表演说时也忍不住愤怒地宣称：如果协约国希望继续打下去，那么德意志帝国一定奉陪到底。[2]

---

　　[1]　[美]威尔·布劳内尔、德尼斯·多雷斯-布劳内尔、亚历山大·罗福特，《第一个纳粹》，刘玙瀚译，南京：江苏凤凰文艺出版社，2016 年，第 182—183 页；详见[英]乔治·皮博迪·古奇，《欧洲现代史（1878—1919）：欧洲各国在第一次世界大战前的交涉》，吴莉苇译，北京：商务印书馆，2022 年，第 474—476 页。

　　[2]　[德]罗伯特·格瓦特，《1918 年 11 月：德国革命》，朱任东译，北京：中国工人出版社，2023 年，第 77、81 页。

10 月 24 日，威尔逊政府第三次重申要求德皇退位的立场：

> 美国政府只能与真正代表德国人民的人谈判，这些人必须拥有作为德国实际统治者的合宪地位。如果美国必须与现在的军事统治者和君主专制者谈判……那么它要求的将不是和平谈判，而是投降。[3]

五天后（10 月 28 日），在陆军最高统帅部的压力下，巴登首相的帝国政府不得不屈服，劝说威廉二世退位，并向威尔逊政府发出外交照会同意停战。同一天，帝国议会正式宣布改行民主议会制，建立"自由的帝国"。巴登首相随即邀请社会民主党、中央党和进步党的帝国议会议员进入内阁担任大臣：出身于印刷工人的议员菲利普·谢德曼（Philipp Scheidemann, 1865—1939）出任国务秘书，他是社民党代主席；中学教师出身的中央党议员马蒂亚斯·埃茨贝格尔（Matthias Erzberger, 1875—1921）出任外交大臣，他即将接手倒霉差事——代表德国签署停战协议。

第二天（10 月 29 日），威廉二世及其家人离开柏林的皇宫，前往陆军最高统帅部设在比利时斯帕（Spa）的大本营，与在那里的总参谋长保罗·兴登堡（Paul von Hindenburg, 1847—1934）会合。他已经接受帝国改行议会制，但拒绝退位——据他自己后来说，"只有这样做才可以帮助德意志帝国"。其实，他指望的是能在普鲁士陆军的老班底那里找到最后的支撑：即便取消了德意志皇帝称号，也许仍可保留普鲁士国王的身份——甚至趁陆军主力撤回国内时夺回皇帝

---

[3]　转引自 John C. G. Röhl, *Wilhelm II. Der Weg in die Abgrund 1900–1941*, München: Verlag C.H. Beck, 2008, S. 1240。

宝座。[4] 因此，巴登首相派内政部部长比尔·德鲁伏斯（Bill Drews, 1870—1938）前往斯帕再次劝说皇帝退位时（11 月 1 日），仍然遭到拒绝。

基尔港水兵事件

同意停战和改行议会制这两件事情都发生在 10 月 28 日这天，但到 11 月 3 日才通过无线电广播正式公布，不仅下层民众不知道，政府和军方高层也不知道。因此，10 月 28 日这天发生的另一件事就算得上凑巧了：帝国海军部命令海军上将弗兰茨·希佩尔（Franz Ritter von Hipper, 1863—1932）指挥的公海舰队（Hochseeflotte）前出比利时海面，于 30 日晚对那里的英国舰队发起攻击，以掩护正在撤退的德军右翼。这一作战计划是早就制订好的，但公海舰队的一些中层军官和基层官兵已被反战的独立社民党人渗透——后者中的激进派甚至认为，攻击英国将与国际社会主义的期望相悖。这印证了老俾斯麦在 1892 年的说法："社会民主党的问题是一个军事问题"，因为它"力图（并且有所成功）把下级军官争取过去"。[5]

当时，公海舰队泊驻在威廉港外的锚地，接到出击命令后，舰队中的一些官兵相信，停战迟早会到来，现在发起攻击等于是无谓牺牲，执行命令的态度非常消极，但这仅是前奏。到了 10 月 29 日至 30 日夜，第三分舰队有三艘战舰上的司炉仍然拒绝生火，第一分舰队的战列舰"图林根号"（Thüringen）和"黑尔戈地号"（Helgoland）上甚至出现了破坏行为。第三分舰队司令胡戈·克腊夫特（Hugo Kraft,

---

[4]　[德] 威廉二世，《威廉二世回忆录》，赵娟丽译，北京：华文出版社，2019 年，第 414 页；比较 [美] 拉尔夫·哈斯维尔·卢茨，《德国革命：1918—1919》，赵文译，北京：中国华侨出版社，2023 年，第 20—22、44—46 页。

[5]　转引自 [德] 卡尔·李卜克内西，《军国主义和反军国主义：特别就国际青年工人运动加以考察》，易廷镇译，北京：生活·读书·新知三联书店，1962 年，第 1 页。

1866—1925）中将见水兵消极抵制命令，决定放弃作战计划，返回基尔港，并下令逮捕47名带头抗命的水兵，押解至基尔海军基地营地监禁（11月1日）。当晚，约有250名水兵聚集起来，派代表与军官交涉，要求放人，未果后前往基尔工会大楼，与船厂工会以及那里的独立社民党和多数派社民党人接触，寻求解救被关押的士兵。

11月2日，基尔当地警方和驻军封锁工会大楼，摆出压制姿态。次日（也就是帝国政府通过广播公布停战决议和改行议会制的那天）下午，18岁的水兵卡尔·阿尔特尔特（Karl Artelt, 1890—1981）和28岁的船厂工人洛塔尔·波普（Lothar Popp, 1887—1980）——两人均为独立社民党党员——组织约5000名水兵和工人，高呼"和平与面包"的口号，向监禁水兵的所在地进发。当示威队伍走上达卡尔大街，负责警戒的当地驻军中的一名中尉命令手下先鸣枪示警，再向示威人群开枪，当场打死7人，重伤29人。示威者中有人随即开枪还击，3名当地驻军军官被打成重伤——包括下令开枪的中尉。冲突爆发后，示威者和当地军警均各自暂时撤离，但示威水兵回到舰上操起武器，迅速发起反击，解除了当地军警的武装，并控制了基尔的公共机构。基尔基地总督威廉·苏雄（Wilhelm Souchon, 1864—1946）中将给帝国政府发出急电，请求派军队增援，并希望多数派社民党的帝国议会议员也前来调解。

4日这天，位于基尔北部的当地驻军军营内出现了示威。阿尔特尔特组织起首个士兵代表委员会（Soldatenräte，又译"士兵苏维埃"），其他起义水兵纷纷效仿——基尔港工人则举行了总罢工。起义的士兵代表委员会与船厂工会联合起来，宣布建立工人－士兵代表苏维埃。帝国政府派往基尔恢复秩序的四个步兵连赶到了，但其中三个连倒戈加入起义，一个被解除武装。当晚，新帝国政府派来调解的多数派社民党帝国议会议员古斯塔夫·诺斯克（Gustav Noske, 1868—1946）和刚创立德国民主党（DDP）的帝国议会议员康拉德·豪斯曼（Conrad Haussman, 1857—1922）也抵达了基尔，但起义者将诺斯克视为盟友，推举他为起义领袖——为了掌握局势走向，诺斯克接受了。苏雄中将见情势不妙，马上释放了被监禁的所有水兵。5日这天，起义者占领战舰并悬挂红旗，有几艘轻型巡洋舰拒绝加入起义，立即遭到炮击。第二天（6日），诺斯克接任苏雄的总督职位，并下令停止所有针对起义水兵的军事行动。[6]

　　就在这一天，帝国新政府派出的停战谈判代表团由外交大臣埃茨贝格尔率领，"在三辆汽车组成的简简单单的车队护送和一面大白旗的保护下"上路，"穿过撤退中的德军和胜利进军中的协约国军队之间的战线"，前往法方一侧。[7] 两天后，埃茨贝格尔一行抵达法国东北部贡比涅（Compiègne）林区，那里有铁路可通达。8日这天，在林中空地雷通德（Rethondes）车站的一节火车车厢上，埃茨贝格尔与法国陆军元帅斐迪南·福煦（1851—1929）分别代表各自的政府举行停战谈判——福煦元帅态度极为傲慢，他要求德方承认投降。

　　与此同时——也就是11月6日至8日的这三天里，起义水兵在独立社民党人的组织下，从基尔出发，乘火车沿铁路线一路到达不来梅、汉堡、波鸿、埃森、不伦瑞克、美因河畔法兰克福、汉诺威、斯图加特——他们沿途散布消息，称对战争忍无可忍才发动兵变。起义水兵每到一地都试图接管当地民政权力，而且几乎未遇抵抗——仅吕贝克（Lübeck）和汉诺威的当地驻军指挥官试图用武力维持军队纪律，禁止成立士兵代表委员会。

---

[6]　Dirk Dähnhardt, *Revolution in Kiel. Der Übergang vom Kaiserreich zur Weimarer Republik 1918/19*, Neumünster: Wachholtz, 1978, S. 66; Joachim Käppner, *1918. Aufstand für die Freiheit. Die Revolution der Besonnenen*, München: Piper Verlag, 2017, S. 44-45；卢茨，《德国革命：1918—1919》，前揭，第29—31页。

[7]　[美] H. 斯图尔特·休斯，《欧洲现代史：1914—1980年》，陈少衡等译，北京：商务印书馆，1984年，第148页。

士兵代表委员会这样的组织不可能自发产生，实际上是激进社民党人工作的结果。它看起来是模仿 1917 年俄国的革命党人在帝国军队中建立的组织，但其源头还得上溯到 17 世纪英格兰的共和革命。1647 年 6 月 5 日，在独立派（Independents）和平等派（Levellers）的教导下，共和派军队搞了一个由士兵与军官联合签署的《军队庄严誓约》（The Solemn Engagement of the Army），宣称在军队中"建立一种普遍和平等的权利"，让所有官兵"都能平等共享"，军队的组织和指挥权交到了士兵代表委员会手上。[8]

按社会民主党党史专家的说法，11 月的水兵事件并不是"一场有组织的大规模密谋行动"的结果——无论是多数派社民党人，还是独立社民党人甚或斯巴达克斯小组，都没有"领导"这场事变，它是"厌倦战争的人民群众的自发行动"，社民党领导层"仅仅是迫于环境的压力而响应了这一行动"罢了。[9] 这一说法也许大致符合事实，但一些史书说水兵起义"导致德国被迫宣布停战"，那就言过其实了。如已经看到的那样，水兵哗变之前十多天，帝国政府已经做出停战决定（10 月 5 日）。

基尔水兵事件是否由社会民主党人组织并不重要，重要的是，这一事件肇始的同一天（10 月 28 日），德意志帝国已经开启合宪的民主化政体改制。新政府派出的代表团与法方开始停战谈判的同一天（11 月 8 日），巴登亲王决定将帝国首相的权力交给多数派社民党领袖艾伯特，这意味着社会民主党多数派将正式上台执政。于是，承认投降以及接受《凡尔赛和约》的将是新生的民主政府，而非君主专制的政府——这为鲁登道夫将军后来散布"背后捅刀说"（Dolchstoßlegende）

[8]　[美] 埃里克·沃格林，《政治观念史稿·卷七：新秩序与最后的定向》，李晋、马丽译，上海：华东师范大学出版社，2019 年，第 92—93 页。

[9]　[德] 苏姗·米勒、海因里希·波特霍夫，《德国社会民主党简史》，刘敬钦等译，北京：求实出版社，1984 年，第 80—81 页。

提供了基础，而他本人在 10 月 26 日被解职后，已经持假护照逃往中立国瑞典。[10]

二、两种共和之争

帝国政府公布停战和改行议会制的决定那天（11 月 3 日）晚上，巴伐利亚的独立社民党领袖库尔特·艾斯纳（Kurt Eisner, 1867—1919）在慕尼黑召集数千人集会，要求皇帝退位——顺便说，他是一位自由作家兼康德信徒。随后，多数派社民党人也加入进来，集会越来越多，规模越来越大。6 日那天，受基尔水兵事件的影响，慕尼黑驻军发生了兵变；7 日下午，起义士兵占领多处兵营，并控制了火车站、电话电报局、政府部门及新闻社——当时，巴伐利亚国王路德维希三世（Ludwig Ⅲ，1845—1921）和公主们还在王宫的英式花园里悠闲地散步。

君主制的瓦解

当晚，库尔特·艾斯纳等一众独立社民党人在一家啤酒厂成立革命政府，并派起义士兵占领巴伐利亚王国的议会大楼，随后就宣告成立巴伐利亚苏维埃共和国——艾斯纳被推选为共和国总理。此时，路德维希三世及家人已匆忙收拾行李坐车离开，一周后（13 日）正式宣布退位。巴伐利亚共和国的成立，不仅标志着"中世纪以来一直存在的德意志联邦君主制的崩溃"，而且标志着德意志帝国有可能再度分裂——"慕尼黑政变表明，要么整个德意志帝国必须革命，要么巴伐利亚将单独与协约国缔结和平协议"。[11]

---

[10]　[德] 汉斯·蒙森，《魏玛共和国的兴亡：1918—1933》，常咺、崔晋、王辛佳译，南京：译林出版社，2023 年，第 19 页。

[11]　卢茨，《德国革命：1918—1919》，前揭，第 34—36 页。

7日这天，在柏林的多数派社民党帝国议会议员也向皇室发出最后通牒，要求威廉二世退位。11月8日晚，独立社民党人在柏林发起了26场集会，并宣布次日举行总罢工和大规模示威。为应对即将出现的骚乱，巴登亲王打算调他认为肯定会忠于政府的瑙姆堡第四猎兵团进入柏林戒备，未料遭到该团士兵拒绝。

11月9日（周六）一大早，柏林的工人纷纷离开工厂前往帝国议会和政府所在地，沿途不断有士兵和居民加入。上午时分，已经有数十万人分多支游行队伍涌入柏林市中心。巴登亲王见情势不妙，为了避免流血冲突，他通过无线广播果断"擅自宣布皇帝逊位"，同时宣布多数派社民党领袖艾伯特已经接替帝国首相职位。

接任后的艾伯特并未打算马上宣布废除君主立宪制，他邀请巴登亲王担任帝国摄政，十天前才组建的新内阁班子一律留任。这意味着他想要保留十月宪制改革后的帝国政府框架，让国体选择问题留待新的国民议会决定，以免引发全国混乱甚至内战。但帝国议会午餐时，多数派社民党的另一位领导人菲利普·谢德曼得知，社民党激进派组织斯巴达克斯小组的领导人卡尔·李卜克内西（1871—1919）已经从监狱获释，即将宣布成立社会主义共和国。为了不让斯巴达克斯小组抢占先机，谢德曼不顾艾伯特的明确意愿，当机立断走到帝国议会大厦阳台（中午2时），以含糊的言辞向示威人群宣布成立共和国：

　　　　皇帝已经退位，他和他的亲信们已消失，全体人民在各条战线上都战胜了他们。巴登亲王马克斯已将帝国总理职位移交议员艾伯特。我们的朋友将要组建一个工人政府，所有社会主义政党都将加入。新政府为和平努力、为劳动和面包操心的工作不应受到干扰。工人和士兵们，要意识到这一天的历史意义：前所未有的事情已经发生。伟大而艰巨的工作正摆在我们面前。一切为了人民，一切通过人民。任何损害工人运动尊严的事情都不应发生。要团结、忠诚、有责任感。古老而腐朽的君主制已经崩塌，愿新事物永存，愿德意志共和国永存！[12]

差不多与此同时，李卜克内西在柏林的欢乐花园（Lustgarten）对示威人群明确宣布成立社会主义共和国，与谢德曼发表演说的地方仅数百米。大约两小时后（下午 4 时左右），他又来到柏林的城市宫庭院（Stadtschlosses），向聚集在那里的人群再一次宣告：

> 党员同志们（Parteigenossen），我宣布成立自由的德意志社会主义共和国，它应包容所有阶层。这个国家不再有奴隶，每个诚实的劳动者都将获得劳动的正当报酬。将欧洲变为尸横遍野之地的资本主义统治已被推翻。[13]

这一天对威廉二世来说无疑是致命一击。据说这位末代德皇患有"狂躁－抑郁症"，他在比利时的德国陆军大本营见翻盘无望，于 11 月 10 日清晨离开斯帕，乘火车于当日下午经荷兰边境小镇艾瑟尔登（Eijsden）进入荷兰。不过，最终促使威廉二世逃亡的，并不是社会民主党人在柏林宣布成立共和国，而是他从德军高级将领那里得知，军方已不再支持他，前线士兵也不愿再服从他的命令。[14]

荷兰政府称"对威廉的到来毫不知情"。在随后的半个月里（至

---

[12]　转引自 Wolfgang Michalka, Gottfried Niedhart (hrsg.), *Deutsche Geschichte 1918-1933*: *Dokumente zur Innen-und Außenpolitik*, Frankfurt am Main: Fischer-Taschenbuch Verlag, 1992, S. 20。

[13]　同上引，S. 21。

[14]　Hagen Schulze, *Weimar. Deutschland 1917–1933*, Berlin: Siedler Verlag, 1982, S. 153.

11 月 25 日），德国各邦大小君主纷纷被迫退位，位于图林根的施瓦茨堡 - 鲁多尔城（Schwarzburg-Rudolstadt）的侯王君特·维克多（Günther Victor，1852—1925）是最后一位。11 月 28 日，威廉二世在荷兰的阿默龙根（Amerongen）签署了退位诏书，正式成为国外难民，住进了荷兰大贵族为他安排的位于乌得勒支附近的多伦宫（Haus Doorn）。随后的两年里，他一直心神不安，"担忧协约国会迫使荷兰将他引渡回国"作为战犯来审判——战争期间，协约国的战时宣传早已将他"从头至尾妖魔化"。[15]

　　11 月 9 日这一天成了德国"十一月革命"的标志。当然，对社民党领导层来说，这是一场"合法的"革命，毕竟，巴登亲王已经"将权力移交给艾伯特和他的同僚"；但在社民党的"极左翼"看来，还有第二次革命，即"建立布尔什维克式专政的世界革命"，这一天"不过是第二次革命的前奏"之一罢了。[16] 1989 年的 11 月 9 日，柏林墙倒塌，德国的重新统一有了希望——两者联系起来看，11 月 9 日应该是德意志共和国的立国标志，然而它并没有也不可能成为这样的标志。并非因为 1923 年的 11 月 9 日，国社党发动了"啤酒馆政变"（Beer Hall Putsch），试图推翻共和政府，选择 11 月 9 日这一天明显具有象征意义（即 1918 年的革命尚未完成），但它毕竟被挫败。而德共中央政治局按 1919 年成立的第三共产国际的指示，本也打算在这天动员德国工人推翻现政权。真正让这一天蒙耻的是，1938 年 11 月 9 日夜，国社党策动了迫害犹太人的"水晶之夜"

---

[15]　[美] 约翰·洛尔，《皇帝和他的宫廷：威廉二世与德意志帝国》，杨杰译，北京：北京大学出版社，2004 年，第 26 页；[澳大利亚] 克里斯托弗·克拉克，《沉重的皇冠：威廉二世》，盖之珉译，北京：中信出版社，2017 年，第 284—286 页；比较《威廉二世回忆录》，前揭，第 379—380、383—384 页。

[16]　[爱尔兰] 安东尼·麦克利戈特，《反思魏玛共和国：1916—1936 年的权威和威权主义》，王顺君译，北京：商务印书馆，2020 年，第 36—37 页。

（Kristallnacht）行动。[17]

社会民主党的分裂

短短三天时间，社会民主党的三个派别就分别宣布了三个共和国。独立社民党人的巴伐利亚苏维埃共和国属于邦国性质，在拿破仑战争期间和 1848—1849 年的共和革命期间，这类“共和邦”就已经出现过了，尽管都没有成功。斯巴达克斯小组在柏林城市宫庭院阳台上宣布成立的苏维埃共和国也可以溯源到 1848 年的革命理念。多数派社民党已经从帝国内阁手中和平接过权力，从法理上讲，唯有这派社民党人在柏林宣布的共和国具有合法性，即便巴登亲王将首相职位移交艾伯特，抑或是谢德曼宣布成立共和国，均缺乏宪法依据。如果斯巴达克斯小组和独立社民党人不让步，就会出现民主与专政的难题。让政治史学家感到棘手的问题来了：社会民主党的三个分离派别毕竟有共同分享的政治理念，一旦已经执政的多数派社民党施行专政，情形就成了民主的专政压制民主的革命——政治理论也因此而被撕裂。

社会民主党的前身是 1875 年成立的社会民主工党（SAPD），后者是由哲学博士出身的社会民主活动家费迪南德·拉萨尔（Ferdinand Lassalle, 1825—1864）在莱比锡创立的全德工人协会（1863）和学徒工出身的奥古斯特·倍倍尔（August Bebel, 1840—1913）在爱森纳赫创建的社会民主工人党（1869）合并而成。俾斯麦建立的德意志帝国施行形式上的党派政治，社会民主工党是唯一不承认帝国宪法的政治组织，而且发展迅猛：至 1877 年 5 月召开第二次党代会时，该党已创办 18 种报纸和 42 种期刊，还有一百多个地方组织。

1878 年 5 月和 6 月，德皇威廉一世（Wilhelm I, 1797—1888）两

---

[17]　[美] 埃里克·韦茨，《魏玛德国：希望与悲剧》，姚峰译，聂品格校译，北京：北京大学出版社，2021 年，第 ii 页；汉斯·蒙森，《魏玛共和国的兴亡：1918—1933》，前揭，第 184 页。

次遇刺，虽纯属偶然，俾斯麦却借机嫁祸于社会民主工党，向帝国议会提出对该党施行党禁的《社会党人法案》（Sozialistengesetz），有效期三年，到期后由内阁提出申请，经议会批准后延长。法案通过（10月19日）后仅仅一个月内，帝国当局就查封了社会民主工党属下的153个协会和175种报刊。法案1881年到期，俾斯麦向议会申请延长，如此连续延长四次。不过，该法案仅禁止社会民主工党的有组织活动（协会、集会和出版），并未取缔该党，也没有禁止其成员作为个人参选帝国议会和邦议会。利用这一"灰色地带"，大量社会民主工党的活动家以"无党派人士"或其他名义成功进入帝国议会或邦议会。

1888年，威廉二世登基，这位专制君主随即开始推行"自由主义"政策。《社会党人法案》在1890年再次到期时，俾斯麦已辞去首相之职，威廉二世没有再给法案继期——即便继期也形同虚设，因为这时社会民主工党在帝国议会已经占有27.2%的席位，成了第一议会大党。1891年10月，社会民主工党在埃尔福特举行党代会，会后发表宣言更名为社会民主党。随后的20年间，该党在帝国议会中的席位持续上升——至1912年已达34.8%。[18]

第一次世界大战爆发前一年（1913），社民党的杰出领导人倍倍尔去世，艾伯特和胡戈·哈阿瑟（Hugo Haase, 1863—1919）共同担任主席。战争爆发时（1914年8月4日），社民党议会党团在帝国议会上对军事拨款议案投了赞成票，这意味着社民党站在国家立场支持战争。但德军在东西两线成功推进后，社民党议会党团中却出现了个别性的反战声音：1914年12月2日，帝国议会第二次对战争预算表决时，李卜克内西投了反对票，这一行动"像闪电一般打破了建立在帝国主义土地之上的民族统一幻想"。没过多久，以他为首形成了一个

---

[18]　刘成、马约生，《欧洲社会民主主义的缘起与演进》，重庆：重庆出版社，2006年，第108—116页；苏珊·米勒、海因里希·波特霍夫，《德国社会民主党简史》，前揭，第29—30、35—42页。

党内小反对派，他们自称"斯巴达克斯小组"（Spartakusgruppe），亦称"国际派"——这意味着其政治立场来自第二共产国际。这个小组成立后，李卜克内西不断组织反战罢工或游行示威，1916 年 7 月，他被法庭判处两年半监禁，经上诉后改判四年监禁。[19]

　　1915 年 12 月，帝国议会进行第五次战争预算表决，社民党议会党团中又有 20 人投反对票（另有 24 人投了弃权票）。社民党议会党团做出决议，将李卜克内西开除出党，同时将 18 位对紧急预算投反对票的议员开除出议会党团（1916 年 1 月），其中包括作为党主席之一的哈阿瑟。哈阿瑟被开除后，索性另立组织：一年后（1917 年 4 月），独立社会民主党（USPD）成立——斯巴达克斯小组随即加入，但保留了自己独立的"宣传组织"。[20]

　　社民党因对待战争的立场而陷入分裂，也因此而有了左中右派之分：艾伯特领导的社民党及其议会党团仍是多数（Mehrheits），因此既被称为"多数派社民党"（MSPD），也被称为"右翼社民党"；斯巴达克斯小组听从第二共产国际的指示属于"左翼"，哈阿瑟的独立社民党就成了中间派，实际上其中不乏左翼——如后来领导慕尼黑革命的库尔特·艾斯纳。

　　社民党分裂的首要原因是如何看待德意志帝国正在进行的这场战争：它究竟是帝国主义性质还是民族主义性质。左翼议员保尔·棱施（Paul Lensch，1873—1926，又译"连施"）的悔悟足以说明这一点，

---

[19]　[德] 威廉·皮克，《卡尔·李卜克内西》，张载扬、张才尧译，北京：生活·读书·新知三联书店，1955 年，第 18—22 页。

[20]　详见 Marcel Bois, "Zwischen Burgfrieden, Repression und Massenstreik. Zum Einfluss der Spartakusgruppe auf die Friedensbewegung während des Ersten Weltkrieges", in Andreas Braune, Mario Hesselbarth und Stefan Müller (Hrsg.): *Die USPD zwischen Sozialdemokratie und Kommunismus 1917-1922. Neue Wege zu Frieden, Demokratie und Sozialismus?* Stuttgart: Franz Steiner, 2018, S. 91–106。

此人是柏林大学的政治经济学教授，战争爆发之初，他认同这场战争
不过是帝国主义大国之间的争夺战，因而在议会表决时跟随李卜克内
西投过反对票。没过多久，他的立场就发生了右转。在他看来，英国
全面参战后，"大战的帝国主义性质很快就消失了"。对于德意志帝国
来说，这场战争已经"变成了有关民族和国家的生存问题"——因为，
"西欧的自由和文明"明显威胁到"德意志民族的内部发展"：

> 德意志民族作为一个伟大的和独立的民族是继续生存下去呢，
> 还是把它在东部和西部的大部分国土割让出去，并且置于异族的
> 暴力统治之下？对于德国来说——我们指的是德意志帝国和奥匈
> 帝国——资本主义的向外扩张问题已经变成了民族生存的问题。[21]

棱施并没有完全放弃帝国主义论，但他仅仅把大英帝国视为帝国
主义，因为它只在乎英国的"海上霸权永存下去"。既然如此，德意
志帝国正在进行的战争就是在打击英国的"世界霸权"，这不仅意味
着"国际社会主义的一般利益和德国工人运动的特殊利益"都"站在
德国这一边"，而且意味着"伟大的历史性进步"。[22]

1917 年，多数派社民党也转向了反战立场。社民党议会党团因
战争而产生的分歧逐渐消失，但另一个更大的政治分歧又很快突显出
来：应该建立什么样的共和国。1918 年的"十一月革命"前夕，社民
党多数派在帝国议会与其他资产阶级政党已经合作不错，艾伯特相信
社民党未来必然会赢得议会多数，从而有把握获得执政权。因此，他
认为当务之急是尽可能与旧势力协调行动，避免国内出现大动荡。独
立社民党希望立即进行彻底的经济社会民主化，并促成必要的政制转

---

[21]　[德] 保尔·连施，《德国社会民主党与世界大战》，英滙译，北京：生活·读
书·新知三联书店，1965 年，第 12 页。

[22]　同上书，第 44—45 页。

变，尽管"党内对于如何实现这一目标看法各不相同"，但该党主流基本同意在已有的议会制框架内推行社会民主改革。斯巴达克斯小组则认为，现在是建立无产阶级政权的最佳时机，应该施行针对资产阶级的专政。用奥地利的独立社民党理论家奥托·鲍尔（Otto Bauer, 1881—1938）的话来说，现在的分歧是"要苏维埃专政还是要民主"。用政治史学家的说法则是：选择只有两个，要么是"自上而下的'合法'革命"，要么是"自下而上的极端法外革命"。[23]

这两种"革命"都离不了专政。问题来了：何谓"专政"？政治思想史上有谁探讨过这个问题吗？

两种"革命"的对抗

艾伯特接手首相职位的当天（11月9日）晚上，就与身在比利时斯帕的威廉·格洛厄纳（Wilhelm Groener, 1867—1939）将军通了电话，后者在10月26日接替被免职的鲁登道夫将军出任军需总监。艾伯特向格洛厄纳承诺，新政府不会触动军队体制，受士兵代表委员会威胁的军队等级制应得到恢复和维护；格洛厄纳则向艾伯特承诺，军方将保卫新政权——史称"艾伯特－格洛厄纳协定"，它当然是秘密达成的。[24]艾伯特急需获得帝国军方的支持，他有理由担心，情势正在向效仿俄国革命的方向发展。

就在艾伯特与格洛厄纳将军通电话前不久（约晚上8时），来自柏林大型企业的约100名"革命工长"（Revolutionäre Obleute）联盟成员闯入了帝国议会大厦。这个联盟是战争期间柏林兵工厂工人

---

[23]　[奥地利] 奥托·鲍威尔，《布尔什维克主义还是社会民主主义》，史集译，北京：生活·读书·新知三联书店，1978年，第2—3页，详见第117—125页；安东尼·麦克利戈特，《反思魏玛共和国：1916—1936年的权威和威权主义》，前揭，第37页。

[24]　详见Wolfgang Sauer, *Das Bündnis Ebert-Groener. Eine Studie über Notwendigkeit und Grenzen der militärischen Macht*, Diss. phil., Berlin: FU, 1956。

形成的反战秘密组织，既独立于工会，也不信任多数派社民党领导层，而是与独立社民党左派和斯巴达克斯小组结盟，积极组织反战罢工，其主要发起者和领导人是车工出身的理查德·米勒（Richard Müller, 1880—1943）。基尔水兵事件之前，这个组织就打算发动武装起义（兵工厂不缺武器），时间就定在 11 月 11 日。由于该组织负责军事行动的记者恩斯特·多伊米希（Ernst Däumig, 1866—1922，独立社民党员）被捕，联盟决定提前行动。他们闯入议会大厦宣布成立革命议会，并以革命议会的名义决定：柏林的所有工厂和每支驻军应在周日选出自己的工人或士兵代表委员会，然后再选出"大柏林工人和士兵代表委员会"（Arbeiter-und Soldatenräte in Groß-Berlin），该委员会的执行委员会（Vollzugsrat）将成为临时中央权力机构，掌控临时政府——这意味着接管艾伯特手中的权力，即便后者仍然可以做帝国总理，直到 12 月召开首届帝国委员会大会（Reichsrätekongresses）。[25]

　　艾伯特得知消息后，连夜派骨干党员前往柏林的工厂和驻军所在地，游说那里的工人或士兵代表委员会成员支持多数派社民党。与此同时，他积极与独立社民党领导人沟通，第二天在于柏林召开的全国工人－士兵代表大会上联手提议成立"人民代表委员会"（Rat der Volksbeauftragten），以对抗"革命工长"的"大柏林工人－士兵代表委员会"。

　　这天晚上，艾伯特还听从一位崇拜者沃尔夫－梅特尼希伯爵（Graf Wolff-Metternich, 1887—1956）的劝告，请求帝国陆军部（Reichswehrministerium）帮助，建立一支 60 人的精悍"安全卫队"

---

[25]　详见 Ralf Hoffrogge, *Richard Müller-Der Mann hinter der Novemberrevolution*, Berlin: 2008, S. 63–70; Ralf Hoffrogge, "Räteaktivisten in der USPD: Richard Müller und die Revolutionären Obleute in Berliner Betrieben", in Ulla Plener (Hrsg.), *Die Novemberrevolution 1918/1919 in Deutschland-Beiträge zum 90. Jahrestag der Revolution*, Berlin: Karl Dietz, 2009, S. 189–200。

（Sicherheitswehr），由信得过的前线退伍军人组成，专门负责新政府总理府的安全。沃尔夫－梅特尼希伯爵早前是一名骑兵团上尉，战争期间在外交部情报科任职，革命爆发后成了艾伯特的追随者。他提醒艾伯特，眼下的看守政府将面临激进组织诉诸武力的威胁，后者便委托他亲自负责组建这支"安全卫队"。[26]

11 月 10 日下午，柏林的工人和士兵代表委员会在布施马戏团（Circus Busch）举行全体会议，有约 3000 名代表到会。斯巴达克斯小组提出"把革命转变为社会主义革命"的议案，遭到大会大多数代表的拒绝，而多数派社民党和独立社民党的组建人民代表委员会的提案则得到批准，还选出了六名委员会成员：多数派社民党占三位（艾伯特和谢德曼在其中），独立社民党占两位（有党主席哈阿瑟），代表革命工长联盟的是埃米尔·巴特（Emil Barth, 1879—1941）。同时，大会也选出了大柏林工人和士兵代表委员会执行委员会来监督过渡政府。

从法理的角度看，社民党人的左翼和右翼在 9 日宣布共和后，帝国议会已经死亡——事实上也没有再举行过会议，但从 10 日的大柏林工人、士兵代表委员会全体会议的结果来看，取代帝国议会的是两个机构：人民代表委员会和大柏林工人－士兵代表委员会执委会——两者都是革命者，前者主张温和改革，后者主张激进变革。

11 月 11 日这天，三件要事凑在了一起。第一，帝国临时政府的代表团与法国在贡比涅森林林中空地的那列火车车厢里签订了停战协定，为期 60 天。第二，因日前的革命提案遭遇失败，斯巴达克斯小组高层举行紧急会议，决定扩大组织规模，为建立政党和接下来诉诸武力夺取政权做准备——组织名称改为"斯巴达克斯同盟"（Spartakusbund），并选出了中央委员会。

---

[26]　Ernst-Heinrich Schmidt, *Heimatheer und Revolution 1918: Die militärischen Gewalten im Heimatgebiet zwischen Oktoberreform und Novemberrevolution*, Berlin: Walter de Gruyter, 2017, S. 403.

对后来局势的发展具有决定性意义的是，第三，大柏林工人－士兵代表委员会执委会决定，从基尔港调一批起义水兵进入柏林，与柏林的革命工人和激进分子组成"人民海军师"（Volksmarinedivision）。这是一支特别的革命部队，它废除了军官制，由该师士兵代表委员会指挥，起初仅约 600 人，很快扩充到 1200 人，11 月底增至近 3000 人，下设若干分队（Abteilungen）。人民海军师名义上受艾伯特政府节制，任务是拱卫柏林的新政权，实际上更多听命于大柏林工人－士兵代表委员会执委会。艾伯特的崇拜者沃尔夫－梅特尼希伯爵也参与了这支部队的组建，不久后还当上了该师士兵代表委员会委员即指挥官之一。显然，他希望替艾伯特掌握这支武装。[27]

三、民主的革命与民主的专政

在军方的支持下，艾伯特的看守政府得以基本维持国家秩序，虽然不少大中城市出现了动乱，在个别地方（如不伦瑞克、杜塞尔多夫、鲁尔的米尔海姆），效忠皇帝的官员遭到了逮捕，有的地方（如汉堡和不来梅）还出现了保护革命的"红色近卫军"（Rote Garden）。但总体而言，帝国的民事机构（警察、市政府、法院）大致照常运作，几乎没有发生查封财产或占领工厂的行为。然而，温和与激进的共和理念分歧导致社民党左中右三派关系日趋紧张。冲突很快就爆发了，首先是 12 月 6 日发生的奇怪事件。

---

[27]　Gerhard Engel, Bärbel Holtz, Ingo Materna (Hrsg.), *Groß-Berliner Arbeiter- und Soldatenräte in der Revolution 1918/19: Dokumente der Vollversammlungen und des Vollzugsrates. Vom Ausbruch der Revolution bis zum 1. Reichsrätekongreß*, Berlin: Walter de Gruyter, 2014, S. 310–311; Jakob Weber, *Trotz alledem! Aus den Revolutionstagen 1918/19*, Berlin: Verlag Tribüne, 1960, S. 207.

诡异的兵变

6日清晨，大柏林工人－士兵代表委员会执委会正准备在普鲁士地方议院大楼（das Preußische Abgeordnetenhaus）举行会议，柏林驻军"弗朗茨皇帝"（Kaiser Franz）步兵团的一支部队突然冲进来，宣布逮捕执委会成员，他们声称是执行人民代表委员会的命令。不过，由于不能出示逮捕令，经短暂辩论后，这群士兵还是撤离了。差不多与此同时，"弗朗茨皇帝"步兵团的另一支部队来到总理府前，抗议大柏林工人－士兵代表委员会执委会插手国是，要求提前选举国民议会，并呼吁选举艾伯特为总统——艾伯特当然表示了拒绝。

这场兵变明显幼稚得可笑，不可能是多数派社民党人策划的。但鼓动这次行动的又的确是艾伯特的崇拜者沃尔夫－梅特尼希伯爵，他本来企图哄骗人民海军师采取这两项行动，但没有成功，因此才哄骗"弗朗茨皇帝"步兵团搞出这两场闹剧。事败后，沃尔夫－梅特尼希伯爵离开柏林，逃往荷兰，行前他仍不忘向艾伯特发出警告——人民海军师已经被激进思想控制。[28]

当天下午，政变未遂的消息不胫而走。斯巴达克斯同盟随即组织起多支示威队伍，向市中心进发。柏林城防司令奥托·韦尔斯（Otto Wels，1873—1939）是多数派社民党人，他对上午的所谓未遂政变毫不知情。当得知有示威队伍气势汹涌地进入市中心时，他紧急下令一支近卫掷弹兵（Gardefüsiliere）部队封锁主要街口。部署在绍瑟大街与无名战士大街（Chausseestraße / Invalidenstraße）交叉路口的一挺马

<hr>

[28]　Heinrich August Winkler, *Arbeiter und Arbeiterbewegung in der Weimarer Republik*, Berlin: Karl Dietz, 1984, S. 98; Alfred Döblin, Werner Stauffacher, *November 1918: Bd. 1.: Verratenes Volk; Bd. 2.: Heimkehr der Fronttruppen*, Olten und Freiburg im Breisgau: Walter Verlag, 1991, S. 504; Ulrich Kluge, *Soldatenräte und Revolution: Studien zur Militärpolitik in Deutschland 1918/19*, Göttingen: Vandenhoeck & Ruprecht, 1975, S. 231.

克沁重机枪，出于至今未明的原因突然向示威者开火，还击中一辆驶过的电车，当场打死 16 人。[29]

这一事件立即激化了独立社民党和斯巴达克斯同盟与多数派社民党——尤其是与艾伯特的看守政府之间的矛盾，双方都指责对方应该为事件负责。斯巴达克斯同盟的机关报《红旗报》(Rote Fahne) 次日发表社论宣称，"必须严惩这起血腥罪行，必须用铁腕粉碎韦尔斯、艾伯特、谢德曼的阴谋，挽救革命"。斯巴达克斯同盟并非说说而已，而是在 8 日这天举行了有 15000 人参加的抗议示威，其中的一些示威者扛着轻机枪，不少人拎着手榴弹。[30]

"圣诞夜斗争"

受沃尔夫－梅特尼希伯爵警告的影响，韦尔斯相信驻扎在霍亨索伦皇家城堡（Stadtschloss）和御马厩（Marstall）的人民海军师已被斯巴达克斯同盟掌握。他决定取缔这支危险的革命"御林军"，将其中的可靠成员编入正规军，其余则支付遣散费后解散——这样的举措自然遭到人民海军师士兵代表委员会的拒绝。10 日这天，韦尔斯下达最后通牒，要求人民海军师在 12 月 16 日前撤离城堡和御马厩，否则停发军饷，理由是这天将在柏林召开由大柏林工人－士兵代表委员会执委会倡议并组织的全德首届工人－士兵代表委员会代表大会（Allgemeiner Kongreß der Arbeiter-und Soldatenräte Deutschlands）。人民海军师的士兵委员会不仅对通牒置之不理，还在代表大会召开的第二天（17 日）促使柏林的士兵代表委员会的代表会议通过了一项决议，向大会提出七点要求：陆军和海军指挥受工人－士兵代表委员会执委

---

[29] Mark Jones, *Am Anfang war Gewalt: Die deutsche Revolution 1918/19 und der Beginn der Weimarer Republik*, Berlin: Propyläen, 2017, S. 97–98.

[30] Joachim Käppner, *1918. Aufstand für die Freiheit. Die Revolution der Besonnenen*, München: Piper, 2017, S. 265.

会监督；废除军衔制；部队的纪律处分权和指挥权交给士兵代表委员会；士兵自行选举指挥官；废除所有勋章、荣誉标志以及贵族头衔；废除"非执勤状态的上级"；加快废除常备军和建立人民武装（Volkswehr）的进程等——史称"汉堡要点"（die Hamburger Punkte）。[31]

全德首届工人-士兵代表委员会代表大会同样在布施马戏团举行，到会代表共 485 人，多数派社民党人占了大多数（288 人），独立社民党人有 87 人，斯巴达克斯同盟仅 10 人。因此，大会召开当天，斯巴达克斯同盟就组织了 25 万工人游行示威，要求"全部政权归苏维埃"（Alle Macht den Räten!）。代表大会在社民党的掌控下顶着斯巴达克斯同盟组织的游行示威继续进行，但是，12 月 18 日这天，人民海军师士兵代表委员会五位委员之一，29 岁的海因里希·多伦巴赫（Heinrich Dorrenbach, 1888—1919）中尉带领一群士兵闯入会场，宣读了"汉堡要点"，一时引发骚乱。[32]

尽管如此，12 月 19 日这天，代表大会以 344 票对 98 票否决了以苏维埃制度作为新宪法基础的提议，支持现在的过渡政府尽快举行制宪国民议会（Nationalversammlung）选举的决定，然后由选举出来的国民议会决定国家形式。代表大会在 20 日闭幕，艾伯特宣布一个月后（1919 年 1 月 19 日）举行国民议会选举，然后制定共和国宪法——在此之前，全部立法和行政权力由艾伯特政府掌管。

多伦巴赫中尉以柏林士兵代表委员会的名义提出的"汉堡要点"显然与艾伯特-格洛厄纳秘密协定相违，虽然这一提案在代表大会上遭到否决，却引起已从斯帕撤回到卡塞尔的德军最高统帅部的警觉。

---

[31]　Richard Müller, *Eine Geschichte der Novemberrevolution*, 14. Auflage, Berlin: Buchmacherei, 2018, S. 434.

[32]　详见 Dieter Braeg, Ralf Hoffrogge (Hrsg.), *Allgemeiner Kongreß der Arbeiter-und Soldatenräte Deutschlands vom 16. bis 20. Dezember 1918 im Abgeordnetenhause zu Berlin, stenographische Berichte*, Berlin: Buchmacherei, 2018。

格洛厄纳有理由担心军队失控，开始组建效忠自己的自由军团。

由于韦尔斯已经停发军饷（约 8 万马克），12 月 23 日下午 4 时，多伦巴赫中尉带领一群海军师士兵前往市政大楼与韦尔斯交涉，后者拒绝让步——按另一说法，多伦巴赫经人民海军代表委员会（Volksmarinerat）劝说后，同意将皇宫城堡的钥匙交还给人民代表委员会的革命工长代表埃米尔·巴特，而后者则让他直接交给韦尔斯，却遭怠慢。总之，多伦巴赫一怒之下，命令自己的士兵将韦尔斯扣押，带往御马厩软禁，还下令暂时封锁帝国总理府，并控制了总理府的电话总机室。

多伦巴赫中尉虽然早就与李卜克内西有联系，但这次他的确没有发动兵变夺取政权的意图，仅仅是讨军饷而已。艾伯特亲自与海军师代表激烈谈判后，多伦巴赫中尉同意撤离总理府，但拒绝释放韦尔斯。艾伯特与卡塞尔的陆军最高统帅部有秘密电话，他立即与格洛厄纳通话，称自己"被扣留"，请求"以军事手段实施解救"。

总理府的封锁很快被解除，但格洛厄纳将军对人民海军师采取军事行动还有一个借口——解救被扣押的韦尔斯。负责保卫政府区的是阿诺德·勒奎斯（Arnold Lequis, 1861—1949）中将指挥的近卫骑兵射手师。勒奎斯将军接到命令后，于 24 日凌晨 4 时开始炮击城堡和御马厩，然后发起进攻——总理府的安全卫队也投入了战斗。大量武装工人和其他革命部队闻讯赶来，声援人民海军师，双方打成胶着。勒奎斯的部队一度从欢乐花园一侧突入皇宫城堡，多伦巴赫相当勇敢而且冷静，他组织起大约 30 名士兵，在城堡内院冒着炮火用机枪逼退进攻。艾伯特见情势不妙，果断下令停止攻击，勒奎斯将军的部队在上午 11 点左右撤出战斗。[33]

---

[33]　详见 Günter Hortzschansky, Roland Grau, Werner Imig (u. a.), *Illustrierte Geschichte der deutschen Novemberrevolution 1918/1919*, Berlin：Karl Dietz, 1978, S. 250-252; 比较 Ulrich Kluge, *Soldatenräte und Revolution. Studien zur Militärpolitik in Deutschland 1918/19*, Göttingen: Vandenhoeck und Ruprecht, 1975, S. 260-269。

　　为了不影响国民议会选举，艾伯特被迫重新谈判，同意人民海军师整体保留，编入国防军序列，补发拖欠的薪资，海军师则撤离宫殿和马厩，释放韦尔斯——作为交换，韦尔斯被免去城防司令一职。即便如此，独立社民党仍然对艾伯特单方面决定派遣军队镇压人民海军师不依不饶。12月29日这天，独立社民党宣布退出人民代表委员会，多数派社民党与独立社民党的执政联盟彻底破裂——这天，双方的支持者都涌上柏林街头，人数加起来足有数十万，幸好没发生冲突。

　　同一天，斯巴达克斯同盟在柏林举行代表大会，准备正式成立德国共产党，但同盟高层内部出现了分歧。罗莎·卢森堡（Rosa Luxemburg, 1871—1919）在31日宣读了她起草的《斯巴达克斯纲领》（经小幅修改后被采纳为党纲），她"敢于出面指责激进势力"，明确主张未经多数民意授权决不夺取政权。1919年1月1日，斯巴达克斯同盟与全德其他左派团体合并成立德国共产党（KPD），唯有"革命工长"同盟决定仍然留在独立社民党内。罗莎·卢森堡再次呼吁左派力量参与即将到来的国民议会选举，而她的革命战友李卜克内西则坚持主张通过"街头压力"乃至武装斗争夺取政权，并得到中央委员会多数成员的支持。[34]

　　专政状态下的选举和立法

　　普鲁士邦的首相保罗·希尔什（Paul Hirsch, 1868—1940）是多

---

　　[34]　［德］海因里希·温克勒，《魏玛共和国：1918—1933》，杨丽、李鸥译，北京：社会科学文献出版社，2024年，第67—69页；Ottokar Luban, "The Role of the Spartacist Group after 9 November 1918 and the Formation of the KPD", in Ralf Hoffrogge and Norman LaPorte (eds.), *Weimar Communism as Mass Movement 1918–1933*, London: Lawrence & Wishart, 2017, pp. 45–65; 比较 William A. Pelz, *The Spartakusbund and the German Working Class Movement, 1914-1919*, New York: Edwin Mellen Press, 1987。

数派社民党人，他不打算对激进左派让步，坚持要求解除独立社民党人艾希霍恩的柏林警察总监职务——此人做过革命工长同盟的军事顾问，"圣诞夜斗争"期间，他曾派出柏林的警察部队增援人民海军师与政府军作战。1月4日那天，艾伯特主持的人民代表委员会宣布罢免决定后，独立社民党随即反弹，第二天（周日），与刚成立的共产党联手，鼓动数十万人涌入柏林市中心示威游行，不少人携带武器，势头堪比11月9日。当晚，独立社民党与德国共产党和"革命工长"联盟的领导人召开联席会议。多伦巴赫在会上说，不仅人民海军师，甚至其他驻地部队也对艾希霍恩被撤职感到愤怒，他们会支持推翻艾伯特－谢德曼政府。与会者决定发动武装起义，并成立了一个由33人组成的行动委员会（Aktionsausschuss）。[35]

多伦巴赫的说法很快被证明是瞎编，别说是柏林的驻军，就连人民海军师也不支持起义，尽管也不愿为政府而战——海军师士兵代表委员会还因多伦巴赫此前的擅自行动而对其表示不信任。由于得不到军队响应，起义行动委员会只能凭靠柏林的工人采取武装行动。

曾前往基尔调停水兵事件的多数社民党人古斯塔夫·诺斯克此时已经是临时政府的军政部部长，他一直致力于让临时政府手里有一支可直接支配的军队。德军最高统帅部同意临时政府使用从前线撤回本土的部队，但这些部队回国后大多解体，部分还受到革命力量的影响。诺斯克决定从退伍军人中招募志愿者组建准军事组织——自由军团，直接受人民代表委员会节制。[36]

面对严峻形势，艾伯特政府试图与独立社民党达成和解（6日），

---

[35]　罗伯特·格瓦特，《1918年11月：德国革命》，前揭，第164—165页。

[36]　自由军团的形成及其政治背景，详见 Ingo Korzetz, *Die Freikorps in der Weimarer Republik. Freiheitskämpfer oder Landsknechthaufen? Aufstellung, Einsatz und Wesen bayerischer Freikorps 1918–1920*, Marburg: Tectum-Verlag, 2009, S. 15-42。

但谈判很快破裂（8 日）。9 日这天，诺斯克下令柏林驻军和自由军团用武力恢复秩序——他在三天前曾表示，"总得有人出面当恶人，我不怕承担责任"。[37] 驻军和自由军团随即以武力驱逐占据公共建筑的起义者，不从者就地枪决。行动持续了两天，至 11 日才大致恢复柏林的秩序，其间约有 156 人丧生。15 日晚，罗莎·卢森堡和李卜克内西在一处躲避的公寓被捕，随后被驻军的一名上尉军官枪杀——据说得到了诺斯克的批准。

四天后，国民议会选举如期举行。为保证不出乱子，选举当天（19 日），诺斯克部署了七个师的正规军担任纠察，每个投票站"有一支配备机枪的护卫分队"戒备，"城中许多地方都安置了轻型火炮"，窗户和屋顶也有士兵监视。[38] 除刚成立的共产党拒绝参加选举外，所有党派都参与竞争 423 个席位。按统计，共有 3700 万选民，绝大部分（约 3000 万）参加了投票。多数派社民党得票率达 37.4%，为绝对领先的第一大党，占据 165 席；独立社民党仅得票 7.6%，获得 22 席位，可谓惨败。中央党得票率 19.7%，赢得 91 席，成为第二议会大党；自由派的德国民主党（DDP）得票率 18.5%，获得 75 席，位居第三。三党共得到 75% 的选票，组成执政联盟，极右翼的德国国家人民党（DNVP）和刚成立不久的德国人民党（DVP）得票率都很低，分别为 10.3% 和 4.4%。

选举期间，整个德国都处于动荡之中。1 月 10 日，不来梅的"激进左翼"（Linksradikalen）力量宣布成立苏维埃共和国（die Bremer Räterepublik），当时诺斯克正应付柏林的起义，派不出军队前往镇压。国民会议召开一周后（27 日），他才得以调遣威廉·格斯滕贝格（1863—1945）上校指挥的师（Division Gerstenberg，未满编）前往不

---

[37] 海因里希·温克勒，《魏玛共和国：1918—1933》，前揭，第 71 页。

[38] ［法］里昂耐尔·理查尔，《魏玛共和国时期的德国（1919—1933）》，李末译，济南：山东画报出版社，2005 年，第 32—34 页。

来梅。两天后，该师在当地退役军官卡尔·卡斯帕里（1877—1962）组织的自由军团（Freikorps Caspari，约 600 人）配合下，武力取缔了苏维埃共和国——其间约有 400 人丧生。[39] 消息传出后，柏林、萨克森、上西里西亚、莱茵兰和鲁尔区等地爆发大规模罢工。

由于柏林局势尚未完全稳定，议员的独立性乃至人身安全均难以保障，国民议会在 2 月 6 日挪到了图林根小城魏玛的公国剧院继续进行，以完成一系列立法。选择魏玛古城不仅是因为它象征着德意志古典人文理想，也是出于安全上的考虑——那里"几乎没有工厂，没有全副武装的无产者，没有动乱"。最初选定的地点是社民党的诞生地埃尔福特，若突发大规模内战那里很难防守，因此放弃。[40]

2 月 11 日，国民议会选举艾伯特为共和国总统，后者在 2 月 13 日任命谢德曼为总理，负责组建政府，由社民党、中央党和民主党组成的"魏玛联盟"提供支持。至此，德意志共和国正式取代德意志帝国，尽管国名仍然是 Deutsches Reich［德意志帝国］。保留 Reich 这一名称，据说是因为它在德意志的成长史上具有连续性，而且利于国家的统一，实际上更多是为了与保守政治势力妥协，以显示共和国继承了 1871 年德意志帝国的法统，只是政体改变了而已。因此，宪法第一条即规定：Das Deutsche Reich ist eine Republik［德意志帝国是共和国］。即便如此，激进左翼人士并不认可这一国体。例如，"革命工长"联盟领导人之一理查德·米勒发表了《［议会］民主还是无产阶级专政》一文，坚持主张建立苏维埃政权；表现主义艺术家、政治记者、激进左翼杂志《行动》（Die Aktion）的创办人弗朗茨·普芬费尔特（Franz Pfemfert, 1879—1954）曾在 1915 年组织文艺界激进左翼人

[39]　Harold J. Gordon Jr., *Die Reichswehr und die Weimarer Republik*, Frankfurt am Main: Verlag für Wehrwesen Bernard & Graefe, 1959, S. 44; Hartmut Müller (Hrsg.), *Bremer Arbeiterbewegung 1918 bis 1919-Trotz alledem,* Berlin: Elefanten Press, 1983, S. 28-32.

[40]　里昂耐尔·理查尔，《魏玛共和国时期的德国（1919—1933）》，前揭，第 35 页。

士成立"反国家社会主义党"（die Antinationale Sozialistenpartei），作为斯巴达克斯同盟的合作者，他干脆宣称"国民议会是反革命"。[41]

选举共和国总统的前一天，国民议会颁布了《帝国临时政权法》，开始依法施政。其实，它不过是确认了人民代表委员会在 1918 年 11 月 12 日发布的施政纲领：解除戒严状态，废除审查制度，取消仆役制度，大赦所有政治犯，制定结社、集会和新闻自由的相关规定，施行 20 岁以上（含女性）的全民民主选举制——这意味着废除了普鲁士的三级选举制和对女性选举权的限制。凡此都是社会民主党在俾斯麦帝国时期就提出的政治诉求。随后，人民代表委员会还陆续发布了大量政令，涉及八小时工作制、农业劳工改革、公务员工会权利、地方社会福利、国民健康保险乃至地方和国家层面的普选制等方面。这意味着，自 11 月 9 日帝国议会瓦解到国民议会立法（2 月 10 日）的过渡期间，人民代表委员会施行了近三个月的临时专政。

四、魏玛宪法的两重性

共和国的《临时政权法》毕竟是临时的，真正的依法施政还得等到制定宪法以后。决定性的问题来了：魏玛宪法能守护住这个自由民主的共和国吗？

早在 1918 年 11 月 15 日，人民代表委员会已经委托时任帝国内政部国务秘书的公法学家胡戈·普罗伊斯（Hugo Preuss, 1860—1925）起草共和国宪法。此人是著名的保守派法学史家奥托·基尔克（Otto Friedrich von Gierke, 1841—1921）的学生，但他自己却是"帝国时期

---

[41]　Teo Panther (Hrsg.), *Alle Macht den Räten! Texte zur Rätebewegung in Deutschland 1918/19*, Band II, Münster: Unrast, 2007, S. 256–277, 335–338.

为数不多的左翼自由主义宪法学家"，还是"坚定的民主党人"。[42] 帝国晚期的左翼自由派从 1848 年革命时期的温和自由派分化而来，与后者主张"仅将有产有识的资产阶级视为适合与贵族和君主共享统治权的群体"不同，前者"期望国家应成为全体平等公民集合体"，但并不呼吁共和革命，而是关注自由的改革政策——尤其是自由的贸易经济政策。左翼自由派寄望于开明皇帝来开启自由的时代，当这一希望破灭才转而主张"革除虚假的宪政体制"。[43]

艾伯特本来想邀请海德堡大学的著名社会学家马克斯·韦伯（1864—1920）起草宪法，因为后者曾在战争期间（1917 年）发表过系列文章《德国议会制的过去和未来》，其中提出过一个议会制方案，要点是"把政治领袖人物推上国家权力巅峰"，而"强大的议会可以成为理想的领袖选择之地"。由于普罗伊斯在战争期间（1917 年 7 月）已经向陆军最高统帅部提交过一份宪法提案，艾伯特才最终选择了普罗伊斯。当然，这并没多大分别，普罗伊斯作为自由派的左翼代表接受了韦伯的方案，而事实上，韦伯后来也"参与了帝国办公厅的内部协商"。[44] 无论如何，魏玛宪法不是急就章，而是多数派社民党在战争期间取得议会大党地位时就开始准备了——何况，德国的共和革命还有更早的 1848 年理念及其传统。

1848 至 1849 年的德国自由主义共和革命期间，在法兰克福的圣保罗教堂召开的国民议会经长时间讨论，曾通过一部德意志帝国

---

[42]　[美] 彼得·C. 考威尔，《人民主权与德国宪法危机：魏玛宪政的理论与实践》，曹晗蓉、虞维华译，南京：译林出版社，2017 年，第 66 页。

[43]　Günther Gillessen, *Hugo Preuß. Studien zur Ideen- und Verfassungsgeschichte der Weimarer Republik*, Berlin: Duncker & Humblot, 2000, S. 54-56.

[44]　详见汉斯·蒙森，《魏玛共和国的兴亡：1918—1933》，前揭，第 65—67 页；[德] 沃尔夫冈·J. 蒙森，《马克斯·韦伯与德国政治：1890—1920》，阎克文译，北京：中信出版社，2016 年，第 328—329 页。

宪法（1849 年 3 月 27 日），史称《法兰克福帝国宪法》（Frankfurter Reichsverfassung）。它虽然保留了世袭君主制，实际上具有自由主义色彩，坊间习称"圣保罗教堂宪法"（Paulskirchenverfassung）。当时的国民议会提议将"德国皇帝"的头衔授予普鲁士国王弗里德里希·威廉四世（Friedrich Wilhelm IV, 1795—1861），但后者宁做名副其实的普鲁士国王，也不愿做有名无实的德意志帝国皇帝，以"君权神授"为由拒绝接受，导致宪法破产。

1867 年，在俾斯麦的普鲁士王国主导下，曾通过一部《北德意志邦联宪法》（Verfassung des Norddeutschen Bundes）。善于妥协的俾斯麦让这部宪法采取了普选制，但有年龄和性别限制（青年和妇女除外）。尽管这一宪法仅仅被"当作对付奥地利的一张王牌"，但自那以来，"选举权已牢固地植根于德国人民的政治意识之中"。[45] 德意志帝国成立时（1871 年 1 月 1 日），这一宪法被改为《德意志邦联宪法》，三个月后（4 月 16 日），俾斯麦主导制定的新宪法生效。这两部宪法均采用普选制，但没有像 1849 年的革命宪法那样规定自由主义所要求的基本权利，而是专注于国家机关的职责划分。

1919 年 1 月 5 日的柏林暴动之前两天，普罗伊斯已经向人民代表委员会提交了宪法草案：德意志帝国改制为联邦制共和国，放弃现有的邦界划分，代之以 16 个德意志自由邦。[46] 涉及民主的基本权利部分，普罗伊斯差不多是在 1849 年圣保罗教堂宪法中"德意志人民基本法"一章的基础上更新和扩充的。1849 年的国民议会曾因这一章节久决不下，普罗伊斯担心重蹈覆辙，曾打算放弃这一章，但艾伯特坚持必须

---

[45]　［瑞士］埃里希·艾克，《魏玛共和国史·上卷：从帝制崩溃到兴登堡当选（1918—1925）》，高年生、高荣生译，北京：商务印书馆，1994 年，第 69 页。

[46]　Jasper Mauersberg, *Ideen und Konzeption Hugo Preuß' für die Verfassung der deutschen Republik 1919 und ihre Durchsetzung im Verfassungswerk von Weimar*, Frankfurt a. M.: Lang, 1991, S. 16–38.

得有，否则很难让社会民主党人接受。后者反倒是建议删除关于重新划分国内各邦领土的条款，在他看来，这更容易引发议会争端。

总而言之，魏玛宪法在涉及自由主义所要求的基本权利方面相当到位，以至于直到今天，还有自由主义政治史学家夸赞它是"世界上最民主的宪法之一，也许堪称举世无双"，因为它"将自美国、法国和拉美革命以来所有奉入建国宪法的政治权利都写入其中"。[47]这位史学家忘了，对自由主义者来说，魏玛宪法有一个致命痼疾，这就是第 48 条第 2 项所规定的总统紧急专政权：在共和国受到重大威胁的危急状态下，联邦总统可以不经国会授权就采取一切他认为必要的强制性措施，以恢复公共安全和秩序。显然，这一条款与宪法中有关限制总统权力的条款相抵牾，以至于它让共和国总统保留了绝对君主的特征。各种激进政治势力乃至实证主义法学家多以联邦宪法"不容侵犯"为由，反对这一条款。直到今天，不少自由主义史书对这一条款的历史评价仍然负面，理由是据说它在 1932 至 1933 年间成了摧毁民主的关键工具。

总统紧急专政权条款并非魏玛宪法的创制，而是沿用 1875 年帝国宪法中的"战争状态"法权（第 68 条），即"皇帝在发生内乱或战争爆发时"有宣布国家进入战争状态的权力，在此状态期间，人们的社会生活会受到种种限制。这条法律源于普鲁士王国在 1851 年 6 月针对1848 至 1849 年革命而制定的"围困状态"法令，它规定在发生内乱或爆发战争时，军事首领"有权搁置普鲁士宪法中所列举的基本权利"，并对行政机关有"直接控制权"。在"一战"爆发之前的 40 年里，帝国政府仅动用过两次"战争状态"法令，而战争爆发后动用的频率自然"越来越高"。由于主要针对"左翼分子阻扰战争工作的言行"，社民党左翼人士对这一法条非常反感，完全可以理解。尽管如此，"以往的经验使得魏玛代表们确信"，保留紧急状态制度仍有必要——何

---

[47]　埃里克·韦茨，《魏玛德国：希望与悲剧》，前揭，第 iv 页。

况，民主共和宪法限制了总统权限（第48条第3项和第54条），不必担心总统会成为绝对王权式的君主。[48] 毋宁说，共和国总统成了联邦宪法"不容侵犯"的最后守护者。例如，若魏玛共和国中有某个极端政党以推翻共和国为目的并采取了行动，而国民议会又因多党之间的政治歧见无法达成共识批准政府采取强制措施时，政府就可以向总统提出申请，根据宪法第48条第2项授权压制极端反政府行为。

从法理上讲，宪法第48条的设计表明，普罗伊斯起草的宪法采取了总统制与议会制相结合的政体形式，而这一设计实际来自当时的一位著名公法学家罗伯特·雷德斯洛布（Robert Redslob，1882—1962）的启发。此人是阿尔萨斯人，以研究法国和德国的宪制史和国际法著称。碰巧就在1918年的德国十一月革命前不久，他出版了一部专著《真真假假的议会制政府：英国、比利时、匈牙利、瑞典和法国宪法比较研究》。[49] 在雷德斯洛布看来，若执行权力不仅来自而且完全受制于立法机构，这样的议会制就是"虚假的"，因为这无异于议会专制。执行权与立法权达成"均势"（Gleichgewicht）才是"真正的"议会制，而要实现这样的均势，宪法就得赋予总统以不受议会控制的权力。[50]

---

[48]　[美] 罗斯托，《宪法专政：现代民主国家中的危机政府》，孟涛译，北京：华夏出版社，2015年，第49—51页；比较彼得·考威尔，《人民主权与德国宪法危机：魏玛宪政的理论与实践》，前揭，第57—58页。

[49]　Robert Redslobs, *Die parlamentarische Regierung in ihrer wahren und in ihrer unechten Form. Eine vergleichende Studie über die Verfassungen von England, Belgien, Ungarn, Schweden und Frankreich*, Tübingen: J. C. B. Mohr, 1918.

[50]　详见 Armel Le Divellec, "Robert Redslobs Theorie des Parlamentarismus. Eine einflussreiche verfassungsvergleichende 'Irrlehre'?", in Detlef Lehnert (Hrsg.), *Verfassungsdenker. Deutschland und Österreich 1870-1970*, Berlin: Metropol Verlag, 2017, S. 107–138; 亦参 Günther Gillessen, *Hugo Preuß. Studien zur Ideen- und Verfassungsgeschichte der Weimarer Republik*，前揭，S. 110-112, 186-187。

普罗伊斯的设计得到了马克斯·韦伯的支持，在后者看来，既然总统得到公民的直接支持，就应该拥有不受议会约束的权力——他甚至把"直接选举领袖的权利"视为"民主大宪章"。[51] 体现这一观点的宪制设计除了规定帝国议会和帝国总统都由人民直选外，还有宪法第48条赋予总统拥有紧急专政权。独立社民党抨击这一做法无异于让总统拥有了独裁权力，要求以瑞士模式制约总统，但艾伯特对普罗伊斯的设计投了赞成票——在他看来，总统权力来自人民直选，已经体现了直接民主原则。

总统制与议会制的结合还涉及德意志民族成为统一的人民国家的大问题，即中央集权制与联邦制的关系。普罗伊斯和韦伯都偏向中央集权制，因为联邦制难免让传统的地方封建势力阴魂不散，不利于国家的统一。但普罗伊斯的立场过于强硬，或者说"多少有些书生气"，而韦伯则更为实际。他注意到，封建式的王朝原则虽然已经不复存在，似乎没有必要再保留联邦制，但"出于现实政治的考虑"，德国的民主化宪制还是得基于一部"联邦主义的宪法"，因为"一部激进的中央集权宪法"难免引起各协约国政府的猜疑，进而"强加给德国更苛刻的和平条件"——正是出于这样的担忧，韦伯不得不"一再自称是个联邦主义者"。[52] 这一情形足以表明，战后德国并不能独立自主地实现民主制宪。

艾伯特本想绕过各邦政府代表审议宪法草案的这一环节，以免节外生枝，但没有成功。1月25日，艾伯特被迫召集各邦代表审议宪法草案，涉及联邦主权的条款果然得到加强——普罗伊斯不得不接受。不过，接下来人民代表委员会的中央委员会讨论经修改的草案时，又

---

[51] 埃里希·艾克，《魏玛共和国史·上册：从帝制崩溃到兴登堡当选（1918—1925)》，前揭，第72页。

[52] 沃尔夫冈·蒙森，《马克斯·韦伯与德国政治：1890—1920》，前揭，第328—329页。

对偏向联邦主权的条款提出了异议。艾伯特急于将草案提交即将在 2
月 6 日召开的国民会议审议，中央委员会以为可以到时再纠正，于是
没有坚持让草案退回修改。然而，当国民会议审议宪法草案时，新生
的共和政府已经面临一个紧迫问题：凡尔赛和会已经召开，德国亟需
一个按宪法建立的合法政府对外和平谈判。艾伯特为了避免国民会议
陷入原则性纠纷，他再次向各邦利益妥协，宪法的中央集权制再度受
到严重限制，尽管他坚持建立一个议会统治的自由民主法治国家的立
场始终"没有改变"。国民会议召开两周后（2 月 21 日），宪法草案已
经基本定型，其结果是"这个按照共和国立法的帝国比联邦主义者所
期望的更加集权化，但比中央集权倡导者要求的更加联邦化"。[53] 这
是魏玛宪法隐含的第二个内在矛盾，由于在某种程度上联邦的主权得
到加强，若邦与中央政府发生冲突，宪法第 48 条第 2 项就会让总统
成为宪法的守护者。后来的历史证明，正是普鲁士邦与中央政府的冲
突，让国社党有了获取共和国政权的可乘之机。

五、《凡尔赛和约》与魏玛共和危机

德国举行全民投票直选国民议会的前一天（1 月 18 日），协约
国与同盟国的代表在巴黎市内法国外交部所在地召开了第一次全体
会议。随后，协约国的代表们前往凡尔赛宫附近的特里亚农王宫饭
店（Hôtel Trianon Palace），就对德和约的条件展开磋商。由于美国的

---

[53]　埃里希·艾克，《魏玛共和国史·上册：从帝制崩溃到兴登堡当选（1918—
1925）》，前揭，第 69 页；[德] 海因里希·温克勒，《西方通史·第二卷：世界大战的时
代（1914—1945）》，杨丽、李鸥译，北京：社会科学文献出版社，2019 年，第 249 页；
彼得·考威尔，《人民主权与德国宪法危机：魏玛宪政的理论与实践》，前揭，第 71—
75 页。

介入已经"把威尔逊的目标从'没有胜利的和平'变成了战胜者强加给战败者的和平",法国公众舆论普遍期待的是德国割让莱茵河左岸(东岸)土地。法方代表之一斐迪南·福煦元帅特别强调了这一要求,由于英国和美国坚决反对,他并未坚持,但左翼激进派的总理乔治·克里孟梭(1841—1929)则坚持要肢解德国。[54]英国的自由党首相劳合-乔治(1863—1945)认为,这一要求会像普鲁士在1871年拿走阿尔萨斯-洛林那样,让欧洲继续不得安宁。法国与英美两国达成的妥协方案是,德国保留莱茵河左岸,英、美、法三国军队对这一地区以及最重要的桥头堡城市(如科隆和美因茨)实施为期15年的军事占领,以确保莱茵河两岸50公里地带永久非军事化——德国不得设置防御工事,不得招募士兵或部署军队,即便这些地区是德国领土。

对于德国东部的处置,英、美、法三国没有分歧,一致同意让德国失去普鲁士王国在一百多年前夺得的大片土地,交还波兰。这使得德国的领土损失"非常巨大,德国人对此必然会感到十分痛心"——唯一的安慰是"德国的统一被保住了"。条约草案还规定,德国军队人数必须减少到十万,并要求德国承担"无限赔偿责任",且未规定具体数目(第231条)。[55]

就在魏玛的国民议会选出首届内阁并加快制宪进程的时候,巴黎和会的协约国"三人会议"也拟好了和约草案(4月14日),并通知德方派代表团前往凡尔赛接受和平条件——而非就此进行谈判。5月7日,德方代表前往特里亚农王宫饭店接过和约草案,然后带回国内提交国民议会审议。

五天后(5月12日),谢德曼总理在柏林大学礼堂举行的国民议会会议上措辞尖锐地抨击条约草案,宣称坚决不能接受,一时赢

---

[54] 斯图尔特·休斯,《欧洲现代史:1914—1980》,前揭,第141页。

[55] 埃里希·艾克,《魏玛共和国史·上册:从帝制崩溃到兴登堡当选(1918—1925)》,前揭,第99页。

得"全场暴风雨般的掌声"。尽管如此，一个多月后（6月28日），德国新政府的代表还是前往凡尔赛宫镜厅，接受了正式的《凡尔赛和约》签字仪式。多数派社民党的外交部部长赫尔曼·米勒（Herman Miller, 1876—1931）和中央党的交通部部长、法学家约翰内斯·贝尔（Johannes Bell, 1868—1949）承担了倒霉的签字责任，他们注定将承受德国人的愤怒——"100个德国人中有99个深信"，德国在1918年11月11日签订的停战协定是被骗了，因为这一和约明显背离威尔逊总统提出的和平原则，而当初德国政府是基于这一原则才签停战协定的。[56]

　　一个月后（7月31日），德国国民议会对魏玛宪法表决，以262票支持（来自社民党、中央党和民主党）、75票反对（来自独立社民党、德国人民党和德意志国家人民党）、1票弃权（另有84人缺席）获得通过。8月11日，总统签署了《德意志帝国宪法》（Die Verfassung des Deutschen Reichs）——为了与俾斯麦的帝国宪法相区别，通常称为《魏玛帝国宪法》（Weimarer Reichsverfassung），两天后刊布于《联邦法律公报》，次日生效。

　　9月，为平息鲁尔和中部德国矿区的罢工及左翼暴力行动，艾伯特总统首次动用宪法第48条第2项签发紧急法令，暂停一系列基本权利——宪法第114条（人身自由）、第118条（新闻自由）和第124条（结社自由）等。11月，为应对斯巴达克斯同盟的残余行动和罢工浪潮，艾伯特再次动用这一宪法条款。在接下来的1920年，为了稳定共和国秩序，艾伯特动用总统专政权的情形更多。[57]

　　1920年1月10日，《凡尔赛和约》正式生效；2月，新生的德国国民议会通过了接受《凡尔赛和约》的决议，这给刚刚诞生的共和国

---

[56]　埃里希·艾克，《魏玛共和国史·上册：从帝制崩溃到兴登堡当选（1918—1925）》，前揭，第122—123、128页。

[57]　罗斯托，《宪法专政：现代民主国家中的危机政府》，前揭，第52—53页。

政府带来巨大负担，并且殃及《魏玛宪法》。2月24日，德国工人党（1919年初成立）改名国家社会主义德意志工人党（通常简称"国社党"），并在慕尼黑霍夫布劳啤酒馆宣布了《二十五点纲领》，其中的第25点要求建立"强有力的中央权力"，"中央议会（Zentralparlament）应对整个帝国及其所有组织拥有无条件的权威"。这种措辞虽然没有明文否定《魏玛宪法》，但与宪法所确认的联邦制存在根本冲突，在当时的政治语境中被视为反魏玛体制、强化国家统一的政治立场。

　　3月9日，没有给宪法投赞成票的德意志国家人民党和德国人民党提出议案，要求在5月1日前解散国民议会，并立即举行国会和总统选举。这一诉求没有否定宪法，而是接受了宪法和国民议会，仅仅要求按民主程序重新选举国会议员和总统，执政党团联盟没有理由拒绝，但坚持认为，首届国民议会仍有必要继续存在，因为尚有诸多法律草案亟待完成。最为紧迫的是，被英、法、美三国军队占领的莱茵兰地区即将举行公民投票，即便重新进行国会选举，也只能推迟到秋收后。国会表决的结果是，以176票对60票否决了德意志国家人民党和德国人民党的提案。

　　这两个右翼党派提出重新大选，实际是出于对首届共和政府照章执行《凡尔赛和约》的愤慨。1920年3月，德国军队已经缩减至40万，有15000名军官被解职，而按和约规定，现有军队至10月1日还得再缩减30万，这无异于要求半年内再次大规模裁军——约有5000名军官面临被解职的命运。和约还指控约900名军官犯有战争罪，要求德国政府引渡这些"战犯"到协约国接受审判（第228—230条）。这一要求更改了数百年来的欧洲战争习规，不仅让军队"更加激动"，甚至连新生的共和政府也明确且"正确地指出它根本无法履行这一规定"，但同意由德国最高法院对被指控的军人提起诉讼。[58]

---

[58]　埃里希·艾克，《魏玛共和国史·上册：从帝制崩溃到兴登堡当选（1918—1925）》，前揭，第145、149—150页。

卡普政变

1920 年 2 月 29 日，魏玛共和的国防部部长古斯塔夫·诺斯克下令解散"厄尔哈特海军旅"（Marine-Brigade Ehrhardt）。该旅隶属瓦尔特·吕特维茨（Walther von Lüttwitz, 1859—1942）上将指挥，这位刚年届五十的将军在战争期间战功卓著，11 月革命后，艾伯特以人民代表委员会的名义任命他为大柏林地区临时军区司令。正是在他的鼎力支持下，艾伯特的过渡政府才得以在 1919 年 1 月成功镇压"斯巴达克斯起义"。《魏玛宪法》生效两个月后（10 月 1 日），吕特维茨被任命为驻防共和国东部的国防军第一集团军司令。

新共和政府的总理古斯塔夫·鲍尔（Gustav Bauer, 1870—1944）已经尽力减轻执行《凡尔赛和约》的力度，但厄尔哈特海军旅是吕特维茨属下的精锐，他对共和政府下达的解散令极为抵触，甚至搞了一场未经批准的阅兵，公开宣称"决不容许这样一支中坚部队（Kerntruppe）在如此风雨飘摇的时刻被拆毁"。[59] 事实上，正是吕特维茨将军怂恿德意志国家人民党和德国人民党提出解散国会重新大选的提案。因此，提案在国会遭到否决的第二天（3 月 10 日）晚上，吕特维茨将军直接向艾伯特总统面陈七点要求，相当于发出最后通牒：除要求解散国民议会重新大选外，还要求撤销厄尔哈特海军旅解散令，以及由他出任国防军总司令等。艾伯特态度强硬地拒绝了吕特维茨将军的要求，并希望他在 24 小时内辞职——陆军人事部部长里特·布劳恩将军则奉命劝说，辞职后会晋升他为大将，然后再退役。[60]

24 小时过去了，吕特维茨并未提交辞呈。国防部部长诺斯克通知吕特维茨休假，厄尔哈特旅转交海军部节制，实为解除他的兵权，但未将他逮捕。吕特维茨随即回到厄尔哈特旅驻地，下令该旅于 12 日

---

[59]　Sebastian Haffner, *Die verratene Revolution 1918/1919*, Bern: Scherz, 1969, S. 195.

[60]　Gabriele Hoffmann, *Die Brigade Ehrhardt*, Hamburg: Leibniz-Verlag, 1971, S. 52.

开赴柏林控制政府区，随后就通知前祖国党副主席、东普鲁士地方行政官员沃尔夫冈·卡普（Wolfgang Kapp，1858—1922）和已从瑞典返回德国的鲁登道夫将军做好准备，在星期日（14 日）那天接管柏林政府。不到半年前（1919 年 10 月），卡普和鲁登道夫等刚成立了"国家统一"（Nationale Vereinigung）组织，目的是反对共和政府。

吕特维茨并非秘密行动，他将发动政变的消息已经不胫而走——12 日晚上，《柏林晚报》已经报道厄尔哈特旅即将进兵柏林。诺斯克知道得更早，他紧急调派两个保安警察团和一个国防军团进入政府区警戒，但这三个团的指挥官均拒绝保卫政府大楼。深夜 11 点，艾伯特在总理府召开紧急内阁会议，经彻夜讨论，最终投票决定政府撤离柏林，并呼吁举行全国总罢工，以此抵抗政变——有极少数部长投了反对票，表示不愿意撤离柏林。

13 日清晨（约 6 点半），在赫尔曼·厄尔哈特（Hermann Ehrhardt, 1881—1971）少校的亲自指挥下，厄尔哈特旅士兵以作战姿态（头戴钢盔）经勃兰登堡门进入柏林城。差不多 10 分钟前，总统艾伯特和总理古斯塔夫·鲍尔以及大部分部长乘坐准备好的汽车，匆匆离开政府大楼前往德累斯顿。诺斯克与那里的驻军司令格奥尔格·迈克尔（Georg Maercker，1865—1924）少将很熟，以为会得到保护，未料迈克尔少将已接到吕特维茨命令，对这些政府要员实施"保护性拘留"（Schutzhaft）。多亏德国人民党的议会党团主席鲁道夫·海因泽（Rudolf Heinze，1865—1928）劝阻，流亡政府的要员们才得以脱身，转往西南部城市斯图加特——驻防西部的第二集团军司令没有响应吕特维茨的行动。[61]

13 日上午，总理府新闻主管以总统和总理以及社民党议会党团的名义发布了总罢工呼吁；下午，全德工会联合会（ADGB）和自由职

---

[61] Sebastian Haffner, *Die verratene Revolution 1918/1919*, Bern: Scherz, 1969, S. 201-202.

员工会联合会（AfA）响应呼吁，德国共产党发表声明反对政变，但同时呼吁无产阶级暂时等待，不过在第二天（14 日）也宣布参与总罢工。15 日这天，总罢工不仅已席卷柏林，导致整个柏林停水、停电，也蔓延至全国，有 1200 万工人响应：各地铁路及城市公共交通停运，邮政电话中断，报纸停刊，几乎所有政府机关关闭。[62]

　　吕特维茨的军队对柏林政府区实施军事占领后，卡普宣布取缔已逃亡的政府，解散国民议会和普鲁士政府，自己出任共和国总理兼普鲁士邦总理。然而，吕特维茨和卡普既未准备好部长名单，也没有具体行动纲领。德国公务员联合会在周一（15 日）这天加入罢工后，政变者甚至无法接管柏林的部委行政部门。国防军高层对是否支持吕特维茨的行动也出现严重分歧，凡此都使得卡普束手无策，以致吕特维茨一度打算让军队接管政府部门。德国民主党的司法部部长兼副总理欧根·席费尔（Eugen Schiffer, 1860—1954）是极少数留在柏林的部级官员，在没有得到斯图加特流亡政府授权的情况下，他率领民主党的议会党团成员与吕特维茨将军谈判，承诺满足其部分要求（如停止解散海军旅），且不追究这次行动的责任，希望他和平结束行动。[63]

　　17 日，吕特维茨接受了席费尔的提案并提交了辞职，协议随即在新闻公告中公布。"除吕特维茨以外，大多数起义领导于 3 月 17 日带着假护照离开了柏林"，卡普担心遭到清算，在勃兰登堡地区东躲西藏数日后，逃往瑞典申请政治庇护。厄尔哈特海军旅在 18 日通过勃兰登堡门离开时精神抖擞地高唱着歌曲，引发围观人群"此起彼伏的抗议声，士兵们立即开枪，造成 12 人丧生，30 多人受伤"。这场政变仅维持了 100 小时（5 天时间），它虽然被冠以卡普的大名，实际上

　　[62]　Klaus Gietinger, *Kapp-Putsch. 1920–Abwehrkämpfe–Rote-Ruhrarmee*, Stuttgart: Schmetterling, 2020, S. 90-149.

　　[63]　Knut Wolfgang Nörr, *Zwischen den Mühlsteinen. Privatrechtsgeschichte der Weimarer Republik*, Tübingen: Mohr Siebeck, 1988, S. 226.

后者不过是配角或道具。而主角吕特维茨所采取的行动与其说是有组织、有预谋的政变，不如说是一时因共和政府执行《凡尔赛和约》的裁军要求而引发的赌气行为。[64]

流亡斯图加特的中央政府要员在 18 日返回柏林，但总罢工到 3 月 22 日才结束。为了尽快恢复政府权威，艾伯特总统依据宪法第 48 条第 2 项颁布了紧急法令，实施秩序管制。然而，因未组织有效抵抗就撤离柏林，鲍尔政府饱受左翼政治人士抨击，甚至多数派社民党高层内部也出现了激烈的批评声。3 月 27 日，在强大的压力下，鲍尔宣布辞去帝国总理职务。接替他的是多数派社民党国会议员赫尔曼·米勒，此人在艾伯特当选总统后出任多数派社民党主席，前文提到他在鲍尔内阁中担任外交部部长（1919 年 6 月 21 日）。上任后仅一周，他就接到倒霉差事，与中央党议员约翰内斯·贝尔一起前往巴黎接受《凡尔赛和约》（6 月 28 日），结果被右翼势力视为"十一月罪犯"（Novemberverbrecher）之一。事实上，对于社民党人赫尔曼·米勒来说，《凡尔赛和约》的诸多条款当然不可接受，只是他觉得德国在目前的局势下不得不签字——接下来，他就把修订条约当作德国外交政策的首要目标。

鲁尔危机

鲁尔危机（Ruhraufstand）紧随卡普政变之后，很容易让人以为它是政变带来的结果，其实不然。[65]

自 19 世纪中期以来，位于德国西部莱茵河下游支流鲁尔河与利珀河（Lippe River）之间的鲁尔河谷就是德国最大的矿区（附带冶炼和机器制造业），向来是社会民主党活跃的地区。1919 年 1 月事件

---

[64]   海因里希·温克勒，《魏玛共和国：1918—1933》，前揭，第 155 页。

[65]   Klaus Gietinger, *Kapp-Putsch. 1920-Abwehrkämpfe-Rote-Ruhrarmee*, S. 151-153.

后，多数派社民党及其盟友自由工会的影响力在这一地区大为下降，独立社民党和德国共产党的势力则猛增。为了实现其政治理想，两个左翼激进党派在当地不断组织罢工，目标是推动煤矿业的社会民主化，还成立了带无政府主义工团色彩的"泛矿工联盟"（Allgemeine Bergarbeiter-Union）。

社会民主化运动带来的罢工潮接连不断，让当地驻军司令奥斯卡·瓦特尔（Oskar von Watter, 1861—1939）中将十分恼火。此人在战争期间从第10野战炮旅旅长、第54步兵师师长逐步晋升到第26预备军军长，可见其战场表现不俗。战争结束时，瓦特尔已经是第17集团军司令，部队就驻扎在威斯特法伦地区。部队遣散时（1919年3月底），他让麾下组织起好几个自由军团，并担任最高指挥官。瓦尔特的自由军团对矿区的工人运动持敌对态度，双方经常爆发冲突。为了缓和局势，尤其是为了避免使用武力，帝国政府和普鲁士政府在1919年4月派多数派社民党的国会议员卡尔·泽弗林（1875—1952）前往鲁尔区，以中央政府专员身份协助瓦特尔将军稳定秩序，实际上是让他尽可能节制后者，避免对工人动武——多数派社民党毕竟出自工人运动，一向声称代表工人利益。泽弗林一到当地就对瓦特尔将军表示，希望他站在工人一边。

泽弗林试图以软硬两手化解左翼激进党派推行的社会化运动：一方面逮捕罢工带头人，强制所有适龄男性从事应急劳役，另一方面则为愿意复工者提供额外口粮，接受工人提出的七小时工作制。1919年6月，矿区城市比勒费尔德（Bielefeld）爆发骚乱，泽弗林虽然宣布进入戒严状态，但通过软硬两手成功平息骚乱。共和国立宪政府正式成立后（1919年10月），瓦特尔被任命为驻扎明斯特的国防军第七旅（Reichswehr-Brigade 7）旅长兼第六军区（Wehrkreis VI）司令，负责整个威斯特法伦地区的秩序。为了更好地节制明显右翼的瓦特尔将军，泽弗林将办公地点从多特蒙德迁至明斯特。

泽弗林注重改善矿区的物资供应，成功调解诸多劳资冲突，仅仅是暂时控制住局势，激进政党推动的社会化运动并没有停止。1920 年初，局势因铁路工人和矿工罢工而再度恶化。泽弗林觉得已经没有退步余地，决定采取更为强硬的措施——解雇罢工工人，拒绝无政府主义者提出的六小时工作制。为解决共和国的煤炭危机，他还强制工人加班生产，但也相应提高供给和工资待遇。

瓦特尔的自由军团则对罢工采取镇压措施。2 月 14 日至 15 日，鲁尔区北部边缘城镇的工人罢工遭到自由军团的严酷镇压后，当地独立社民党与德国共产党联手在鲁尔矿区发动总罢工，约有半数工人响应。2 月 16 日，瓦特尔下令军队恢复秩序，双方爆发武装冲突，直到五天后（2 月 21 日）军方才控制住局面。

正是在这一背景下，卡普政变来了。3 月 13 日当天，鲁尔地区就爆发了示威，仅波鸿（Bochum）就有约两万人上街。同日，当地的德共、独立社民党与多数派社民党的负责人举行联席会议，决定联合起来建立工人苏维埃政权：反卡普政变成了另一场针对新生共和政府的政变。泽弗林与威斯特法伦州州长武尔梅林（Bernhard Wuermeling，1854—1937）明确表态站在合法政府一边，但瓦特尔将军拒绝在联合声明上签字。当天上午，瓦特尔在明斯特召集第六军区军官开会，他避免公开表态支持卡普政变，但声称其任务是"确保工业区的秩序与安宁"——这差不多等于是默认卡普政变。[66]

接下来的两天里，工人密集的矿区城市如埃森（Essen）、杜伊斯堡（Duisburg）、波鸿等地出现了由武装工人组成的"鲁尔红军"，试图通过武力建立工人苏维埃政权，以实现 1919 年 1 月革命未能实现的目的。15 日，鲁尔红军在鲁尔区东南部的中型矿区城镇韦特（Wetter）与瓦特尔属下前来镇压的自由军团的先头部队交火，并将其击溃。第二天（16 日），瓦特尔将军表态支持合法政府，但这并非因

[66]   Günter Gleising, *Kapp-Putsch und Märzrevolution 1920. Band I: Ereignisse und Schauplätze in Bochum und Umgebung*, Bochum: RuhrEcho Verlag, 2016, S. 15.

为他的自由军团一时不敌鲁尔红军，而是因为他得知柏林的政变明显已经没有前途。

吕特维茨的政变结束那天（17 日），一支鲁尔红军攻占了鲁尔区面积和人口都最大的城市多特蒙德。接下来的几天里，鲁尔红军在矿区各地的攻击势头越来越猛。20 日，鲁尔的工人苏维埃在鲁尔区中心城市埃森成立了准"革命政府"性质的工人苏维埃中央委员会（Zentralrat der Arbeiterräte）。这时，流亡的中央政府已经返回柏林，并强硬宣称要派军队平息鲁尔区的武装动乱。21 日，鲁尔区的三党联盟再次召开会议，出于避免内战的现实考量，多数派社民党和独立社民党动议"回归合法性"——德国共产党被迫让步，会后联名宣布收回建立工人苏维埃政权的主张。

中央政府和普鲁士邦政府都不愿轻易动用武力，指示泽弗林积极努力和平解决。21 日，泽弗林向当地激进党派和组织发出呼吁：既然卡普政变已经失败，工人就应该复工。23 日，泽弗林代表中央政府和普鲁士邦政府，在比勒费尔德与鲁尔区东部的工会和独立社民党以及共产党的代表达成了停火协定，包括解除鲁尔红军武装并施行大赦等条款。但是，鲁尔红军以及鲁尔区西部的德国共产党和独立社民党没有参与谈判，瓦特尔领导的军方则拒绝参与，以致这份《比勒费尔德协议》没有任何效力。[67] 这不能怪泽弗林办事不力，毕竟，无论是鲁尔红军还是鲁尔区的德国共产党和独立社民党，都没有形成统一的指挥和领导。东部以温和派占上风，西部则由激进派主导。这份协议的意外成果是导致东部的温和派与西部的激进派分裂：前者宣布与鲁尔红军划清界限，理由是后者已偏离"保卫宪法"的初衷。[68]《比勒费尔德协议》失败后，泽弗林也不再反对武力解决。

---

[67]　Klaus Gietinger, *Kapp-Putsch. 1920-Abwehrkämpfe-Rote-Ruhrarmee*, S. 212-222.

[68]　Heinrich A. Winkler, *Von der Revolution zur Stabilisierung. Arbeiter und Arbeiterbewegung in der Weimarer Republik 1918 bis 1924*, Berlin: Karl Dietz, 1985, S. 330.

总统专政权的常态化

鲁尔红军具有区域自发性，各地的武装夺权行动并未终止。24 日，一支鲁尔红军攻占了古老的韦瑟尔要塞（Die Zitadelle Wesel）——莱茵区最重要的防御工事，随后，兵锋指向杜塞尔多夫和莱茵河东岸的大镇埃尔伯费尔德（Elberfeld）。25 日，另一支鲁尔红军与自由军团在鲁尔区北部的维滕（Witten）展开血战。就在这一天，艾伯特签发总统令，动用宪法第 48 条第 2 项，宣布鲁尔地区进入紧急状态，暂停宪法赋予的基本权利，要求当地在 30 日前结束罢工和武装行动，否则将动用国防军平息武装动乱。

两天前（3 月 23 日），国防军第 21 旅已经在鲁尔区东北边缘的铁路枢纽站哈姆（Hamm）一带完成集结。由于《凡尔赛和约》规定鲁尔为非军事区，并派兵占领了莱茵河西岸，还把莱茵河东岸 50 公里内划为缓冲区禁止德军进入。中央政府若要派兵进入鲁尔西部恢复秩序，得经协约国驻军当局同意。这意味着，共和国总统的紧急法令在这些地区也不能得到有效执行。

自 1919 年 9 月以来，艾伯特已经多次动用总统专政权，但都为时很短就解除法令，而且涉及地区不广。这次则不同，紧急法令覆盖整个鲁尔地区乃至部分其他城市，基本权利被暂停的时间更长，范围也更广，从而首次让"非常状态治理"显得有常态化趋势，成为共和政府逐步走向"合法形式下的非常状态统治"的标志性事件。

3 月底，鲁尔红军几乎已经控制整个鲁尔地区。工人苏维埃在 3 月 30 日还发出了无限期总罢工令，两天内有 16 万矿工参与大罢工。4 月 2 日，瓦特尔将军下令国防军的三个旅以及多个自由军团同时采取行动——包括参与过卡普政变的"洛文费尔德海军旅"（Marine-Brigade von Loewenfeld）和"奥洛克自由军团"（Freikorps Aulock）。鲁尔红军一度在佩尔库姆（Pelkum）与自由军团激战，由于缺乏统一指挥，毕竟不是正规军的对手。[69]自由军团采取格杀勿论的手段（"不要俘虏"）对鲁尔红军痛下杀手，并迅速向鲁尔区西部推进，沿途大规模逮捕、缴枪，设立临时军事法庭审判起义者，然后执行集体枪决。4 月 3 日，艾伯特总统发布紧急命令，禁止军方擅自设立临时军事法庭，但收效甚微。4 月 6 日，艾伯特亲自主持召开内阁会议，进一步确认基于宪法第 48 条第 2 项而采取的行动由内政部掌控，这意味着取消军队执法权。尽管如此，直到 4 月 12 日，瓦特尔将军才发布命令，禁止属下的"非法行为"。在此期间，已有上千工人武装丧生，国防军方面阵亡 208 人，警察死亡人数为 41 人。[70]

　　国防军在鲁尔河一线停止了推进，若再西进就将违反《凡尔赛和约》——英国占领军已经发出警告，将进驻科隆以东 10 公里的贝尔吉施（Bergisch）戒备。到 4 月 14 日，罢工已经逐步减少。然而，4 月 15 日，一支自由军团在鲁尔西部的梅特曼（Mettmann）镇对正在举行集会的工人开火，酿成新的流血事件，引发又一轮罢工，一直持续到 5 月 2 日才基本结束。4 月 30 日，瓦特尔中将因属下的自由军团在行动期间有大量"非法行为"而被撤职，两个多月后（同年 7 月）被要求退役。

　　事件平息后，多数派社民党的联合政府遭到来自左翼政党更为严厉的指责，尤其是以宪法第 48 条第 2 项为依据动用军队镇压工人。执政的多数派社民党非常尴尬，因为就政治理念而言，它本应该站在工人一边，但现在它作为新共和政府的执政党又不得不动用宪法第 48 条施行专政。由于起义者在初期曾提出"通过无产阶级专政

---

[69]　Klaus Gietinger, *Kapp-Putsch. 1920-Abwehrkämpfe-Rote-Ruhrarmee*, S. 205-211.

[70]　海因里希·温克勒，《西方通史·第二卷：世界大战的时代（1914—1945）》，前揭，第 255 页；Rainer Pöppinghege, *Republik im Bürgerkrieg. Kapp-Putsch und Gegenbewegung an Ruhr und Lippe 1919/20*, Münster: Ardey-Verlag, 2019, S. 54-59, 80-82。

夺取政治权力"（Erringung der politischen Macht durch die Diktatur des Proletariats），情形就成了两种专政的对抗。艾伯特总统可能会想到 19 世纪初期的南美民主革命家西蒙·玻利瓦尔（Simón Bolívar, 1783—1830），后者在建立大哥伦比亚共和国（1819）后出任总统时，曾不得不施行独裁——对此他有过一番著名的辩解：

> 世界上有哪个国家，不管它如何克制和主张共和制，能够在内有众多派系、外有战争的情况下，由如此复杂而软弱的联邦制政府治理呢？不，在战争和党派骚乱中绝不可能保持这种制度。可以这样断言，政府必须适应它所处形势的特点、时代和它周围的人士。如果一切都是繁荣而又平静的，政府就应该是温和的，是保护者；但是，如果处于兵荒马乱的情况下，政府就应该冷酷无情，坚定不移地对付面临的危险，在重建幸福与和平之前，不必拘泥法律和宪法。[71]

艾伯特不敢这样强势地宣称自己的决断具有正当性乃至合法性，他信守自由民主原则。吕特维茨当初要求解散国会重新大选的动议并没有被否决，而仅仅是被推迟。6 月 6 日，国民议会重新选举，多数派社民党本来在议会中占多数，因背上接受并执行《凡尔赛和约》这一黑锅以及在鲁尔区采取严酷行动，得票率大降，从 1900 万减少到 1100 万（即从原来的 37.9% 降到 21.6%）。右翼政党则从 560 万票猛增到 910 万票，激进左翼政党的选票更是翻倍，从 210 万增加到 530 万。显然，自米勒接任总理（3 月 27 日）以来，多数派社民党的联合政府未能满足工会和独立社民党对"工人政府"的期望，即便米

---

[71]　［委内瑞拉］西蒙·玻利瓦尔，《玻利瓦尔文选》，中国社会科学院拉丁美洲研究所译，北京：中国社会科学出版社，1983 年，第 12 页。

勒曾竭力促使德国民主党和中央党采取了偏向工会的立场。[72]

这样一来，无论是在选民中还是在国会中，多数派社民党都已不再占有多数。以不愿与德国人民党共事为由，多数派社民党拒绝参与组阁，国家人民党和巴伐利亚人民党则以拒绝承担执行《凡尔赛和约》的职责为由也退出组阁。为了不让共和国总理落到独立社民党手里，多数派社民党积极支持在国会中并不占多数的中央党领导人康斯坦丁·费伦巴赫（1852—1926）当选新一任共和国总理，其结果是国会中的少数派政党出面组阁，共和政府更难施政。[73]

六、《论专政》的思考线索

以上就是《论专政》的写作背景。施米特大约在 1920 年夏天动笔，其时艾伯特总统以宪法第 48 条第 2 项为依据动用军队平息鲁尔危机是否违宪的舆情论争已起。著名诗人、政治作家胡戈·巴尔（Hugo Ball, 1886—1927）是施米特的好友，他引用某位英国作家的话来形容施米特的这部"非常抽象、学术上精雕细镂的"著作：

> 罗马着火时，弹琴固然要不得，然而，这个时候研究水力学理论却完全正当。[74]

1920 年的德国着火了吗？卡普政变有如一场闹剧，仅五天就收

---

[72]　海因里希·温克勒，《魏玛共和国：1918—1933》，前揭，第 154—155 页。

[73]　埃里希·艾克，《魏玛共和国史·上册：从帝制崩溃到兴登堡当选（1918—1925）》，前揭，第 165 页。

[74]　巴尔，《施米特的"政治的神学"》，见刘小枫编，《施米特与政治法学（增订本）》，刘锋等译，上海：华东师范大学出版社，2008 年，第 82 页。

场，算不上一场大火。艾伯特没有动用宪法第 48 条第 2 项宣布紧急状态，而是凭靠民主斗争的方式（全国大罢工）压制了政变——但鲁尔危机就不同了。

1918 年年底的 11 月革命事发时，施米特刚 30 岁出头，他不仅目睹德意志帝国的艰难转型过程，而且亲身经历过身处"革命旋涡的中心"时的个人生命危险。1915 年 2 月，27 岁的施米特在柏林通过了帝国政府最后一次行政候补人员考试，作为一名志愿兵进入步兵预备役。一个月后，因一次基础训练时脊柱受伤，他被安排进设在慕尼黑的总参谋部服役。1919 年 4 月 6 日，慕尼黑的激进左派再次宣告成立苏维埃共和国，武装工人满大街抓捕人质——尤其是军人。此时施米特仍在总参谋部服役，他身着军服走在大街上，"感到自己的生命受到了威胁"，深切体会到新生的共和国亟须稳定秩序。[75]

书名中"专政"（die Diktatur）这个语词可以有另一个译法，但它听起来有些可怕，至少会给人极为负面的印象——"独裁"。实际上，这个语词来自古罗马共和国，其含义并非负面的：当国家出现例外状况时（如外敌入侵或发生内乱），执政官会任命一位官员让他拥有最高治权，以便稳定或恢复国家秩序，任期六个月或视紧急状况是否结束而定。在这期间，专政官大权独揽，甚至不受保民官否定权的限制，故称"独裁官"。

施米特对"专政 [独裁]"问题的关注，并不是在战争结束后的动荡时期才开始的，而是始于战争期间。这体现于他不满 30 岁时发表的两篇学术文章——《专政 [独裁] 与围困状态：一项国家法研究》（1916）和《战争状态对普通刑事诉讼程序的影响》（1917），前者对"围困状态"中的"独裁"问题的深入探讨，尤其切合德国国情，"特别是对战争期间德国宪法发展具体情况的观照……散发出非同寻常的

---

[75]　［美］约瑟夫·W.本德斯基，《卡尔·施米特:德意志国家的理论家》，陈伟、赵晨译，上海：上海人民出版社，2015 年，第 15、24—25 页。

光芒"。[76] 这两篇文章算得上《论专政》的前奏，它们足以表明，德国的国家成长问题及其特殊历史处境，是施米特的政治法学思考的起点。由此可以理解，《论专政》不是从罗马共和国后期的独裁官制度，而是从基督教欧洲兴起时开篇：

> 对文艺复兴时期的人文主义作家而言，专政［独裁］是他们在罗马史和罗马古典作家那里发现的一个既存概念。[77]

全书共六章（按中译本计约 260 页）。施米特从意大利政治复兴时的马基雅维利（1469—1527）谈起，到"18 世纪之前的君主代理人"（第一至二章），花了五分之二篇幅（约 110 页）；接下来讨论 18 世纪后期出现的"人民主权专政"——尤其是法国大革命时期的实践（第三至五章），又花了 80 多页；最后一章讨论 19 世纪以来"法治国家秩序之中的"戒严状态，篇幅不到 40 页，其中仅结尾时用了大约 5 页篇幅谈论魏玛宪法第 48 条的专政条款（第 343—348 页）。由此看来，这部论著与施米特面对的政治现实没有直接干系。确如巴尔所说，施米特不是在救火，而是在研究"水力学理论"——但何谓"水力学理论"呢？

《论专政》的关键论断是"委托专政［独裁］"（die kommissarische Diktatur）与"主权专政［独裁］"（die souveräne Diktatur）的区分，前者指在国家的危机状态中通过暂时且部分中止宪法来保障法律秩序，后者则指通过终止现存体系为新的宪法秩序扫清障碍。对施米特来说，这既是一个公法学理论问题，也是一个政治现实问题。在魏玛召

---

[76]　彼得·考威尔，《人民主权与德国宪法危机：魏玛宪政的理论与实践》，前揭，第 58—64 页；约瑟夫·本德斯基，《卡尔·施米特：德意志国家的理论家》，前揭，第 18—19 页。

[77]　见本书第 103 页，以下随文注页码。

开的国民议会就是一种主权专政，它终止了德意志帝国，开启了共和国，其正当性来自人民授权。但是，魏玛宪法得到国民议会批准之时，这一专政便宣告结束，宪法成为共和国的法律和政治秩序的基础。一旦共和秩序遭遇否认其权威的政治势力带来的动荡，共和政府只得凭靠宪法第 48 条第 2 项所规定的专政权力采取必要措施以恢复国家秩序。

换言之，艾伯特总统依据宪法第 48 条第 2 项处理鲁尔危机，只能被视为在施行"委托专政"。若指责这一行为是专制"独裁"，就是在混淆视听。毕竟，委托专政是"一种专门用来使自由得以保存的共和宪政手段"，它"始终受宪法所设置的政治意识、民主和专政之权力的委托，其权威源于一种宪制"，从而并没有终止而是仅仅暂时中止部分宪法条款，其执行时限受危机持续时间的长短限制。[78]

那么，为何《论专政》的绝大部分篇幅是在谈论 16 至 19 世纪的欧洲政治史和思想史上种种与专政［独裁］问题相关的细节呢？施米特考察欧洲现代国家政治成长中的专政问题与魏玛宪制困境的关联究竟在哪里？

若把施米特的思考线索倒过来看，情形就清楚了。"委托专政"与"主权专政"的区分，实际依据的是魏玛宪法本身。由此产生的理论问题是：从基督教欧洲的政治成长史来看，这种区分是怎么形成的，为什么会出现这样的区分？如果说艾伯特总统依据宪法第 48 条施行专政是在"救火"，那么，他赖以救火的"水力"来自哪里？

罗马的独裁官并非由选举产生，而是由拥有 Imperium（统治权）的执政官任命，而且通常是应元老院的要求，其目的是统一军事指挥权——授权独裁官在最长六个月的时间内应对内部危机，其间不受其他政制要素（如保民官的干预权和申诉权）的限制。显然，这种专政

[78] 约瑟夫·本德斯基，《卡尔·施米特：德意志国家的理论家》，前揭，第33—35页。

[独裁] 权看起来像是一种委托专政 [独裁]。[79]

在共和晚期，苏拉和恺撒都曾把有时限的委托专政变成了无限期甚至终身任期，并与立法权或制宪权相结合，以至于委托专政变成了主权专政。公元前 82 年，苏拉成为 dictator legibus faciendis et rei publicae constituendae causa [制定法律和重建共和国的独裁官]；公元前 49 年，恺撒发动内战后进入罗马，迫使元老院赋予他 dictator rei publicae constituendae causa [重建共和国的独裁官] 名号。五年后（公元前 44 年），恺撒迫使元老院任命他为 dictator perpetuo [终身独裁官]，让自己拥有了重塑政体的权力：重组元老院、扩充公民权、整顿司法制度等。早在公元前 451 年，元老院为制定铜表法而设立十人立法团（Decemviri legibus scribundis）时，就让其成员拥有 dictator legibus scribundis [制定法律的独裁官] 头衔。苏拉和恺撒都没有要求这样的头衔，因为他们所企望的权限远远超出单纯的立法。[80]

苏拉的尤其是恺撒的专政已经显得是一种主权专政，但施米特没有这样说（第 104—105 页注 2）。这倒不难理解，因为那时并没有"主权"观念。[81] 在马基雅维利看来，罗马独裁官对于共和国的存续和成功来说必不可少，否则，政治体在危急时刻就会陷入要么无能为力、要么瓦解的困境。但令人费解或者说值得注意的是，施米特更多谈论的是马基雅维利的技术理性式的国家观（第 110—113 页）。

---

[79]　详见 [德] 特奥多尔·蒙森，《罗马史》，李稼年译，北京：商务印书馆，2015年，第 248—249、255—257、272、332—333、340 注 1、590—596、806 页。

[80]　详见特奥多尔·蒙森，《罗马史》，前揭，第 1245—1246、1456—1457、1516—1518、1657—1662、1675—1682、1788—1792 页。

[81]　研究魏玛共和时期专政现象最为著名的政治史学家卡尔·布腊赫（1922—2016）的博士论文（1948）正是以罗马共和国转型为帝制为题，而且用"进步思想"（Fortschrittsgedanke）来解释帝制出现的历史意识：Karl Dietrich Bracher, *Verfall und Fortschritt im Denken der frühen römischen Kaiserzeit. Studien zum Zeitgefühl und Geschichtsbewußtsein des Jahrhunderts nach Augustus*, Wien: Böhlau, 1987, S. 270—340。

在施米特看来，博丹（1530—1596）比马基雅维利更重要，因为在他那里不仅出现了"主权"观念，还出现了主权与专政的关联问题——即便他的论述局限于代理专政，他所给出的定义直到今天"仍然具有根本性意义"（第133页）。同样令人费解或者说值得深思的是，施米特打破了叙述的历史时间顺序：在说到博丹之前，他提到了如今剑桥学派所推崇的"反僭主论"，还把这一论题延伸到霍布斯和洛克（第125—132页）。在随后详细讨论博丹的"代理专政"观念（第141—148页）之前，施米特又简要考察了格劳秀斯、霍布斯、普芬道夫和托马修斯的观点，并以论及英国革命时期的锡德尼和洛克结尾（第148—151页）。

如此论述线索应该让我们意识到，《论专政》不是一部政治思想史式的论著，而是一部政治法学论著，它关注的首要问题是：现代的专政实际与反抗 [君主] 权的出现相关。接下来我们看到，施米特又回到中世纪，从教宗的全权谈起，一直谈到普鲁士在17世纪的崛起（第二章）。这等于是在考察大公教式的全权专政及其与德意志政治成长的关系，其要害在于，新教的出现等于是对教宗的全权秩序的造反，从而与第一章中的主权、王权、反君主权等形成对应：独立主权和新教都是对教宗全权的造反，没有正当法权可言——"委托专政与主权专政的对立就出来了"。[82]这一章在全书中的篇幅最长（约62页），颇耐人寻味。

博丹的"主权"指的是领土性王国的王权独立性或绝对性，所谓"绝对君主"意即"独立君主"，其矛头所指正是教宗的全权，而在绝对 [独立] 王权治下，严格来讲不存在委托专政与主权专政的区分。但施米特在第一章已经让我们看到，与拥有主权的王权论几乎同时出场的是反王权论，这意味着它要与王权争夺"主权"。在接下来的第三章的标题中，关键词"主权专政"出现了，但仅仅是过渡。施米特

---

[82]　巴尔，《施米特的"政治的神学"》，前揭，第102页。

从法国的绝对王权谈起，很快就进入对巴塞洛缪之夜后新教君主论者关于等级反抗权的讨论，紧接着就是启蒙运动初期孟德斯鸠提出的"中间权力"论。经过对一系列启蒙作家的反君主论的简要考察，这一章的重点落在了卢梭的"人民主权"论上（第245—260页），并以此收尾。施米特让我们看到，16至17世纪的反抗君主的权利学说在启蒙思想中如何得到推进，尽管卢梭的《社会契约论》中是否出现了"主权专政"概念，这一问题仍然悬而未决。

第四章的标题就是"主权专政的概念"，在这一标题下，施米特集中考察了英国共和革命时期的人民专政（第263—274页）和法国大革命时期的人民专政（第275—288页）。在第三章讨论18世纪法国启蒙思想之后才谈论克伦威尔的专政，再次显得是历史时间顺序的倒错，反倒突显了思考线索的关节点：人民主权取代君主主权。[83]

接下来的第五章专门讨论法国大革命中"人民主权专政"的具体实践，而这个论题实际上在第三章中已经出现了（第244页）。这一章篇幅最短（约18页），显得像是过渡，即过渡到第六章"现存法治国家秩序之中的独裁"——而"独裁"的具体含义是"戒严状态"。施米特提到的史例相当广泛，既有英国革命的例子（第311—312页），也有美国革命的例子（第313—314页），但主要是法国大革命期间的例子（第319—334页）和梅特涅复辟时期的例子（第334—337页），最后以魏玛共和国的例子结尾。这一章让我们看到，民主与独裁并不是决然对立的，或者说自由民主的法治国家同样离不了独裁要素。1942年，美国的公法学家克林顿·罗斯托（Clinton Rossiter，1917—1970）用更多的史例把施米特的这一章扩展成了一部专著，其中写道：

在美国人民阔谈民主与独裁的区别之际，他们实际上承认，

[83]　比较彼得·考威尔，《人民主权与德国宪法危机:魏玛宪政的理论与实践》，前揭，第101—104页。

自己的政府有必要更为紧密地遵循独裁模式！[84]

施米特的思考线索清楚了。本书所探究的问题虽然直指鲁尔危机的要害，但其矛头所指更多是以康德的形式主义法学为基础的实证法学传统，它在当时的德国法学界占据着支配地位，却对政治现实毫无感觉。[85] 现在我们可以理解，为何在第一章开篇时，施米特就提到技术理性式的国家观——如巴尔所看到的那样：

> 自马基雅维利以来，虚假的理性主义自然国家表现为对宗教主权者无限制全权的造反，表现为紧急状态。从托马斯·阿奎那到孟德斯鸠和康德，一个法律概念确立起来，这一法律概念的确立是在种种注释中形成的；正是在确立这一法律概念时，人们从五花八门的国家宪法和学说中一再碰到"专政"这个字眼。[86]

《论专政》有一个很长的副标题，"从现代主权思想的肇兴到无产者的阶级斗争"。但施米特仅在结尾时用半页篇幅提到"无产阶级专政"这一观念，并指出它实际上是 1848 年革命的产物——更为明确地说，是法国大革命的产物（第 347—348 页）。尤其重要的是，这个观念其实是临时性的，因为它最终服务于"人民主权"观念。既然魏玛宪法基于人民主权观，由此引申出的委托专政也就使得鲁尔起义的

---

[84] 罗斯托，《宪法专政：现代民主国家中的危机政府》，前揭，第 18 页。

[85] 施米特更多以脚注形式批评从罗伯特·莫尔（Robert von Mohl, 1799—1875）、耶利内克（Georg Jellinek, 1851—1911）、克拉贝（Hugo Krabbe, 1857—1936）到凯尔森（Hans Kelsen, 1881—1973）的实证法学传统。详见 Hendrik Hamacher, *Carl Schmitts Theorie der Diktatur und der intermediären Gewalten*, Neuried: Ars Una, 2001, pp. 65-105。

[86] 巴尔，《施米特的"政治的神学"》，前揭，第 101 页。

诉求成为多余。毕竟，多数派社民党已经从代表工人阶级的政党转换为代表全体德国人民的政党，尽管它未必意识到这一点。

七、合法性与例外状态

《论专政》出版那年，中央党议员埃茨贝格尔因两年前代表德国签署停战协议，在巴登的一个小镇被拒绝接受《凡尔赛和约》的右翼极端组织"执政官团"（Organisation Consul）刺杀身亡（1921 年 8 月 26 日）。艾伯特随即动用总统专政权"回击反共和主义者"的恐怖行为，宣布禁止极端右翼团体的活动并查封其出版物。[87] 1922 年，施米特发表《政治的神学》，高调挑明《论专政》暗含的核心论点：自由民主政体离不了专政要素，因为政治生活的本质要求这一要素。

即便动用总统专政条款，压制极端行为的措施也并未见效。1922 年 4 月，为打破德国在欧洲的孤立处境，瓦尔特·拉特瑙（Walther Rathenau，1867—1922）出任外交部部长仅三个月，就前往意大利的拉巴洛（Rapallo）与苏联外交部部长签署条约，宣布放弃《布列斯特－立托夫斯克和约》，以换取与苏俄关系正常化。拉特瑙回国后仅两个月（6 月 24 日），就被"执政官团"成员（23 岁的大学生和 26 岁的工程师）用微型冲锋枪刺杀在上班途中。[88]

半年后，法国采取的一项行动更让不论左翼还是右翼团体针对共和国政府的极端行为有增无减。

[87] 约瑟夫·本德斯基，《卡尔·施米特：德意志国家的理论家》，前揭，第 35—36 页。

[88] Martin Sabrow, *Der Rathenaumord. Rekonstruktion einer Verschwörung gegen die Republik von Weimar*, München: Oldenbourg, 1994, S. 86–103.

1923 年的连续动乱

1923 年 1 月 11 日，法国携同比利时出兵占领鲁尔区，理由是《凡尔赛和约》规定的索赔条款没有得到履行，尤其是没有为法国提供眼下急缺的木材、电线杆和煤炭等物资。这当然是"借口"，法国的真实企图是实际掌控这一军事缓冲区，"背后隐藏着法国想在欧洲大陆占据霸权地位的奢望"。[89] 虽然遭到英国和美国政府的明确反对，法国政府仍然一意孤行。这一事件随即引发德国的内部动荡：巴伐利亚再度出现反对共和政府的罢工和起义。更为严重的是，由于政府仅"被动抵抗"，即号召公务员和工人不与占领军合作，政府仍支付工资，结果因大量印钞导致国内金融危机。

苏联主导的第三共产国际看准了机会，据说是在托洛茨基的指示下，萨克森州和图林根州与德共关系密切的工会和工人大会不仅组织大罢工，还筹建准军事组织"无产者百人团"（多为轻武器，仅有少量机枪），准备模仿俄国"十月革命"在 10 月发动武装起义。当地社民党的少数派政府是在德共的议会支持下才得以执政，因此没有制止这一行为。到了 8 月，无产者百人团已经开始军事演习。由于经济状况恶化以及罢工四起，共和国总理威廉·库诺（Wihelm Cuno, 1876—1933）因无力应对局势而被迫辞职（8 月 12 日）。此人是无党派人士，担任过汉堡－美洲航运股份公司总经理，1922 年 11 月 22 日才被艾伯特总统任命，指望他重振经济，结果仅在任 264 天。[50]

新上任的共和国总理古斯塔夫·施特雷泽曼（1878—1929）有

---

[89]　海因里希·温克勒，《西方通史·第二卷：世界大战的时代（1914—1945）》，前揭，第 273 页。

[90]　同上书，第 276 页；关于"无产者百人团"（Proletarische Hundertschaften），详参 Karl Heinrich Pohl, *Sachsen 1923. Das linksrepublikanische Projekt - eine vertane Chance für die Weimarer Demokratie?*, Göttingen: Vandenhoeck & Ruprecht, 2022, S. 197-232。

"小俾斯麦"之称，他依据宪法第 48 条第 2 项宣布派中央政府专员接管萨克森州政府权力（Reichsexekution gegen Sachsen），国防军陆军总司令汉斯·冯·塞克特（Johannes von Seeckt, 1866—1936）奉命派军队进入该州，解散无产者百人团；随后又宣布对图林根州采取同样的措施，成功挫败这场由第三共产国际插手的"德国十月[革命]"。[91]

在法国的鲁尔占领军的怂恿下，10 月 1 日，独立社民党人在科布伦茨宣布成立"莱茵共和国"，脱离德意志共和国。由于《凡尔赛和约》规定，不允许德国军队进入莱茵地区，中央政府无法派出武装部队镇压这一分离行为。10 月 16 日，分离分子在埃施韦勒（Eschweiler）升起绿白红三色的莱茵共和国旗帜。一周后（10 月 21 日），分离分子已经控制莱茵兰的多个主要城市（亚琛、科布伦茨、波恩、威斯巴登、特里尔和美因茨）及其市政当局。10 月 26 日，法国高级专员兼莱茵兰委员会主席保罗·蒂拉尔（Paul Tirard, 1879—1945）确认分离分子已经"实际掌握权力"，要求他们服从占领当局的权威。律师出身的老牌分离分子汉斯·多尔滕（Hans Adam Dorten, 1880—1963）是这次行动的主要领导人，1919 年 1 月至 8 月，他在威斯巴登搞过短暂的"莱茵共和国"并自任总统。这次他组建了政府内阁，并指定记者出身的约瑟夫·马瑟斯（Josef Matthes, 1886—1943）出任莱茵共和国总理。[92]

不到两周后（11 月 8 日），国社党的冲锋队就在慕尼黑发动了

　　[91]　Fridrich 1. Firsov, "Ein Oktober, der nicht stattfand. Die revolutionären Pläne der RKP(b) und der Komintern", in Bernhard H. Bayerlein, Leonid G. Babicenko, Fridrich 1. Firsov, Aleksandr Ju. Vatlin (Hrsg.), *Deutscher Oktober 1923. Ein Revolutionsplan und sein Scheitern*, Berlin: Aufbau-Verlag, 2003, S. 35–57.

　　[92]　Erwin Bischof, *Rheinischer Separatismus 1918-1924. Hans Adam Dortens Rheinstaatbestrebungen*, Bern: Herbert Lang & Cie AG, 1969, S. 30–96.

"啤酒馆政变"。第二天，艾伯特动用宪法第 48 条第 2 项做出强硬反应：取缔国社党，将希特勒等要犯投入监狱。然而，受魏玛宪法中的自由权利条款制约，政府的压制行动并不彻底。希特勒虽被判处五年监禁（1924 年 4 月 1 日执行），实际上只服刑九个月就被释放，而国社党在 1925 年 2 月也得以重建。法院之所以原谅所有被告，是因为认为其所作所为乃"出于纯粹的爱国精神和高贵而无私的愿望"——这个判决理由"无异于宣判政变分子道德无罪"，不仅是在巴伐利亚，甚至"在整个德国，人们一致这样认为"。[93]

　　"莱茵共和国"直到 12 月才彻底失败，其原因主要是不得民心——它不仅招来全国民众抗议，还引发各地出现自发的莱茵兰保卫队，自带武器前往莱茵地区与分离分子作战。当地一些地方也组织了自卫队，多个城市的警察部队与分离分子交火。法国和比利时占领军当局起初明显偏帮分离分子：10 月 23 日，法国宪兵和士兵解除了威斯巴登警察的武装；10 月 25 日，亚琛地方警察试图强攻被占据的政府大楼，遭到比利时占领军阻止。11 月中旬，分离分子高层出现分歧，法国－比利时占领军见分离政权无法控制局势，转而不再提供支持。马瑟斯在 11 月 27 日辞去伪政权"总理"，多尔滕指望在莱茵兰南部维持临时政府，一个月后（12 月底）也逃亡法国尼斯。[94]

　　短短三个月时间内（9 月至 11 月），共和国政府多次动用宪法第 48 条的专政权，其中两次涉及暂时中止宪法中有关联邦制的条款（接

---

　　[93]　海因里希·温克勒，《西方通史·卷二：世界大战的时代（1914—1945）》，前揭，第 286 页。

　　[94]　Erwin Bischof, *Rheinischer Separatismus 1918-1924. Hans Adam Dortens Rheinstaatbestrebungen*, S. 116-137；历史文献见 Jens Klocksin, *Separatisten im Rheinland. 70 Jahre nach der Schlacht im Siebengebirge; Ein Rückblick*, Bonn: Pahl-Rugenstein, 1993, S. 25-76。

管萨克森和图林根政府）。这一切的起因都来自法国滥用《凡尔赛和约》，而共和政府"消极抵抗政策的失败越明显，极端右翼就越变本加厉地试图变消极抵抗为积极反抗"，甚至促使激进左翼与极端右翼联手。1923 年 4 月，法国刑警在埃森抓捕了一名国社党分子，一个月后（5 月 26 日），杜塞尔多夫的法国战争法庭以从事间谍和破坏活动罪为名判处枪决——共产国际的德国专家在一次会议上称，"这个法西斯分子"是"德国民族的殉难者"。[95]

　　1923 年的"德国十月"成为魏玛共和国的一个重要分水岭。1990 年代以后解密的苏联档案表明，第三共产国际的插手因素被夸大了。与萨克森的十月起义计划相比，"啤酒馆政变"微不足道，以至于有人声称"宁选纳粹"。[96] 毋宁说，决定性的转变在于，国社党在经历"啤酒馆政变"的失败并目睹萨克森的十月起义遭到强力压制后改变策略，决定采取"合法斗争"方式，像社民党在帝国晚期时那样走议会道路的曲线。这样一来，合法性问题就突显出来。

　　情势足以表明，新生的共和国政府面临的内外交困没有丝毫减缓。共和政府动用宪法第 48 条中的专政条款的情形自然会越来越多。与此同时，在法学界的实证法学势力的主导下，宪法专政条款的适用问题引发的讨论也越来越多——宪法起草人普罗伊斯以及实证法学的权威学者理查德·托马（Richard Thoma, 1874—1957）都参与了讨论。[97]

---

[95]　海因里希·温克勒，《西方通史·第二卷：世界大战的时代（1914—1945）》，前揭，第 274 页。

[96]　Pierre Broué, "Der Oktober, der nicht stattfand. Ein Kommentar", in Bernhard H. Bayerlein, Leonid G. Babicenko, Fridrich 1. Firsov, Aleksandr Ju. Vatlin (Hrsg.), *Deutscher Oktober 1923. Ein Revolutionsplan und sein Scheitern*, S. 60.

[97]　Hugo Preuß, "Reichsverfassungsmäßige Diktatur", in *Zeitschrift für Politik*, 13 (1923), S. 97-113; Richard Thoma, "Die Regelung der Diktaturgewalt", in *Deutsche Juristen-Zeitung*, 29 (1924), S. 654-660.

在这一背景下，1924 年 4 月，施米特在德国国家法教授联合会上做了讨论宪法第 48 条的专题学术报告，为共和政府动用专政权稳定国家秩序辩护——其中提到不少法例，尤其是半年多前中央政府接管萨克森和图林根政府"主权"的例子（见本书第 372—374 页）。1928 年施米特再版《论专政》时，将这篇长文收作附录，并撰写了长篇再版前言。施米特提到，此书自出版以来，其中关于"总统专政权"的论述受到很多"批评"，有些评论"阴阳怪气"，它们几乎无不忽视一个基本问题："专政的意义和目的"是"保障和捍卫作为整体的宪法"（第 86—87 页）。

走向日常例外状态

自 1919 年 2 月 13 日成立临时谢德曼内阁以来至 1923 年年底，不到五年时间，魏玛共和国已经更迭六届内阁——施特雷泽曼内阁执政仅 15 周便垮台（11 月 23 日），史称百日总理班子（100-Tage-Kanzlerschaft）。另一方面，自 1920 年 3 月以来，因共和政府执行《凡尔赛和约》而引发的反政府动乱几乎没有中断过。如已经看到的那样，为了稳定秩序，总统不得不经常动用宪法第 48 条赋予的专政权。然而，这一宪法条款本身就有矛盾，它既规定总统有权在"紧迫危险"的情况下施行专政，同时又规定国会可以依据议会多数的决议解除总统法令。[98] 一个重大问题出现了：在例外状态下，守护共和国宪法及其秩序的是共和国的总统还是议会？显然，如果议会中有些政党并不认可现行政制，且采取了政治行动，那么，就没有可能指望议会一致赞同总统针对这些行动而颁布的紧急法令。

1925 年 2 月，艾伯特总统因阑尾炎引发的败血症突然病逝（年仅 54 岁）——与历史上的诸多大国一样，德国的国运没有摆脱自然偶然

---

[98] 详见［美］乔治·施瓦布，《例外的挑战：卡尔·施米特的政治思想导论（1921—1936 年）》，李培建译，上海：上海人民出版社，2011 年，第 50 页。

性的支配。时任国会议长的瓦尔特·西蒙斯（1861—1937）暂时代理
了三个月的总统职务后，即将年届 78 岁的"一战"老将兴登堡当选
总统。如果这时的德国总统是 1880 年代的俾斯麦，情形会怎样呢？
当时有德国的史学家不禁这样设想，完全可以理解。

　　1928 年 5 月，多数派社民党在国会选举中再次获得第一大党地
位（153 席），赫尔曼·米勒联合中央党、民主党和人民党组成"大
联合内阁"（Große Koalition）。然而，这个内阁执政未满两年（1930
年 3 月）就因经济政策出现分歧而垮台。由于再也无法靠议会多数产
生内阁，兴登堡总统依据宪法第 48 条以紧急法令的形式任命中央党
的国会议员海因里希·布吕宁（Heinrich Brüning, 1885—1970）担任
总理组阁。从此以后，总理不再经议会选举产生，而是由总统直接任
命——史称"总统内阁"（Präsidialkabinette）。这不仅意味着宪法规定
的议会内阁制遭遇失败，而且意味着国家一直处于紧急状态——日常
状态成了例外状态。

　　由于国会极度撕裂，立法非常艰难。自 1930 年的布吕宁内阁起，
以总统专政权名义发布紧急法令的形式立法的比重急剧上升。以 1931
年为例，议会通过的法律仅 34 项，因议会无法达成多数而以总统紧
急法令的形式颁布的法律则多达 44 项（多涉及经济改革）。尽管如此，
宪法第 48 条所规定的国会可以在多数赞同时解除总统法令的条款，
时时威胁着总统发布的紧急法令。[99]

　　1929 年 3 月，施米特发表了一部小书《宪法的守护者》。两年后
（1931），他将 1929 至 1930 年间发表的论文和演讲稿融入其中，出版

[99]　Akim Kurz, "Zur Interpretation des Artikels 48 Abs. 2 der WRV 1930-33", in Rolf
Grawert, Bernhard Schlink, Rainer Wahl, Joachim Wieland (Hrsg.), *Offene Staatlichkeit.
Festschrift für Ernst-Wolfgang Böckenförde zum 65. Geburtstag*, Berlin: Duncker &
Humblot, 1995, S. 395-413.

了同名专著。[100] 此书可被视为《论专政》的续篇，不同的是，它完全贴近魏玛共和的政治现实，其中提到对宪法第48条的解释涉及"一系列特别困难的法学问题"。这话足以表明，宪法第48条及其实践在当时所引发的争议不仅没有停歇，反倒因总统内阁制政府更多动用这一条文而不断升级。论争大多围绕这一条文的实际运用是否合宪，即是否切实针对"危及公共秩序与安全之重大危险"。在施米特看来，这类论争不得要领，因为，确认什么是"危及公共秩序与安全之重大危险"，应该由"一个具有义务意识的政府"自行决定。真正的宪法学问题在于，总统专政权究竟"具有何种内涵"，正是在这一点上，德国的政党出现了重大意见分歧。换言之，宪法第48条及其实践与其说是法律问题，不如说是政治问题。因此，施米特适时地发表了《政治的概念》（1927/1932），提出了"政治就是划分敌友"的著名论断，提醒人们认清谁是魏玛宪法的敌人。

涉及宪法第48条适用性的论争，最为普遍的观点是，给魏玛宪法中的总统专政权扣上专制"独裁"的帽子，这无异于把君主立宪制与民主共和制混为一谈，无视这一条文被明确规定为委托性的"暂时措施"（Provisorium）。[101] 施米特明确指出，这种观点虽然流行，却明显是错的，因为魏玛宪法的基础是人民主权。总统专政权是受人民主权委托的专政，与君主独裁或独裁君主根本是两回事——施米特再次重申了《论专政》的基本论点：

---

[100]　"宪法的守护者"这一表达式出自施米特在斯特拉斯堡大学就读时的老师拉班德（Paul Laband, 1938—1918），后者把皇帝称为"帝国宪法的看守人与守护者"，而施米特把它挪到了共和国总统身上。胡贝尔，《魏玛末期联邦危机中的施米特》，见朱晓峰编《施米特的学术遗产》，朱晓峰、张洁等译，上海：华东师范大学出版社，2015年，第142—143页。熟悉古典作品的人都知道，"守护者"这个语词来自柏拉图的《王制》。

[101]　卡尔·施密特，《宪法的守护者》，李君韬、苏慧婕译，北京：商务印书馆，2008年，第163—164页。

以帝国总统担任宪法守护者的想法，也正符合作为魏玛宪法基石的民主原则。帝国总统由全体德国人民选出，而其相对于立法机关的政治权限（尤其是帝国众议院的解散及提请公民复决），依其本质都是"诉诸民意"。（《宪法的守护者》，第 218 页）

实证主义法学家坚持自由民主的议会主权原则，无视德国的政治现实，一口咬定总统专政权是君主制时代君主独裁的残余。直到今天，自由主义学者仍然据此把施米特归入魏玛时期的"反民主"阵营，认定他对议会制民主"明显怀有抵制情绪"。论者没法否认施米特持有民主的观点，但认为他的紧急状态理论和决策理论"都是代议制民主的反题"，而且"已经宽泛到可以囊括一个独裁的和专制的国家宪法"。通过"把政治存在置于'纯粹规范性'之上"，施米特使得魏玛共和的"议会体制中的所有弊端不再是暂时性的、在德国时局艰难的条件下情有可原的现象"，从而"剥夺了议会制存在的合法性"——论者甚至自相矛盾地说，在"解释议会制危机"的各种版本中，施米特的版本"最失败，也最有效力"的。[102]

既然"失败"，何以可能"有效"？如果"有效"，何以可能"失败"？这一自相矛盾的说法很可能表明，在议会制民主论和实证法学仍然占支配地位的德语学界，论者不便或者说不敢认可施米特的观点。毕竟，接下来的事件表明，"最有效力"的方案的确可能失败。

八、悬而未决的历史公案

布吕宁内阁推行的经济改革遭遇失败后（1932 年 5 月），兴登堡

---

[102]　[德] 库尔特·松特海默，《魏玛共和国的反民主思想》，安尼译，南京：译林出版社，2017 年，第 20、57—59、64、67、119—121 页。

总统撤回了对布吕宁的支持，以紧急法令的形式任命中央党国会议员弗朗茨·冯·帕彭（Franz von Papen, 1879—1969）组阁。在布吕宁内阁时期，议会凭靠多数同意的法权废止总统紧急法令的情形不是太多，主要原因在于，虽然国社党和德共在 1930 年的国会选举中席位大为上升，但多数派社民党仍然能够与中央党合作。然而，帕彭上任才一个月，就发生了"中央政府接管普鲁士事件"（Preußenschlag），其结果是把多数派社民党推向了共和政府的对立面。

事件原委

普鲁士是德国的核心邦，自 1920 年起，一直由多数派社民党、中央党和民主党组成联盟执政，社民党主政。1932 年 4 月 24 日，邦政府换届选举，国社党在邦议会中的席位大增（获得 162 席），德共也获得了 57 席。国社党虽然取得议会第一大党地位，但仍需要与其他政党联合才能执政。6 月 7 日，帕彭建议普鲁士邦的中央党（67 席）与国社党联合，以 229 席的多数组成中右翼政府——若能联合人民党（31 席），甚至可形成 260 席的多数（总议席为 423）。多数派社民党的普鲁士邦总理奥托·布劳恩（Otto Braun, 1872—1955）赞同这一方案，但国社党凭靠邦议会第一大党的势头坚持单独掌权——这无异于要夺取政权，以致邦政府换届搁浅。按照邦宪法第 59 条，若新一届政府没有产生，则上届政府可以"留守"，直到产生新一届内阁。这种情形在其他邦（巴伐利亚、萨克森、黑森、符腾堡和汉堡）都出现过，中央政府从未干预。但是，布劳恩这时却宣布"无限期休病假"，并"决意不再"理政。

6 月中旬，国社党与德共的支持者在街头频发冲突，因为一个半月后（7 月 31 日）将举行国会大选，双方开始争夺选民。仅仅一个月内（至 7 月中旬），已经有 99 起冲突，上千人受伤。6 月下旬，有消息传出，国社党的冲锋队和党卫军可能会武力夺取普鲁士邦政权；另一方面，也有消息说，中央政府可能会凭靠宪法第 48 条接管普鲁士邦政府。

7 月初，国社党冲锋队杀害了两名多数派社民党议员和两名共产党议员，极为嚣张。7 月 17 日那天（星期日），汉堡西部城市阿尔托纳（Altona）的大街上出现了约七千名国社党冲锋队员，他们身着制服举行穿城游行。阿尔托纳是工业老城，属于社民党和共产党的基本地盘，国社党冲锋队跑到这里搞穿城游行明显是挑衅。冲锋队与左翼工人随即激烈对峙，接下来就在一个交叉路口爆发了街头枪战——首先"开枪的是共产党人"，他们坚定回击国社党冲锋队的挑衅。这一事件造成 18 人死亡（多为左翼工人），史称"阿尔托纳血腥星期日"。[103]

7 月 20 日上午 10 点，帕彭把普鲁士邦政府副总理和内政部部长请到总理府，宣布普鲁士因"公共安全与秩序已无法保障"而进入紧急状态，并立即生效，由他作为帝国专员（Reichskommissar）代理普鲁士邦总理，国防军将是执行紧急法令的主体。国防部部长库尔特·施莱谢尔（1882—1934）将军通知国防军第三军区司令格尔德·伦德施泰特（Gerd von Rundstedt, 1875—1953）中将的部队进入柏林，解除普鲁士警察的指挥权——此举与其说是针对普鲁士邦政府，不如说是防备国社党武力夺权，但被舆论说成针对普鲁士邦的政变。[104]

中央政府接管邦政府不是没有先例。前文已经提到，1923 年 10 月，萨克森和图林根出现武装动乱时邦政府不作为，艾伯特总统以"维护秩序"为由采取了"帝国执行"（Reichsexekution）措施。然而，普鲁士邦政府的困境与萨克森和图林根政府的情形是否完全相同，却引发了争议。据说，1923 年时萨克森左翼政府对宪法的忠诚度确实存

---

[103]　海因里希·温克勒，《魏玛共和国：1918—1933》，前揭，第 630 页；详见 Léon Schirmann, *Altonaer Blutsonntag 17. Juli 1932. Dichtungen und Wahrheit*, Hamburg: Ergebnisse Verlag, 1994。

[104]　海因里希·温克勒，《魏玛共和国：1918—1933》，前揭，第 634—635 页。

疑，但普鲁士邦的情况却并非如此——这种观点忽略了国社党凭靠冲锋队和党卫军夺权的可能性。事实上，差不多一周前（7月14日），兴登堡已应帕彭请求签署了一份没有具明日期的紧急法令，授权后者作为帝国专员接管普鲁士政府——兴登堡同意帕彭相机行事，可见局势飘忽不定。[105]

帕彭选择在20日这天公布紧急法令，布劳恩在病休的家里接到被免职的通知，他宣称紧急法令违宪。普鲁士邦内政部部长泽弗林（他在鲁尔危机中表现出色）更为强硬，他下令九万名普鲁士警察拒绝国防军接管。然而，同日下午，国防军已经果断采取行动占领了普鲁士内政部、柏林警察总部和保安警察总部。帕彭新任命的警察总监带领一帮执法人员把泽弗林逐出办公室，柏林警察总监因拒绝服从执法人员而被逮捕。布劳恩的留守政府在7月16日已经表态，若中央政府以紧急状态为由使用武力，普鲁士政府不会暴力回应，以免引发内战。事实上，布劳恩等多数派社民党人心里清楚，在眼下世界经济危机导致失业的背景下，几乎没有指望能像以往那样唤起大罢工。但内政部部长泽弗林和柏林警察总监的抗命，仍然差点儿让共和国国防军与普鲁士邦警察部队发生冲突——若真的发生，内战就来了。

消息传出，多个邦的政府立即声援普鲁士邦政府：巴伐利亚政府当天就向帝国宪法法院提起诉讼，巴登政府次日跟进，符腾堡政府则针对紧急法令提起法律保护。现在才可以看到，制定魏玛宪法时向联邦主权让步留下了怎样的后患——马克斯·韦伯在这一问题上缺乏远见得到了证实。[106]

---

[105]　Wolfram Pyta, *Hindenburg. Herrschaft zwischen Hohenzollern und Hitler*, München: Siedler, 2007, S. 712 f.

[106]　Karl Dietrich Bracher, *Die Auflösung der Weimarer Republik*: *Eine Studie zum Problem des Machtverfalls in der Demokratie*, Villingen/Schwarzwald: Ring-Verlag, 1971, S. 491–495.

宪法官司

第二天（7 月 21 日），普鲁士邦留守政府正式向设在莱比锡的宪法法院申请临时禁令和司法复核——前者被驳回，后者被接受（8 月），于是有了一场著名的"普鲁士邦诉帝国政府案"（Preußen contra Reich）。经过法庭辩论，宪法法院在 10 月 25 日做出终审判决：中央政府因国家紧急状态而采取的接管措施部分合法，但普鲁士留守政府被罢免则不合法，因为根据宪法的联邦条款，它仍有其国家法地位。这一结果不仅暴露了魏玛宪法的内在矛盾，也导致了不可思议的实际后果：普鲁士留守政府重新每周开内阁会议，履行所谓"主权政府"职责，而实际权力却掌握在代表"帝国执行"的"专员政府"手中。[107] 从此，多数派社民党与共和政府不再相向而行。

"普鲁士邦诉帝国政府案"的法庭辩论非常著名，施米特作为中央政府的三位诉讼代理人之一出庭论辩，首次进入政治公众视野。替普鲁士邦政府辩护的有实证主义法学家凯尔森和社民党的法学家赫尔曼·赫勒（1891—1933），两者都在两年前（1930）就与施米特展开过"专政"问题论战。[108]

公开听证历时一周（10 月 10 至 17 日），法庭做出判决后，施米特在最后的陈词中肯定判决基本正确，同时指出它仍然采取了骑墙态度，没有立场鲜明地指出事件本身的"激进主义基础"：

---

[107]　胡贝尔，《魏玛末期联邦危机中的施米特》，前揭，第 151—152 页。

[108]　鲍尔森，《凯尔森与施米特：从分歧到 1931 年"守护者"之争的决裂》，见吴彦、黄涛主编《国家、战争与现代秩序：卡尔·施米特专辑》，上海：华东师范大学出版社，2017 年，第 181—230 页；Hermann Heller, *Rechtsstaat oder Diktatur?*, Tübingen: J. C. B. Mohr, 1930; Thilo Scholle, "Hermann Heller als Anwalt der Deokratie im »Preußenschlag-Verfahren«", in Thilo Scholle, Mike Schmeitzner (Hrsg.), *Hermann Heller, die Weimarer Demokratie und der soziale Rechtsstaat*, Bonn: Karl Dietz, 2024, S. 21-47。

强制行动的目的不是消灭一个州和摧毁其生存，恰恰相反，是为了保护普鲁士避开威胁着这个邦和这个州的危险。[109]

凯尔森是奥地利人，在奥地利宪法法院担任过十年法官（1921—1930），据说他熟稔奥地利"帝国宪法与共和过渡时期宪法"，而且有丰富的实践经验，他的断案"影响了［奥地利］宪法法院之后的裁决"。[110] 凯尔森同意判决有模糊之处，但原因在于魏玛宪法本身的缺陷——即便如此，他仍然认为中央政府对事件处理不当，而判决对这一行为的肯定不过是"根据政治标准做出的一项政治性判断，而不是法律上的判决"。对于普鲁士邦的诉讼代理人赫勒来说，判决彻头彻尾都是错的，即便它承认了普鲁士邦的国家法地位，也不过是通过为后者"提供一个形式主义的法律保护来掩盖真实的问题"罢了，因为它没有丝毫"民主的实质性内容"。[111]

三位辩护人各自都有对政治和法律的基本理解，但后世学人在看待这一诉讼案时，把问题上升到法哲学高度就难免扯远了。毕竟，诉讼案面对的是一个迫在眉睫的国家危机问题，在今天看来，这一历史事件本身与其说是一个法哲学问题，不如说是一个政治史学问题。自由主义和社会民主左派关心的是普鲁士邦的"主权"受到损害或社民

---

[109]　施米特，《在莱比锡宪法法院审理普鲁士邦起诉民国政府案时的最后陈辞》，见施米特《论断与概念》，朱雁冰译，上海：上海人民出版社，2015 年，第 241 页；比较第 238—239 页。

[110]　［奥］罗伯特·瓦尔特，《宪法法院的守护者：汉斯·凯尔森法官研究》，王银宏译，北京：人民日报出版社，2016 年，第 150 页。

[111]　［加］大卫·戴岑豪斯，《合法性与正当性：魏玛时代的施米特、凯尔森与海勒》，刘毅译，北京：商务印书馆，2013 年，第 43 页；Grégoire Chamayou, "Zur Kritik des autoritären Liberalismus. Heller gegen Schimitt im Jahre 1932", in Thilo Scholle, Mike Schmeitzner (Hrsg.), *Hermann Heller, die Weimarer Demokratie und der soziale Rechtsstaat*, S. 61-81。

党受到打击，甚至"民主的实质性内容"受到损害，却没有考虑到中央政府的举措是"防止普鲁士的极右势力攫取权力，尤其是要阻止戈林当选为普鲁士邦总理"。[112] 国社党在 8 月初要求废除 7 月 20 日兴登堡总统发布的紧急命令，以及通过街头暴力展示势力的行动，都足以表明其夺权企图。

最后的挽救尝试

8 月 13 日，兴登堡约谈希特勒，后者的态度极为嚣张。国防部部长施莱谢尔将军随即着手制定取缔国社党的秘密方案——"国家紧急状态计划"（Staatsnotstandsplanung），可惜它很快失败了（9 月 12 日），原因是帕彭总理的形象已经因接管普鲁士邦政府而受损，无法施行——接下来才是宪法法院的判决。[113] 换言之，如果中央政府敢于果断对国社党采取措施，那么就不会有这场宪法官司。施米特参与了施莱谢尔将军的秘密计划，他出庭辩护时心里有数，因此才会说宪法法院的判决无视"帝国执行"针对的是"激进主义"威胁。

宪法法院举行公开听证之前（9 月），施米特发表了《合法性与正当性》——此书可被看作《论专政》的又一续篇，与《宪法的守护者》一起构成了"专政论"三部曲。"合法性与正当性"这个表达式不是施米特提出的，而是他的学生基希海默尔（Otto Kirchheimer, 1905—1965）发表在多数派社民党主办的刊物《社会》（*Die Gesellschaft*, 2/7, 1932）上的一篇文章的标题。此人是多数派社民党党员，在《社会》杂志当编辑，时年 27 岁，五年前他在施米特门下撰写的博士论文题为《社会主义与布尔什维克主义的国家学说》（1928）。基希海默

　　[112]　胡贝尔，《魏玛末期联邦危机中的施米特》，前揭，第 144 页。

　　[113]　胡贝尔，《魏玛末期联邦危机中的施米特》，前揭，第 146—149 页；比较 Gabriel Seiberth, *Anwalt des Reiches: Carl Schmitt und der Prozess »Preußen contra Reich« vor dem Staatsgerichtshof*, Berlin: Duncker & Humblot, 2001, S. 248-259。

尔的文章明显偏向多数派社民党立场，强调合法性优先于正当性，施米特随即撰写了《合法性与正当性》一书，表面上客气地肯定了基希海默尔的基本观点（议会民主制的正当性仅存在于其合法性之中），实际上给予了驳斥。

基希海默尔随即撰写书评，在《社会》杂志上发表（2/9, 1932），通篇都在抗辩。基希海默尔坚持认为，宪法第48条第2项缺乏具体的实质性规定，"为行政权和司法权超出民主议会的法律权威开放了可能性"。据今天的法学史工作者说，"这个观察意在提醒人们注意极权主义国家的危险"，似乎施米特的观点是在为后者铺路。[114] 这样的历史观察忘了提醒自己，施米特针对的恰恰是国社党这种有极权主义取向的政党正在夺权。事实上，"虽然施米特与基希海默尔在其他方面意见相左"，但在随后局势的发展中（11月），"他们却一致同意"，两个激进政党联手的"共同罢工运动"将成为"魏玛共和国终结的开端"。[115]

施米特在书中尖锐指出，共和国的宪法法院不应该在法理上否定宪法第48条第2项的实践正当性，否则就会出现宪法法院违宪的荒谬现象，这无异于对即将审理诉讼的宪法法院的法官们提出警告——他再次强调：

> 谁要用传统的议会制立法型国家的概念，用反对君主制政府独立的法令权的战斗口号来对这样一种总括性的立法程序做出判断，就必然对纯粹的"违宪"感到震惊。[116]

---

[114]　基希海默尔，《评施米特的〈合法性与正当性〉》，见吴彦、黄涛主编《国家、战争与现代秩序：卡尔·施米特专辑》，前揭，第127页。

[115]　胡贝尔，《魏玛末期联邦危机中的施米特》，前揭，第152页。

[116]　卡尔·施米特，《合法性与正当性》，冯克利、李秋零、朱雁冰译，上海：上海人民出版社，2014年，第156页。

施米特出任中央政府的诉讼律师是施莱谢尔将军推荐的。后者当时正在制定旨在阻止国社党夺取政权的"国家紧急状态计划"：要么在宪法框架内将宪法权力完全挪到总统制民主方向，要么强行推迟国会选举，并宣布国家进入紧急状态，借机取缔国社党。在强大的"合法性"舆论压力下，无论哪种方式都会引发复杂的宪制纠纷。为了应付可能出现的法律战，施莱谢尔将军看上了时年 44 岁的法学家施米特，让他进入了这个针对国社党的秘密计划小组。[117]

魏玛共和的猝死

7 月 31 日的国会大选与 4 月的普鲁士邦议会选举一样，国社党获得大胜，成为国会第一大党（获得 230 席）——德共的席位也有增长。帕彭随即申请总统专政权，宣布解散国会重新大选，指望国社党在新一轮选举中受到削弱。为了予以积极配合，8 月 9 日，兴登堡颁布了《针对政治恐怖的帝国总统紧急法令》（Die Verordnung des Reichspräsidenten gegen politischen Terror），执行至 1932 年 12 月。[118]

11 月 6 日（星期天）的国会重新大选，国社党席位虽有所减少（投票人数也有所减少），但仍是第一议会大党（196 席）——多数派社民党获得 121 席，德共 100 席。国会复会时（11 月 12 日），帕彭内阁即遭国会不信任动议。帕彭打算重新启动 9 月 11 日未能实施的

---

[117]　胡贝尔，《魏玛末期联邦危机中的施米特》，前揭，第152—156页；Wolfgang Pyta, Gabriel Seiberth, "Die Staatskrise der Weimarer Republik im Spiegel des Tagebuchs von Carl Schmitt", in *Der Staat*, 38(1999), S. 423-448, 594-610; Gabriel Seiberth, *Anwalt des Reiches: Carl Schmitt und der Prozess »Preußen contra Reich« vor dem Staatsgerichtshof*, S. 97-99。

[118]　Ernst Rudolf Huber, *Dokumente zur deutschen Verfassungsgeschichte: Dokumente der Novemberrevolution und der Weimarer Republik, 1918–1933*, Stuttgart: Kohlhammer, 1961, S. 519 f.

"国家紧急状态计划",遭到施莱谢尔将军反对,原因是后者手下负责情报的参谋米勒上尉报告称,两个极端政党有可能"相互配合"搞暴动,这难免会"蔓延至极其重要的海港和工业中心",那样的话"军队和警察就没有能力消灭其间的抵抗"。帕彭被迫向兴登堡提出辞职,这离他上台还不到半年。12月3日,施莱谢尔将军接任总理,起初他打算采取"合法制衡"的方式抑制国社党势头,即建立一个"跨党派联合阵线"(Querfront),遭遇失败后,他决定启动"国家紧急状态计划",并定在1933年1月底采取行动。但迫于街头暴力的压力,兴登堡总统担心引发内战,在1月28日拒绝实施这一计划。施米特得知消息后,对兴登堡"非常不满",也因紧急状态计划被搁置而"非常沮丧"——他在27日深夜记日记时写道,"那个老家伙疯掉了"。[119]魏玛共和国没有如马克斯·韦伯所期待的那样,凭靠"强大的议会"产生德性卓越的政治才干,反倒让心性品质恶劣之人掌握了政权。

希特勒上台后不到一个月(2月28日),就借成功炮制国会纵火案之机,动用宪法第48条第2项颁布紧急法令——《保护人民与国家法令》,取缔德国共产党在国会中的议席,而这本来是施莱谢尔的"国家紧急状态计划"打算针对国社党采取的行动。3月5日,希特勒内阁在国社党的主导下举行国会大选,由于已经排除共产党,加上投票期间充满暴力和胁迫,国社党取得大胜。20天后(3月24日),国社党把持的国会通过了希特勒内阁提出的《解除人民与国家困境法》(Gesetz zur Behebung der Not von Volk und Reich),通常简称《授权法》(Ermächtigungsgesetz),因为它授权希特勒内阁可以无需国会的同意制定法律,甚至可以修改宪法。这一法律名义上四年有效,看似是一个临时性"紧急法令"(Notverordnung),或者说罗马式的临时独

---

[119]　胡贝尔,《魏玛末期联邦危机中的施米特》,前揭,第155—157页;Carl Schmitt, *Tagebücher 1930-1934*, Wolfgang Schuller, Gerd Giesler (hrsg.), Berlin: Akademie, 2010(卡尔·施米特,《施米特日记:1930—1934》,温玉伟译文,未刊稿)。

裁，实际上多次延长（1937/1939/1943）。1934 年 1 月 30 日，希特勒内阁颁布《帝国重建法》，其中的第 4 条规定，制宪权移交帝国政府，同时废除对国会和联邦参议院的保护性规定——魏玛宪法不再具有效力。1934 年 6 月 30 日的长刀之夜，施莱谢尔将军及其妻子在柏林郊区的家中被国社党党卫军安全部门（SD）的特别行动队杀害，希特勒显然没有忘记他。

　　若多数派社民党或中央党执政时对国社党采取这样的措辞，后者还会有戏吗？吊诡的是，恰恰在 1932 年 10 月的关键时刻，赫尔曼·赫勒这样的社民党法学家却以没有丝毫"民主的实质性内容"为由反对"帝国执行"行动，而凯尔森这样的自由主义法学家则指责这一行动是"根据政治标准做出的一项政治性判断"，无视国社党是魏玛宪法的"敌人"。直到今天，自由主义法学史家仍在不断表扬后者，而新左翼法学史家则一再夸赞前者，却没有意识到这不啻于历史的讽刺。

　　兴登堡总统在 1934 年 8 月 2 日病逝，此前一天，希特勒政府宣布，总统职位在兴登堡逝世后将与总理职位合并，由现任总理承担。这项法令未经议会程序，而是由国社党内阁通过。8 月 19 日，希特勒政府对这项法令举行全民公投，投票率高达 95%，赞成票约占 89.9%。希特勒成为国家元首在形式上获得了"民意授权"，从而废除了魏玛宪法中总统制的残余。

余　绪

　　1919 年 10 月至 1933 年 1 月，魏玛共和国政府依据宪法第 48 条第 2 项发布的"紧急法令"超过 250 条，引发全国性宪制争议的严重事件至少有七次。

　　（一）1923 年 9 月接管萨克森和图林根邦政府；

　　（二）1923 年对鲁尔区的"经济戒严"措施；

（三）1930 年 3 月由总统任命布吕宁内阁，以紧急法令治理国家；

（四）1930 年 7 月，布吕宁内阁预算被国会否决，总统解散国会，强制执行预算；

（五）1932 年 4 月 13 日，解散普鲁士邦议会，在未达紧急状态的标准下，削弱联邦州自治；

（六）1932 年 7 月 20 日，帕彭政府接管普鲁士邦政府；

（七）1932 年 12 月，施莱谢尔内阁依靠总统紧急法令继续执政，政府完全依赖第 48 条统治。

由此可见，小规模或未引发争议的动用相当频繁——大多是经济领域的"技术性法令"。为防止国会凭靠多数同意废止紧急法令，兴登堡两次解散议会（1930 年 7 月 18 日和 1932 年 9 月 12 日），可见施行总统内阁制后，总统与国会难免直接冲突。由于其背景是国社党试图利用议会民主夺取政权，总统制与议会制之争明显不是法律问题，而是政治问题。[120]

多数派社民党和中央党执政时没有充分利用宪法第 48 条第 2 项，国社党在"啤酒馆政变"后改变策略，走"议会斗争"道路，成功获得政权后随即滥用紧急法令，国社党得以执政的原因最终就被自由派和新左翼法学史家归咎于宪法第 48 条第 2 项，多数派社民党在 1932 年 7 月对抗中央政府的"帝国执行"成了政治正确行为。按如今德国史普及读物的普遍说法，宪法中的专政条款的适用性"原本仅限于真正的非常状态"，而"随着德国国会功能日益瘫痪，这一权力被出于政治目的而逐步滥用"，成为总统的"代议立法权"——这无异于说，议会制没有成功约束专制，以至于希特勒凭靠总统专政权实现了独裁：

---

[120]　罗斯托，《宪法专政：现代民主国家中的危机政府》，前揭，第 46 页；Karl Dietrich Bracher, *Die deutsche Diktatur. Entstehung, Struktur, Folgen des Nationalsozialismus*, Köln: Kiepenheuer & Witsch, 1969, S. 185–234。

宪法第 48 条是宪法制定者们仅仅考虑到在类似内战的情况下发生威胁到公共秩序与安全的骚乱而制订的，如今却沦为无妥协能力的政客处理日常政务的廉价处方。人们无须去花费大力气，反正有这第 48 条就足以排除万难。连那些通常具有崇高品德的反对任何独裁的社会民主党的部长们，后来也对在国会里实施这一使议会处于困境的独裁条款的法律思想不以为怪，并且丝毫没有察觉到，正是他们多么严重地为有朝一日实际建立的总统专制铺平了道路。[121]

其实，施米特在《论专政》中已经认识到并指出，宪法第 48 条第 2 项是一把双刃剑：

凭借几乎先知般的洞察力，施米特预见到这样一种可能，即宪法第 48 条名义下的委托专政可能会转变为主权专政进而摧毁魏玛国家及宪法。施米特注意到，类似的先例在古罗马的历史中已经存在，例如苏拉和恺撒偏离传统的委托专政的实践而废除了既有的宪法。尽管施米特坚持，总统必须拥有额外的自由以采取与危机形势相适应的紧急措施，但他仍然谨慎对待总统这些权力中的固有危险。[122]

尽管魏玛宪法有缺陷，但施米特在魏玛时期始终肯定这一宪法基

---

[121]　[德] 海因茨·赫内，《德国通向希特勒独裁之路》，张翼翼、任军译，北京：商务印书馆，1987 年，第 34 页；比较 Karl Dietrich Bracher, *Deutschland zwischen Demokratie und Diktatur. Beiträge zur neueren Politik und Geschichte*, Bern / München: Scherz, 1964, S. 382-406。

[122]　约瑟夫·本德斯基，《卡尔·施米特：德意志国家的理论家》，前揭，第 35—36 页。

于人民主权论所打造的民主共和体，并一再提请人民主权政体必须正视法理的难题。由于施米特一向支持宪法第 48 条第 2 项的适用性和正当性，国社党上台后施行专政也就难免让他背上历史罪名。为此，施米特在 1957 年为《合法性与正当性》撰写的"重印附言"中为自己辩护说：在 1932 年 7 月的危急时刻，国社党凭靠宪法赋予的合法政治权利一步步夺取政权，自由民主的政府束手无策，而他发表长文《合法性与正当性》，主张在魏玛宪法第 48 条的基础上扩大总统权限，支持布吕宁政府在 1932 年 4 月 13 日动用紧急专政权宣布"解散国社党的冲锋队、党卫队"的法令，被自由主义实证法学家和社会民主左翼法学家视为违宪。国社党明明以推翻魏玛宪政的基本政治决断为目的，右翼和左翼的民主理论却在"自由民主"的原则下认可任何政党有"机会平等"的合法权利——在施米特看来，这种恪守合法性观念的政治姿态实在不可思议。施米特把自己在 1932 年 7 月出版的《合法性与正当性》一书视为"针对拒绝追问宪法的朋友和敌人的法学"而"挽救总统制这一魏玛宪法的最后机会的绝望尝试"，然而，这一最后的"呼救当时无人理睬"。[123]

施米特的自我辩护并没有也不可能让自己摆脱历史归罪，因为他在 1934 至 1936 年间参与了国社党的一系列"法律革命"行动。一位在 1950 年代中期攻读法学博士的德国年轻人读到魏玛时期的施米特论著时曾"毫不保留地赞扬"，但当他读到施米特在 1933 年之后的著作，则禁不住感到"愤怒和不解"：这位"令人景仰的作者"为什么如此毫无批判地鼓吹纳粹的"领袖国家"——不仅年轻的法学家，甚至年长的法学家也对此"百思不得其解"。从此，他不遗余力地揭露施米特在"第三帝国"时期的罪恶行径，以此抵制其法学思想"从过去一直持续到今天"的影响力。在他看来，即便是施米特受到国社党

---

[123]　施米特，《合法性与正当性》，前揭，第 184—185 页；比较第 159 页。

政权冷落后（1936），他仍然是该政权的帮凶。[124]

对这位年轻人的困惑，施米特并非没有给出过回应。1950 年，施米特在《新秩序》学刊上发表了《合法性问题》一文，其中的内容主要基于 1947 年 5 月 13 日他在纽伦堡法庭就如下问题给出的书面答复：为什么他在 1933 年"没有抵抗就服务于希特勒"？[125] 但在这篇文章中，施米特并没有谈及个人情况，而是回答"为什么德国的公职人员阶层会服从希特勒"而没有反抗——显然，施米特自己就是这个公职阶层中的一员。

这篇短文有三小节，仅第一小节直接涉及上述问题。施米特首先提到，1933 年以前，"特别是自 1930 年 9 月希特勒在竞选中取得重大竞选成功以来"，共和政府的"许多"各级官员"已经同情希特勒及其运动"，而"这些同情的理由五花八门、性质各异"——施米特没有提到（或标榜）自己当时并不在此之列（《合法性问题》，第 72 页）——但根据魏玛宪法：

> 大多数公职人员不害怕来自希特勒的危险，既不害怕对他们充分取得的权力的危险，也不害怕对整体上德国公职人员支配地位的危险。……所有人都害怕公开的内战，并把希特勒的合法性保证看作对内战的预防。那时从极权政党体系对传统德国公职人员国家所必定意味的危险中，人们仅仅预感到少之又少的某些东西。(《合法性问题》，第 73 页)

---

[124]　[德] 贝恩德·吕特尔斯，《卡尔·施米特在第三帝国：学术是时代精神的强化剂？》，葛平亮译，上海：上海人民出版社，2019 年，第 1—5、35—71 页。

[125]　1958 年，施米特出版《1924—1954 年间的宪法法文集》时，将这篇文章收入其中，中译见吴彦、黄涛主编，《国家、战争与现代秩序：卡尔·施米特专辑》，前揭，第 71—83 页（以下随文注页码）。

接下来施米特强调了希特勒如何"利用合法性作为他最强大的武器",并指出他夺取政权不仅"在德国公职人员眼里并非不合法",即便"对大多数德国人和外国政府来说也几乎一样如此":包括英、美、法、俄在内的所有大国都继续保持了与希特勒政府的外交关系,"而没有认为必须要做一次新的国际法上的承认,就像在不合法性的情形中"必须做的那样(《合法性问题》,第73页)。言下之意,若要说"没有抵抗就服务于希特勒",这些外国政府同样有份。

此外,即便是1933年3月24日的《授权法》,希特勒政权也在1937年和1939年两次延长,甚至在1943年5月还特别走程序宣称"按规定期限"自行延长。施米特几乎仅仅是一带而过地提到,在1933年,阻止希特勒政权继续存在的唯一但"脆弱的希望"是,兴登堡"或许还可以将希特勒免职,并任命另外一位总理"——正如他已经多次做过的那样。施米特暗示,唯有总统专政权能凭靠正当性取缔希特勒政权的合法性。至于兴登堡总统为何没有动用紧急命令权对希特勒免职,则是由于全国上下"每个人都知道,清除希特勒的尝试将激起一场危险得多的内战"(《合法性问题》,第73—74、82页)。[126]

随后施米特说,"奇怪的是",到了1942年,"希特勒本人"才在政治上"感到需要一种正当化"——确切地说,他不仅需要实证主义合法性意义上的正当化,而且需要"一种民主正当性意义上"的正当化(《合法性问题》,第75页)。这无异于暗示,希特勒在世界大战爆发后才走上了苏拉和恺撒所走过的道路:从委托专政到主权专政。

接下来的两个小节,施米特又回到了《论专政》的主题,但集中于一个问题:合法性如何变成了正当性,以至于在魏玛共和国"合法性变成了内战的武器",而马克斯·韦伯切割价值与目的的悲观论则为此提供了"令人绝望的前提"(《合法性问题》,第79、83页)。

---

[126]   比较胡贝尔,《魏玛末期联邦危机中的施米特》,前揭,第152—153页。

不难看出，施米特的辩护策略非常巧妙：在 1930 年代，实证主义法学和社会民主左翼用合法性为希特勒的上台铺平了道路，现在却又反过来归咎于本来可以压制希特勒上台的总统专政权。早在 24 岁时撰写的学位论文《法律与判决》（1912）中，施米特就对"合法性"说辞表示了不信任——看来，这种不信任贯穿了他的一生：

> "合法性"的说法背后藏着"剪不断、理不清"的一团乱麻，由各种无从考证的前提、推测和虚拟构成。[127]

《合法性问题》虽然很短，但它不仅接上了 1932 年《合法性与正当性》中的论题，也连接上了《论专政》。在注释中提及这部早年论著时，施米特特别说到合法性修辞如何"变成已经毒化的武器，人们把它刺向政治敌人的背部"（《合法性问题》，第 82 页）。由此看来，这篇短文应该被视为《论专政》的最后一个历史脚注。

按照施米特专家迈尔（Heinrich Meier）的看法，施米特一生思想的着力点在于"为政治事物辩护"：政治是人世"不可逃避的"。这尤其体现在《政治的概念》和《政治的神学》两书之中，并在《宪法学说》和《宪法的保卫者》以及《合法性与正当性》乃至晚期的国际法作品中得到贯彻。所有这一切的起点是《论专政》，因为施米特自己表示过，他的最大敌人是无政府主义者巴枯宁（1814—1876）——在《政治的神学》结尾，他称巴枯宁为"敌视专政的专制者"。[128]

政治"不可逃避"是一回事，如何面对政治又是一回事。施米特的友人巴尔在 1924 年为施米特写的书评中说：

---

[127]　施米特，《法律与判决》（韩毅译），见吴彦主编《魏玛国家学》，北京：商务印书馆，2021 年，第 192 页。

[128]　[德] 迈尔，《施米特的教训：区分政治神学与政治哲学四章》，林国基、余明锋译，北京：华夏出版社，2022 年，第 215、307—308 页及注释 47。

在这里，有这样一些历史形态，生活在其中令人致死地交织、捆绑在一起，以至于根本不再可能出现合法的解决；于是，生活之流因过于丰盈而漫溢回自己的源泉，向更高的法律强索自己的法权。[129]

今天的自由主义政治史学家夸赞魏玛宪法是"世界上最民主的宪法之一，也许堪称举世无双"，难免是对自由主义民主观念的莫大讽刺，否则他就会陷入尴尬，承认施米特是守护这一"最民主的宪法"的法学家。

《论专政》在1928年再版后，施米特有生之年还看到它两次重印（1964年和1978年）。施米特为这两个版本都写了简短的"前言"，前者提到他写于1931年的《紧急法令的国家法意义，特别是其法权有效性》一文与此书的关联；后者则提到，"例外状态"现象并没有减少，反而越来越多。"9·11"事件之后，施米特关于"国家紧急权"的各种论述再度引起学界广泛关注，足以证明这一点。[130]

本书依据1978年版移译。十多年前，我就延请北京大学外国语学院刘锋教授执译本书，他的《宪法学说》中译本相当精审，广受学界赞誉。遗憾的是，由于身体健康原因，刘锋教授仅译出第二章便搁下了。三年前，幸得史敏岳博士慨然承译，中译本才得以问世，谨此深表谢忱。

刘小枫

2025年6月

---

[129] 巴尔，《施米特的"政治的神学"》，前揭，第103页。

[130] 王东明，《例外的挑战：卡尔·施米特的国家紧急权理论研究》，北京：中国社会科学出版社，2015年，第2—5页。

第 4 版前言（1978）

VIII

自 1969 年以来，关于法律中的例外状态这一问题的研究多了起来，增长的幅度出人意料。这恰与某种发展的动态相符。即近来，困境和危机已经成了战争与和平之间一种非正常中间状态的整合性或瓦解性的组成部分。

由此，一种史有所载且在概念上深思熟虑的关于专政［独裁］主题的专著，仍然有其学术意义。本书的某些章节甚至可能展现一种全新的视角。

卡尔·施米特

1978 年 2 月

第 3 版前言（1964）

　　我后来的几篇论文可以对第 2 版前言结尾处的提示（见第 XII 页）形成补充。这些论文进一步论述了专政［独裁］的主题，特别是传统的，也就是说 19 世纪的警察戒严状态和军事戒严状态，向 20 世纪财政、经济和社会的例外状态发展的过程。我 1958 年出版的《宪法文集》（*Verfassungsrechtliche Aufsätze*，第 233—371 页）重刊了这些文章。文集中系统的索引（在例外状态、专政［独裁］、紧急状态、紧急命令以及例外状态的传统概念等词条下）注明了相关出处。

卡尔·施米特
1963 年 12 月

第 2 版前言（1928）

IX

本书第 2 版在书后附上了关于《魏玛宪法》第 48 条规定的帝国总统独裁权的讨论。除了几处不重要的改动和一处关于所谓第 48 条的执行法的补充之外，讨论的内容正是 1924 年 4 月我在耶拿的德国国家法教授联合会上所做的报告。同时做报告的是我尊敬的同事雅可比－莱比锡（Erwin Jacobi-Leipzig）教授。"德国国家法教授联合会作品"的出版社——德古意特（W. de Gruyter）出版社友好地同意了再版此书的计划。由于第 2 版制作方式的技术特殊性，必须保持第 1 版的文本不变；附录仍旧在索引之后。也许详细的内容要目可以弥补索引的不足。

第 2 版本应讨论针对第 1 版的学术批评，遗憾的是，这样的学术批评并未见发表。所见者无非是对书中所提出概念的一些泛泛而谈的赞誉、漫不经心的认可，或缄口不言的接受，还有发表在《公法杂志》（*Zeitschrift für öffentliches Recht*）上的几行阴阳怪气的评论而已。到现在为止，学术讨论仅止于此。

不过，其中一则评论却由于其作者的学术重要性而有特殊意义。这则评论涉及一个具体问题，那就是本书提到的，1632 年第二次元帅任期时，华伦斯坦与皇帝的约定之中"最高王权"一语的含义。施图茨（Ulrich Stutz）在《萨维尼基金会杂志》（*Zeitschrift der Savigny-Stiftung*）中指出，教随国定（jus reformandi）可以被称作"最高王权"（见教会法部分，第 12 卷，1922，第 416 页及以下）；赫克尔（Joh.

Heckel）也在该杂志上补充了这一说法，并且举出了对这种语用习惯的更多证明（见第 13 卷，第 518 页及以下）。

我不否认，在其他语境之下，"最高王权"可以指教随国定之权，但这个词并非总是指教随国定，也不仅仅指教随国定。要确定其含义，必须看 1632 年约定的原话究竟说了什么：

> 5. 作为额外补偿，弗里德兰公爵在所征服的土地上获得帝国内的最高王权（das höchste Regal）。

X 人们在使用类似于"最高王权""最优王权""最贵重、最完美的珍宝"（参见赫克尔，上引书，第 523 页）这样的措辞时，很容易并无明确唯一的所指，巴洛克时期的说话方式中，尤其如此。此外，在 17 世纪，教会领域和世俗领域之间的分离是不言而喻的，因此在教会和世俗领域可能分别都存在一个"最高王权"。在皇帝和华伦斯坦的约定之中，我们看不到任何一方在教随国定的权力上有任何政治利益。相反，把这里的"最高王权"理解为选帝权（Kurwürde）也符合当时的语用习惯，而且在列举各种奖赏的语境下，"最高王权"这样的措辞突出了"额外奖励"（Extra-Belohnung）的卓越地位，也与 1632 年的形势极其相符。

我对《魏玛宪法》第 48 条中帝国总统独裁权的探讨，完全是以本书的历史研究和国家理论研究为基础的。正确地阐释第 48 条是一个艰难而复杂的问题，涉及方方面面。在讨论这样的问题时，不思考一种民主宪法理论的历史语境和系统关联是不行的。这种做法在学术上能否带来成果，甚至是否可以被允许，在我看来似乎都值得怀疑。无论如何，要驳倒这样一个有理有据的观点，就应该研究这种语境和关联。

与《论专政》一书相比，学界对我关于帝国总统独裁权的论述谈论和批评得更多。但即便是发表了大量反驳意见的两位作者——

纳维亚斯基（H. Nawiasky）和格劳（Richard Grau）都没有讨论宪法理论的基础。前者的观点发表于《公法档案》（*Archiv der öffentlichen Rechts*, N. F. 9, Heft 1），后者的观点见其在第 33 届德国法学家大会上的报告和纪念塞克尔（Emil Seckel）的文集（1927，第 430 页及以下）。他们望文生义，反驳我对宪法成文史[1]的解读。这几位学者言而无据，只是游走于某种"氛围"之中：他们始终没有走出法治国家——自由主义对专政的不信任。Rumor dictatoris injucundus bonis ［独裁者的谣言为有德者所不悦］。他们论述的核心始终是宪法"不可侵犯"；他们的理论自称"不可侵犯论"。

　　这些言辞和思路以某种宪法概念的含混不清为前提，今天的宪法理论深受其苦。他们竟然认为，宪法就是那181条法规当中的每一条，XI是按照《魏玛宪法》第76条而形成的每一部修改宪法的法律；宪法就是每一部具体的成文宪法；按照"合乎程序的"思考方式，成文的宪法就是一种只有在第76条那些更为严格的条件下才可以被更改的法律！以他们的方式来看，所谓"那种"宪法的不可侵犯，只不过是说成文宪法中的任何一个细节都给独裁者完成自己的任务设置了一道不可逾越的障碍。

　　于是，专政［独裁］的意义和目的——保障和捍卫作为整体的宪法——就被忽视了，并且转向了其反面。每一条具体的宪法规定都比

---

　　[1]　我很愿意在这里举出一个"形式"论证的例子。我曾指出，《魏玛宪法》第48条第2项第2句是在邦国委员会中产生的，但格劳认为我的说法是错误的；他认为，第2句"早在邦国委员会接触到的帝国政府的草案（第67条）之中就已存在"。但其实，他在基泽（Giese）所作的注解之中就可以读到，这一草案就是在与邦国会议的一个委员会谈判的过程中产生的。

　　［译注］邦国委员会（Staatenausschuss）是 1919 年德意志帝国的一个委员会，在 1918 年至 1919 年 11 月革命之后的过渡时期，这一机构作为德意志帝国各邦的代表机构而存在。

宪法本身更重要;"德意志帝国是一个共和国"(第1条第1项)和"官员有权查看其人事档案"(第129条第3项)毫无差别地被当作"这一部"不可侵犯的宪法来对待。这种由于宪法概念不清而导致的荒唐结论证明,在数量众多的"合乎程序的"成文宪法内部做出区分是多么必要,是多么不可避免。如果要尝试在成文宪法之内规定一个不可侵犯的"组织上的最小值"(organisatorisches Minimum),那么仅仅通过几条形式主义(比如第48条没有引用第50条)的提示是绝不可能做到的。

如果没有对宪法史和宪法学说做过深入研究,我们今天就不可能在学术上探讨这样的阐释问题和专政的一般性问题。在欧洲,几乎所有国家都以不同的形式表现出同样的奇特现象:公开的专政,授权法的实践,而且是以看似合法也即合规定的形式,打破宪法以保障宪法的修改,以议会的绝大多数通过的立法,等等。简单地无视这种现象,完全算不上一种"积极的"态度。公法这门学问也有义务意识到自身时代所面临的问题。可见,本书试图探讨专政问题长达数百年的历史,是完全合理的。当然,如果涉及预言的问题,那情况就又不同了。

本书中固然存在一些可供未来借鉴的先例,但我从未试图做过任何预言。贝克拉特(Erwin v. Beckerath)关于"法西斯国家的本质和形成"的专著(柏林,1927,第154—155页)既巧妙又清晰。在书的结尾,作者说道,随着经济和政治权力日渐集中到少数人手上,多数主义意识形态(Majoritätsideologie)将会瓦解,如果欧洲经济和政治紧张的局势继续升级("正如我们必须假设的那样"),"那么随着政治意识形态的转型,欧洲文化共同体内的威权国家很有可能会赢回领地"。1925年2月18日,纳维亚斯基在慕尼黑言简意赅地预言了相反的事情:"墨索里尼的倒台只不过是个时间问题。"[2] 当然,从长远来

XII

[2]　H. Nawiasky, "Die Stellung der Regierung im modernen Staat"(现代国家中政府的地位), *Recht und Staat*(《法律与国家》), Heft 37, Tübingen, 1925, S.23.

看，世上的一切都只不过是"时间问题"，因此做出这类预言本身并没什么风险。尽管如此，我还是宁愿不做这样的预言。

关于专政［独裁］理念的走向，本书第 IX—X 页（当代专政的历史哲学形态）和第 143—144 页（18 世纪专政的理性主义开端）有一些评论。关于专政［独裁］的发展路线，尚无完整的论述。但是，我在这里想简短地说一句，我在论文《当今议会制的思想史状况》中已经揭示了 19 世纪思想史上的几个决定性时刻（特别是在第三章"马克思主义思想中的专政"中，见 1926 年第 2 版，第 63 页及以下）。

卡尔·施米特
1927 年 8 月于波恩

第 1 版前言（1921）

　　如果有人说，书籍和习语都有自己的命运，而且他所说的"命运"无非是指随着时间而发生的变化，以便通过事后的"预测"或者历史哲学方面的卜算来表明"事情如何变成现在的样子"，那么这话就是一句俗套而已。这并非本书的兴趣所在。《论专政》致力于探讨系统性的联系，因此本书的任务才如此艰巨，因为我们要探究的是国家学说和宪法学说的核心概念。但如果真的考察起来，这样一个概念最多只是作为次要角色出现在不同领域的边缘地带，这些领域包括政治史、罗雪尔 [1] 意义上的政治、普通国家学说，这个概念并不清晰，却又始终是一个政治热词。我们可以理解，这个概念受到热烈追捧，也受到法学家们的厌恶以至于不愿对之加以探讨，都是因为其内涵的含混不清。

　　1793 年，一位雅各宾派人士表示：on parle sans cesse de dictature [我们在不断地谈论专政]。今天，我们仍未停止谈论专政 [独裁]。有的专政 [独裁] 是真实存在的，有的专政 [独裁] 是应要求而进行的，为专政 [独裁] 各不相同的具体和抽象的主体写一部完整的概

---

　　[1]　[译注] 威廉·罗雪尔（Wilhelm Roscher, 1817—1894），德国历史学家和经济学家，被认为是经济学旧历史学派的创始人。著有《历史方法的国民经济学讲义大纲》（*Grundriß zu Vorlesungen über die Staatswirthschaft. Nach geschichtlicher Methode*），他首先将历史方法运用于国民经济学中，继而运用于国家宪法形式的学说中。

论，也许恰是一项令人愉快的活动。但这么做并不能为把握专政的概念提供很大的帮助，最多只不过是恳切地再一次让人们意识到这里所存在的普遍性的混乱。尽管如此，在我们从其他联系之中得到专政的概念之后，就可以在本书中表明，政治的语用现象之中包含着哪些对认识专政而言具有决定性的因素。由此，我们就可以使读者在专政这个概念那令人炫目的多义性之中有一个暂时的、不单纯是术语上的方向，并有可能给出提示，让读者了解专政与一般法律和国家学说的其他概念之间的联系。

　　到 1917 年为止，资产阶级的政治文献似乎一直在无视无产阶级专政的概念。下面的内容也许能够最恰当地表明这些文献中专政一词的政治意义：专政首先意味着某一个体的私人统治，但同时，专政必然和另外两种观念联系在一起。其一是这种统治建立在人民同意的基础上，无论这种同意是怎么达成或者强加的，换言之，这种统治建立在民主的基础之上；其二是独裁者使用一套高度集中的行政工具，这是管理和统治一个现代国家的方式之一。　XIV

　　按这种理解，拿破仑一世就是现代独裁者的原型。为了不至于在海量的政治著作中任意地抓取一则随机的言论，我们在这里引用博德利 [2] 关于法国的作品（伦敦，1898）作为例子。在其《法国》当中，专政一词经常出现，甚至在书后的索引中还有"专政"条目，但是索引中的参考内容很是奇怪：专政 = 威权政体 = 恺撒主义 = 波拿巴主义，甚至还等于布朗热主义（Boulangismus）[3]。

---

　　[2]　[译注] 博德利（John Edward Courtenay Bodley, 1853—1925），英国官员，以两卷本《法国》（France）而著称。

　　[3]　[译注] 布朗热主义，指法国 1888—1890 年间围绕布朗热（Georges Ernest Boulanger）将军而兴起的一股政治运动，其追随者自称布朗热主义者。1886 年，布朗热出任法国战争部部长，其属下军官称之为"复仇"将军。布朗热主张军队现代化，鼓吹修改 1871 年"法兰克福协定"所规定的德法边界。法国共和政府以这一行为（转下页）

甘必大（L. Gambetta）追求"独裁"，其政治活动是"潜在的恺撒主义"（II, 409）；拿破仑一世是军事独裁者（I, 259）。但是，中央集权的政府体系和独断的政治高层所拥有的任何一种强大的执行权也被称为专政（I, 80）。最后，书中还说，总统的每一次出现，也就是最广泛意义上的"个人统治"（personal rule），都足以被算作专政（I, 297 f.）。

除此之外，博德利的政治著作充满了明智且中肯的思考。对这样一部作品偏执一端，死板地抓住其中的一句话，并把专政这个词无限扩大，无疑是最愚蠢的迂腐行径。毕竟按照一般的词源来看，但凡能够"口授命令"（diktiert）的人，都可以被称作独裁者（Diktator）。但在事实上，尽管术语的运用相当机会主义，个人统治、民主、集权之间的结合却无处不在，只不过由于强调中央集权的政府工具，个人统治的因素往往退到幕后，因为个人统治只不过意味着中央集权体系之中出于技术原因而必然产生的威权统治顶点。19世纪罕见的一系列"独裁者"均可作如此解释：拿破仑一世和拿破仑三世、俾斯麦、梯也尔、甘必大、迪斯累利，甚至还包括［教宗］庇护九世（Pius IX）。

在德国的政治学文献中，鲍威尔（Bruno Bauer）的《迪斯累利与俾斯麦：浪漫主义与社会主义的帝国论》（*Disraelis romantischer und Bismarcks sozialistischer Imperialismus*, 1882）就是关于这种政治观念的颇有教益的一份。奥斯特罗果尔斯基[4]认为，在现代民主国家中，掌握着党团会议这一中央集权化的党派机器的党派领袖可以简洁明了地被称为独裁者；在美国的政治学文献中，联邦政府所发布的任何一

（接上页）的安全风险为由罢免了布朗热。随后便形成了以布朗热为中心的民粹运动，成为后来法国新右翼的先驱。

　　[4]　［译注］奥斯特罗果尔斯基（G. Ostrogorski, 1854—1921），俄国政治理论家、史学家，政党理论的开创者，与马克斯·韦伯、罗伯特·米契尔斯并列为政治社会学的奠基人。

种有损于各州独立性的措施都被中央集权的反对者称为"独裁"。这些都和上述政治观念相符。然而，按照最近的语用习惯，专政的特征始终是以民主为基础而取消民主，从而使得独裁和恺撒主义之间通常不再有任何区别，因此一种本质的定义，也即专政后来发展出来的代理特征，也就不存在了。

xv

在关于"无产阶级专政"的社会主义文献中，即便只是在讨论国家和阶级的历史哲学的遥远维度上，专政取消民主的特点也反而更加明显。根据最近——1920 年夏——在马克思主义者中间展开的讨论，我们可以看到一种现象，那就是参与讨论的马克思主义者似乎认为专政在本质上就是对议会民主制的否定，专政意味着放弃形式民主的基础。考茨基（K. Kautsky）的《恐怖主义与共产主义》（*Terrorismus und Kommunismus*, 1919）是这场讨论的出发点，他把专政定义为一种必然的个人统治，认为集体专政自相矛盾，从而试图驳倒无产阶级专政的观念，但这不过是一条术语上的论据而已。恰恰对马克思主义而言，并不难把作为集体的无产阶级看作真正的行动者和专政的主体，因为马克思主义认为一切真实政治事件的承载者并非个人，而是阶级。

当然，我们可以用不同的方式理解无产阶级专政的内容。按照参与讨论的马克思主义者对考茨基著作的阐释，似乎取消民主就是专政的重中之重，拒绝或者解散按照民主原则选举出来的立宪国民议会就是这一观念最强烈的表达。但我们未必要因此而得出结论，说马克思主义的信徒认为无产阶级专政必然意味着少数人对多数人的统治。在列宁、托洛茨基和拉狄克等人到目前为止对考茨基此文的回应中，我们看到，他们并不认为存在根本性的理由去反对使用民主原则，相反，他们认为专政问题和其他诸如合法性和非法性等问题一样，必须根据具体国家的不同情况而做出不同的回答，专政只是共产主义计划战略战术举措之中的一个要素。

在不同的实际形势中，或许不同的方法才能符合目的，无论如何，向共产主义的最终目标过渡才是最重要的，而专政是达成这一目

标的一个技术手段。无产阶级作为统治阶级的国家（无论无产阶级是
占多数还是占少数）作为一个整体，作为"中央集权化的国家机器"，
作为"统治工具"，都叫作专政。但是，这个无产阶级政权并不是最
终的目的，而只是一个过渡。由此，资产阶级文献中已经被淡化的重
要情况重新获得了意义。专政是为了达到某一目的而实施的手段；因
为专政的内容仅仅取决于要达到的目的，为实际形势所决定，所以我
们不能泛泛地将其定义为取消民主制。另一方面，共产主义的论证也
让我们看到，就其理念而言，专政是一种过渡阶段，因此专政的出现
只能是例外，只能在被迫的条件下。这也属于专政的概念，重要的
是，究竟要在哪方面开例外。

　　如果专政必然是"例外状态"，那么我们就可以通过列举什么属
于正常状态来表明专政概念的各种可能性。在国家法上，专政意味着
消除法治国家，而法治国家本身又可以指许多不同的事物：一种行使
国家权力的方式，即只有在法律的基础上才能允许国家介入公民的权
利领域，包括个人自由和财产；或者是对专政要否定的某些自由权利
的保障，这种保障符合宪法，并且不受法律的干涉。如果一个国家的
宪法是民主的，那么每一种例外情况下对民主原则的废除，每一种无
须多数人同意就行使的国家统治，都可以叫作专政。如果把民主地行
使国家统治权力树立为普遍有效的政治理想，那么每一个不遵守这些
民主原则的国家都是专政。如果把不可剥夺的人权和自由权利的自由
主义原则当作标准，那么对这些权利的损害看起来就是专政，即便这
种损害符合大多数人的意志。

　　可见，专政可能意味着偏离民主和自由原则的一种例外，但专政
不一定会同时触犯民主和自由原则。关于有效的标准必须是什么的问
题，可以肯定性地通过现存宪法或者通过一种政治理想来规定。因
此，戒严状态因为暂时取消了肯定性的宪法规定而被称为专政，但从
革命的立场来看，整个现存秩序就是专政，由此，专政的概念就可以
从国家法领域迁移到政治领域。在共产主义的文献中，要通过斗争加

以消灭的政治秩序被称为专政，而共产主义者所追求的自身的政治统治也被称为专政，这就使专政概念的本质发生了进一步的变化。无产阶级国家整体被称为专政，因为无产阶级国家是一种用来向正当状态过渡的工具，其合法性在于一种历史哲学的标准，而非单纯的政治标准甚或肯定性的宪法权利的标准。

　　就这样，专政作为一种例外，在功能上恰恰依赖于它自身要否定的东西，因此专政同样成了一种历史哲学的范畴。按照马克思主义的经济历史观，历史向共产主义最终状态的发展必然是"有机"（在黑格尔哲学的意义上）发生的，经济状况必须成熟到足以产生变革的程度，因此发展（同样在黑格尔哲学的意义上）是"内在的"（immanent），人不能暴力地"强行迫使"条件成熟。对马克思主义者而言，对有机的发展过程进行人为的、机械的干涉，是毫无意义的。但是，布尔什维克主义论证说，资产阶级用尽一切手段负隅顽抗，妄图强争自己在发展历史上早已终结的地位，从而构成了对内在发展的一种外部干涉，构成了一种封死了有机发展道路的机械障碍。要排除这种障碍，必然只能借助同样机械的外部手段。这就是无产阶级专政的意义。

　　对有机发展的正常规律而言，无产阶级专政是一种例外状态，但其核心问题同样是纯粹历史哲学意义上的，正如为无产阶级专政辩护的论据也是历史哲学意义上的一样。在最近的一些著作，如列宁的《论激进主义》（*Über den Radikalismus*, 1920）和托洛茨基的《驳考茨基》（*Anti-Kautsky*, 1920）中，无产阶级专政的历史哲学性质比以往更加清楚地表现了出来：资产阶级是一个"注定要被历史灭亡的阶级"，而无产阶级因为是"在历史意义上崛起的阶级"，在面对历史意义上行将没落的阶级时，有权使用任何暴力，只要无产阶级认为使用暴力符合历史发展的目的。谁代表着未来，就可以对正在没落的事物推上一把。

　　每一种专政都包含着对某种常规的突破，但这并不是说专政意味着对任意某一种规范的随意否定。专政概念的内在辩证法在于，专政要否定的规范，恰恰是在历史政治现实中要通过专政而得以巩固的规范。专政以当下对规范的否定来巩固这种规范在未来的统治。在未来将要实现的这种规范的统治和实现这种统治的手段之间，存在着一种对立（Gegensatz）。[5] 在法哲学意义上，这正是专政的本质，也即把法律的规范和实现法律的规范分开的普遍可能性。专政如果不取决于符合某种规范性观念却必须在具体层面要达到的成功，如果不以让自己变得多余为目的，那么这种专政就是一种任意的专制。

XVIII
　　然而，实现某种具体成功，就意味着使用手段介入事件的因果过程，手段的正确性在于其合目的性，而且只取决于这一因果过程的实际情况。恰恰是应当为专政辩护的理由使专政成了一种消除法律状态的制度，因为专政意味着一种只关心实现具体成功的方法占据主导地位，意味着当某一法律主体的意志阻碍了成功时，要丝毫不顾及这种相反的意志。而顾及法律主体的反对意志，恰恰是法律最本质的特点。因此，专政就意味着让目的摆脱法律的束缚。然而，如果有人认为一切法律的核心就是这样一种目的，那么他就完全没有能力掌握专政的概念，因为对他而言，任何法律秩序都只不过是隐藏的或者间歇的专政。

　　耶林（Rudolf von Jhering）发表过如下言论（见《法权中的目的》[Zweck im Recht], II 3, 251）：法律是达到目的之手段，目的是社会的存续；如果法律不能拯救社会，那么暴力就得介入，就得做恰当的事，这就是"国家暴力的挽救行动"，也是法律汇入历史和政治的时刻。更准确地说，这是法律显露出自身真正本质的时刻，是法律不再弱化自身纯粹的目的性特征的时刻，而原先之所以允许削弱法律的合目的性，也正是为了达到目的。在这个意义上，抵御外敌的战争和镇压内

　　　[5]　［德文版编者注］施米特手稿中将"对立"（Gegensatz）订正为"矛盾"（Widerspruch）。

乱的平叛就不是例外状态，而是最理想的正常情况。在这种正常情况下，法律和国家以直接的力量展开了自身的内在合目的性。

专政［独裁］虽然无视法律，但它无视法律单纯是为了实现法律——这种为专政辩护的理由也许具有实质意义，却并不是从形式上推导出来的，因此也就不是法律意义上的正当性证明。因为无论真实的目的或者规定的目的有多么好，都不能证明违法的正当性。说专政能够带来一种符合规范正确性原则的状态，并不能赋予专政以法律权威。专政形式上的合法性在于某种最高权威的授权，这种最高权威可以在法律上取消法律和许可专政，换言之，可以允许一种具体的例外存在，而且这种具体例外的内容和另一种具体的例外情况——赦免相比，是极其出格的。

抽象地说，专政问题是在一般法律学说中至今仍未经过系统探讨的关于具体例外的问题。本书没有讨论这个问题，但是要认识专政［独裁］，就有必要研究到现在为止关于专政的众多构想是从哪一个可以独自允许这种例外状况存在的最高权威出发的。因为专政还有下面这样一个特性：一切在具体要取得成功的视角下看来有必要的事情，都要被合法化，因此在专政之中，授权的内容一定且只能由具体形势决定；由此，任务和职权、权衡和授权、委托和权威之间就产生了一种绝对的等同。在这种同一性之下，在某种特殊意义上，每一位专政者都必然是一名代理人。在更深入的考察之中，我们不可避免地要探究这一重要概念的历史。这决定了本书的结构：每次在对一般性的国家学说和宪法学说进行理论探讨之后，都会对直接代理行使国家权威的情况做一个历史性的考察。 XIX

本书的核心是第四章中所论证的本质区分，它试图解决初步的困难，使得我们先有可能从法学角度探讨专政的概念，因此这种区分——代理专政和主权专政之间的区分——也就包含着本书的结论。这一区分以人民立宪权力为基础，在理论上建构了从早先"宗教改革专政"到后来革命专政的过渡。在 18 世纪，基督教欧洲的历史上第一次出现了这样一种专政概念，根据这种概念，独裁者虽然仍旧是代理人，但由于人民的权力不是宪制的（konstituiert），而是制宪（konstituierend）的，独裁者就是一名直接的人民代表：从人民身上得到合法性，同时又对自己的委托者——人民下命令的独裁者。

在 19 世纪，专政概念仍然继续在思想史上发展着，但本书只能以长注释的形式（第 143 页）予以略述。自 1848 年以来，至少在德国，一般性的国家学说逐渐完全脱离积极的国家法。同时，数条不同的思想路线独立地并行，因此本书的这一部分也仍然保留了互相独立的论述。前几百年流传下来的主权概念已经发生了本质的变化，从政治上看，这是由于阶级概念的提出，从宪法和国家法上看，则是因为现代的党团自由。今天仍然占据主导地位，与一切其他主权主体相对立的"国家"主权概念，只不过是对真正问题的一种回避（tergiversatio）而已。因此，本书的困难一方面在于要探讨的问题本身，另一方面也在于那些历史的、法学的、哲学的材料——这是研究不得不经过的一条坎坷之路。

当然，书中所用材料并非像第一眼看上去那样过时。[6] 第一章中所论述的关于独裁者是否拥有主权的争议虽然始于博丹，但是至晚在布赖斯 [7] 等法学家那里还被提起过。即便舍此不论，这些材料的搜集也并非为了材料本身，而是为了通过这些材料展现这个始终重要的概念的发展过程。我还要指出，写作本书的兴趣并非来自当下关于专政、暴力或恐怖的讨论。判决之为判决的法律价值无关其实质上的正义性内容，我在 1912 年的论文《法律和判决》（Gesetz und Urteil）中已经把这一点当成了法律实践研究的基础；我特别提

---

[6]　［德文版编者注］施米特手稿中将"像第一眼看上去那样过时"订正为"像第一眼看上去那样似乎已经过时"。

[7]　［译注］布赖斯（James Bryce, 1838—1922），英国学者、法学家、历史学家和自由主义政治家。

到了边沁（J. Bentham）。对国家学说而言，边沁关于法律确定性（Rechtsbestimmtheit）的学说经由奥斯丁[8]的主权概念而变得具有直接的重要性。

出人意料的是，尽管看似不太可能，但霍布斯可以算是边沁的同道前辈，而德迈斯特[9]竟然能够为边沁的学说提供看起来更不可能的支持。对这一思想做进一步的推演，我们可以得出法律规范（Rechtsnorm）和实现法律的规范（Rechtsverwirklichungsnorm）之间并不等同的结论。在关于国家的价值的论文（1914）中，我将这一差别放在原则性的情况之下进行了研究。唯一令我感到遗憾的是，我在写这篇论文的时候还不了解克拉贝[10]关于法律主权的学说。这篇论文被误解了，受到从完全相反的角度出发的评判：像魏尔[11]这样重要的学者都认为这篇论文中的法律概念和凯尔森[12]的实证主义"形式"相同。

但我认为，凯尔森的实证主义本身就包含着一种语词矛盾（contradictio in adjecto）。对凯尔森来说，专政问题之于法律问题就像脑部手术之于逻辑问题一样，两者毫无关系，同样，凯尔森的那种相对主义的形式主义没有看到，这里要讨论的是完全不同的问题，也

---

[8]　[译注] 奥斯丁（John Austin, 1790—1859），英国法学家、法哲学家。奥斯丁的法理学分析方法和法律实证主义影响了英美法律，他反对传统"自然法"的方法，认为法律与道德之间没有任何联系。

[9]　[译注] 德迈斯特（Joseph de Maistre, 1753—1821），萨伏依哲学家、作家、律师及外交官，在法国大革命之后积极为君主制辩护。

[10]　[译注] 克拉贝（Hugo Krabbe, 1857—1936），荷兰国家法学家。此处指其发表于 1906 年的作品《法律主权论》（*Die Lehre der Rechtssouvereiniteit*）。

[11]　[译注] 魏尔（František Weyr, 1879—1951），捷克社会学家、哲学家、法学家，布尔诺（Brno）规范主义法学理论的重要代表人物。

[12]　[译注] 凯尔森（Hans Kelsen, 1881—1973），奥地利裔美国人及犹太裔法学家，法律实证主义的代表人物。

即国家的权威不能同国家的价值分开的问题。相反，瓦尔德克尔（L. Waldecker）则认为这篇论文只不过是"怀古的自然法"，国家权威（至少在 1916 年）已经是过去时了。因此，有必要专门考察法律实现（Rechtsverwirklichung）也即专政这一关键概念。有必要通过论述专政在现代国家学说中的发展过程来表明，我们不可能再像目前这样，只在遇到围绕宪法的个别斗争时才特别地探讨专政，在原则上却对专政的其余内容视而不见。关于专政问题的讨论可以进行到目前已经完结部分的程度，即使我们这个时代有着种种不利的外部条件——在这个时代，

　　饥肠辘辘的克利俄只得荒废阿加尼佩的山谷，搬进了拍卖行。[13]

---

　　[13]　[译注] 原文为 cum desertis Aganippes Vallibus esuriens migraret in atria Clio，出自古罗马诗人尤维纳利斯（Decimus Junius Juvenalis，约 60—约 140）的《讽刺诗》之七。克利俄是古希腊神话中九位缪斯女神之一，司掌历史，阿加尼佩是古希腊神话中的灵感之泉。施米特引此诗是暗示《论专政》出版的时代是一个人文荒废的时代。

第一章
临时代理专政与国家学说

1. 治国技术理论和法治国家理论

罗马合法专政［独裁］的传统观念

对文艺复兴时期的人文主义作家而言，专政是他们在罗马史和罗马古典作家那里发现的一个既存概念。这些伟大的语文学家和罗马古典文化专家从西塞罗、李维、塔西佗、普鲁塔克、哈利卡纳苏斯的狄奥尼修斯（Dionysius von Halicarnass）、苏埃托尼乌斯（Sueton）等人的著作中整理汇编了各种不同的论述，但出于兴趣，他们只将这一研究看作古典学的事情，从未在其中寻找具备一般国家法意义的概念。[1]

由此，人文主义作家创造了一种直到 19 世纪都几乎没有变化的

---

[1] ［原注 1］这些汇编中，尤其重要的有利普修斯的著作，不仅数量大，而且是重要的政治学文献。阿鲁梅乌斯在其 1623 年《公法研究》（*Discursus academici de jure publico*）的第五卷中从头到尾都在引用 Lipsius、Zasius、Rosin、Besold、Forster、Keckermann、Boulenger 等人。比较好的罗马古典文献汇编见 Barnabas Brissonius（布里索尼斯），*De formulis et solemnibus populi Romani verbis*, libri VIII, Frankfurt, 1592, 1. II, p. 257-258。

［译注］利普修斯（Justus Lipsius, 1547—1606）为弗莱芒语文学家、哲学家、军事学家；阿鲁梅乌斯（Dominicus Arumaeus, 1579—1637）为德国法学家；察修斯（Ulrich Zasius, 1456—1535）和贝索尔德（Christoph Besold, 1577—1637）为德国法学家；凯克尔曼（Bartholomäus Keckermann, 1572—1609）为德国神学家；罗辛（Rosin）、福斯特（Forster）、布朗热（Boulenger）不详。

传统观念：专政是罗马共和国的一种明智创举，独裁官是罗马在国王被逐的特殊情形下引入的一种高级官职；这种官职的行政权力不像执政官那样会因为同僚的合议、保民官的反对、民众的申诉而受到损害，从而可确保在危险时期维持一个强大的帝国。执政官应元老院请求任命独裁官，多因时局危难。后者的任务就是扭转危局，或指挥战争（dictatura rei gerendae），或镇压内乱（dictatura seditionis sedandae）；后来，罗马也会为了特定细节问题任命独裁官，比如主持民众集会（comitiorum habendorum）、操办在神庙插钉子的宗教仪式（clavi figendi）、领导某项调查、确定节日等等。独裁官任期为六个月，如果他完成了自己的使命，往往会在期满之前就放弃显赫职位——至少按照共和时代那淳朴可敬的古风是这样。

2　　　独裁官不受法律约束，类似于国王，拥有主宰生死的无限权力。关于独裁官的任命是否会取消其他高官的行政权力，众说纷纭。一般来说，独裁官的专政被看作贵族政体试图借以抗衡平民提出的民主诉求，维护自身统治地位的一种政治手段。当然，我们仍须历史地批判那些传世的记载。[2]

---

　　[2]　[原注2] 以下是基于最新文献汇编而成的资料，也许有助于读者获得一个总体的概览，因为其中有一部分对后文的论述也很重要。

　　1. 古代的共和制专政（据李维《罗马史》II 18，罗马最早的独裁官专政不详，可能是公元前505年的瓦勒留斯［M. Valerius］或者公元前501年的拉尔修［T. Larcius］，后者在西塞罗的《论共和国》II 56中也有提到；一般称拉尔修为第一位独裁官）。按照编年史家记载下来的案例，专政似乎首先是一种和平民对抗的内政工具。17和18世纪的政治文献确实也是这么理解专政的。但根据最近的研究，古代案例中所谓专政是为了镇压内乱（seditionis sedandae）的说法很可能是不正确的；特别是公元前494年第一次平民脱离运动（secessio plebis）期间的专政，肯定是不符合历史发展状况的。

　　本德尔（Fr. Bändel）在博士论文《罗马专政》（Die römischen Diktaturen, Breslau, 1910）中批判了各个案例，指出在罗马共和国的头150年间，几乎没有一次为了镇压内乱而产生的真正意义上的专政，相反，第一批独裁官只不过是战争中的统帅。关于意大利习惯法中专政的起源，参见罗森贝格（Arthur Rosenberg）《古代意大利人的国家》（转下页）

后来，苏拉和恺撒的多次专政，虽然在政治意义上有别于早先 3

（接上页）(*Der Staat der alten Italiker*, Berlin, 1913)。佐尔陶 (W. Soltau) 在《专政的起源》(*Der Ursprung der Diktatur*, Hermes, Zeitschrift f. klassische Philologie, Bd. 49, Berlin, 1914, S.352ff.) 中认为，在公元前 272 年霍滕修斯 (Hortensius) 专政之前，不存在因为镇压内乱而任命的独裁官，而古代共和国的独裁官是在紧急情况下必须征召联盟 (nomen latinum) 军队时率军作战的统帅。独裁官是暂时拥有王制帝国的最高军事长官，但在其余时候则没有职能。这也就解释了为什么独裁官的任期被限制在六个月，因为六个月正好是夏季征战的时长。

随着时间的流逝，早先的专政由于各种原因变得不实用了（并非受到法律的废除），保民官的反对权和民众的申诉权都限制了独裁官最初不受约束的权力（公元前300 年前后），另外，把任期限制在六个月已经无法适应改变了的军事状况，因为战争要在意大利之外进行。然而，第二次布匿战争期间，出于特殊原因，在公元前 217 年和公元前 216 年还任命了独裁官，相反，公元前 211 年虽然出现了极大的危险，却没有任命独裁官，因为当时两名执政官都在城中。从公元前 202—前 82 年（苏拉）开始就再没有出现专政了。

2. 由元老院终极决议 (Senatus Consultum ulitmum) 提出的"代专政"(Quasidiktatur) (Plaumann, Klio, 1913, S.321ff.) 是用以替代已经失效的早期专政的产物。作为一种对抗内部政敌的斗争工具，"代专政"首先出现在公元前 133 年提比略·格拉古 (Tiberius Gracchus) 动乱时期，直到公元前 40 年还时有出现。"代专政"提出的基础是元老院通过了一项表述为"愿执政官留心，俾使国家无损"(videant consules ne quid res publica detrimenti capiat) 的决议，将维护国家安全的使命委托给执政官，也即"统领公事，保卫国家"(rem publicam commendare, rem publicam defendere)。据此，执政官就自认为有权处置罗马平民——现存秩序的敌人，而不必顾及任何法律的约束。据蒙森 (Mommsen, *Staatsrecht* III 1242) 的观点，元老院的终极决议是和宣布公敌 (hostis-Erklärung) 同时做出的，政敌被宣布为公敌，不受法律保护，地位等同于战争中的敌人。（关于这一政治设计，参见本书第六章的论述。）而据普劳曼 (Plaumann, S. 344) 的说法，元老院终极决议和宣布公敌是两个分开的行为。

3. 公元前 82 年，根据一部特殊的法律，苏拉被任命为独裁官，任期不定；公元前46 年，恺撒先被任命为一年期的独裁官，后来任期延长，最后延至终生。苏拉和恺撒的这类专政和三巨头统治一样，不受民众申诉权和现存法律的约束。这种专政只是继承了古代专政之名而已，并无其实。

的专政（如贝索尔德所言，苏拉和恺撒的统治在实际影响上类似于僭主），但通常还是被归为一类，因为就治国技术而言，两者并无差异。

早期的共和专政与后来的苏拉和恺撒专政之间存在显著不同，这一事实本应让人明白，必须在专政概念内部进行更精确的界定。后来，临时代理专政和主权专政之间的对立将发展为根本性的决定因素，但在此处，政治发展本身已经指出了两者的对立。这一对立性质原先就存在于事物的本质之中。因为人对历史的判断始终取决于当下的经历[3]，所以从民主制发展到恺撒主义，在16和17世纪并没有引起人们多大的兴趣。

由于彼时建立的中央集权君主国不认为民众的同意是国家的合法

---

[3]　[原注3] 在蒙森和迈耶（Eduard Meyer, *Caesars Monarchie und das Principat des Pompejus*, 2. Aufl., Stuttgart, 1919）的著作中，历史描述和其身处时代的政治经历之间的相关性是显而易见的。最近，洛伊特魏因（Paul Leutwein）援引迈耶，也像17世纪所流行的那样对历史进行了当下化，见其著作《独裁者苏拉》（*Der Diktator Sulla*, Berlin, 1920）。就此而言，蒙森著作中有意味的是，他坚决地对共和制专政和恺撒主义专政进行了区分（*Staatsrecht* II 685，参见哈弗菲尔德 [Haverfield] 的注解，见 "The Abolition of Dictatorship"，载 *The Classical Review*, III, London, 1889, S. 77，亦见 Liebenam [利伯纳姆]，a. a. O., S. 388）。尼森（Adolf Nissen）把现代意义上军事权力和民事权力之间的区分带入了罗马的国家法之中，并试图以此解释库利亚权力约法（lex curiata）的产生（*Beiträge zum römischen Staatsrecht*, Straßburg, 1885）。

泽克（Otto Seeck）反对这种现代化的做法，理由是这种分权的思想并不存在于罗马人的法律观念之中（D. Lit. Ztg., 1887, Sp. 135–136）。尼森对威廉斯（Willems）作品的评论也很有意思。威廉斯认为元老院不能自主任命独裁官的体制是一种奇怪的体系（*Le sénat Romain* II 257）。尼森说（S. 64. Anm. 2），"我认为罗马人的体系并不比君主立宪制更奇怪"。——1914年佐尔陶发表了一篇论文（当然，我们现在关于历史描述的当代相关性的论断，丝毫不损害这篇论文在客观知识层面的意义与合理性），文中罗马独裁官在联邦军队的领导地位近似于1871年德意志帝国宪法中的最高军事长官，该文后面还提到罗马独裁官的现象与17世纪历史的平行之处。

性基础，而认为政权的合法性来自神的恩典，因此这类国家的权力乃是通过与国内各等级对抗而得以贯彻的，根据当时的理解方式，就是与民众对抗。"专政／独裁"（Diktatur）一词的字面含义扩大为包含一切命令由"口授"（diktieren）的情形；dictator est qui dictat [独裁者即口授命令者]。[4]今天，这个字面含义无疑推动了专政这个语词的传播，但在那个时代，这个意思还没有表现出来。[5]

在德国，对比罗马法制与 16 世纪国家政治状况并不是要利用罗马体系来构建法学概念。和那些在法律地位上把德意志国王与罗马皇帝进行对比的论述或某些教会法方面的论证[6]相反，比较 16 世纪的政治状况与罗马法制，主要是为了重新阐释罗马法制。这种阐释天真得

5

----

[4]　[原注 4] 关于"独裁者"（dictator）一词由"口授"（dicere, dictare）、"命令"（edictum）派生而来，参见 Schwegler（施文格勒），*Römische Geschichte* II 122 Anm. 1; Becker（贝克尔），*Handbuch der römischen Altertümer* II 2, S. 150。蒙森（*Staatsrecht* II 144）认为，dictare 从来就没有过执政（regere）的意思。加图（Cato）使用这个词的时候一般指上级长官，蒙森认为这意味着独裁官的身边没有与之平等的同僚。希腊人（波利比乌斯、狄奥尼修斯、迪奥多拉、普鲁塔克）将其译为"威权者"（αν`τοκράτωρ）或"专断的将军"（στρατηγός αν`τοκράτωρ），或者干脆不翻译，保留原词（dictator / δικτάτωρ）。参见 Liebenam, Sp. 374。

[5]　[原注 5] 其部分原因可能在于中世纪的语言使用习惯，中世纪的 Diktator 一词具有特定意思。Diktator 是指文书处的官员。比如教宗格里高利七世著名的《教宗训令》（*dictatus papae*）的名称（Jaffé, *Reg. Greg. L.* II ep. 55 a）就是基于文书处的语用习惯；这份文献的页边标注着：Dictatus papae，即"由教宗口授"。被委托以书写任务的文书处人员就叫 Diktator。在德意志民族神圣罗马帝国的国家法当中，Diktatur 一词常指帝国议会当中公使秘书和书记员集会的过程。美因茨大主教的秘书会坐在高位上，向公使秘书和书记员口授那些上呈给帝国政府的备忘录和抗议书等（"per dictaturam publicam communicirte"）。因此，法令或敕令的文件头上一般都标明："美因茨主教区……口授"（"dictatum ... per Moguntinum"）。

[6]　[原注 6] 比如法兰克福 1592 年版的杜兰迪（Guillaume Durand）《法典》（*Speculum juris Durandi*）对教宗的红衣主教公使（legatus cardinalis）和罗马的资深执政官（proconsul）的比较，参见该书 de legato §3 Nr. 37；亦见本书第二章。

像《圣经》和神话里的景象，其中显现出来的历史事件披着当代的外衣。尽管如此，这种历史性的阐释仍然有着事实上的重要性。于是，1507 年在斯特拉斯堡出版的李维作品译本中，执政官被译为市长，元老院有时被称为"参议院"，而独裁官，如果确要翻译的话，则被译为拥有"战争指挥权"的"最高权力者"。[7]

弗兰克（Sebastian Franck）在其编年史中尤其提到独裁官的几个特征：独裁官是在极端的危局下选出的；拥有为了惩罚而实施死刑的"最高权力"；对于他所做出的判决，无人可以上诉；他是"罗马军团的首脑"，他的"权力和力量"优先于"参议院大人们的权威"。[8] 然而在 16 世纪，政治学和国家法学者已经发现了其他国家的制度与罗马专政之间的类似之处。这说明，这些学者已经或多或少有意识地试图把对专政的研究发展成一种普通国家学说的概念。此处首先要提到的就是马基雅维利，尽管我们有充分的理由说他从未创建过一种国家理论。[9]

马基雅维利的专政概念

6   很明显，《李维史论》（1532 年，即马基雅维利死后五年出版）是在普遍意义上讨论专政／独裁，因为书中注解李维的历史著作，提到

---

[7]   [原注7] 见舍夫林（Schöfferlin）选编李维之《罗马史》（1507, pag. XLII）。舍弗纳（Scheffner）在把马基雅维利的《李维史论》译成德语版（Danzig, 1776）时，将执政官译为市长，将保民官译为行会会长，而独裁官一词则没有译出。

[8]   [原注8] *Chronika*, 1565, p. LXXIV, LXXXIX; 1585, p. CLXXV. 我引用弗兰克不是因为他在政治学上的重要性（参见 Hermann Oncken [翁肯], *Historisch-politische Aufsätze und Reden*, I. Bd. München/Berlin, 1914, S.273ff.），而是作为例子，说明"独裁官"这个词在 16 世纪的德意志地区究竟和哪些国家法以及政治观念联系在一起。

[9]   [原注9] F. Pollock（波洛克）, *Spinoza et le Machiavellisme, Revue politique internationale*, Lausanne, 1919, p. 1.

了罗马共和国最初几百年中大量的专政案例。世人往往否认马基雅维利此书的一切原创性，称之为阅读亚里士多德和波利比乌斯而结出的"果实"，或者称之为"人文主义的探讨"。[10] 然而，恰恰是马基雅维利关于专政的评论证明了他自身独立的政治关切和分辨能力。他提到特殊情况需要特殊措施，这是一切时代中不断重复发生的现象，司空见惯；他关于共和国时期罗马人美德的论述，说他们常在任期结束前就放弃职位（I，第 30 和 34 章），直到 19 世纪仍是人们喜谈的话题。但除此以外，《李维史论》还评论说：在急迫的情形下，循规蹈矩的行政程序及其烦冗特性，还有同僚协商讨论的方式，都将使局势变得十分危险，并可能令政治家无法做出快速的决断。恰恰对共和国而言，专政应该是一个性命攸关的问题。因为独裁官不是僭主，专政也不是某种专制统治的形式，而是共和宪法所特有的捍卫自由的工具。因此，在被马基雅维利称为最好的现代共和政体的威尼斯共和国里，就存在着一种类似的权力机构（第 34 章），其重点是赋予专政以符合宪法的保障。

独裁官的定义是，"能够无需任何其他权力机关的合作而制定命令并立即付诸实施的人"（第 33 章）。"立即"的意思是，执行之前无须经过其他法律程序。"考虑"（deliberatio）和"执行"（executio）之间的对举可以追溯到亚里士多德，马基雅维利用这对概念来定义专政：独裁官可以"自行考虑"（deliberare per se stesso），采取一切措施而无须受其他权力机关的约束，也无需其他权力机关"以咨议或决定的方式参与"（fare ogni cosa senza consulta），并做出即时有法律效力的处罚判决。但这一切权力都必须和立法活动的权力区分开来。独裁

---

[10]　[原注 10] 埃林格尔（Ellinger）称之为"阅读的果实"，见 *Zeitschr. f. d. ges. Staatswissenschaften*, Bd. 44 (1888), S. 3；"人文主义的探讨"之说见 F. Blei（布莱），*Die Rettung* II (1919), S. 27。反对这类评价的见 Ad. Menzel（门策尔），*Machiavelli-Studien*, Grünhuts Zeitschr, Bd. 29 (1902), S. 561。

7   官不能更改现存的法律，既不能取消宪法和行政管理机构，也不能"立新法"（fare nuove leggi）。按照马基雅维利的观点，在专政之下，常规的管理机构仍然作为一种"监督机制"（guardia）而存在。因此，专政是共和国一种合乎宪法的权力机制，而罗马共和国时期的十人委员会却恰恰由于不受限制的立法权而使共和国陷入险境（第35章）。

马基雅维利国家观的"技术性"特征

在马基雅维利和他之后的时代看来，专政是自由的罗马共和国的根本权力机制，这使得他们没有区分两种不同的专政：临时代理专政和主权专政。因此，他们从不认为专制君主是独裁者。后世的作家们有时把马基雅维利构想的君主形象称为独裁者，把这种君主所代表的执政手段称为独裁，其实违背了马基雅维利的观念。独裁官虽然始终是一个特殊的官职，但也始终是共和体制中符合宪法的国家器官，和执政官及其他"主事者"一样，是"领袖"（II，第33章）。相反，君主是有主权的，马基雅维利的《君主论》主要包含了若干装饰在历史的博学之下的政治方案，教导君主如何把政治权力握在手中。这部作品之所以获得了巨大成功，是因为它符合16和17世纪的国家概念——正在形成的现代国家，更确切地说，是因为它迎合了想了解专政本质问题的某种兴趣。在关于"《君主论》之谜"的许多讨论中，一部分内容和马基雅维利自身的矛盾相关，因为他在《李维史论》中似乎还是怀有自由思想的共和主义者，而在《君主论》中却变成了专制君主的顾问；而另一部分则和《君主论》的反道德特性相关。

有人在《君主论》中看出了对僭主的隐晦抨击[11]或者一个绝望的　　8
民族主义者的建议，[12]通常的讨论则涉及将利己主义凌驾于道德之上
的权力和利益关切。[13]不过，这两种做法都既不能解释马基雅维利的
矛盾，也不能解释《君主论》的反道德性。事实上，这种矛盾和反道
德性完全不在考虑范围内，因为《君主论》充满了纯粹的技术兴趣，
这在文艺复兴时期是很典型的，其后果就是文艺复兴时期的那些伟大
艺术家也更多地致力于探究自己艺术中的技术问题，而非美学问题。
马基雅维利本人也最喜欢研究军事学之类的纯技术问题。[14]在外交和

---

[11]　[原注 11] 贞提利（Albericus Gentili）的《论外交官》（*De legationibus* 1. Ⅲ
1585 1. Ⅲ）和伦图鲁斯（Cyriacus Lentulus）的《奥古斯都，或论共和国向君主国的转
变》（*Augustus sive de convertenda in monarchiam Republica*, Amsterdam, 1645, p.112）都
把马基雅维利究竟想表达什么的问题当作一个学术争议来对待。这个问题涉及后文要
提到的关于政治"秘术"的文献。斯宾诺莎关于《君主论》是一部讽刺作品的观点，
参见 Ad. Menzel 上引书。托马修斯（Thomasius）的《神圣法学制度》（*Institutionum
jurisprudentiae divinae* 1. Ⅲ, ed. Ⅳ, Halle, 1710, 1. Ⅲ, c. Ⅵ § 67）说：马基雅维利要么是
无信仰的作者，要么是讽刺性的作者（vel impius vel satyricus）。卢梭《社会契约论》
（*Contrat social*, 1. Ⅲ, c. 6）引用了不同的解释，却说《君主论》是"共和主义者之书"
（le livre des républicains）。孟德斯鸠在《论法的精神》中（*Esprit des lois* 1. ⅩⅩⅨ, c.19）
从心理学角度解释说，马基雅维利是由于崇拜偶像瓦伦提诺公爵恺撒·博尔贾而将《君
主论》写成这样的。

[12]　[原注 12] 证明参见 Ad. Menzel 上引书。

[13]　[原注 13] 19 世纪中叶及此前的马基雅维利文献见 Mohl（莫尔），*Geschichte
und Literatur der Staatswissenschaften* Ⅲ, Erlangen, 1858, ⅩⅦ, S.519ff.。马基雅维利主
义一词的历史参见 O. Tommasini（托马西尼），*La vita e gli scritti di Niccolo Machiavelli*
I, Rom, 1883。新近的文献参见 Karl Heyer（海尔），*Der Machiavellismus*, Berlin, 1918
(Münchner Dissertation, 1918)。文中的引文依据利西奥（G. Lisio）的版本（Florenz,
1899）。

[14]　[原注 14] Hobohm（霍博姆），*Machiavellis Renaissance der Kriegskunst*, 2 Bände,
Berlin, 1913. 延斯（Max Jähns）在其战争史（I, S. 449, 454, 456, 460）中认为马基雅维
利是"最杰出的经典军事作家之一"。我不能验证这一判断的正确性，但关（转下页）

政治事务上，他最下功夫的就是如何取得成功、如何"作为"的问题，而《君主论》中透露出真实情感冲动的地方，正是马基雅维利对那些政治生活中的半吊子的仇恨和蔑视——这些人做事只做一半，带着一半残酷和一半美德，从来没有坚决和彻底（《君主论》第3章）。

从绝对的"技术性"[15]角度来看，一位工程师可能对某种东西的生产有技术兴趣，却丝毫不需要关心生产出来的东西要服务于何种目的。马基雅维利对进一步的政治目的漠不关心，与此如出一辙。任何一种政治结果——无论是某个人的绝对统治，还是某种民主共和国，无论是君主的政治权力，还是民众的政治自由——都是作为任务被提出来的。在不同的国家形式之中，政治权力机构以及维持和扩大这种权力机构的技术也是不同的，但总存在一些东西是通过技术能够达成的，正如艺术家可以根据理性主义的概念创造艺术作品一样。根据地理位置、民族性格、宗教观念、社会权力集团和传统等具体情况，方式不同，形成的上层建筑也不同。

在表现出共和思想的《李维史论》中，马基雅维利赞美民众良好的直觉，在《君主论》中，他则一再指出人天生就是恶的，是野兽，是暴民。人们把他在《君主论》里的观念称为对人类的悲观主义，[16]但在理论上，这种观念却有一种完全不同的含义。在每一种为政治或

（接上页）于技术性国家理念的论述是否正确，与这一判断的正确性无关。

[15]　[原注15]"技术性"（Technizität）语出诺伊拉特（Otto Neurath）的《完全社会化》（*Vollsozialisierung*, Jena, 1920）一书，其中不仅记录了满足需求的方法，而且规定了不同需求的范围和顺序。

[16]　[原注16] Wilhelm Dilthey（狄尔泰），*Ges. Schriften* II, Leipzig, 1911, S.23ff.. 里特尔（Moriz Ritter）在《历史科学的发展》（*Die Entwicklung der Geschichtswissenschaft*, München, 1919, S.203）中也谈到了悲观主义。特勒尔奇（Troeltsch, *Hist. Zeitschr.* Bd. 23, 1919, S.390）的说法要正确得多，他认为马基雅维利"满足于一种心理学意义上的历史类型化，把它当作当下行动的教导"，而在特勒尔奇看来，这种对人类智力的信仰恰恰是乐观主义。

国家绝对主义辩护的论证中，人类天性的恶都是一条论证国家权威的公理。路德、霍布斯、波舒埃（Bossuet）、德迈斯特和斯塔尔（F. J. Stahl）等人[17]的理论兴趣截然不同，但这些人的作品中都具有决定性意义地出现了同样的论证。《君主论》所讨论的并非道德或法律的根基，而是政治绝对主义的理性技术。因此，《君主论》的出发点是，人也许在道德上必须有某些看似低下的品质，从而能够作为适合这种国家形式的质料。这是一条建构性的原则。因为人如果拥有共和共同体的建构原则——美德，那他就不能忍受君主制。同样，美德所表现出来的这类政治能量也不能和各种绝对主义的政府形式相容，而是只能允许共和政体存在。根据提出的任务不同，比如建立一个共和国或专制的君主国，技术手段所必须考虑到的人力资源也必然不同，因为非此则不能达到期望的成功。

理性主义、技术性和执行性作为正在形成的现代国家的特征

对现代国家的形成以及专政问题而言，这种技术概念有着直接意义。技术理性主义的结果首先是，政治艺术家（Staatskünstler）要建构政权，就得把按照国家形式组织起来的人群看作一种有待塑造的对象，看作质料。这对应着人文主义的观念：民众，没受过教育的大众，或者用柏拉图的话说（《王制》IX 588c，《智术师》226a），"长着很多脑袋的彩色怪兽"（θηρίον ποικίλον και πολυκέφαλον），是无理性的，必须用理性去统治和引导。如果民众是无理性的，那就不能和民众谈判，也不能和民众订立契约，而是必须通过诡计和暴力去征服他们。 10

---

[17] ［德文版编者注］施米特手稿中在"路德、霍布斯、波舒埃、德迈斯特和斯塔尔"之后又补充了"柯特"（Donoso Cortés）。

在这里，理智不能被理解，所以理智不能表达和论辩，而只能下命令。无理性只是理性的工具，因为只有理性才能真正地引导和行动。这既符合亚里士多德主义的经院哲学，[18] 也符合文艺复兴的柏拉图主义、廊下学派的古典传统，以及到 18 世纪末曾经占据过统治地位的一切道德观念。这些道德观念的理想是"自由和智慧的人"（homo liber et sapiens），像加图和塞内卡这样的智者，能理智地控制自己的欲望和激情，克服自己的情感。这是一种复杂的观念集合体，其反面是三种受情感统治的代表：大众、女性和儿童。理性是专政的。经院哲学的说法"理性专政"（dictamen rationis）过渡到了自然法，并且被应用到惩罚或规定着法律后果的条令之中。[19]

---

[18]　[原注 17] 见托马斯·阿奎那《神学大全》（S. Thomas Aquin., *Summa th.*, Pars I qu. I art. 2 ad 3 [opera t. VI]）：一切无理性的自然就像作为主导行动者的神的工具（tota irrationalis natura comparatur ad Deum sicut instrumentum ad agens principale）。无理性自然的本质就是必须由其他事物的行动来引导（quasi ab alio acta vel ducta）。无理性和智性的事物之中不可能存在意志（non potest esse voluntas in his quae carent ratione et intellectu），因为这种事物不能把握普遍之理，要驱动它，就必须对它提出要求，而这种要求则总是以某种善为目的——这个句子对理解卢梭的"公共意志"概念（volonté générale）也很重要。显而易见的是，个别动因乃是受到普遍动因的驱动：正如以公益为目标的城邦执政者是通过自己的命令来推动城邦的一切具体事务的（Manifestum autem est quod particulares causae moventur a causa universali: sicut rector civitatis, qui intendit bonum commune, movet suo imperio omnia particularia officia civitatis）。

[19]　[原注 18] 此处仅从无数例证中举出一例，托马斯·阿奎耶《神学大全》（I, II 91, 1 c）：法律在根本上无非是理性实践的专政（nihil aliud est lex quam quoddam dictamen practicae rationis in principe）。此外，《神学大全》还出现过思想专政（dictamen mentis）和自然法的专政（dictamen legis naturae）等；更多例子见许茨（Schütz）的《托马斯·阿奎那辞典》。邓斯·司各脱（Duns Scotus）《牛津论著》（*Oxon* IV d. 46 qu. I n. 10）：在意志决定行动之前，理智就能认识行动；但理智不能认识到行动需要果断坚决，因此认识和理解也就是强制和命令（intellectus apprehendit agibile antequam voluntas illud velit; sed non apprehendit determinate hoc esse agendum, quod apprehendere （转下页）

一旦理智的优越性催生了某种强制观念，那么这种观念就独立
于理智的优越性，也是纯粹技术上的兴趣的结果。后文的研究将一
再表明，独裁官的行动内容就是要达到某种成功，要"搞定某些事
情"：战胜敌人，安抚或者挫败政敌。重要的永远是"实际的局势"。
因为要达到具体的成功，独裁官必须用具体的手段直接介入事情的
因果进程。他行动；套用那时还不存在的定义来说，他是行动专员
（Aktionskommissar）；不同于纯粹的做决定、法律判决、思考和咨
议，他还要负责执行。因此，如果真的遇到极端情况，他可以不遵守
一般性的规范。因为可以预料，在平常时期，达到具体成功的具体手
段——比如警察为了维持公共安全所允许做的事——具有一定的常规

（接上页）dicitur dictare）。

苏亚雷斯（Francisco Suárez）《论法及作为立法者的神》（*De leg.* III, c.2 n.2）：自然
理性的专政（dictamen rationis naturalis）；格劳秀斯《战争与和平法》（Grotius, *De jure
belli ac pacis* 1. I, c.16§1）：受到自然理性之专政（dictante naturali ratione）；霍布斯
《论公民》（*De cive* III, 25）：自然法则（leges naturae）无非是正确理性的制约（dicatata
rectae rationis）；《利维坦》（*Leviathan* c.12）：每一位先知必然声称自己的言说是基于神
或魔的口谕（dictamen Gottes oder eines Dämonen）；洛克《政府论》（*Civil government*
II, 8）：人要做冷静的理性和良心所强制要求之事（calm reason and conscience dictate）；
V, 56：亚当可以按照理性之法的制约（dictates of the law of reason）来调整自己的行为。

1780 年马萨诸塞州宪法（art. II）：其自身良心的专政（dictates of his own conscience）；
汉普郡新闻（V, 1）：按照人自身良心和理性的制约去崇敬神乃是不可让渡的权利。康
德还谈到理性的专政（dicatamina rationis），而在孟德斯鸠和卢梭那里，施行专政的已
经是心灵了。最终，该词的用法模糊了；情感，热情，一切可能的东西都可以专政。下
面举实证法中的一例：1657 年斯特拉斯堡版本李姆奈乌斯（Joh. Limnaeus）的《日耳曼
罗马帝国公法》（*Juris publici imperii Romano germanici* t. V, t. I, C. II, c.8 n.36）中说强
制法是一种规定了刑法的法律（lex quae poenam dictitat），在其《皇帝选举让步协议》
中（*Capitulationes Imperatorum*, ed. alt. Straßburg, 1648, p.8）说查理大帝在《金玺诏
书》中发布"命令"（dictitat）；普芬道夫《自然法与万民法》（Pufenderf, *De jure nat.
et gent.* 1 VII, c.8§3）：法律强制规定的刑罚（poenae in lege dictatae）等。

性，那么也可以说，在紧急情况下，独裁官同样允许做形势所要求的任何事情。此时不再需要有法律方面的顾虑，而只要求适用于具体情况、可以取得具体成功的手段。

当然，此时的行为可能是对的，也可能是错的，但关于对错的判断只涉及所采取的措施在物质技术层面上是否正确，也即是否符合目的。如果顾及与所采取措施相对立的法律，考虑取得持反对态度的第三方的同意，或者考虑既得权利、行政手续或者法律程序，那么做事就可能"不切实际"，换言之，就可能在物质技术层面上有害或者错误。所以恰恰在专政之中，目的占据统治地位。为了达成某一具体状态，这一目的不受法律的任何阻碍，只受必要性的决定。在那些对国家或政治事务只存在纯粹技术兴趣的地方，法律上的顾虑同样可能不符合目的，因而也就不切合实际。法律那种独立于合目的性之外的、无条件的固有价值始终不可能达到用绝对技术性的方式去理解国家的境界。这种纯技术性的理解国家的方式并不关心法律，而只在意国家运转的合目的性，也就是只关注单纯的执行，无须以任何法律意义上的规范作为前提。

12   除了理性主义和纯粹的技术性之外，专政还涉及第三个要素：在执行权力内部，执行机关必须无条件地服务于执行过程，使其在技术上顺利推进。比如在军事领域，军人即便不是盲从，也必须果断地服从，这是"执行"一词最重要的字面意义，但专政所涉及的执行不仅包括语词的字面含义，而是说，即使在执行司法判决时，执行官若要复核一项有法律效力的判决在事实上是否正确，也是不允许的，因为这会使执行的完成依赖于执行官的同意。然而，即便在权力行为之外，若执行者出于任何利益考量而要求独立地影响乃至控制执行过程，而他施加的影响或控制又并非从技术运行角度出发，那么任何一种运作良好的组织都不可能存在。以运输工作的具体执行者为例，如果符合其利益的不是将货物运出，而是其他行为，那么连最简单的运输企业都不可能运转。如果一名邮政官员应当查验待送邮件的内容，那就意味着利用邮驿技术机构去实现该机构之外的某种目的，而这必然与该机构的技术完备性相冲突。换言之：一旦事情推进的前提条件已经具备，则在一个运转良好的执行机制内部，就不应再存在和执行机关开展协商、约定、咨议等活动的环节。

政治秘术文献作为这类国家观念的表达

理性主义、技术性和执行权构成了通往专政的三重方向（此处的专政一词是在某种命令和安排的意义上使用的，这种安排原则上与受命者的同意和意见无关，也无须等待他的准许）。这一方向就代表着现代国家的开端。从历史上看，现代国家产生于一种政治上的物质技术。作为现代国家在理论上的反映，国家理性学说也随之诞生。这是一种超越公义或不义，唯从维持和扩大政治权力的必要性之中获得的社会学—政治学原则。就本质而言，现代国家属于执行权力，而军人和受过行政训练的官员阶层，也即"执行机关"，就是现代国家的核心。从技术角度出发，执行权力对为谁服务是无所谓的——训练有素的行政干部很容易从一个国家换到另一个国家去从事行政工作，特别是，德意志各邦的君主所委任的官员就不是本国人——，因为能让一个组织运转良好的规则和委托管理者的法律特性无关，而是建立在一种社会学—实践的物质技术基础上。

与国家理性相关的文献[20]浩如烟海，从马基雅维利到圭恰迪尼（F. Guicciardini），再到帕卢达（P. Paruta）、博泰罗（G. Botero）、朔佩（C. Scioppius）、博卡里尼（T. Boccalini），最后到国家理性研究的高峰萨皮（P. Sarpi）。萨皮认为，政治的权力实践显现在其技术性的

13

---

[20]　[原注 19] 概括性的描述见：G. Ferrari（费拉里），*Histoire de la raison d'Etat*, Paris, 1860。

单纯后果中。实际上，即便在政治尊重法律神圣性的地方，政治权力实践也只认可那些在当时真正有效的法律观念。这类法律观念可以是一种实际的力量，因此也就属于局势的一部分。至少，德意志的作家们完全清楚这种方法论上的区别，并谈到了不同的思考方式。朔佩在《政治研究》(*Paedia politices*, 1613) 中清楚地将道德与政治分开：道德为应然之事给出了原则 (principia)，而政治则相反，提供的是规定和指示 (praecepta)，因此政治和医学一样，其基础是实际存在之物的法则。

但是，国家理性的概念并不清晰，而且很容易被某种"国家"的概念道德化。在这类政治文献里，所谓政治"秘术"的概念处于核心，其地位甚至高于国家理性和公共福祉 (salus publica)。一位学者曾异常细腻且清晰地描写过集权专制时期的观念和社会、行政状况。他评论说，至 15 世纪末，神学已如强弩之末。而在科学上，人们也不再满足于相信关于王国诞生的父权制观念。当此之时，政治却围绕着近似于神秘主义概念的"国家理性"(ratio status) 而构成了一种秘术，发展成一门科学。[21]

不过，当意味着国家机密[22]时，政治和外交秘术的概念也和企业秘密或商业机密等现代概念一样，具备神秘色彩。如果在商业机密的概念上爆发了争夺企业工会委员控制权的斗争，那么现代的商业机密概念也会脱离冷静的实用领域，成为某些人眼中的世界观问题。三十年战争期间，布罗伊纳 (M. Breuner) 从哥达 (Gotha) 来，给巴伐利亚公爵马克西米连呈上了一系列可以投入使用的"战争秘术"，比如一种无需火药就可以投弹的器械，还包括其他有用的谋略及其"在

---

[21]   [原注 20] Fritz Wolters（沃尔特斯），*Über die theoretische Begründung des Absolutismus im 17. Jahrhundert*, Festgabe für Schmoller, Berlin, 1908, S. 210.

[22]   [原注 21] 正如朗盖 (Hubert Languet) 在报告中所说，见 Languet, *Arcana seculi dec. sexti. Epistolae secretae*, herausg. von J. P. Ludovicus, Halle, 1699。

战争中实践"的方法。由此，这个来自政治和军事生活实践的语用习惯 [23] 证明了"秘术"这个词单纯技术性的意义：它是一种生产机密。　14

　　秘术文献中最重要的代表是克拉普玛（Arnold Clapmar）的著作《论共和的奥秘》（*De Arcanis rerumpublicarum*）。[24] 该书在 17 世纪作为经典被引用，极有分量，准确而详细地探讨了此事在方法论层面的内容。克拉普玛承袭了塔西佗《编年史》（1. 2）中形容提比略为政老练而用的"帝国奥秘"（Arcana imperii）的表述——作为塔西佗专家及其崇拜者，利普修斯曾经特别强调《编年史》的这一处。克拉普玛首先指出，每一种科学都有自己的奥秘，神学、法律、贸易、绘画、军事、医学等，概莫能外。为了达到自己的目的，每一种科学都使用一定的诀窍，甚至不惜动用诡计，实行欺诈。而在国家内部，为了安抚民众，必须存在某些能制造虚假自由的活动。这种自由是一种拟像（simulacra），是装饰性的制度。[25] 与外部那些显而易见的动机不同，共和的奥秘才是国家的内在动力。这类内在动力并不是超越于个人之上的任何社会或经济力量。根据克拉普玛所在时代的理解，推动世界历史的力量是君主和国家枢密顾问们的计算，是试图维护自身和国家的执政者考虑周全的计划，而在这个过程中，执政者的权力、公共的福祉、公共的秩序和安全，天然就是一体的（1. I, cap. 5）。克拉普玛把奥秘分为帝国奥秘（Arcana imperii）和统治奥秘（Arcana

---

　　[23]　［原注 22］出自 dem Münchner Geh. Staatsarchiv. K. schw. 50/28 fol. 124（未刊）。

　　[24]　［原注 23］*De Arcanis rerumpublicarum* 1. VI, Bremen, 1605（克拉普玛去世一年之后由其兄弟出版）。1644 年的埃尔塞维尔版本发行的除贝索尔德的《奥秘》（*Arcana*）之外，还有下文引用的克拉普玛所著《公法推论》（*Conclusiones de jure publico*）。

　　[25]　［原注 24］300 年之后，门格（Anton Menger）在其《新国家学说》（*Neue Staatslehre*, S.95, Anm.）中使用了这一表述，也是为了区分真实的原因和表面的原因。在 19 世纪，关于"上层建筑"的社会主义观念在各种想象和各种政治方向中占据了主导地位，把这种社会主义观念和那种从政治—技术角度去理解国家的方式进行比较，还是富有教益的，尽管门格没有想到自己的论述和秘术文献之间的关联。

dominationis），而帝国奥秘涉及的是一般时期的国家，也即一般时期真正存在的权力状况。因此，在不同的国家形式下（君主制、贵族制、民主制），帝国奥秘包括安抚民众和维持稳定的各种手段，比如在君主制和贵族制政体下允许民众在一定程度上参与政治，具体而言就是言论和出版自由（VI 11）。就参与国家进程而言，这种参政方式熙熙攘攘，充满活力，却毫无意义，反而逢迎和维护了人性的虚荣。

　　马基雅维利创造的教人怎么占有和维系政治权力的一整套药方，还有那种把民众看作必须用些手段去应对的彩色巨兽的观念，在《论共和的奥秘》中都不乏其例。统治奥秘讨论的是如何在叛乱或革命等特殊事件中保卫统治者，以及如何解决这类事件。[26] 不过，书中明确指出，这两类奥秘差别不大，因为如果君主或当权派不能得到保全，则国家也不可能得到保全（III, cap. 1）。专政被描写为贵族制政体下一种特殊的统治奥秘；专政之目的在于通过创造一个不可侵犯的机构而使民众胆怯。为了维护贵族制的利益，最好还要防止专政变成一种最高权力。[27]

---

　　[26]　[原注25] 对于暴乱中的民众，必须许以一切承诺，事后则可以收回承诺："与其使国家陷入危险，不如暂且同意动乱和狂暴的民众一切与良俗相悖的要求，因为之后面对他们时可重新考虑。"（populo tumultuanti et feroci satius est ultro concedere vel ea quae contra bonos mores postulant, quam Rem publicam in periculum vocare. Nam postea sedato populo retractari possunt. *Conclusiones* CXVIII）这个本身只是说出了阶级斗争的一种普遍实践（参见 Mehring［梅林］, *Geschichte der deutschen Sozialdemokratie* IV, 4. Aufl., S.141）的句子，在这里的表述中大概可以追溯到利普修斯的《论政治或民事学说六书》（*Politicorum sive civilis doctrinae libri VI qui ad Principem maxime spectant*, Leyden, 1589, 1. VI, p. 351）："宁愿欺骗，也好过杀戮"（falle, falle potius quam caede）。

　　[27]　[原注26] "在民众申诉权的法律通过之后，罗马独裁官的创造似乎说明罗马人卓越地理解了明智的亚里士多德的统治奥秘"（Imprimis autem arcanum dominationis Aristocraticae sapere videtur creatio illa Dictatoris Romani post latam legem provocationis, 1. III c. 19）；其他关于专政的论述见：I, c. 11, 12；V, c. 18, 19；*Conclusiones* XXXVI。

秘术文献中的专政和例外状态

克拉普玛对奥秘还有更多细化的描述，比如他曾指出，统治奥秘是任何一种政治统治所必不可少的手段，一定要和统治之恶（Flagitia dominationis）及马基雅维利之策（consilia Machiavellistica）分开，要和滥权、暴政、糟糕的国家理性（V, cap. I）分开。另外，他还使这两种奥秘与帝国权（jura imperii）和统治权（jura dominationis）构成概念上的对立。[28] 帝国权指各种主权权利，尤其是立法权——自博丹以降，这些主权权利就被认为具有最高权力（summum imperium）的特征；帝国权是奥秘的基础，各国皆然，但奥秘则不得不因势变化；帝国权不能任由他人行使，而奥秘则往往可以授人；最后，帝国权是权利，是"正当"（fas）且"光明正大"（in conspicuo）的，而奥秘则是秘而不宣的计划和手段，借以维护帝国权（III, cap. 1），这也是两者之间最根本的差异。

克拉普玛认为，统治权是公开的例外权，在紧急情况下，为了国家存亡和公共安宁，统治权的拥有者可被允许偏离普通法律。战争和动乱就是适用统治权的两种最重要的情况。作为例外权，统治权是相对于主权权利的一种特殊权利（jus speciale），而主权权利是一种普遍权利（jus generale）。在这里，克拉普玛只是通过一般性的指示提到了专政，并没有明确说出专政的概念。[29] 贝索尔德也继承了这种区分常

16

---

[28]　[原注27] 参见克拉普玛的作品 *Arcana* 1, I, c. IX; III c. 1; *Conclusiones* III（有人说，公法和政治是相同的，但这是错误的，也违背了亚里士多德的本意 [jus publicum esse idem quod Politica, sed falso et contra sententiam Aristotelis]）以及 *Conclusiones* L（克拉普玛在此处反对马基雅维利，因其没有在统治权利和统治奥秘之间做出区分）。

[29]　[原注28] *Arcana* IV, c. VIII u. III. 这里提到的引文，也即在动乱时期必须将权柄交到一个人手中，此人必须"用权力管辖一切"（manu omnia gubernare）（此处的权力是指单纯的实权和执行，与法权相反），参见李维的著作（Livius, Buch II）。（转下页）

规主权权利和非常规主权权利 [30] 的做法。[31] 这种区分以如下观念为基础：君主受到普遍人性规则和自然权利的约束。例外权只需要尊重神权（jus divinum），而不必考虑其他一切法律的界限，因为这些面对例外权时都无效。国家权力的完满正是在例外权之中才显示出来。克拉普玛没有讨论权力完满性（plenitudo potestatis）的概念；他把例外状态称作"类似合法的僭主政治"（IV, cap. 2）。

　　实际上，当时的权力完满性这个概念并不像后来旧德意志帝国的国家法所规定的那样，是指德意志皇帝所具备的特定保留权利的集合，从而只是一种威严的幻象（simulacrum majestatis）。[32] 相反，权力完满性意味着在法律和原则上不受约束的权限，甚至允许干涉现存法律秩序、现存官方机构和既得权利。权力完满性超越于常规的宪法规定的权力之上，包含了制定宪法的权力，其作用方式往往和现代国家中的立宪权力（pouvoir constituant）所差无几。至于说权力完满性只局限于例外状态，这本身并无积极意义，因为这只是一种从合法性原则中推导出来的限制。从法律上看，重要的只有一点，那就是例外状态存在与否，也是由权力完满性的所有者本身来决定的。正是这个国家法概念，曾经帮助推翻了中世纪的法治国家及其建立在既得权利

（接上页）根据上下文，这只能是李维书中的一处（Livius II, 31 n. 10，瓦勒留的专政见494）。克拉普玛和他的同时代人一样，谈论的更多是内乱，而不是战争。但恰恰是李维书中的这个地方让我们看到，独裁官最初只是军事指挥官，而专政不应用于内政目的。

　　[30]　[原注29] *De arcanis Rerumpublicarum*, Elzevir-Ausgabe, 1644, capp. IV, VII, X，还有 *Tractatus posthumus de orgine et successione variisque Imperii Romani mutationibus*, Ingolstadt, 1646, pars II, cap. 1, p.150。把统治权利定义为一种例外权的做法，亦见 Gentilis, vgl. *Alb. Gentils de potestate Regis absoluta*, Hannover, 1605, p. 11, 25。

　　[31]　[德文版编者注] 施米特手稿中在此处分段。

　　[32]　[原注30] 对主权权利（jura majestatis）和纯粹的主权的表象（simulacra majestatis）之间的区分，见 Hypolithus a Lapide, *de Ratione Status in Imperio nostro Romano-Germanico*, 1640, pars II, cap. VI.（可以安心地把主权幻象转让给德意志皇帝）。

基础上的权职等级。特别是查理五世和斐迪南二世（Ferd. Ⅱ），他们试图利用这个概念来对抗德意志各等级，以便贯彻自己的意志。若要一一列举统治权力，就意味着将不受限制的权力完满性应用到众多单独的、分隔的关系之中。尽管如此，在克拉普玛笔下，权力完满性仍是一种普遍权限，用以应对时势的具体要求，因而在原则上仍不受限。

看起来，例外权仍然合法，因为例外权还受到"例外"这一条件的限制。实际上，主权问题和例外权（jura extraordinaria）问题是一码事。根据国家的宪法，一个国家如果被等级斗争和阶级斗争所动摇，那么这个国家就始终处于特殊状态，它的法律也就完全是例外法。谁能控制特殊状态，谁就能控制国家，因为他可以决定国家什么时候应该进入特殊状态，也决定形势要求做什么。[33]

因此，一切法律都在关于局势的指示之中终结。人们可以为私法创造一片回旋的余地，但留给私法的余地仍然是临时的，也是棘手

____

[33]　[原注31] 因此，御用法学家贝索尔德（tractatus posthumus, p.150）说，一切写在《皇帝选举让步协议》当中的内容都只涉及一般性的管理，但在例外状态中不能约束皇帝，因为这不适用于"皇帝所固有的非常规权力，皇帝能根据必要形势的要求去行动"（extraordinaria potestas, secundum quam utpote Imperator agere potest, quae necessitas requirit）。他举例说，斐迪南皇帝宣告普法尔茨伯爵弗里德里希为反叛者，宣布后者不受法律保护，并将其选帝侯的权力给了其他人，丝毫没有顾及《皇帝选举让步协议》中所规定的法律程序，"因为根据当前情况，事情只能如此"（quia nempe pro status rerum tum praesentium aliter fieri nequivit）。——比纳（Chr. Gottl. Biener）的《德意志帝国政府中皇帝权利完满性的确定》（Bestimmung der kaiserlichen Machtvollkommenheit in der deutschen Reichsregierung, Leipzig, 1780）同样认为，权力完满性最初是高于常规权力之上的"为了在冲突情况下保全国家的非常规手段之化身"（S.6），但他反对"恺撒主义者"，也就是皇帝的御用法学家（Stamler, Multz, Lynker, Humler）。这些人支持皇帝拥有高于常规权力的权力完满性（S.100ff.；以及该处的更多文献）。参见本书下文关于华伦斯坦的附论部分的结尾。

的。秘术文献认为，不可将公法和私法等量齐观，且两者性质完全不同，这是不言而喻的。同样，秘术文献还认为，要把平等（aequitas）和公正（justitia）这类主导私法领域的因素运用到公共福祉占主导地位的公法上，无疑是一种不谙世事的天真。

在公共事务上，在战争法、外交法（Gesandtschaftsrecht）、行政法（Magistratsrecht）和国家法领域，决定性因素不是平等原则，而是统治的力量（vis dominationis），也即盟约、军力和金钱。[34]

但凡一切都取决于具体情况和具体目标时，正义和不义之间的区分就将成为一种无用的形式。在这种情况下，若要考虑正义与不义之分，除非将其当作合目的性的另一种描述，或者关于正义和不义的普遍观念的表达。在上述情形下，我们不可能不援引公法领域典型的"情势不变条款"（clausula rebus sic stantibus）。[35]

---

[34] [原注 32] Clapmar, a. a. O. IV c. 1, VI c. 1 u. 21; Conclus. LVI u. Corrolar 2 zu den Conclusiones. 下面是克拉普玛所认为的各种权力的等级次第："自然法受万民法的修正，万民法受军事法的修正，军事法受外交法的修正，外交法受民法的修正"（Jus naturae corrigitur a jure gentium, jus gentium a jure militari, jus militare a jure legationis, jus legationis a jure civili），而民法又"受到我所谓王法或统治法的修正"（a jure quod appello Regni sive dominationis）。为了说明王法或统治法的特征，克拉普玛引用了西塞罗的名言——"注意并且服从我说的话"（animadverte et dicto pare），而关于军事司法制度，他则说："军事司法的最高理性是金钱"（militaris jurisdictionis summa ratio pecunia, IV c.1）。公法和司法之间的区分在事实上把公法和国家理性与公共利益等同起来了，对于这种"可怕的"后果，同属秘术文献的伦图鲁斯的《奥古斯都，或论共和国向君主国的转变》（Amsterdam, 1645）大为愤怒（见该书第 83 页）。该书对专政的论述（第 6、9、10、100、110 页）赞同马基雅维利和克拉普玛。贞提利《论外交官》的论述（London, 1585, 1. II c. 7）很典型：把土耳其人称为僭主是可笑的；很难把僭主和一般的国王区分开；因此内战中的敌人在何种程度上必须按照战争法的规定作为作战方被对待的问题，其答案就和 1919 年那些德高望重的法学家给出的回答类似——"结果将会决定"（eventus judicabit, II c. 9）。

[35] [原注 33] Jacob Bernh. Multz（穆尔茨），*Repraesentatio majestatis*（转下页）

布鲁图斯《反僭主论》中反君权主义者的法治国家论据

作为封建社会等级权利的捍卫者，反君权人士以法治国家为论据，反对集权专制的国家理性。正如他们自己所说，反君权者要对抗马基雅维利主义的精神。布鲁图斯（Junius Brutus）的《反僭主论》（*Vindiciae contra tyrannos*）[36] 和受到圣巴托罗缪之夜（Bartholomäusnacht）激发的其他作品把那些"堕落的学说"（pestifiera doctrina）视为真正的敌人。尤其值得注意的是，秘术文献作家笔下经常出现的专政，在 16 世纪的反君权文献中却几乎从未被提起过。布鲁图斯最接近古典传统，他把集权君主叫作僭主。[37]

19

（接上页）*imperatoriae*, Oettingen, 1690, pars I c. 12. 该书试图借助从权力完满性中得出的结论来支持皇帝已经失去的政治权力。

[36]　[原注 34] 本书中的引文出自该书 1579 年的爱丁堡版。把《反僭主论》当作例证从反君权运动的文献中单独拿出来，不仅因为该书是整个反君权政治理论文献的"典型表达"（Albert Elkan [埃尔肯]，*Die Publizistik der Bartholomäusnacht*, Heidelberg, 1905, S.171）、"典范处理"和"概括"（Ludwig Cardauns [卡当斯]，*Die Lehre vom Widerstandsrecht des Volkes* usw., Bonner Diss., 1903, S.99），而且主要还是因为其他反君权主义者提出的要么是神学或道德神学的论证，要么是像奥特芒（Hotman）和比沙南（Buchanan）那样，回溯到日耳曼法律史的历史论证。关于阿尔图修斯（[译注] J. Althusius, 1563—1638，德国法学家、加尔文主义政治哲学家），参见本书第三章关于卢梭的论述。

[37]　[原注35] 布鲁图斯的论证是最抽象的，在这个意义上，他在反君权的传统中也是最极端的。他有意按照几何的方式去论证，并且根据公平正义原则构建国家（前言）。他对法律的（亚里士多德式）定义典型地体现了他的理性主义：法律是众多聪慧者聚集在一起形成的理性和智慧（lex est multorum prudentum in unum collecta ratio et sapientia），因此与其听从聪明人的话，还不如服从法律，因为法律是理性，不是欲求，而人总是"受到各种情感的影响"（variis affectibus perturbator, S.115-116）；他对刺杀恺撒的布鲁图的美化（S.188），也正是根据传统的僭主学说。在历史地思考反抗学说（Widerstandslehre）时，不应该忽略这一古典传统；在布鲁图斯此书写成的（转下页）

20　　可是，尽管恺撒常被人称为僭主，且其统治正是一种长期专政的形式，《反僭主论》却没有谈到专政。布鲁图斯赞美恺撒的只有一点，那就是恺撒至少询问了民众的意见，在表面上维护了法律，保住了形式上的法律（juris praetextum）。[38] 人们是从正义性的角度来定义僭主的：僭主要么是通过暴力或邪恶技艺攫取了统治权力（tyrannus absque titulo）的人，要么是在损害法律和违背契约的条件下，滥用原先合法让渡给自己的统治权（《反僭主论》，第 170 页）的人。合法履职的根本在于君主要遵守只能出自人民（也即各等级）的律法。问题是：究竟应该君主要依赖法律，还是法律要依赖君主（第 113 页）？一种简单的分权思想从这个问题中生发出来：立法权和执行权的分离。

　　法律是人民的意志，也就是作为人民之代表的各等级的意志，而君主是作为法律的执行者、管理者、维护者和臣仆，作为国家的第一仆人（第 89 页），作为法律的工具来执政，但他只是法律的身体，而不是法律的灵魂（第 115—116 页）。即便是关于战争与和平的决断，也是人民的权力，而君主只有作战的权力。除了君主之外，还有其他被委以国事的人，但他们不是君主的下属，而是君主的"合作者"（consortes）。而且，君主的全部行为都应该在元老院的监督之下，组成元老院的目的就是为了监督君主对法律的解读和执行（第 128 页）。所有国家官员，也就是各等级的代表合在一起，比君主更高，君主只

（接上页）区区数十年之前，刺杀弗洛伦萨公爵亚历山大（Herzog Alexander von Florenz）的洛伦佐·德·美第奇（Lorenzino dei Medici，又称邪恶的洛伦佐）的自我辩护书（*Apologia*, 1537; Text von Lisio）中就轰动性地表达出了这一传统。沃尔岑多夫（Wolzendorff）曾在自己关于反抗学说的鸿篇巨著（*Staatsrecht und Naturrecht*, Breslau, 1916）中描述了反君权学说和同时代积极的国家法状况之间的密切联系，但恰恰是《反僭主论》最为偏离于这种情况。

　　[38]　[原注 36] *Vindiciae*, p. 81-82；关于罗马历史的其他论述，参见该书第 93、121、162、188 页。

不过是他们当中的第一个而已。君主开始排挤各等级的代表，并且只在特殊情况下召集等级会议（第 89 页）——这一般就是君主权力非法扩大的开端。

《反僭主论》还揭示了斗争的另外一个要点：集权制官僚机构和等级代表之间的对立。《反僭主论》认为，虽然君主也有官员，但是这些官员的任务随着君主的去世就结束了，国家的官员却始终存在。君主委托的人只是单纯的臣仆，"只是服从于这样一种机构的仆人"（servi ad obsequium tantummodi instituti）。由此，《反僭主论》在事实上遇到了决定性的一点，但却没有认识到这一点：正如本书后几章将要指出的，恰恰是这些作为君主委派人员的"仆人"，埋葬了各等级组成的法治国家。

现代自然法的两种类型：
公正自然法和（自然）科学自然法——二者在决断的内容和对决断本身价值的认识上存在利益对立，尤其是在霍布斯和普芬道夫那里

《反僭主论》的理论论证也没有认识到当时其实已经存在的一大困难，集权专制可以一再地借助这一困难为自己辩护。《反僭主论》把君主说成官员，把人民说成主人。君主应该统治，"发号施令"（imperare），但这是（书中援引了奥古斯丁）为公益而操劳。君主的唯一使命是"人民的利益"（utilitas populi，第 108 页）或"共和国的利益"（第 140 页）。书中把公共利益和正义当作明确无歧义的、丝毫无须怀疑的、普遍公认的确定之物，默默地将其当作理所当然的前提。但恰恰在公共利益和正义是什么的问题上，会引起分歧。这种分歧把一般被当作一个统一整体看待的 17 世纪自然法学说分成了完全不同的两大体系。我们可以把这种不同称为公正自然法

（Gerechtigkeitsnaturrecht）与科学（指自然科学般精确的）自然法之间的对立。[39]

正如在反君权主义者那里出现的，公正自然法被格劳秀斯继续发扬光大；公正自然法的出发点是，存在着某种具备特定内容、先于国家的律法，而科学自然法体系的基础则来自霍布斯的一句再清楚不过的话。霍布斯说，在国家之前和国家之外不存在律法，而国家的价值恰恰在于可以通过裁决律法上的争端而创造律法。因此正义和不义之间的对立只存在于国家之中，并且也只能通过国家而存在。国家不可能行不义，因为任何一种规定要变成律法，只能通过一种方式来实现，那就是国家将其定为某一国家命令的内容。没有任何规定会因为它符合某一种正义理想而变成律法。Autoritas, non Veritas facit Legem［制定律法的是权威，而不是真理］（《利维坦》，cap. 26）。法律不是一种正义的标准，而是命令，是拥有最高权力者的一种命令（mandatum），并且他意图通过这种方式来规定国民未来的行为（《论公民》VI, 9）。国家的法官宣布某人无罪释放，那么此人就是无辜的。什么是你的，什么是我的；什么有利，什么有害；什么是道德的，什么是该谴责的；什么是正义，什么是不义；什么是善，什么是恶——这些都由主权者来决断（《论公民》VI, 9）。主权者分配一切荣誉和地

22

---

[39]　[原注 37] 我们很容易在正义性和科学性的对立当中看到 19 世纪出现的伦理（所谓自然正确）社会主义和"科学"社会主义之间的对立，这两组对立有一定程度的相似性，但绝非相同。无论如何，这些都是反对贝里布姆（Carl Bergbohm）的有力论据。贝里布姆习惯性地以一种"非黑即白"的模式缩减了 17 世纪思想巨大的丰富性，态度坚决，但论述毫不清晰。他以一种历史的、相对主义的、实证主义的方式论证（复杂又完全未经分析的）自明之理，但凡对此有所超越的内容，都被他宣告为邪恶的。下文要引用一些霍布斯的句子，甚至霍布斯这样的作者都难免要因为自己写下的句子而受到批判。当然，当贝里布姆讨论霍布斯、斯宾诺莎和（！）洛克时，他尤其变得有些犹豫不决，并说霍布斯等人"在自然法究竟是否存在的问题上并不确定"（*Jurisprudenz und Rechtsphilosophie: Kritische Abhandlungen*, Berlin, 1892, p. 164, n. 18）。

位，主权者面前人人平等，无论这个主权者是君主制下的某一个人，还是民主制下的一个集合（《利维坦》，cap. 19）。因此，在国家之中，服从国家法律的必要性远远高于服从个人良知的必要性；国家法律对每一个人而言都是良知上的最高义务。霍布斯一再说明，一切私人财产都完全来源于国家（《论公民》VI, 1, 9；《利维坦》，cap. 29）。关于自然法这两个方向之间区别的最佳表述应该是这样的：正义自然法的体系从某些正义观念的重要性出发，因此其出发点是决断的内容，而科学自然法所重视的则是必须做出决断这一事实本身。

霍布斯认为，主权者决定什么对国家有利、什么对国家有害。但是，人们始终受自身关于善恶利弊观念的驱动，因此主权者必须超越人们的意见而做出决断，否则一切人对一切人的战争就不会停止，而这种状态将会使国家终结（《论公民》VI, 11）。国家产生于一切人对一切人的战争，如果把国家的压力从民众身上拿走，这样的战争就会爆发，而国家之目的正在于持续地阻止这样的战争出现。在这个意义上，就其构成而言，霍布斯笔下的国家就是一种专政。法律的本质是命令，它构成了关于国家利益之决断的基础，但国家利益之所以能存在，前提就是命令能发出去。从规范的角度来看，法律之中的决断是凭空产生的。因此就概念而言，决断必然是"专断"的。但直到德迈斯特那里，理性主义发生动摇，霍布斯这一思想的后果才显现出来。在霍布斯看来，主权者的权力永远建立在国家和国民信念之间相互理解和取得一致的基础上，尽管国民信念恰恰要由国家来唤起。国家和国民信念的这种一致或多或少是缄默无声的，但在社会学意义上却真实存在。绝对权力通过人民而建构起来，从而形成了主权。这让人想起恺撒主义和某种主权专政的体系，后者的基础就是一种被授予绝对权力的代表制度。[40]

---

[40]　[原注38] 在这个决定性的地方，在授权契约的内容问题上，霍布斯却语焉不详。在《论政体》（*De corpore politico* II, §2, 3）和《论公民》（*De cive* II 5, 6）（转下页）

23   在霍布斯的影响下，普芬道夫也明确指出，对公共利益而言，重
要的不是其内容，而是关于"什么应该算公共利益"的决断。普芬道
夫明白，所有人都会理所当然地声称自己只代表大众福祉、公共利益、
公平正义等，但问题是，谁的判断才具有最终决定性。重要的不是目
的本身，而是关于达到此一目的要采取何种手段的决断。问题是，谁
来做出决断，谁拥有"决定达到社会福祉这一目标之手段"的判断权
（judicium statuendi de mediis ad salutem societatis spectantibus）。[41]

      在接手统治权的时候，一个国家的君主即便承诺为人民福祉负
责，赏善罚恶，也不会使这个国家不再是一个集权君主国，因为这种
承诺并不能排除君主自行决定达到目标之手段的可能性。然而，某一
具体承诺可能具备不同含义，其含义取决于这个承诺在对君主构成义
务的时候，究竟是一种良心上的条件，还是法律上的条件。就良心而
言，如果君主承诺不委任外国人为官、不征新税等，则他始终是负有
义务的。但是，一旦形势所迫，君主不得不偏离自己的承诺，而此时
尚未形成一个机关，使君主在此情形之下必须征询其意见，那么君主

（接上页）中，契约包含着所有人为了主权者而放弃权力的内容。因此正如王权法（lex
regia）所设定的那样，契约就是人民对主权者的权力让渡和主权者对人民权力的代表。
在霍布斯所论述的体系的意义上，更加前后一致的做法是立宪，而非权力让渡。在
《利维坦》（Kap. 16, 17）中，契约的根本内容似乎是创造一种代表性的机关：每一个人
都表现得似乎主权者的行动就是他自己的行动，也就是说，契约创造了一种绝对的代
表机制，每一个人都必须使这种代表机制针对自己生效，而国家作为一种统一体，也
正是产生于这种代表机制。据此，可以建立起国家的并不是个体的服从性契约，而是
所有人服从于一个此前并不存在、随着代表机制才诞生的主权统一体。这与恺撒主义
的基础——主权专政的代表机制是不同的，也不是王权法。（阿特热 [Fred. Atger] 的著
作《论社会契约学说的历史》[Essai sur l'histoire des doctrines du contrat social, Nimes,
1906, thèse de Montpellier, p. 176] 论述了霍布斯思想中国家契约性质的异质性。）

      [41] [原注39] 见普芬道夫《论自然法和万民法》（De jure naturae et gentium, 1. Ⅷ,
1672 1. Ⅶ § 7, 另见 §8、10、12、13 和 Ⅷ§6）。

就不受承诺的约束。因此，这种紧急状态才是最重要的。在普芬道夫看来，我们这里讨论的每一种承诺都包含着一种心照不宣的保留态度，也就是说，根据具体形势，在公共利益上也必须做例外处理。如果君主可以单独决定什么时候是紧急情况，那么尽管有种种约定，他也仍然是一位绝对的主宰。[42]

洛克作为等级制公正观念的代表人物

从各等级的反对为出发点所提出的国家学说否认了这样的决断的利害关系，认为"人民"作为一种权力机关，其内部不可能存在关于什么是正义和什么是公共利益的疑惑。这种国家学说相信一切国民都有一种普遍的、相同的、直接的信念。这一点在英国的观念之中表现得尤其明显。比如洛克认为，在涉及权利的时候，一切实际存在的权力都是无关紧要的，他因此主张一种无条件的反抗权。他给自己提出了问题：谁应该当裁判官？他回答说：人民应该当裁判官（洛克《政府论》XIX，第 240 页）。如果洛克现在为了论证自己的回答而说人民是委托者，以及私人生活中理所当然适用的东西在关乎上百万人利益的时候自然也必定适用，那么他的话听起来就像卢梭的言论一样

---

[42]　[原注 40]《论自然法和万民法》VII § 10：这种例外情况始终是心照不宣的，除非同类法律之中的最高法律——公共安全提出了不同的要求……如果国王宣称，人民的安全或国家的重大利益要求他如何做，而且这种说法往往伴随着国王的行动，那么国民是无可反驳的：因为他们缺乏任何辨别这些事务的能力。（Semper tacita haec exceptio esse intelligitur, ni salus reipublicae suprema in eiusmodi legibus lex, aliter requirat... nam si rex dicat, salutem populi aut insignem reipublicae utilitatem id postulare, sicuti et ea praesumptio actus regis semper comitatur, non habent cives quod regerant: quippe cum ipsis desit facultas cognoscendi.）

极端。

但是，我们不能把关于各等级的反对的极端主义和卢梭的极端主义[43]相混淆。两者之间唯一相同的地方只有一点，那就是一切时代都曾有过的正义极端主义以及法律和权力之间的分离。对政治实践而言，极端主义并不在此。反君权主义者和洛克捍卫人民反对君主的权利，但他们谈到人民的时候，所指的并非"平民"（plebs），不是"混乱无序的大众"，这是不言而喻的。他们的人民仅指在等级组织中被代表的民众。[44]《反僭主论》的某些表述尽管看似极端，但诸如"人民或人民中最好的等级"（populus populive optimates）这样的表达方式却证明，《反僭主论》还没有把人民和人民的代表区分开来。直到人民以一种直接的、无组织的、拒绝代表的大众的形象出现之时，才有了新的极端主义。同时在卢梭那里，这种新极端主义表现出了另一面。这一面的内涵就是政府从人民那里取得契约的概念被极端化了，政府成了人民的临时代理，可以被随意取消，完全屈从于其委托者的任意专断。但是，这种理论上的继续发展以一种历史发展为前提。在这一历史发展之中，"临时代理"发挥着决定性作用。把临时代理的概念引入现代国家学说的则是博丹。

25

---

[43]　[德文版编者注] 施米特手稿中补充了冠词"dem"，指极端主义。

[44]　[原注 41] Gierke（基尔克），*Althusius*, S. 216 f.; Wolzendorff, *Staatsrecht und Naturrecht*, S. 265.

2. 博丹学说中临时代理专政的定义

博丹的主权概念，及由此产生的博丹、格劳秀斯、霍布斯、普芬道夫、托马修斯和沃尔夫关于专政和主权的争议

在政治上，博丹是一个中立派，是"政治家"，处于马基雅维利式的技术道路和反君权主义者的法治国家之间。主权的概念，以及主权和最高法律、最高权力之间的联系，这两者构成了公法的难题。这个难题的解决不能凭靠某种政治技术理论，而那些反君权主义者对公法问题的无视显然也无助于摆脱这个难题。事实上，这个问题一再地把人引向专政的概念，而专政的概念看起来似乎不过是众多政治技术手段之一种。相比之下，博丹的功绩不仅在于建立了现代国家法的主权概念，还在于认识到主权问题和专政之间的联系。当然，他的论述只局限在代理专政上，但直到今天，博丹给出的定义仍然具有根本性意义。

在《国是六书》（*Six livres de la République*）第一书第八章中给主权下了那个著名的定义（"主权是共和国的那种绝对和永恒的权力，拉丁人称之为王权"）之后，博丹还以众多例证阐释了这个概念。无论委托给主权者的权力有多大，主权者也不是君主的代理人。但在名义上，在任何一名承担政治任务的下属面前，主权者永远都是主宰，不管接受这一任务的是正式官员，还是全权代表。因为主权者在任何

情形下都可以收回被交出去的权力，并介入受委托者的行动。由此，博丹得出结论说，罗马独裁官并非主权者，同样，斯巴达人的军事总督、色萨利（Saloniki）的僭主、马耳他的元首、佛罗伦萨的统治委员会，抑或其他任何代理机构或行政长官，在任何时候都没有绝对权力按照自己的喜好去处置共和国。[45]

26　　独裁官只有一个委员会，用以决定如何作战、镇压暴动、改革国家或者设立某种新的组织机构。即便是古罗马的十人委员会成员，也不能被认为拥有主权，因为他们虽然拥有引入新宪法的绝对权力，并且在行使权力期间可以撤销其他机构，但他们的权力会随着任务的完成而丧失。独裁官也属于这种情况。在博丹看来，苏拉的独裁只是一种"恐怖的僭主政治"，而且苏拉还在内战结束之后放弃了独裁。恺撒则在四年的独裁生涯之后遭到了谋杀。在恺撒和苏拉独裁期间，保民官的抗议权在形式上仍然存在。在一个国家之中，即便某一个人或

---

[45]　[原注 42] 在这些史例之中，佛罗伦萨共和国的一种统治委员会形式——巴利亚（Balia）很有意思。此处只须提及 1530 年的那次典型事件（下文的论述根据 Simonde de Sismondi［西斯蒙第］, *Histoire des Républiques Italiennes*, t. XVI, Paris, 1818, p.69ff.）：1530 年 8 月 12 日的和约规定，佛罗伦萨应臣服于皇帝。和约签署之后，瓦洛里（Valori）令人占据了宫殿前面的广场（8 月 20 日），聚集"人民"。到场者不足 300 人。那些不可靠的人被用刺刀赶了回去。阿尔多布兰迪尼（Salvestro Aldobrandini）问聚集的人群是否同意选出 12 个人，使这 12 个人拥有佛罗伦萨全部民众的权威和许可。这个问题被重复了三遍，而佛罗伦萨民众三次回答"是！"。这 12 个人组成了巴利亚；教宗的特使指定了这 12 个人。他们解散了元老院，撤销了 10 名军事委员及其他机构的职权，解除了民众的武装，并取消了共和国的名号。

可见，共和国的毁灭往往是由共和的代表用共和的形式完成的。巴利亚以"主权保管者"的名义独裁了数月之久。1530 年 10 月，佛罗伦萨成立了第二个由 150 人组成的巴利亚，由第一个巴利亚指定。第二个巴利亚的成员几乎包括了所有臣服于美第奇家族的贵族。1532 年 4 月 4 日，在瓦洛里和圭恰迪尼等人的强迫下，巴利亚组建了一个由 12 名市民组成的委员会，负责重组佛罗伦萨的政体。1532 年 4 月 27 日的新宪法镇压一切具有共和倾向的机构，并宣告美第奇家族的亚历山大为佛罗伦萨的君主。

某一机构获得了无限权力，而且没有法律手段可以反对他们的措施，但只要这种权力不是持续性的，那么他们所拥有的也不是主权权力，因为他们的权力是从另一种权力之中衍生出来的。真正的主权者则不然，真正的主权者之上唯有神，没有其他人。民主共和国或君主国的官员或委员会，无论其权势如何显赫，其所拥有的也只有是生出来的权力；拥有主权的是人民，或君主国的君主。[46]

　　博丹没有区分国家的主权和国家权力载体的主权这两个概念。他没有把国家当作独立的主体而放在某种最高国家机关的对立面上。[47]谁拥有绝对权力，谁就是主权者；而且必须在各种具体情况下确定谁是主权者，但主权者的具体确定又不能仅仅基于实际的政治影响（尽管博丹关于僭主政治的论述表明，政治影响确实有其重要性）。无论多大的权力，都可以派生出来：这种法律关系才是决定性的因素。因此，对博丹而言，专政的问题已经得到了回答。然而，专政与主权之间的分离很快就导致了一场争论。争论的焦点是，就其概念而言，专政是否确实不是主权的一种情形。古罗马文献指出，独裁官的威严与国王的权力非常类似（参见李维《罗马史》VIII 32, 3 ；西塞罗《论共和国》II 56）。

　　但对于 16 和 17 世纪君主制政体下的国家法学者而言，主权者不可能是代理人，因而博丹也不可能区分主权专政和主权君主制。为了

----

　　[46]　［原注 43］《国是六书》(1. I, c. VIII, p.122 seqq., 引自法语第 2 版，Paris, 1580)。拉丁文按 1591 年巴黎版（在对比其他法文版或拉丁文版的时候，会特别提到 1591 年的这个版本）。

　　[47]　［原注 44］雷姆（Rehm）在《国家法学说的历史》(*Geschichte der Staatsrechtswissenschaft*, Freiburg, 1896, S.224) 中反对博丹，提出了现代意义上国家主权和国家机关主权之间的区分，但博丹显然不可能懂得这种区分；但问题是，这一不足究竟是由于博丹缺乏区分的能力，还是由于他反对提出一个虚构出来的更高的统一体，并将其作为某种实在权力的实在主体。

表明在紧急情况下一人当权的绝对统治不可避免，君主制的国家学说总是乐于谈及专政。在政治实践中，合法的集权专制也长期使用代理式官僚，并往往委之以全权。但从集权专制的立场来看，君主制专政与代理人之间的反差太大，以至于从代理人的角度看，任何一种"代理关系"都谈不上主权的代理。因此，贞提利强调独裁官是执政官，而不是君主 [48]；阿鲁梅乌斯也强调两者之间的不同，这本质上是在重复博丹的观点。[49]

28   相反，格劳秀斯却有着不同的看法。他熟知自己故乡的政治状况——饱受内战折磨的共和国，而且亲身经历了奥兰治家族莫里茨亲王的专政。[50]

---

[48] [原注 45] *De vi civium in regem semper injusta*, 1605, p.120；恺撒不是真正的君主。根据阿尔尼塞乌斯（H. Arnisaeus）的说法，独裁官有权威（majestas），但不是君主（rex）（Arnisaeus, *De rep.* 1. II, c. II, 15. n. 15-27, 1615）。

[49] [原注 46] *Disc. acad. de jure publico*, Jena, 1616, t. I, p. 381, t. II (1620), p. 124, 553-554（独裁官是唯一一拥有纯粹刑事司法权的城市高官，就像某一行省的资深执政官一样，执掌刀剑之法，但资深执政官不具备君权，因为君权意味着持久的权力）；t. V. (1623), pag. 57. 贝索尔德认为专政是按照君主制的形式来治理民主国家（popularis status）的一种范例，他讽刺博丹对此不加区分，并试图把治权（jus imperii）和管理（administratio）之间的区分追溯到亚里士多德的《政治学》（Polit. 1. IV c. 5 in fine），参见贝索尔德《论政治》（*Discursus politici*, Straßburg, 1623, I c. 2）。但贝索尔德认为，恺撒尽管名义上是独裁官，但实际上是君主，因为重要的不是名号，而是权力的完满性（c. 3）；参见本章注 31；参见赖因金克（Th. Reinkingk）《论世俗与宗教的政府》（*Tract. de regimine seculari et ecclesiastico*, ed. sexta, Frankfurt, 1663, 1. I, cl. II, cap. 2, p.57）及奥斯兰德（Joh. Ad. Oslander）《评格劳秀斯〈论和平与战争法〉三卷》（*Observationes in libros tres de jure belli et pacis Hugonis Grotii*, Tübingen, 1671, p.485-486）。

[50] [原注 47] 阿鲁梅乌斯也曾经说奥兰治的莫里茨亲王是独裁者（Disc. t. V, 1623），但他提及亲王的时候颇有赞美之意；独裁者有"总管战争"的权力，同样，作为拿骚亲王的莫里茨也被尼德兰联省任命，有权"独裁水陆战争"。博丹认为莫里茨亲王不是主权者，因为他的权力是从联省共和国派生出来的，主权仍然在亲王 （转下页）

格劳秀斯认为专政和主权之间没有区别。当时盛行的对奥古斯都时代的兴趣（上文引述的伦图鲁斯的著作就叫《论共和国向君主国的转变》）也表现在格劳秀斯身上。[51] 为了论证人民没有不可让渡的主权这一观点，格劳秀斯援引王法（lex regia），指出人民自己将人民的主权让渡给某位君主的事实。他问道，既然到现在为止都没有国家可以民主到让所有人都来执政，包括穷人、女人和儿童，从而不必将执政权委托给少数人，那么人民为什么不应该能够让渡自己的主权呢？既然在专政的情形下要发生这种让渡，那么让渡的时间长短就应该是无所谓的。博丹用财产的比喻说明那些以使用权为标志的国家权力与主权之间的不同。格劳秀斯也用过同样的比喻，只不过他指出主权与财产之间的相似性，是因为独裁官在独裁期间确实拥有最高权力，而在道德事务（res morales）上，正如法律概念一样，重要的是结果（effectus），而不是对事情本质而言毫无意义的时间。因此，正如博丹

（接上页）宣誓效忠的联省共和国。莫里茨是总督兼大元帅（1590 年管理五个行省的总督）和海军元帅；尽管拥有这个名号，但莫里茨亲王不像后来的弗里德里希·海因里希亲王（1625 年）和威廉二世（1637 年）及威廉三世（1672 年）那样被明确地任命为国家军队大元帅。在上述各位亲王的例子中，明确的任命也被称作"委派"（Commissie）。

联省共和国（实际上是尼德兰共和国七省代表大会）仍然保留着监督作战的权力，有时会派专员去战场，有时（比如 1600 年）甚至亲自前往军营。1575 年和 1576 年荷兰省和泽兰省联合法案发布之后，奥兰治威廉一世的权限（不仅包括自主作战、国防、官员任免权，还包括司法权）表明，威廉一世似乎不是总督，而是国王的继承人。但在 1584 年，奥兰治的莫里茨仍未成年之时被任命为（枢密院的）执行官，这一任命至少在形式上是临时的；他并不是他父亲的继承人。威廉一世曾行使的主权权力没有延续下去；但实际上，奥兰治家族拥有主权君主那样的政治影响力。参见 *De la Bassecourt Caan, De regeeringsvorm van Nederland von 1515 tot heden*, 3. Aufl., s'Gravenhage, 1889, S.57-59, 92, 114, 123, 131, 191 以及该处注明的其他文献。亦见 *A Recueil van verscheyde placaten, Ordonanntien etc. betreffende de saecken van den oorlogh*（1590—1681; Münchener Univ.-Bibl. 8°. Jus 2991），其中也包含了军队全权代表的指令。

[51]　[原注 48] *De jure belli ac pacis*, 1. Ⅲ, ed. sec., Amsterdam, 1631, 1. I, c. Ⅲ § 8.

所指出的那样，独裁官在任期间就是主权者，而不仅仅是官员。[52]

不过，格劳秀斯的前提是，独裁官在所限定的任期之内是不能随意被召回的（revocabilis）。这就指明了关于独裁官是否主权者的争议在国家法上的核心：问题是，即便在任期之内，独裁官多大程度上可以对自己的职位提出权利主张。如果他的权利主张被同意，那么独裁官就不再是一个（与正式官员相反的）可随时撤换的代理人，独裁官与主权者地位是否平等的问题也就是可以讨论的了，只不过一般而言，并非如此。[53]

霍布斯以其特有的坚决提出了暂时让渡全部政治权力的问题，并且做出了回答。如果全体人民最终把统治权让渡给某一个人，那么君主制就产生了。如果统治权的转让只维持一段时间，那么由此产生的政治权力的法律性质就取决于人民在那段暂时的统治之下是否有集会的权利。这里的人民是指作为国家法律主体而行动的全体公民（霍布斯称之为人格 [persona]，并严格地将其与"无形的大众"[multitudo dissoluta] 区分开来）。如果人民可以无需临时统治者的同意甚或反抗临时统治者的意志而聚集起来，那么后者就不是君主，而只是人民的第一公仆（primus populi minister）。根据霍布斯在《论公民》（1642）

---

[52]　[原注 49] *De jure belli ac pacis* (eod.) §8："在统治期间，独裁官执行一切最高权力的行动，他这么做的权利和君主的最高权利等同。"§10："时间长短并不改变事务的本质"，以及"通过他们的工作认识道德事务的本质"。如果独裁官是可以召回的，那么事情就不同了，不仅结果不一样，权利也不一样。

[53]　[原注 50] 在不讨论独裁官的地方，格劳秀斯对"权力的巅峰"（summitas imperii）和"拥有的充分"（plenitudo habendi）两个概念进行了区分。他指出许多人拥有最高权力，但拥有的程度却不充分，而另外一些人不拥有最高权力，却可以充分地拥有自己所有的权力。比如，一名边区伯爵可以让渡自己的官职，或者在遗嘱中对自己的官职做出处置，但是一名君主却并不总能这么做。根据格劳秀斯的观点，独裁官当然不能够充分地拥有最高权力；但是因为他在任期间不能随意被召回，所以他也不等同于单纯的代理人。

中的论述，罗马的独裁官就是这种情况。因此，按霍布斯的观点，独裁官在任期结束之前也可以随时由人民集会（coetus populi）罢免，因为人民才永远是主权者。[54]

但是，在霍布斯对专政的评论上，我们仍然可以看到英国革命以及革命变为护国公克伦威尔独裁给他留下的印象。在《利维坦》（1651）中，霍布斯影射克伦威尔，将独裁者放到护国公近旁的位置，并称其为临时君主，理由是独裁者身上确实存在一种可与君主权力等同的权力。然而，霍布斯在《利维坦》等作品中的论证完全是政治性质的，而非国家法性质的，而且他之所以提及专政，主要是为了表明在内战期间，即便是民主制也离不开君主制式的组织。他认为，相比于君主国中未成年或有执政能力的君主被监护人或代理人夺走权力的情况，在共和国中人民大会的权力被某位不可避免地出现的独裁者或"护国公"夺走的情形反而要更频繁些。这也就明确指出，如果独裁者不能亲自指定继任者，那么他也不过是主宰国家的民主制或贵族制的"仆人"，否则他就会变成君主。[55]

如前所述，霍布斯的构想已经指向了主权专政的问题。但是霍布斯区分了主权本身和主权的行使，从而避免了最终的后果。他注意到，在民主制里，行使主权的任务经常被委托给一位大臣或者官员，人民只有权威，却没有行使权威，而是满足于拥有任命官员的权

31

---

[54]　[原注51]《论公民》（*Elementa philosophica de cive*, Amsterdam [Elzevir], 1647, 初版于 1642 年，为友人所印），cap. VII, 16, p. 134。

[55]　[原注52] 1668 年《利维坦》拉丁文版第 95—96 页。滕尼斯在其《托马斯·霍布斯：其人与作品》（*Thomas Hobbes, der Mann und das Werk*, Osterwieck und Leipzig, 1912）第 2 版第 208 页中不无道理地指出，霍布斯的《利维坦》和他早先的作品不同，《利维坦》更像是政治论文，而不是自然法论文。上文所引之处常被理解为霍布斯对克伦威尔的认可，但根据行文的思路，这一说法显然是不正确的。关于克伦威尔的"专政"，参见本书第五章，第 127 页及以下。

力。[56] 首先，在战争中，绝对的统治形式永远是必要的，至少在《论公民》（cap. X, 17）中，霍布斯从战时的绝对统治形式中推导出君主制政体的优越性，因为他认为国家之间始终处于自然状态，也就是战争状态之中。滕尼斯（F. Tönnies）正确地意识到，就趋势而言，霍布斯的论证走向的不是传统的君主制，而是恺撒主义，也就是开明专制中最理性的形式。在集权专制的 17 世纪，忠于信念的德意志国家学说把君主理解为由神安排的、类似于神的，甚至在生理上都和常人不同的存在，因此其核心是非理性的。这种国家学说注意到霍布斯国家学说的可疑性质。[57]

相反，深受霍布斯影响的普芬道夫，其论述却没有认识到霍布斯的现实意义。关于独裁官作为暂时的权力拥有者是否算君主的问题，博丹和格劳秀斯之间存在争议。普芬道夫提到了这一点，并且下结论说，独裁官和摄政或监护人一样，只是受到他人权力的委托，因而不可能是拥有主权的君主，反而更应该是纯粹的执政官，特别是因为在任期间，独裁官的权力并不是为了让他按自己的意志行事而委托给他的。当执政官被赋予有权取消法律规定的司法权时，所发生的应该是和此处一样的法律过程。由此，专政又成了国家职能单纯的代理行使。[58] 在 17 世纪，君主政体稳固之后，人们对这一争议的兴趣就消失

32

---

[56]　[原注 53] 霍布斯《论公民》（*De cive*, cap. X, 15, p. 182）。

[57]　[原注 54] 霍恩（J. F. Horn）《政治的建筑学》（*Politica architectonica,* 1664, cap. I, 19, p. 167）指出，霍布斯只是看上去为支持君主制提出了论证，但在实际上，他的学说具有煽动性（seditiosus），因为霍布斯把个体当作国家的基础。斯帕腾巴赫（Lorenz v. Spattenbach）《政治哲学》（*Politische Philosophie*, 1668, S. 67）中的句子，如"神创世之后，认为要选择珍贵而有用的'物质'。这样的物质便是君主，神要把自己样子的所有特征都统一在君主身上，让每个人立即就能从君主的额头上看出来神性的光辉"，这是霍布斯所不能接受的。但斯帕腾巴赫也引用专政作为自己的论据。

[58]　[原注 55] 普芬道夫《论自然法和万民法》（*De jure naturae et gentium* 1. Ⅷ, London, 1672, 1. Ⅶ, cap. Ⅵ, § 14）。

了。托马修斯在讨论临时主权时提到了这个问题，但他说，独裁官究竟有没有王权，是一个要根据具体情况才能回答的问题，这涉及罗马史。[59] 沃尔夫（Chr. Wolff）也回溯过这个争议，但他同样寥寥数语就回避了问题本身。[60]

博丹关于独裁者是代理人的定义，以及博丹对代理人的定义

事实上，这个争议涉及了代理专政与主权专政之间的反差。博丹只论述了代理专政，却为代理专政提供了极其清晰细致的法学基础。在《国是六书》第三书第二章中，他指出代理专政是用代理方式解决公共任务的一种情况。在教会法中，以及在注释家那里，代理法官的学说已经详细地论述了代理与主权之间的区分。[61]

通过对比普通官员（officier）和代理人（commissaire），博丹把

[59]　[原注56] 托马修斯《神圣法制》（*Institutionum jurisprudence divinae* 1. tres, ed. quarta, Halle, 1710, 1. III, cap. VI, § 126）。

[60]　[原注57] 沃尔夫《以科学方法探讨的自然法》第八部分（*Jus naturae methodo scientifica pertractum, pars octava*, Halle und Magdeburg, 1748, cap. I, § 70）；此处也提到了格劳秀斯。

[61]　[原注58] 参见杜兰迪《法典》（*Speculum juris*，引自 1592 年 Alexander de Nevo 编辑的法兰克福版，附 J. A. Baldus 的补充），"论司法代理"（1. I, partie 1 de judice delegato §1 seqq.）："法官必须作为普通法官或代理法官（基于委托）行使职能"；"论使节"（de legato §2）："使节替教宗行事"，同样基于委托。在本书上引博丹著作的章节中，博丹主要引用了知名注释家特别是巴尔杜斯（Baldus）和巴尔托鲁（Bartolus），他谨慎地拒绝了这两位注释家关于解决国家任务的一般方式与特殊方式之间的区分（尤其是后者，即解决国家任务的特殊方式，博丹称之为"可恨的"，p.380），同时还讥讽了 Govean（373）、Charles Sigon（374, 379）和 Nicolas Grouche（379），因为上述三位没有看到职务与代理之间的区别。

这一区分提升为一种普遍的国家法概念。普通官员是一个"公共人"，受托履行法律所规定范围内的职权："官员是被授予一般权力的公共人，受到官方敕令的约束。"同样，代理人也是公共人，却承担着由委托确定的特殊任务："代理人是被授予特殊权力的公共人，受到临时代理关系的约束。"两者都具备与私人不同的公共职能，但博丹认为代理人并不是执政官；他始终将执政官称为普通官员（1. Ⅲ, cap. Ⅲ）。普通官员也能够以代理的形式接受委托，从事政治活动，这是不言而喻的，这种情况甚至常常发生。那么在此意义上，受托的官员就不是一般官员，而是代理人（p.380）。受到君主委托的代理法官虽然和古罗马的检察官（quaestores parricidii）一样属于官员，却拥有指挥权、判决权和执行权。博丹明确反对屈雅（J. Cujacius），认为屈雅忽视了最重要的指挥权，只谈司法权（p.373-374），博丹认为不能将概念的界定局限于司法活动。换言之，一般来说，国家权力的行使存在两种方式。按照不同的国家法的规定特征——这种规定是国家职能承担者活动的基础——行使国家职能的活动也可分为一般公务活动和代理活动。如果要把博丹那掺杂了各种史例的庞杂论述归纳成一种清晰的图示，则上述两种活动的特征应当如下：

官员	代理人
（officier; 拉丁文: officialis; 一般授权）	（commissaire; 拉丁文: curator; 特殊授权）
1. 基础: 法律（敕令、法律表达、公开、真实、登记在册）（p.375）;	1. 基础: 命令;
2. 职位具有长期性特征，即便职位的拥有者经常更换，职位也仍然存在（比如一年期的执政	2. 活动没有持续性特征，唯独"视具体情况而定"（p.375），活动也随着任务的完成而结束（p.377）;
	3. 对其职位没有权利，代

官），具备持续性（p.377），只能通过法律予以撤销；

3. 官员对其职位的权利类似于借方对某一时期内所借之物的权利，该物的所有者不能随意收回（p.378）；

4. 内容方面，公务的地点和时间在法律上只有一般性的规定，因此官员对于法律的判断和解读还有一定的余地（p.388）。

理人的职能属于不确定占有（precarium），始终取决于其委托者（p.387）；随时可被撤销（p.376-377）；

4. 内容方面，代理人的活动受到指令的严格制约，代理人的权衡（discrétion）空间受到严格限制，他始终并且在一切细节上都依赖委托者的意志，但委托者可以给代理人更大的行动空间（p.388）。

博丹在政治上认识到代理人对国家组织重构的重要性，但博丹这番论述的意义并不特别在于此。博丹没有注意到代理人是正在兴起的君主集权专制的工具，从历史上看，这可能是因为直到亨利四世治下，拥有全权的君主代理人才获得了更大的政治意义。[62] 在这方面，马基雅维利更具务实眼光，他建议想要引入无限权力的君主永远要亲自执政，而不要借助"执政官"治国（《君主论》第9章末段）；因为一旦启用了执政官，君主就始终受制于官职所有者的意志，而拥有了官职的执政官则很容易夺取统治权，拒绝听命。马基雅维利的风格一向点到为止，因而未能深入论述，亦未谈及代理人。直至博丹，才系统地阐述了代理人与作为普通官员的执政官之间的区别，并将这一庞大的素材纳入国家学说的普遍概念之下。博丹非常强调两者的法律基础在形式上的区别——官职基于法律，代理基于命令。他甚至说明了

_____

[62] ［原注 59］相关内容参见阿诺托（G. Hanotaux）《各省总督制度的由来》（*Origines de l'institution des intendants des provinces*, Paris, 1884）；及欣策（Otto Hintze）《普遍行政史中的代理人及其意义》（*Der Commissarius und seine Bedeutung in der allgemeinen Verwaltungsgeschichte*, Festgabe für Karl Zeumer, Weimar, 1910, p. 506, 514）。这两部著作都凸显了博丹作品这一章的历史意义。

法律和命令在发布形式上的不同，包括文件卷首的差别（比如法律的卷首只用黄色封漆的专用纸，而不用绿色封漆的专用纸等）。

博丹的做法容易让人觉得他已经在近现代国家法的意义上建立了一种形式概念，可以提醒人们注意形式意义上的法律与实质意义上的法律之间的区别。这一区分正是实证主义国家学说所使用的，但事实显然并非如此。因为博丹并不认同这种法学实证主义，也不认可任何脱离了公正理念的法律。博丹虽然提出了主权概念，但他所构思的国家仍然是一个法治国家，其法律并不单纯是权力的表达，像某些规定一样可以随意地颁布和收回。尽管他和反君权主义者做斗争，但他同时也拒绝马基雅维利所代表的法律的技术化，认为这种倾向使人堕落，是一种卑鄙的无神论。因此，博丹永远都不可能承认君主意志可以把任意的一句话提升成法律。对他来说，这样的政权不是国家，而是暴政统治。官员和代理人之间的区别并不只是基于任性的安排，相反，这种区分的前提是存在一个君主制的法治国家，而且这个法治国家从根本上尊重现存的机构组织，并由此创造一种等级秩序，使既存的机构与划分明确的各种权责各安其位。

博丹所论述的其他区分特征，包括常规与特殊、长期与临时，就建立在这一基础上。"持续性"（trait perpétuel）和"条件性"（occasion）的对立可以证明这一点，因为对博丹来说，格劳秀斯的论据必然是最容易想到的，即时间在法律概念中不可能属于概念性的范畴。博丹认为，代理人的工作内容应当"根据形势"（selon l'occasion qui se présente）[63] 的变化而不同。因此独裁官的任命是"形势使然"

---

[63]　[原注 60]"根据形势"这个用法出现在 1557 年法语版第 1 版第 275 页，也出现在 1580 年版和 1583 年版第 375 页。但是拉丁文译本中并未出现"occasio"一词，参见 1591 年版第 342 页和 1594 年法兰克福版（Wechsel）第 416 页，1619 年（Nic. Hoffmann）及 1622 年法兰克福版（Jonas）第 406 页，不过拉丁文译本中虽无"形势"一词，却到处都有关于时间、地点和情形的暗示。

(si res ita postularet)。但博丹从中推导出的结论却引人注目，他认为：与普通官员相反，代理人只有很小的回旋余地，且不应有斟酌决定的权力。

然而，博丹仍旧主要依赖他所处时代的法国君主制的历史观。他列举了大量代理性质的活动，却没有在代理行为内部区分不同种类，因为对博丹而言，代理人所做的一切都无差别地建立在可随时撤销的委托关系（commission）之上。因此，在博丹的基础上分辨官员和国家之间的公务关系与官员公务活动内容之间的区别，既合目的，也比博丹本人的做法更加精确。博丹明确提到，委托官员处理事务也可以通过代理的方式，这说明他对公务关系与公务内容之间的对立并不陌生。一般公务活动所不同于代理的特征就在于前者的内容是由法律阐释的，因此一般来说是预先确定的。由此，公务活动不受地点和时间的影响，也就是说，与具体条件下的特殊状况无关。

正因如此，一般官员也受到法律的约束，而他在具体情况下所做的决断也只不过是法律事先所做决断的具体化而已。相反，代理人所做的决断究竟如何，则要在具体状况之中才能确定下来。一般官员的行为受到法律的规范，不允许超出法律所规定的框架，与之相比，代理人似乎约束较少，更加自由。尽管如此，博丹仍然说官员是自由的，而代理人是受制约的。他之所以这么说，是因为他在思考公务活动的客观内容时混杂了公务关系的观念。一般官员工作的基础是法律，而在不废除法律的条件下，君主不能改变官员的工作内容，在这个意义上，一般官员相对于君主的地位更加独立；而代理人则如同私人领域的受托方，其行为的每一个细节都取决于委托者的指示。对权责的法律阐明中蕴含的自主权，即便不能直接在法律上，也能够通过反作用给行使职权的官员带来好处，但这是代理人所不具备的。无论代理人向外的权力有多大，他向内都永远是某个他人具体意志的直接工具。甚至可以说，法律的束缚恰恰造就了官员的自由，除了在具体

36

情况中应用法律之外，官员不能做任何事情，而他越是这样，他的自由反而越大。[64]

---

[64] [原注 61] 根据现代的理解，法官对自己的职位也有权利主张（见赛德尔 [Max von Seydel]，《巴伐利亚国家法》[*Bayerisches Staatsrecht*, 2. Auflage, II. Bd., 1896, S.218]），这意味着只有在更加困难的条件下才能够违背其本人的意志而免除其职务。这一权利造就了那些保护法官免受任意罢免的法规，这些法规的作用构成了法官职能不可撤销性的基础。当然，官员对自己职位的权利并不像中世纪观念所认为的那样，是基于职权所有者的某种私人的既得权利，比如通过分封、购买或者抵押而得来的权利。今天，相对于公共利益，职权所有者在行使职权过程中可能存在的私人利益已经不在考虑范围之内。因此，主导着契约学说或全权代理关系的私法视角就不能再直接应用于各种国家法的概念之上。

尽管如此，对公法而言，私法领域的理论工作在当下并非没有价值。图尔（Tuhr）为私法上不可撤销的授权关系所确立的区分原则（A. von Tuhr, *Die unwiderrufliche Vollmacht*, Straßburger Festschrift für Laband, Tübingen, 1908, S.52）也应该在公法规定中得到重视。在论述不可撤销授权的范围时，图尔认为，虽然毫无疑问，不可撤销的授权关系允许被委托人拥有授权者的各项具体权利，允许建立特定内容的义务关系，但我们也必须担心这种授权关系的范围在事实上无限地扩大，正是出于同样的原因，德国《民法典》（BGB）第 310 条规定，未来财产的转让是无效的。因此，根据德国《商法》（HGB）第 52 条，内容上毫无限制的代理权总是可以收回的，按公认的法律观念，超出法律行为某一范围的普遍授权同样是可以撤销的（图尔，上引书，第 55 页及该处注释 4、5 所引文献；亦见《帝国法院民事判决》[RGE, Zivilsachen, Bd. 52, S.96]）。

对公法领域来说，同样值得重视的区分原则在于，法律意义上的授权必须根据其概念而规范，内容上没有限制的授权不仅仅是有限授权在性质上的延伸，而是一种不同的授权。法官对自己的职位有权利，因为他在理论上受到法律的约束，是法律的喉舌。如果一名法官根据形势而做判决，甚至像革命法庭的成员那样为了某一具体目的而服务，那么他作为代理人，就脱离了法律的约束，但也更加依赖他所为之服务的权力。根据某些新近的观点，法官应当拥有更大的自由，但这种更大的自由并不在于更大程度上独立于法律，而在于法律标准和事实的消解。法官职权的独立性永远是法官相对于法律之独立性的补充。

对这一定义的研究；作为行动专员的独裁者

然而，代理人不仅仅承担一种委托，而且还必然拥有可对外行使 37
的全权，因为他是"公共人物"。他不能对委托自己的人行使政治权
威，因为他在委托者面前对自己的职位没有权利主张，所以他的政治
权威只能针对第三方，比如本国公民或者异邦人。私法上与此类似的
现象在博丹笔下乃至到 19 世纪都发挥着重要作用，这种现象不单关
系到委托，还关系到授权，也就是代表。事实表明，博丹对不同性质
的代理活动不加区分，同等对待。肉类检验员、大量的警官和行政专
员、指挥作战的将军、使节、独裁官，这些在博丹看来都同样是代理
人，他们的活动始终建立在主权者的委托之上，而非以一般性的法律
规定为基础。但是，无论是他们活动的内容，还是他们的授权，在本 38
质上都不尽相同。就肉类检验员和大量行政专员而言，只要他们在其
公务关系之中确实是代理人，他们所履行的职务就同样是常规性的，
就像普通官员的职务一样，可以通过一般性的规定来调整，正如普通
官员的公务也可以通过代理的方式来完成一样。随着历史的发展，这
类官员大多变成了普通官员，其名称依然保留下来，单纯是出于历史
原因。

因此，如果代理人的工作内容可以通过一般规定来描
述，则我们最好称这种与特殊授权无关的代理人为公务代理人
（Dienstkommissar）。如果涉及个别或多种特殊事务，则称之为事务
代理人（Geschäftskommissar），其授权在具体情况下依赖委托者的意
志。谈判代表（Verhandlungskommissar）就是这种代理活动的情形之
一。恰恰在使节的情况上（只要使节不必因其一般性的公务活动而
被称为公务代理人，他就属于事务代理人），博丹提出一个例外：虽
然博丹的学说指出代理人行动的自由（*discrétion*）受限，但就使节而
言，他说一切都"因人而异"（selon les personnes, p.388）。

相反，独裁官虽也是代理人，但所获授权的性质与公务及事务代

理人完全不同。在独裁官身上，成事的利害关系极大，以至于必要时可以排除阻碍成功的法律障碍（由独裁官本人来决断）。独裁官要通过自己的行动达成目的，为此而计，独裁官所获授权的本质意义就在于取消法律的限制，在于有权根据具体情况对第三方的权利采取必要的介入手段。这并不是说，作为那些第三方权利基础的法律要被废除，而是说在具体情形下，如果形势要求只有这么做才能落实行动，则采取行动时可以不顾这些法律。同时，也不能正向立法，一般性地把这种介入描述为独裁官的责任，而应该仅仅允许"根据形势而例外行事"。这一概念在逻辑上是和法律的某种一般性规定相矛盾的。这种代理人应该被称为行动代理人（Aktionskommissar）。

锡德尼和洛克思想中的专政

在这个意义上，独裁官可能是一个绝对的行动代理人。在这种行动代理人面前，无论是近现代实证主义国家学说从形式出发的思考方式，还是博丹关于法律和命令的形式区分，都失效了。按照博丹的理解，独裁官就其概念而言必然是代理人，而且从法律上看，独裁官的活动只能以代理的方式，而不能以其他任何方式进行，这是其根本性质。主权者不能按自己的喜好颁布一部法律或者发布一道命令去规定独裁官的活动内容。博丹认为，法律作为一般官员职权的基础，必须整体说明其职权的内容。如果一部法律规定的内容是根据形势要求，一切皆可发生，那就构成了职权说明的反面，相当于取消了一切职权和法律限制。专政不可能是一种常规的职责，也不可能是一种永久性的职能（munus perpetuum）。一旦获得了永久性，独裁官就不仅对自己的职位拥有权利主张，而且就不再是独裁官，而是主权者本身了，因为博丹不愿意承认主权专政的存在。即便一种新的国家组织建立起来，博丹也总是把主权者在此之前已经形成作为前提。他指出，一切国家在发展的初始阶段所使用的只有代理人，而非一般官员；国家的每一次重组，每一次"革新"（reformatio）都必须为了正在形成的共和国（reipublicae constituendae causa）而使用特殊的代理人，再随着发展将代理人变成一般的官员（第 378—379 及 392—393 页）。在博丹看来，即便是这种重组国家的代理人，也与其他代理性质没有区别。

博丹区分两种国家活动的前提是法律与命令之间清楚的对立关系。在集权专制政体的进一步发展中，这种区分必然失去对象，变得空洞，因为在集权专制的国家学说里，国家权力的表现从根本上一律只以君主的意志为基础。由此，博丹虽然让自己的主权概念取得了众所周知的成功，却失去了一种重要认识。那类为反对集权专制及其代理行为而斗争的文献也没有再一次回到这个认识上来。在 17 世纪，锡德尼（Algernon Sidney）提到专政时，并不是为了用专政或专制的概念谴责自己的政治敌人——集权政体，因为专政对锡德尼而言只有传统和古典的意义，是自由的罗马共和国的一种典型制度。[65]

而洛克——只有很少的人像他那样——则把正义的排他性意义和对实际权力的无所谓态度当作自己推论的基础，因此在他的体系中，一切都取决于一种简单的二元选择关系：正义或不义、法治或专制、 40

---

[65] ［原注 62］参见锡德尼《政府论》（第 3 版）第二章第七节（*Discourses concerning government*, London, 1751, p.119）："我确实同意类似独裁官所拥有的权力……始终处于人民的最高权威之下，但在某些场合下，富有品德和纪律的民族可以明智地将权力授予一个品德高尚的人。"独裁官与集权力于己身的君主毫无关系，独裁官的权力是因为特殊情况而造成的，人民始终保留着自己的权力。锡德尼多次强调独裁官是偶然任命的，但尽管他称恺撒为永久独裁官（121，134-138），却并没有注意到，正是独裁官的专政能够完成民主制向集权专制的转变。锡德尼谈到，独裁官的委任就在于避免危害（ne quid detrimenti, p.400, 401）。不过，他指出自己所生活时代的英格兰并没有"凌驾于我们之上的独裁权力"（p.283），也即那种独立于被统治者意志的统治，这恰与恺撒的统治相反。这些表述完全属于英国反对派反抗王权的古典传统，其最激烈的提倡者也许当数弥尔顿。

赞同人民或赞同强权。这样的体系不可能为专政的概念留下一席之地。事实权力（Macht der Tatsachen）对洛克而言是没有意义的；单纯的权力和单纯的事实恰恰和正义无关。不符合法律的、仅仅是事实上的权力是兽性的，是"野兽之道"（the way of the beasts）。即便是君主也不能通过命令或委托改变这一点。在此语境之下，洛克指出：臣仆的任何行动都不能因为是受君主委托而得到宽恕，只有以人民同意为基础的法律才能证明行动的正确性；能够赋予国家权威的只有法律，而不是委托（the law gives authority）。[66] 直到今天，洛克的这一论断仍被英国法律所认可，而从历史上看，他是在和作为集权专制工具的代理人做斗争。洛克在 17 世纪末写下上述论断之时，英国已经战胜了专制主义，君主代理的问题也已经通过《权利法案》（*Bill of Rights*）而得以解决。[67]

但是，代理的概念却在洛克学说中的另一个地方再次出现，并且证明，洛克那看似可信的体系是多么的不简单。洛克熟知君主的特权就在于"无需任何规则"（without a rule）而代表公共利益（《政府论》§166）。洛克说，立法者不可能预见一切（这个句子是关于公平正义[aequitas/ἐπιείκεια] 的古代学说的共同财富）。因此根据自然法的普遍原则，凡涉及立法者所未能预见的情形，那些为执行法律而支配国家实权的人有权（尽管他最初只是拥有权力，而非权利）使用自己的权力，直到立法大会再度有序召开。立法者本身就应该预设这样一种可能性，即自己无法预见一切（§159）。

洛克在这里似乎并没有看到一个具有特殊政治意义的问题，但他更进一步考虑到了实际形势的问题。洛克没有把国家职能简单地划分

---

[66]　[原注 63] 洛克《政府论》下篇第 18 章（论僭主）。

[67]　[原注 64] 最后一次违背议会原则的代理行为是詹姆士二世（Jakob II）委托进行的对牛津莫德林学院（Magdalen College）的教会巡察（参见 Julius Hatschek [哈切克]，*Englisches Staatsrecht*, Tübingen, 1905, Bd. 1, S. 558）。

为法律和对法律的执行，就像反君权主义者把人民（各等级）和君主对立起来那样。相反，他用第三种权力——对外权（federative power）丰富了自己的体系。法律和对法律的执行这一公式所对应的执行权只关系到内部事务，对外权则涉及针对外邦人的事务，包括战争与和平及国际条约的签署等。但洛克认为，在这方面不太可能依靠现存的和一般性的法律来指导；一切都取决于各种利益和对手的计划；因此一切都必须听凭个人的机智来处置，以保证共同体的利益。在这个意义上，代理一词的独特含义又得到了体现。[68] 毕竟，代理关系的独特内容就在于根据形势和根本利益所在去完成受托之事，并且与代表国家权威的相应权利密切相关。

---

[68]　[原注65] 洛克《政府论》下篇147："但是对于外国人应该怎样做，既然在很大程度上要看外国人的行动以及企图和兴趣的变动而定，就必须大部分交由赋有这种权力的人们的智谋来决定，凭他们的才能所及为国家谋利益。"（[译注] 中译文按洛克，《政府论》，叶启芳、瞿菊农译，北京：商务印书馆，2022 年。）

第二章
18 世纪之前君主代理人的实践

教宗的权力完满性，代理人对其的行使，通过居间权力的和解理论进行的抗争

从国家法的角度来看，从中世纪到近代国家概念的过渡有一个标志：教宗全权（päpstliche plenituto potestatis）的概念成为一场大规模改革（reformatio）的基础，改变了整个教会组织的面貌。中世纪法治国家的一个特点是，官员享有职位权利和法律不得取消的既得特权，经过这场改革，中央权力抛开这些权利，创立了一种新的组织形式。这是一场由合宪机关（并非通过革命而产生的宪法机关）实施的罕见的合法革命，就连受其影响的人原则上也承认它。教宗全权的概念成为这整个过程的法律表现。早在 13 世纪，教会内部的教宗主权就已经超越中世纪封国的范围。自英诺森三世（Innozent III.）以来，教宗职权的本质在于，教宗再也不只是教会的最高领主，"他拥有支配教会收入的绝对权力，可以随心所欲地恩赏圣职和俸禄，他不只是教会的最高首领，而是教会的唯一首领……高等教士不再是他的封臣，而是他的属吏。受封誓言一字不改，就成了就职誓言，无论是大主教宣誓，还是教廷法官宣誓，抑或公证人宣誓，其内容基本没有区别。"[1] 在世俗统治面前，在王国（regnum）面前，教宗一直不过是最高领主，他并不像豪克（Albert Hauck）所说的那样企图排挤世俗政权。[2]

---

[1]　[原注 1] J. Haller(哈勒尔), *Papsttum und Kirchenreform*, Bd.1, Berlin, 1903, S.26.

[2]　[原注 2] 豪克，《关于教宗统治世界的思想》（*Der Gedanke der päpstlichen Weltherrschaft*），1904；《德意志教会史》（*Kirchengeschichte Deutschlands*），IV，第 3/4 版，1913，第 714 页及以下。另参见伯恩海姆（Ernst Bernheim），《中世纪的时间观对政治和历史编撰学的影响》（*Mittelalterliche Zeitanschauungen in ihrem Einfluß auf die Politik und Gechichtsschreibung*），I（Tübingen, 1918），第 221 页。

不过，与上述涉及教会机构内部重组的变化相比，这个问题在此并不重要。

按照中世纪的观念，各种职权等级分明，绝对固定，是官员理应享有的权利，就连最高权力机关也无法改变。在人们心目中，全权（plenituto potestatis）的革命性就在于，这种中世纪观念被彻底抛弃了。帕多瓦的马西利乌斯（Marsilius von Padua）反对全权的概念，在他看来，教宗委派的代表充当教宗全权的工具，充当"专制"的工具，其特点是直接干预各种职能和权限，使原本井然有序的教会机构变得混乱不堪，形同一个大怪物。[3] 还有一些大学者，如热尔松（J. Gerson），坚持教宗的首席权和教会的君主制特征，在这一点上有异于激进的马西利乌斯传人威克利夫（J. Wiclif）和胡斯（J. Hus），但就连他们也提出了同样的责难。他们像 19 世纪的宪政国家理论家那样，根据法律逻辑的必然性解释法律上的无限权力，对其实质与实施做了区分，欲将这种权力的实施置于公会议的操控之下。[4] 他们无法

---

[3] [原注3]《和平的保卫者》（*Defensor Pacis*），Ⅱ. c 23 (24)，"论罗马教廷的特性"（De moribus curiae romanae）（斯科尔茨 [Richard Scholz] 编本，载《德国史原始资料集》[*Quellensammlung zur deutschen Geschichte*]，Brandenburg 和 Seeliger 编，Leipzig，1914，第 102 页）。

[4] [原注4] 在此无须举很多的实例，可参见热尔松，《论教会全权》（*De potestate ecclesiae*），Ⅱ，第 240 页：尽管教宗拥有全权，但公会议所代表的全体教会控制着全权的实施（applicationem et usum），以防止这种权力的滥用。德阿伊（d'Ailly）也说：ad regulandum usum plenitudinis potestatis non expedit Ecclesiae quod ispa regatur regiminie regio puro, sed mixto cum Aristocratia et Democratia（如果按纯粹的专制体制来管理教会本身，就不利于教会约束全权的运用，需要实行与贵族制和民主制相结合的体制，才能做到这一点）。施瓦布（J. B. Schwab）在《热尔松》（*Gerson*, Würzburg, 1858）第 738 页引用了这两段话，将权力的实质与权力的实施之间的区别称为"经院哲学的著名魔杖"。但是，如果我们考虑这个区分直迄于今日的历史（直迄于 1920 年 2 月 9 日颁布的企业职工委员会法），对经院哲学的这种嘲讽或许会失去部分优势。

回避一个理论上的后果：按在上者权力的本质，他可以做原本属于在下者活动范围的一切事情。

但是，中世纪关于合理合法所获职位的传统观念与此相冲突。无疑，热尔松在《论教会全权》的结尾部分说，全权，即完全的命令权和裁判权（plenitudo ordinis et iurisdictionis），必须掌握在一人手中；但他又继续说，教宗并不因此就对每个基督徒拥有直接的任意裁判权并能随意行使之——无论是他本人这样做，还是通过其他特别官员（per se vel alios extraordinarios），因为那样一来，教宗就损害了普通圣职人员（ordinarios）的权利，这些普通圣职人员原本对受命履行的职能（actus）拥有直接的权利。教宗执掌首席权（praesidet），但这并不意味着头可以消灭肢体（non ita ut caput gravidum membra reliquae obruat mole suo［并不是要让沉甸甸的头的分量压倒其他肢体］）。教宗不应褫夺每个圣职人员的职能（officia），因为那样做有违自然（contra naturam）。除非绝对必需（necessitas），对教会明显有利（evidens utilitas ecclesiae），否则便不允许直接干预。那种来自最高权力、具有非常性质的直接干预，经常被视为真正的革命（尽管哪怕是一场合法"改革"[reformatio] 也无法不改变现存组织，无法不侵犯各种既得权利）。

豪克在书中流露出愤恨之情，就说明了这一点。豪克详述了英诺森三世的做法：教宗派遣特命使节对某事进行司法处理，现场核实和裁定案件（切莱斯廷二世治下已经偶尔这样做了）。特命使节一般是修士、修道院院长、主教座堂教士长或低级教士，他们经常必须审理品级更高的教士的案件。在有些案件中，下级受命调查上级。豪克问道："英诺森是想让世人相信，每个人在教会中的地位并非决定于其所担任的圣职，而是决定于教宗的委派吗？他从来没有这样明说，但他的态度表明，即便在这个问题上，他也并不十分尊重历史传承下来的权利。"无论如何，一切审判机关和权限，以及在任期间的第三方权利（jus quaesitum），都必须让位于这种全权。教宗使节走到哪里，就

44

掌握哪里的职权：他给主教祝圣，巡视、革新（改革）教会和教区，裁决涉及信仰和纪律的案件，颁布一般法令。[5]

这种广泛权力的法律基础是，在教宗保留撤销权的条件下，教宗使节的一切作为均被视为出自教宗本人。杜兰（G. Durandus）的《法律之镜》（*Speculum juris*）大约出版于 1272 年，是一本广泛流行的关于教会法实践的教科书，里面有一句话：使节是我们的主人，也是教宗的代理人（Legatus vices gerit domini papae）。使节有一项必须履行的使命，若遇到障碍，可以惩处所有妨碍他或不服从他的人，因为倘若他不拥有惩处权（coercitio），他的权力（potestas）就肯定是"虚幻的"（delusoria）。由于使节本人不能于同一时间亲自出现在每个地方，他就派出下属去行使这项权力。这些下属是他的工具，如同他本人是教宗的工具一样。有了自己的使节，教宗就可以无处不在。罗马是每

45 个人共同的祖国，是教宗普世权力的根基所在。[6] 无人否认教宗的这项权利，反对派攻击的只是滥用一项公认权利的行为，他们力图将它限制在真正必要的情形（necessitas）。[7]

作为全权法官和个人代表的专员

按照中世纪观念，独裁权同时是司法权，因而使节首先是以全权

---

[5]　[原注5] 豪克，《德意志教会史》IV，第798—799页；文中引用的豪克那句话，见同卷，第756—757页。

[6]　[原注6] 杜兰，《法律之镜》，"论使节"（De legato），§§2，4。

[7]　[原注7] 传统的衡平法（aequitas 或 ἐπικία）理论列举了人可以偏离法律的诸多情形（参见托马斯·阿奎那，《神学大全》，II, II qu. CXX, opera t. IX，以及 Cajetan 枢机的评论，op. VII, p.187）。这一理论被不假思索地转移到公法观念中，结果真正的问题，即谁来决定紧急情况，并没有像在近代国家理论中那样被提出。参见前文第22及24页。

法官（judex delegatus）的身份履行职责。不过，在处理案件时，他的权力远远超出了司法审查和裁决的范围。我们不能因此反过来将一切受托的、非常的司法活动与使节的同类活动等同起来。两者无疑都基于委托（commissio）。在教会法中，作为动词的"委托"（commitere）已是一个专业用语，其含义与"免除"（remittere）正好相反，指的是将司法权转托给某个原本并不拥有司法权的人，即某个不同于常任法官的人。在这里，我们可以极其清楚地看到基于法律（lex, constitutio）的独裁权与基于委托的独裁权之间的对立，而博丹的论述正是以此为根据。[8] 除了执行权（executio）之外，博丹还一同列举了一些常见的情形，如受托法官传讯证人、调查证据（commissio citationis testium vel jusjurandi recptio）等。

　　不过在这里，具体情况会再度出现，从而使受托执行者突破单纯的司法职能，因为他不仅要履行法官审查和判案的职能，即司法裁判职能，还要履行实现法律的职能。这里已然出现了历史发展过程中将一再出现的情况：执行权本属司法权的范畴，但由于它必须透过一件具体事情的前因后果查明其实际过程，因而按其本质就会超越判决程序，导致对案件做进一步审理，并依具体情况——如被告不服——采取相应的措施，而这些措施的范围和大小实难预测。这样就出现了一个习惯说法：受托裁决具体案件的全权执行人拥有酌定权（discretio），　46

---

　　[8]　[原注8]杜兰，《法律之镜》，"论受权法官"（De judice delegato），§1：aliud est jurisdictionem committere, aliud remittere. Committi dicitur quando alias qui committitur non habet jurisdictionem et tunc est delegatus. Remitti dicitur quando alias habebat jurisdictionem et tunc est ordinarius（委托司法权是一回事，授予司法权是另一回事。"受委托"是指，受托者没有司法权，而受托行使司法权；"被授予"是指，一个人原来就有司法权，现在成了常任司法官）。在几个常任法官之间分派事务，不能算是委托（commissio）。§6：委托者死后，受托者便失去了司法权（参见博丹，《国是六书》，第384页）。

其具体行使方式，完全由他自行决定。[9]

但是，即便抛开这点不说，正规法律程序也有了很大的改变，因为委托的范围十分广泛，对其内容并无更严格的限定。随着权限的转让，就连司法活动的内容也改变了。最广泛的委托的一个例子是，教廷法官有权在一切地方颁授委任状，因为教宗授权他们处理世俗的全部讼案，并且基于一般委托，他们以准常任法官（quasiordinarii）的身份裁决一切上诉。[10] 不仅如此，教宗还可以将案件交由特命法官做出终审判决，规定不得上诉（remota appellatione），或允许采用即决程序（summarisches Verfahren）。有些委托超出了司法权的范围，托钵僧的巡查权便属此类。托钵僧不但要负责查明和检举各种弊端，而且致力于清除各种弊端，甚至做出组织上的调整，因而可以干预主教的权限。[11]

一般可以将一个教省交托给使节，由他来恢复公共安宁和人民的和平（pax, quies populorum），整肃恶人（purgare malis hominibus）。

---

[9]　[原注 9] 参见英诺森三世于 1205 年为了反对主教康拉德四世而颁赐给圣埃梅拉姆隐修院院长等人的委托状（Commissorium）：一位副主教指控说，主教违法占有雷根斯堡教会的一块封地，令他十分不安。全权代表可行使酌定权，采取教会惩罚手段强迫该主教合法行事（monitione praemissa per censuram ecclesiasticam appellatione remota cogatis [一旦事先发出了警告，你们当依教会监察制度采取强制手段，若遇上诉，则按不准上诉办理]）。米涅（Migne），《拉丁教父著作集》（*Patrologia latina*），第 217 卷（英诺森三世卷，卷 4），第 146 页，注 98；还可参见第 193 页注 138，等等。

[10]　[原注 10] 杜兰，《法律之镜》，§2，注释 9：universitas caussarum audiendarum totius mundi est ipsis (sc. auditoribus palatii domini papae) commissa ut ex generali commissione audiant vice domini papae caussas appellationis（全世界所有需要审理的讼案都被交托给他们 [即教廷法官]，以便他们能根据一般委托，以教宗的名义审理上诉案）。

[11]　[原注 11] 豪克，上引书，第 799、800 页。

在他负责的教省里，只要有案件提交到教会法庭，他就按自己的意愿接手处理。在人们心目中，使节并非特命法官，因为他代表着教宗（vices gerit），而教宗乃是唯一的正式法官（[judex] ordinarius singulorum）。抵达教省后，使节通常要发布使节通函（litterae legationis），宣布自己拥有全权，这样，人们就不能以不知情为托词了。这种全权一般还包括摊派和征收捐资款的全权（plena potestas），以维持使节必要的生活开销及诸般费用。他根据情况颁布一般规定，调解教省内的各种纷争，甚至判决君主之间的争端。不同类型的使节有不同的全权。值得注意的是，使节并不限于行使常规司法权，还拥有组织权和行政权。作为代理特使（missus vices gerens）和代表，使节不同于普通法官，也不同于普通法官派出的代理法官：使节和代理法官都行使代理权（vices gerit），但两种代理权的意义并不相同。不过，一切上级权力在其法律建构上都立足于人格代表和代理的观念。人格代表和代理处于多级人格代表的框架内，是其中的一个环节，而这种多级人格代表又形成一个封闭自足的系列，以无可置疑的最高人格居于顶端。教宗本人是基督的代理（vicarius Christi），也经常被称作基督的全权代表。[12] 可见，基督人身的概念乃是这种法律观的最终决定要素。

世俗君主的专员及其各种不同的任务和职权

只要全权代表仅以法官的身份行使严格意义上的司法权，那么，从形式上看，这种职务行为的内容就并不因为他在履行委托职

---

[12] [原注 12] 这样就可以理解赖因金克的一条注释：教宗是基督的全权代表（commissarius Christi），但他无法出示基督的赐令和委任状。参见赖因金克，《论世俗和教会体制》（*Tractatus de regimine*），1, I, cl. II, cap.4，注释 23。

能而有所改变。因为，即便在授权时也允许排除凭借法律手段上诉
（Rechtsmitteln）、采取即决程序，但至少从理论上说，司法全权代表
其实只是做了普通法官最终也会做的事情。如果他不光是适用法规，
而是凭借上级权威采取了旨在达成一个具体目标的必要行动，那就
是另一回事了。这在使节和某些全权执行人中间早已是十分普遍的
做法。如果世俗君主授予使臣以特殊使命和权力，派他们去执行特
殊任务（肃清时弊、纠正滥权行为或征收赋税），这种做法就更为明
显。正如博丹已经看到的，这类使节（missi）在每个新建立的国家秩
序中都不可或缺，在形成于中世纪的所有欧洲国家中，大概都能见到
他们的身影。博丹和德拉梅尔（N. Delamare）将法兰克的王使（missi
regii）制度看成全权履职的一种情形，只是这种制度未能直接延续
下来。

48   当然，就连德意志皇帝也委任法官，特命法官随处可见。在中世
纪欧洲各国，都出现了巡回法官（itinerarii, discussores, inquisitores 都
是这类巡回法官的不同名称）。"全权代表"成为一个通用词语，一个
人不管接受什么样的委任，也不管处理什么样的国务，都被说成是
"全权代表"。不但君主委任全权代表，各等级同样如此。尤其在英格
兰，除了为国王效力的巡回法官和国王委派的专员外，各等级也有自
己的全权代表，他们受托管理地方行政事务。在法兰西，一般会首先
提到圣路易（路易九世 [Ludwig IX]）于 1247 年颁布的《大调查诏
书》（enquête）。圣路易将调查官派往各地，听取并解决"穷困臣民"
对地方政府的投诉（corrigere quae corrigenda [纠正那些必须纠正的弊
端]）。为此目的，调查官不仅被授予监察权，还被授予司法裁判权和
刑事处罚权。以后，这类调查官和惩戒官（reformateurs）还被派出去
执行各种使命。发展到最后，巡回特使（missus）不再四处流动，而
是由受托职位变成了固定职位——博丹早就让人们注意这个典型的演

变过程。[13]

在有些国家，如德国和英国，各等级还保有其权力，等级（邦　49

---

[13]　[原注13] 拥有具备委托性质的司法、军事和行政权力的法兰西司法行政官吏（法文 prévôts，拉丁文 praepsiti）在15世纪中叶（随着常备军的建立）已成为常设职务。他们有了特定的行政管辖区，在此区域内依靠武装人员维护公共安全和秩序，并针对某些特定的犯罪行为（拦路抢劫、聚众闹事和其他损害公共安全的行为）行使司法行政官吏的司法权（Prevotal-Gerichtsbarkeit）。法国的执行官（Baillis）原来作为国王的特使（missi）管理某个地区，不过，就连他们也部分地融入了封建等级秩序，成了国王和司法行政官吏的中介（intermédiaire）。颁发给各类全权惩戒官和监察官的授权书中一般都有这样的词句：他们获得了"充分的权力、权威、委托和授权"（plein pouvoir, autorité, commission et mandement），可以做一切有助于完成其使命的事情，所有地方执行官（baillifs）、司法总管（sénéchaux）以及其他官员和臣民（officiers et sujets）都必须服从，全权代表被授予了各种强制权，只是在行使这些权力时要采取一切适当的、合理的手段和方法（nur par toutes voies et manières deues et raisonnables），任何人不得对他提出申诉和上诉。

参见霍尔茨曼（Rob. Holtzmann），《法国宪政史》（Französische Verfassungsgeschichte），载 Below 和 Meinecke，《手册》（Handbuch），1910；维奥莱（Paul Viollet），《法兰西政治和行政制度史》（Histoire des institutions politiques et administratives），卷 III（Paris, 1903），第261页；埃斯曼（Esmein），《法兰西法律史教程》（Cours d'histoire du droit français），第9版（Paris, 1908），第350页；朗格卢瓦（Langlois）的文章，见拉维斯（Lavisse），《法国史》（Histoire de France），III 2，第346页；珀蒂-迪塔伊（Petit-Dutaillis）的文章，见拉维斯，《法国史》IV 2，第246页；阿诺托，《黎塞留枢机主教传》（Histoire du cardinal Richelieu），卷 I，1893，第263页；拉若-洛里埃（Rageau-Lauriere），《术语汇编》（Glossaire），"Bailli" "Prévôt" 等词条，Niort, 1882，第393页；德拉梅尔，《论警察》（Traité de police），卷 I，第194页。

关于英国的发展情况，参见哈切克，上引书，卷 I，第558页；以及《英国宪政史》（Englische Verfassungsgeschichte），载 Below 和 Meinecke，《手册》，1913，第256页（关于英国的治安法官授权 [friedensrichterlichen Kommissionen]）；格奈斯特（Gneist），《英国宪政史》（Englische Verfassungsgeschichte），第224页；欣茨，上引书，第520页；关于全权代表作为税务官，参见勒茨（W. Lotz），《财政学》（Finanzwissenschaft, Tübingen, 1917），第21、229页，以及书中列出的有关财政技术的文献。

国）全权代表以独立的姿态出现，与宫廷全权代表分庭抗礼——即便他们是由国王任命的。因此，全权代表既可以充当绝对君主制的工具，也可以充当等级制的工具，而绝对君主制与等级制乃是两种截然相反的制度：前者旨在维护各等级的权利，后者则取消了各等级的特权。到处都有人抱怨说，君主全权代表在执行非常使命时不仅侵犯了他人的职分，而且侵犯了其既有权利。每当这个时候，全权代表援以为据的便是他们的受托身份。[14]

全权代表又将自己的权力授予下属，在他们的协助下执行任务。通过这样的转授，就不断产生新的全权代表。不过，基本原则是，不得转授最高司法权、绝对权力（merum imperium）或生杀大权（jus gladii）。鉴于君主全权代表的判决源于君主，这种判决就被视为国王的判决，这样就剥夺了当事人的常规上诉权。地方政府通常都会与全权代表达成一致，如果全权代表本人按封建观念逐渐取得了世袭职位，尤其是，如果地方政府面对的是一位财政全权代表，而这位全权代表又独占税收，并以这种方式给自己捞到了好处，情况就更是如此。有时，各等级甚至花钱从君主那里买下惩戒委任状。

15 世纪教宗国的政府专员和军队专员

除君主特使外，自 14 世纪以来，意大利诸国还出现了另外一

---

[14]　[原注 14] 法国和萨伏伊的实例，可参见欣策，上引书，第 522、523 页。组织方面的全权代表有一个很好的实例，可参见朗盖，《奥秘》（Arcana），par. II, 1. I, ep. CXI (1577)；巴托里乌斯·冯·波伦（Bathorius von Polen）利用普鲁士的宗教纷争，派遣全权代表（commissarios）到普鲁士公爵的辖区组成行政机构，据说他们在这里随心所欲地做一切事情（ad constituendam administrationem, qui omnia pro arbitrio ibi agere dicuntur）。

种类型的全权代表，其职责是充当政府驻军队的代表，监督指挥官
（capitaneus），执行政府不愿交给雇佣军指挥官的国家职能。这类驻
军专员的职责范围相当广泛，涉及多方面的内容。他们有时担任军
队管理部门的服务型全权代表（Dienstkommissare），处理军需部事
务（provveditori）；有时担负政治使命，尤其是与敌人谈判，因而就
是事务专员（Geschäftskommissare, governatore, consiliarius, officialis,
deputatus）；有时又直接领导军事行动，比如平定叛乱，因而在他们　　50
担任全权代表的军队里掌握着军事权力，按此处所用的术语，可称之
为行动专员（Aktionskommissare）。罗马教廷的做法为不同类型的全
权代表提供了极为清晰的实例，尤其在西方教会大分裂（Schismas）
时期，教宗乌尔班六世（Urban VI.，正是他引起了这一大分裂）的继
任者、敌对教宗卜尼法斯九世（Bonifaz IX.，1389—1404）统治着教宗
国，因面对非常情况而不得不采取非常措施。[15] 结果，委托和授予全
权的契约就会有一些非常有趣的情形。

　　1391 年，鉴于教廷财政拮据，情况紧急（necessitas），教宗委托
两位全权代表巴托罗缪（Bartolomeus）和马里努斯（Marinus），让他
们按一定的价格出售一家修道院的城堡，或将它抵押出去，或以其他
方式进行处置，即便这样做有违庄重的法律（etiam iuris solemnitatibus
non servatis）。至于修道院及其院长是否同意，则在所不计。实际上，
这一授权违背了修道院及其院长的意愿，全然不顾其享有的经过正式

_____

[15]　[原注 15] 以下实例出自泰恩纳（Augustin Theiner）所编《教廷时下外交法典》
（*Codex Diplomaticus Dominii temporalis S. Sedis*），卷 III（1389—1792, Rom, 1862）。1364
年，威尼斯总督与达尔·威尔姆（Dal Verme）一道镇压了干地亚（Candia）的骚乱，
提及这次镇压行动之处，参见佩尔蒂莱（Pertile），《意大利法律史》（*Storia del diritto
italiano*），第 2 版，卷 II（Rom, 1897），第 407 页。另参见罗马宁（Romanin），《威尼
斯的成文史》（*Storia documentata di Venezia*），卷 III（Venezia, 1855），第 360 及 402 页，
其中论及 1426 年的监事（provveditori），他们都被授予了警察的职权。

确认的特权。[16] 教宗授予的这一全权具有非常的性质，它意味着，为了达成某一特定目标（筹措一笔款项），可在个别情况下临时取消既定权利，废止法律规章。

再举一个例子。1397 年，亨廷登伯爵约翰·霍兰德（Johannes Holand）受到另外一种完全不同的委任。他被任命为教廷军最高司令官（capitaneus generalis）。为了维护教会的尊严、正义、治安和公共福祉，他有全权做任何必要的事情——只要依照法律和惯例，他所行使的是掌旗官、代理人或司令官的分内职责，有权采取一切法律手段镇压叛乱分子。一切机关都必须听命于他，他按惯例对叛乱分子做出的一切判决均已得到事先批准，当事人不得上诉。[17] 在这里，出现了司法权的转移。

1398 年，元老马拉特斯塔（Andrea Malatesta）获得了范围更广的全权，被任命为罗马世俗事务代理官兼教廷军最高司令官（vicarius in temporalibus et capitaneus generalis Urbis），同时还被任命为改革官（Reformator）。为便于其履行职责（确立信仰的统一性、建立服从性、保障和平、树立服从的意愿），教宗授予他如下权限：

（1）治理、掌管、保护和重组城市（regimen, gubernacio, libera custodia ac refomacio），同时还有权将更低一级的全权委托

---

[16]　[原注16]"无论上述圣老楞佐（St. Laurentius）修道院或其他修道院的宗座宪令（constitutio apostolica）或既定的法律习俗，还是与经教宗确认过的誓约相抵触的特权或宗座书信，皆可违背之"（Quibuscumque Constitutionibus apostolicis aut statutis et consuetudinibus dicti sancti Laurentii et aliorum monasteriorum… nec non privilegiis seu litteris apostolicis contrariis juramento, confirmatione apostolica vel quacumque firmitate alia roboratis nequaquam obstantibus）；Theiner Ⅲ, n. Ⅻ, p.28；类似见 n. ⅩⅩⅩⅤ, p.88（同样，代理人为两位委派的红衣主教）。

[17]　[原注 17] Theiner Ⅲ, n. ⅩL, p.91.

给其他官员；

（2）有权任命元帅、公证人以及其他合适的官员（officiales），让他们遵照其指示判决民事和刑事案件；

（3）有权在元老的权限范围内保证城市的安定和安全；[18]

（4）有权按其自由裁量，采取即决程序裁定诉讼标的不超过罗马币150镑的民事案件（summarie et de plano ac sine strepitu et figura judicii prout tibi videbitur）；

（5）可任意施加或赦免肉刑，而无须考虑城市的现行法规；

（6）在审理个别案件时，如果相关的犯罪事实得到合法的确认，可通过即决程序决定刑罚，而无须顾忌城市的惯例和法规；

（7）有权逮捕和消灭一切妨害治安者和煽动仇恨者，恢复公共安宁，对妨害治安者采取强制措施，施以处罚；

（8）有权授予安全通行证；

（9）有权将某人驱逐出城，即便这样做有违城市法律；

（10）有权雇用带薪法官、公证人和公职人员。最后，元老马拉特斯塔还获得了一般授权，可以采取一切涉及具体事务的必要措施以革新和恢复公共秩序（eciam via facti exequendi）。

这种一般授权显然意味着一种恺撒式的全权，因为全权不止所列举的十项，紧接着还有另外几项。前述十项全权针对全体公民，接下来的几项则针对叛乱分子、罗马人民的敌人和入侵者（invasores）。特派专员可以依凭教宗的一般赦令传唤这些人，并且走"皇家大道"（via

---

[18]　[原注18] 作为元老，他拥有处置轻微违法行为的司法权；参见 Theiner III, n. LXXVIII, LXXXV。元老有时也被授予非常全权，按即决程序审理案件，加重刑罚，如此等等；参见 n. CXXXIX（p.205），理由非常有趣：如果注重城市法规和程序规章的"形式"（forma），就容易给犯罪分子以可乘之机，造成犯罪的"实质"（materia delinquendi），这样，许多犯罪行为就得不到惩处。此外，还可参见 CCXVI, p.281。

52   regia procedere）——通过皇家的手段来对抗他们，剥夺其人身自由
和私有财产，摧毁其防御工事，通过即决程序惩办他们，对他们采取
一切法律措施，最终达到镇压的目的。教宗要求所有官署及其属下在
与特派专员职责相关的事务上完全服从，同时还要求城市财政长官依
照与教宗的协议及城市法令向特派专员及其僚属不折不扣地支付全部
薪金。

　　最后，首长（capitano）及其僚属针对违法者和叛乱分子做出的
一切判决、采取的一切惩办和处罚措施，都将得到批准。特派专员既
被授予司法权和行政权，又受命采取各种仅仅涉及具体事务的措施，
而这些措施的法律前提在于，其所施加的对象是罗马人民的敌人，是
叛乱分子。

　　在这里，特派专员不被称为受托人，其原因大概首先在于，尽管
国家行政事务的转移是与司法权联系在一起的，但并非只要发生这种
转移，就一定构成委托。意大利城邦的长官（Podestà）和人民首席官
（Capitaneus populi）也不叫受托人。从来都只有上级权力才被委托，
而这种委托又立足于一个基本观念：专员是委托人的人格代表（vices
gerit），替委托人行事，倘若委托人身处此时此地，他自己也会那样
做。但是，那些按实际情况（via facti）而采取的具体措施，只要不是
司法执行手段的一部分，就不在可委托的范围内。教会法的实践家对
法律有着格外明确的区分意识，他们对这类区分自然了然于胸。

　　前面曾提到，马拉特斯塔采取了将全权予以平分的举措，就很能
说明问题。按实际情况针对敌人和被宣布为敌人的叛乱者采取的措
施属于部下的职责范围，需要具体问题具体处理。采取这类措施并
不涉及法律形式，如同死刑的具体执行不涉及法律形式一样，因为
死刑执行官不是专员。有鉴于此，就连军事长官本身，即雇佣兵队
长，也算不上专员。军事长官是一次作战行动的总指挥（Haupt, cao,
capitaneus），而就作战行动本身来看，其目的只是要取得一个具体的
战果，在这个过程中，军事长官的上级并没有动用自己的权力。军事

长官对其部下——雇佣兵——拥有指挥权，这种指挥权是通过自由契约而取得的。

同样，军事长官效命于君王，其对君王所负的义务也因自由契约而成立。军事长官对委托人及其代表表示了忠诚，许诺要服从他们。代表被称为专员，因为他们接受了上级权威的委托。专员给军事长官下达命令，对他行监察之责，检查武器装备和物资存储，尤其关注他是否履行了契约所规定的义务。专员负责与敌人谈判，在占领的领土上代表君王行使权力。当委托人或其专员命令雇佣兵队长（Condøttiere 或 capitaneus）执行一项作战任务时，他们必须绝对服从。在这种情况下，执行专员，而非雇佣兵队长，才是下达命令的专员。[19]

当然，军事指挥官本人也可能被任命为专员，这样一来，纯粹的

---

[19]　[原注19] 文中所描述的情况主要基于教宗马丁五世与军事长官塔塔利亚（Tartalia）于 1419 年签订的契约（Theiner III, n. CLXXII, p.245-249）。有必要将"雇佣军的军事长官"（Capitaneus einer condotta）与"罗马人民的军事长官"（capitanei populi Romani），如前面提及的马拉特斯塔或汉尼巴里斯（Theobaldus de Hannibalis），区别开来（Theiner III, n. LVIII, 1400），因为这两人还承担着维持治安的警察职责。不过，塔塔利亚也承担了这样的职责。他尤其要对拦路抢劫者采取行动，但契约同时规定，他自己不得抢劫，也不得允许他人抢劫。他还有权颁发安全通行证（契约也明确规定不得向叛乱者颁发安全通行证），但这是军事活动的一部分。有趣的是，派到塔塔利亚身边的专员必须有一定的级别（或者是红衣主教，或者是高级教士），这样，塔塔利亚就用不着对任何专员言听计从。

还应顺便一提的是，这一签订于 1419 年的契约并不将军队专员视作一种新制度。普鲁士的奥古斯特·威廉亲王（Prinz August Wihlelm）在《特派专署在勃兰登堡－普鲁士的发展》（*Die Entwicklung der Kommissariatsbehörden in Brandenburg-Preussen*，斯特拉斯堡大学博士论文，1908，第 24 页）中似乎忽略了意大利的这一发展情况。更多的例子，可参见 Theiner, n. CXXXVIII, p.205; CXL, p.206; CXLIII, CLXXXVII, p.258（税收改革）；CCXLVII（派到军事长官身边的监察专员，1431 年），尤其是在下面讨论的那个 1444 年的例子，Theiner III, n. CCCIII。

军事任务就与司法权和治理权结合起来了。[20] 不过，这一安排的基本出发点是将民事治理权与军事行动彼此分开，从而使军事指挥官无法插手一切真正的治理活动，唯有政府专员才能行使这一职权。[21] 姑举一例，1444 年，教宗尤金四世（Papst Eugen Ⅳ.）任命斯波莱托主教（Bischof von Spoleto）为专员，令其常驻安科纳边区军队。[22] 按委任书的说法，军队里应该有一个人来更好地抚慰下级官兵，负责处理与此相关的一切事务。鉴于由红衣主教充任的使节不能常驻军队，其办事机构一般设在边区，因而斯波莱托主教就被任命为特派专员，全权（plena facultas, arbitrium et potestas）行使如下职能：

（1）为教宗军队及其统帅出谋划策（consulendi），给他们下达指示（dirigendi），以维护教宗的地位；

（2）重新接收愿意回归教宗统治的城市，并设置接收的条件；

（3）指派各城堡的官员和守卫（constituendi et deputandi）；

（4）确保忠于教宗的地区始终忠贞不贰（servandi）；

（5）与敌人谈判，若有必要，准许对其免于惩处；

（6）在发生叛乱的地区布置驻防部队（castramentationis et obsidionis statuendi et firmandi），只要叛乱分子有求和的表示，并且其内部发生了分裂，就通过和平途径将他们争取过来；

（7）镇压拦路劫匪和叛乱分子，为此目的，主教可以采取他

---

[20]   [原注 20] 例如 Theiner Ⅲ, n. CXXIII, p.184 上有这方面的记载。Michael Cossa 于 1411 年担任教廷舰队的总指挥，被授予了争取叛党、与叛党进行谈判、赦免叛党的全权，从而能够更有效地执行任务（quae tibi comisimus）。另参见 CCXII, p.279; LIII, p.101, 102; CLXXX, p.254; CLXXXIX, p.261。

[21]   [德文版编者注] 施米特手稿中在此处分段。

[22]   [原注 21] Theiner Ⅲ, n. CCCIII, p.356-357.

认为合宜的任何手段，如依法惩处，依例惩处，令其悔罪、承
诺、让步（prout tuae discretioni videbitur）；

（8）保护当地和平居民，使其免于压迫和暴力侵害。

最后还有一个总的附加条款：为了捍卫教会的地位或尊荣，为了维持
广大臣民的安乐福祉，斯波莱托主教可以自己，也可以授权他人，采
取一切必要的行动。

　　教宗要求相关地区所有官员、军队专员（commissarii armorum）、
行政机关和臣民服从专员的命令，支持他，协助他；教省司库应向他
预支经费（provisio）；对叛乱分子施加的任何惩罚、采取的任何措施，
均已获得事先批准，无须另行上报。

　　除发号施令的民政专员外，这份文件还提及军队专员。军队专员
的职责是管理军队，替部队配给装备，置办武器弹药。这表明，"专
员"（Kommissar）一词已被经常用来表示一种比较特殊的职责了。军
队专员相当于先前负责巡查要塞和卫戍部队的供给官（provveditore），
早在弗里德里希二世（Friedrich II.）时代的 1239 年，这样的头衔就已
经出现了。[23] 但是，军队专员这个名称尚未取代司法专员和行政专员
之类的名称。并非每次采取非常措施都要委任一名特派专员。为维护
公共安宁和秩序，有时需要动用一些非常手段，比如取消特免权、豁
免权、特殊法律地位等，从而授予通常情况下主管一个教省的长官或
总督以更大的权力，但他并不因此就被称为专员。

　　事实上，这类基于管教法和惩治法而颁布的命令，其出发点是恢
复先前的秩序。另一方面，军队专员的权力经常仅限于如下事项：监
督军队统帅，检查士兵是否遵守纪律，与士兵进行协商。但是，这种
监察权很容易变成一种通过命令、必要时甚至通过惩罚来达成某种状

---

　　[23]　[原注 22] 佩尔蒂莱，同上书，II 1，第 419 页。1364 年的梵蒂冈执政官（同
上，第 50 页，注 15）是民政专员。

态的权力，而这种状态原本应该以监察的方式予以保证。[24] 此外，专员还被授予一些特殊的全权：只有他才可以同叛乱分子谈判，订立和约；他还拥有赦免权；如此等等。

颁给专员的授权书也采用了典型的措辞：服从专员就像服从教宗本人一样（pareant tamquam nobis）。从理论上说，通过专员来执行一项任务，并未产生一种新的法律状态，因为专员是其委托人的代表，只做了委托人交办的事情，倘若委托人亲自在场，他也会以同样的方式行事。对雇佣军队长而言，由专员行使的教宗的各项权利基于教宗与雇佣军队长之间的自由契约；对臣民而言，这些权利出自一种上级权力。在后一种情况下，专员有可能凭靠教会革新法（Reformationsrecht）以取消某些特权和既定权利。从与外部的关系来看，所有这一切仅仅表现为一种执政权，与其他具有同样性质的执政权相对峙。专员的职责一般是这样规定的：他有权采取一切必要的手段以达成一个特定目标。为了履行职责，专员可以采取多种多样的法律手段，而这些法律手段的依据在于，专员既可以将常规权力转移给他人，也可以将非常权力授予他人。

于是，就再度出现了不同类型的专员：公务专员，根据自己所受的特别委托处理常规权限范围内的事务；事务专员，被委以特殊职责，处理特殊事务；最后是行动专员，之所以授权于他，是因为有一项必须达成的目标，对授权范围可以做出大致的规定，办法就是将特定的全权列举出来，再加上一般性授权，即若有必要，专员可以斟酌具体情况，采取相应的行动。

56　　通过委托来实现的目标在内容上可能是多种多样的，这导致了上述几种委托类型的结合。例如，如果监察与正常公务活动密切相连，其在内容上只是伴随着作为监察对象的公务活动，监察专员同时就是

---

[24]　[原注 23] Theiner Ⅲ, CCXLⅡ (1431). 这里也有一个保留条件：总指挥拥有常规权力，其统帅权不应无故受到干预。

公务专员。但是，在个别情况下，监察也可以成为实现某一特定目标的手段，这样一来，按照前面的分类，监察就变成一桩事务了。不仅如此，监察最终还可能成为专员采取进一步积极的干预行动的出发点，因而从内容上看，监察就构成了行动专员职责的一部分。担负安全之责的专员也是这样，其职位可按同样的方式予以确定：在他们身上，常规权力、非常权力与涉及公共安全的职责结合了起来。例如，如果他们采取即决程序而做出的司法判决，只是为了给执行程序提供根据，他们就是执行专员，因而就是行动专员。外交使节不能称为专员。

　　从 15 世纪中叶开始，在意大利出现了常驻公使馆，而年代更为久远，早在 13 世纪，就已经出现了常驻各宫廷的外交特派员，但两者都不能称为专员。各国驻罗马教廷的外交官员通常被称为代表（procurator），[25] 这个称谓同样是从诉讼法领域借用过来的，与专员这个称谓一样，它也蕴含着一种远远超出司法诉讼活动的职责。不过，外交使节与专员的区别不容忽视。外交使节对外直接与另一个拥有统治权的实体打交道，但除了针对自己的随行人员（comites），他并不行使司法权（jurisdictio）。相反，从精确的意义上说，专员要行使委托人的主权，其所面对的是臣服于委托人主权的人。由于这个缘故，只要各等级拥有统治权，它们都会派出自己的专员。由于各种类型的专员也被通称为使节、议员、代表等等，这个原本清晰的概念就变得模糊起来。[26]

---

　　[25]　[原注 24] Heinrich Finke（劳克），*Acta argonensia*, Bd. I, Berlin/Leipzig, 1908, S. CXXIV.

　　[26]　[原注 25] 例如，在 1544 年关于帝国名册（Reichsmatrikel）的谈判中，查理五世的专员时而被称为大臣，时而被称为钦命顾问，时而被称为专员（参见 *Zeitschrift des historischen Vereins für Schwaben und Neuburg*, Bd. 23, S.115ff.）。

专员作为中央集权制度消除等级权利的工具
（1）执行专员：作为战争的执行

57   有时专员与国际法上的使节之间也会发生混淆。[27] 为了实现从等级制国家向君主集权制国家的彻底转变，最终只能依靠行动专员。行动所采取的法律形式很不一样。由于司法权是作为国家权威的本质内容而传承下来的，因而就需要首先考虑执行专员。除此之外，改革专员也非常重要，而在普鲁士，还有一个重要角色，就是军队专员。刚开始时，这个专员只是纯粹的事务专员，经过一段时间的正常发展，他逐渐变成了公务专员。鉴于原本目的单纯的活动（这里的主要目的是执行军务）常有一种扩展的倾向，驻军专员就去除了那些给他造成障碍的历史权利和状态。以下描述将仅限于德意志的历史。——

执行活动的法律依据是具有法律效力的司法判决。执行活动可以遵循相关的程序性规定，其效力自然也会因此而受到限制。所以，执行活动并非毫无限制地只讲目的，根据具体情况采取一切必要的手段来达成符合司法判决的结果。但是，执行人从来不可能只按法律形式来处置一切个案，以至于将实际的执行活动全部纳入形式的框架。例如，法院执行人没收所欠财物，狱吏关押案犯，行刑人执行死刑，诸如此类的活动就不能拘泥于形式。如果做出了宣布某人为敌的法律决议（参见本书第一章注释2），其意义就在于，旨在恢复法律秩序的行动所受的最重要的限制被取消了——也就是说，此时无须顾及逃犯的法律人格；法律决议给行动提供了最广阔的自由空间。极端的褫夺公权令同样意味着，被褫夺公权者完全不受法律保护，丧失了法律人

---

[27]   [原注26] 在施泰尔马克，有几份教会革新委员会的报告说，叛乱者先前虐待了邦君的专员，"尽管按照国际法，专员神圣不可侵犯"。报告刊印于 Londorp（伦德普），*Acta publica suppl.*, t. I (1664), Buch II, p.184。

格。[28] 执行活动只要是一项有效的行动，其在规模和强度上就要取决于具体事态，这意味着在上述事例中，首先要看逃犯的抵抗程度。

德意志帝国内部的执行，皇帝专员相对于军事指挥官的意义

如果被褫夺公权者与同样被褫夺了公权的朋党勾结起来，共同抵抗执行活动，那么，执行活动若继续下去，就很可能达到战争的规模。走到这一步，与执行活动相比，法律依据、诉讼、判决统统不过是鸡毛蒜皮的小事和空洞无谓的形式。诉讼已经不折不扣地演变成了战争。在需要处置犯罪行为（尤其是破坏治安的犯罪行为）时，鉴于这里遇到的是赤裸裸的不服从，执行官一职就会变得非常灵活，因为"对他的任命纯粹是为了执行剥夺公权的命令"。[29] 将被褫夺公权者的财产予以没收，正好可以冲抵执行费用。如果执行活动达到这种超常的规模，变成了军事行动，它就不再受其法律依据的约束了。在这种不得已的情况下，支配着执行活动的就不是法律上的考量，而是纯粹事务上和技术上的考量，只要能达到目的，可以采取一切必要的手段。但是，由于执行活动往往具有独立性，它就可以用来达到其他一些目的，而这些目的不同于执行活动的出发点，即合乎法律的执行。于是，执行活动就变成了扩大政治权力的合适手段，而执行专员也就开始充当邦君专制统治的工具，将废除各等级的特权纳入自己的职责

[28] ［原注27］珀奇（Joseph Poetsch），《中世纪尤其是近代的剥夺法律保护令》（*Die Reichsacht im Mittelalter und besorders in neueren Zeit*），见《德意志国家及法制史研究》（*Untersuchungen zur deutschen Staats- und Rechtsgeschichte*），祁克编，第105册（Breslau, 1911），第3页。

[29] ［原注28］珀奇，同上书，第206页。

范围。

在 17 世纪的德意志，华伦斯坦（Wallenstein）作为近代国家思想最重要、最坚定的代表人物，曾直言不讳地表达了这一程序的政治含义。他自称"从心底里"希望看到各等级制造事端，"因为这样一来，他们就失去了其所享有的全部特权"。[30] 专员只管自己分内的事，而不管其他。在对波希米亚叛乱分子的战争中，巴伐利亚公爵马克西米连（Herzog Maximilian von Bayern）曾担任过皇帝的专员。1620 年 11 月 17 日，他给下属专员发出指示说，如果各等级执意要求确认其特权，以曾经获颁皇帝敕令为由坚持自己的主张，或者不愿以其他方式表示对皇帝效忠，各下属专员"应该巧妙地暗示各等级，告诉他们此时此地绝不是固守自己已经得到确认的特权的时机。此外，控诉我们专员误解了各等级特权确认的重要性和迫切性，也是不恰当的"，各等级应当去找皇帝，"而不是来找我们这些在根本上与此事无关的下属专员"。[31]

59   皇家专员带着各种不同的任务参与司法诉讼。皇家最高法院通常并不直接质询证人，而是通过审判专员来传唤和质询证人。如果整个市镇涉嫌破坏治安或支持破坏治安者，他要听取市政会成员或嫌疑市民承诺自己无罪的誓言，两者都要达到各自人数的一半。[32] 皇帝有权在全帝国范围内颁布、递交、命人张贴委任状。他甚至有权在臣民的土地上通过其专员行使审判权，只不过所有这些活动都要依照法律和

---

[30]　[原注 29] 弗尔斯特（Förster），《华伦斯坦书信和公函集》（*Albrecht von Wallensteins Briefe und amtliche Schreiben*, Berlin, 1828），I, n. 179，第 332 页。

[31]　[原注 30] 参见对"委派至波西米亚各等级和城市的君主代理人"的指示（die Instruktion für die an die Behaimbische Ständt und Städt abgeordnete Fürstliche [原文如此，非 Kaiserliche(皇家专员)] commissarii），Prag, 17. Nov. 1620 im Bayr. Geh. Staatsarchiv, K. schw. 50/28, fol. 96（未刊）。

[32]　[原注 31] 珀奇，同前引，第 126 页；第 134 页，注释 3。

惯例进行。无论在什么地方，只要帝国的利益和安宁（imperii utilitas et tranquillitas）受到威胁，皇帝就要求独揽这一权力，而不仅仅限于他可以在一审中对邦君的臣民直接行使司法权的情形。

这些原则是由赖因金克提出的，但他区分了城市和邦君。在城市，出于公共利益的考虑而下达的委任状和皇帝敕令由皇帝的宣谕官负责宣布，而对邦君则是另一种做法，委任状和皇帝敕令是递交给他的，再由其属下官员予以公布。皇室专员不仅有权传讯直属臣民，而且有权传讯非直属臣民，让他们出庭作证；皇家最高法院的专员同样如此。不过，早在 17 世纪上半叶，各等级就已经对这种做法提出抗议了。这些专员之所以拥有例外权力，其法律根据同样在于，他们是皇帝的人格代表。就像在教会法中一样，如下条款始终有效：君主专员的地位高于普通行政长官，因为他替君主行使权力，是君主的人格代表（principis vice fungitur ejusque personam representat）。[33]

尤其就执行活动而言，它有一个前提条件：褫夺公权令是向帝国的某个等级依法宣布的。这个前提条件乃是整个司法程序的一部分。宣布褫夺某人公权的权力掌握在皇帝一人手中，而褫夺公权令要么在诉讼程序启动后颁布，要么已经发生了事实上的效力。特别是在遇到破坏治安的情况时，皇帝多半都会采取这种极端的办法。在我们关注的这个十分有趣的时期，这一程序主要是在 1555 年经过改良的皇家最高法院章程和执行章程中（撇开选举让步协议 [Wahlkapitulationen] 不谈）予以规定的。[34]

在诉讼过程中颁发的皇帝委任状通常由皇室专员（完全不同于以信使身份宣布皇帝敕令的宣谕官）递交和通知有关各方。众所周知，在帝国皇家最高法院，这个程序所需的时间超乎寻常。而且即便有了

60

---

[33]　[原注 32] *Tractatus de regimine*（《论统治》），1. I, cl. V, cap. 7.

[34]　[原注 33] 参见林尼希（Johann Christian Lünig），《神圣罗马帝国军事法大全》（*Corpus iuris militaris des heiligen römischen Reiches*, Leipzig, 1723），I，第 52—58 页。

判决，在执行过程中，当事人仍可以上诉。[35]

褫夺公权令（自 13 世纪末以来）本身早已"失去了震慑力"。[36]
皇帝往往出于"天生的宽厚和仁慈"——其颁发的委任状上常有这样
的词句，不断发出暂缓执行令。因此，皇室专员的主要职责就是谈
判，尤其在遇到重大政治问题和有影响力的当事各方时，更是如此。
通常要经过很长一段时间，这些事务专员才被行动专员所替换。格鲁
巴赫争端（Grumbachischen Händel）以及 17 世纪的无数争端提供了
特别有趣的例子，从中可以看到专员活动的具体情形。[37]

----

[35]　[原注 34]奥登堡伯爵（Graf zu Oldenburg）曾与科尼普豪森领主（Herr
von Kniphausen）打过一场官司。在这个案件中，皇帝于 1623 年向克里斯蒂安四世
（Christian IV.）颁发了执行委任状（commissio ad exequendum）。帝国皇家最高法院曾
于 1592 年判决科尼普豪森领主退还一块领地，科尼普豪森领主提出上诉，鲁道夫皇帝
下达了暂缓执行令（Inhabation der Exekution）。被褫夺了公权的曼斯费尔德开始蹂躏这
块土地；与此同时存在一种危险：曼斯费尔德有可能将这块土地送给外国统治者，从
而使它从帝国版图中彻底消失。直到这时，皇帝才向克里斯蒂安四世颁发委任状（关
于这个执行委任状的"简报"，参见雷根斯堡帝国议会档案，1654，t. VII es Bayr. Geh.
Staatsarchivs, fol. 37ff.）。

[36]　[原注35]艾希曼（ED. Eichmann），《中世纪帝国法律中的褫夺公权令》（Acht
und Bann im Reichsrecht des Mittelalters, Schriften der Görresgesellschaft, Sektion für
Rechts-und Sozialwissenschaft, Heft 6, Paderborn, 1909），第 145 页。

[37]　[原注 36]1563 年 10 月 13 日斐迪南一世（Ferdinand I.）颁发的褫夺公权执
行委任状，刊印于奥特洛夫（Friedrich Ortloff），《格鲁巴赫争端全史》（Geschichte der
Grumbachischen Händel），卷 I（Jena, 1868），第 537 页。这项褫夺公权令被视为已具有
事实上的效力。在下达了好几道刑事命令后，它才在 1566 年予以执行。当时已颁发了
新委任状，其中褫夺公权令所针对的对象扩展到了格伦巴赫的追随者。萨克森选帝侯作
为上萨克森地区的最高长官，负责执行这项命令（参见奥特洛夫书，III [Jena, 1869]，第
349 页）。专员、宣谕官和号兵同时出现的例子，参见奥特洛夫书，III，第 110 页。

　　皇室专员共同参与的例子，参见奥特洛夫书，III，第 220、340 页（萨克森选帝侯
致函皇帝说，被要求执行褫夺公权令的地区做的事情太少了。他说，人们应该知道，
皇帝让专员将两千匹马送至哥达，或用于执行该项命令；"为了激起更多的（转下页）

不伦瑞克市政当局曾与不伦瑞克兼吕内堡公爵海因里希·朱利乌 61
斯（Heirich Julius）发生过一起争端，根据 1604 年 11 月 12 日的皇帝
敕令，这一争端被交由帝国皇家最高法院审理，皇室专员于 1609 年
3 月向双方递送了皇帝的传唤令（mandatum avocatorium），要求双方
放下武器，解散雇佣军。其后，双方在皇室专员的主持下举行了一系
列谈判，达成一项书面协议，市政当局据此同意放下武器。尽管如
此，市政当局还是怂恿仆役进攻公爵，在他的庄园大肆抢劫。于是，
皇帝派出几位枢密官充任皇室专员，由他们向市政当局再次提出放下
武器的要求，同时发出了最后通牒——在这份最后通牒中，皇帝有条
件地下达了褫夺公权令。虽然诉讼还在进行中，结果仍悬而未决，但
皇帝自认为有权采取这样的"干预措施"，因为他"是拥有统治权的
罗马皇帝，任何法院的未结讼案都不能妨碍他维持帝国的公共安宁与
和平"。[38]

（接上页）敬畏感"，又特别派出自己的专员，并再次更新了委任状——所有这一切都
关系到皇帝的权威和尊严）。选帝侯是执行部队的指挥官，皇室专员被派到他那里，
有权采取"一切必要手段以实现国家安定"，有权要求当地提供帮助，如此等等。约
翰·弗里德里希公爵被褫夺公权后，所属的地区和臣民就不再服从他了。

按理说，这个解除服从义务的过程必须在皇室专员的主持下才能完成，但实际
上，只来了一个信使递送皇帝的信函。刚开始时，该地区要求皇室专员到场，但经过
几次谈判后，这个要求就被放弃了，因为人们感到，选帝侯作为最高指挥官根据皇帝
的敕令解除臣民对原领主的服从义务，将该地区移交给新领主，这就足够了（参见奥
特洛夫书，III，第 368 页）。格鲁巴赫被俘后接受了审讯，相关笔录和最后的判决都首
先由皇室专员签字，再由约翰·威廉公爵的下属军官和顾问签字。朗盖的《历史记述》
（Historica descriptio）描述了 1567 年对格鲁巴赫采取的执行措施，也提到了皇室使节
或专员（legati seu commisarii）。

[38]　[原注37] Londorp, Suppl., 1655, I, S.346. 皇室专员还向不伦瑞克市政当局的支
持者递交了警告令（mandatum monitorium），参见第 350 页。专员的委任状上写得很清
楚：专员受托行使权力，执行命令，因而应该受到尊重和服从。在这里，褫夺公权令也
被认为已发生了事实上的效力，只不过皇帝由于天生宽厚仁慈，暂缓执行而已。

　　皇室专员严格遵循其所接受的指示。各等级有可能提出异议，皇帝即便在其权力处于巅峰时也不得不有所顾忌，因而皇室专员的作用就不断受到妨碍，得不到充分发挥。[39] 即便皇室专员在执行过程中表现得十分积极，他们也不过是事务专员。无论就法律而言，还是就事实而言，他们都不拥有采取直接行动的一切手段。按照执行规章，镇压叛乱和执行帝国的褫夺公权令属于各地区、各等级的职责范围。因此，受命于皇帝的皇室专员并不直接采取军事行动。皇帝必须将执行权授予发布叛乱通告的地区邦君，发动叛乱的等级属于哪个地区，就由哪个地区的邦君实施镇压。尽管军事行动的指挥官也接受了委托，但他是完全独立的，只遵循执行规章，而按照执行规章，他可以采取自己的策略，考虑敌人的具体情况，维护自己的等级利益。照此看来，他恰恰缺乏那种将专员变成有用工具的品质。执行规章智慧地凸显了一项古老的原则：若无强大的执行力，司法权就形同虚设。但与此同时，皇权能否扩大，要取决于执行情况，因而就需要首先考虑给各等级提供各种保障。如果皇室专员成功地推动有关地区和等级采取了行动，他就继续留在军队里，但负责执行的邦君，即指挥官，并没有失去对军队的"指挥权"，军事行动仍由他来统率。

　　后来华伦斯坦为皇帝组建了一支自己的军队。到这时，皇帝在帝国境内的主权才有了正式的根基，因为这支军队可以直接执行帝国的褫夺公权令。各等级认识到这种危险，并且懂得如何消除它。针对这种情况，皇帝凭借一项执行令在自己的故土波希米亚和奥地利行使了

---

　　[39]　[原注38] 1629年，皇帝指示施瓦本地区的执行专员要特别注意，各等级请求不要"仓促地推进各种执行程序"；专员应遵循自己所接受的指示，而且，在一个地方，如果有许多人不知道教堂和修道院是按《帕骚条约》(Passauer Vertrag) 予以没收的，专员"不应以唯务执行的方式做事"(nicht ab executione anfahen)，而应听取各方意见，禀告皇帝，请求下一步指示，切不可贸然做出任何决定，免得有人抱怨专员未充分听取他的意见 (Londorp, *Suppl.* III, S.124)。

62

绝对权力。但即便在这里，皇帝所支配的军事手段也是由帝国各等级
提供的。波希米亚发生叛乱期间，萨克森选帝侯和巴伐利亚公爵马克
西米连被任命为皇室执行专员。他们所接受的委任就是很好的例子，
不仅说明了邦君与发起叛乱的各等级之间的法律关系，也说明了皇帝
与执行专员之间的法律关系。[40]

巴伐利亚公爵马克西米连作为执行专员处理
波希米亚叛军

执行活动的第一个前提——宣布褫夺某人公权——在法律上引起
了大量讨论，因为皇帝未经其他选帝侯的同意即剥夺了普法尔茨选帝
侯弗里德里希的公权，这一权力尤其遭到质疑。根据 1619 年 8 月 28
日订立的选举让步协议第 26 条和第 39 条，皇帝在决定"重大事项"
时必须征求选帝侯的意见。最重要的是，皇帝不得"未经审讯"，未
经正常诉讼程序，就宣布褫夺某个帝国等级的公权。根据 1555 年颁
布的执行规章，褫夺公权令须有正当理由，否则不得对帝国等级采取
执行措施。但是，就普法尔茨伯爵一案而言，既没有人传讯他，也没
有人听取他的陈述。皇帝一方提出的理由是，普法尔茨伯爵接受波希
米亚王位，破坏了帝国的安定，这一行为已是人尽皆知，他在事实

63

---

[40] [原注39] 以下是巴伐利亚国家秘密档案馆的有关文献，内容涉及"巴伐利亚
王国发生的叛乱，为平息叛乱，皇帝陛下授予巴伐利亚公爵马克西米连阁下以委托权，
命其予以执行"，1618—1621（K. schw. 50/28）。以及档案馆其他一些尚未刊印的文献
（除 1619 年 10 月 8 日的保证书外，该保证书刊印于沃尔夫－布赖尔 [Wolf-Breyer]，《马
克西米连纪事》[Geschichte Maximilians]，I，卷 IV，Nr. X）。档案顾问 Riedner 博士和国
家档案管理员 Deml 先生在我查阅档案期间曾给我友好而热心的帮助，在此致以由衷
的感谢。

上已被剥夺公权；选帝侯在帝国境内外公开发布文告，声明褫夺公权令无效，其中完全没有提到罗马帝国，而仅仅把皇帝称为奥地利大公爵。[41]

按照委任书的授权，执行专员应首先敦促不服从者和叛乱分子服从，若遭到拒绝，则采取"一切严厉的强制手段迫使不服从者服从"，"从而保护、卫护、庇护忠于皇帝的臣民"。委任书授权执行专员制服叛邦，同时也授权他代表授权者接受叛邦内各等级和城市的效忠。乱邦的臣民和居民必须坚决服从皇室专员以皇帝名义下达的一切命令——哪怕只是暗示性的。或许有人会找借口说"自己必须履行其他的承诺或义务（不管是什么名目）"，为了杜绝这种情况的发生，委任书上特意标明，所有类似的"义务已经一笔勾销，有关的人只对皇帝履行义务，先前的其他义务一概豁免"，如果他们表示服从，其尊严、特权、权利将获得保障，其本人将得到公正的对待。

64　　执行专员采取先礼后兵的策略，如果乱邦各色人等拒不服从，这才开始执行其所受之命。在占领布拉格后，如果各等级尚未表示效忠，执行专员则派出自己的下属专员（他们既被称为专员，又被称为代表）去接受各等级的效忠。这些下属专员领取一份表格，上有宣誓格式，与波希米亚各城市对布拉格的宣誓相一致。此外，执行专员还将皇帝委任书的副本发给他们，命其转交给各等级，或至少向各等级直接宣读，若有哪个等级拒不服从，他们须采取一切必要的强制手段令其就范。在一切地方，尤其在边境地区，若有必要，专员可拉来一支卫戍部队（二三十人以上），对服从者实施保护。所有这一切都要向执行专员详细汇报。

尽管这种针对"邦国"的行动"具有专政的性质"，但执行专员

---

[41]　[原注40] 巴伐利亚国家秘密档案馆藏有约赫尔（Wilhelm Jocher）博士的一份关于 1620 年 9 月 26 日褫夺选帝侯公权令的详细鉴定报告（K. schw. 309/12），里面描述了褫夺公权的程序、执行程序、文告等。

与其授权者皇帝之间的内在关系却不太符合博丹对代理人的理解。公爵并非从属官员，他支出了"作战费用"，自然要求获得补偿，他希望皇帝做出承诺，用皇家财物作为抵押和担保；在奥地利各省，凡是他从敌人手中夺取的地方，连同当地的一切收益、司法权、一般权利及其附属物（emolumentis, jurisdictionibus, juribus et perinentiis），都作为抵押由他代管，直至他付出的全部费用得到补偿。条件是公爵必须代表这些省份承认皇帝本人的司法权。

另外，如果其他财物充足的话，皇家盐矿和关卡（salinae fodinae et telonia）不宜用作抵押。斐迪南二世曾与巴伐利亚公爵马克西米连签订一份关于"义务与约束"（Obligation und Verbindnuß）的委托书，涉及"征讨帝国境内波希米亚新教徒叛乱分子"的军事行动，其中就有这方面的详细规定。这份委托书非常有名，经常引起人们的讨论。在这份文件中，最重要的是执行专员给自己明确保留了如下权力：凡是涉及军事行动的事项，都无条件地由他自己做主；他可以根据具体情况、时机和形势（pro rerum, temporum et circumstantiarum qualitate）采取行动，只要他认为这样做有助于达成目标，同时又碰上了有利的时机和形势（occasio et circumstantia）。

巴伐利亚公爵，即保证书中的执行专员，对军事行动拥有"充分的、不受限制的绝对指挥权"（plenarium, absolutum et liberum Directorium），无论是皇帝本人，还是其他皇室成员，都不得以任何方式、在任何地方妨碍或容许他人妨碍公爵的行动。普法尔茨伯爵弗里德里希战败后被褫夺公权，失去了选帝侯的荣衔，皇帝想把这个重归他处置的荣衔授予公爵。除此以外，同样凭着绝对皇权，皇帝还想把几个地区赐给公爵，这些地区"经判决（per sententiam），已不再归普法尔茨伯爵所有，而被交由皇帝处置"。于是，就在委托书初稿的页边空白处插入了几个词："und jure belli justissimi eroberten"（凭着绝对正义的战争权而征服的）。这几个词属事后增补，加在"per sententiam"（经判决）之前。[42]

1619 年的重要协议特别清楚地表明，在涉及行动的决定性环节时，皇帝不再直接下达命令。军队在执行帝国军务时，并不需要皇帝亲自担任统帅，这在当时已不言自明。在解决"格鲁巴赫争端"的过程中，指挥军事行动的萨克森选帝侯通常只被称作统帅，因而就与皇室专员有了区别。萨克森选帝侯曾将各等级"移交给"新邦君，而在一般情况下，这种事情总是交给专员来办理的。只有这一次，他算是行使了专员的职权，却并未取得专员的头衔。[43] 巴伐利亚的马克西米连公爵在波希米亚战役中拥有皇室专员的身份，主要原因就在于，他以皇帝的名义接受或委托其下属专员接受被征服的各等级和城市的效忠。

三十年战争中，出现了不少专门接受效忠的专员。这种类型的专员没有被授予通过征服手段强使效忠的全权，因而是典型的事务专员。最高军事指挥权（Direktorium）与政治权力有了极其明确的区分。在同盟内部的几次协商中，马克西米连公爵强调说，虽然身为军事统帅、同盟总司令、同盟军最高军事长官，但很显然，他并不因此就享有高于其他等级的地位和主权，也不因此就享有任何新的权利。[44]

这也证明了如下观点：军事行动，包括军事指挥在内，都是就事

---

[42]　[原注 41] 巴伐利亚秘密国家档案馆文件，K. schw. 389/1, fol. 32。

[43]　[原注 42] 参见本章注释 36—38。

[44]　[原注 43] 马克西米连在 1610 年给他的使节下达的指示中就有这样的说法。当时，他派使节去与教宗使节和西班牙公使磋商。参见沃尔夫，《马克西米连纪事》，卷 III（1807），第 570 页。使节应声明，同盟总司令被称为 capo della lega（同盟首领），这仅仅意味着，在需要采取军事行动时，只有他有权指挥各等级联军，但他不能对各等级本身发号施令。使节还应声明，若遇紧急情况，同盟总司令可以按自己的考虑召集同盟内各等级，或仅仅召集其助手；但他并不享有高于各等级的地位，因为在一切同盟中都必须有一个首领，但这个首领不一定是各成员的上级。

论事的具体行动。就其本身而言，军事统帅并不行使主权，当然也就 66
不是什么专员，因为他的受权范围仅限于对自己的士兵行使军事裁判
权，除此以外，他并无对外的权威——不管是针对臣民，还是针对外
国政府。只要考虑到雇佣军的法律地位，就必然得出这样一个观点。
统率一个团的上校为邦君效力，因为他受雇于邦君。专员则代表着邦
国权威，他被派到上校身边，对他进行监督，此后还要对外伸张邦国
权威。如果军队统帅同时又是专员（例如，在针对波西米亚的执行授
权中即是这样），这两种不同的职能也肯定是可以彼此分开的。由此
导致的结果是，军事统帅本身不再被称为专员——尽管军事行动正是
行动授权（Aktionskommission）的典型内容。

　　不过，在德意志，直到 17 世纪，军事指挥权与治权（即国
家权威的行使）才得以明确分开。1508 年，皇帝马克西米连一世
（Maximilian I.）曾颁布过一个军人条例（Artikelsbrief），该条例要求
士兵宣誓："他们将视尊贵的邦君为最高专员和统帅，服从和效命于
他，就像服从和效命于皇帝陛下一样。"[45] 这个条例虽然区分了战事邦
君（Kriegsfürsten）和战事官员（Kriegsbeamten），却始终将邦君称作
专员，没有将专员与军事统帅分开。在各种委任状中，总司令一职也
明显具有专员的性质，这一点可见于一个不断重复的表述：凡是总司
令下达的命令均属有效，如同皇帝亲自下达的命令一样。

　　例如，1628 年 4 月 21 日颁发给华伦斯坦的委任状便是如此。关
于这个委任状，我们之后还会做更详细的讨论。但是，就雇佣军的情
况来看，对士兵行使的权威不同于对一般下属人员行使的权威。出于
这个缘故，专员这个头衔后来更多地被用在有别于军事统帅的各类官
员身上，其受权范围主要涵盖军队的管理、给养、粮食供应、装备配
备、士兵体检等——诸如此类的职责完全不同于军事指挥权。士兵宣

[45]　[原注 44] 参见林尼希，《神圣罗马帝国军事法大全》，I，第 3 页。

誓服从邦君，服从受命出兵的将军、上校、指挥官等。除此之外，有些军人条例还提到，士兵在专员的受权范围内必须尊重他，服从他。这样的专员被视为军队管理专员，而非军事统帅。[46]

（2）德国军事专员发展为普通官员的过程

67　　　　驻军专员要么是政府的监察官，要么就承担真正意义上的军队管理职责。前一类驻军专员担负着政治任务，向军队统帅传达指示，与敌人谈判，从政治上控制将军，如此等等。不过在绝大多数情况下，专员这一头衔都用来指称后一类专员。获得此种授权的邦君专员最初只是事务专员，随着军队管理工作的不断拓展，他们逐渐变成了公务专员。到了 17 世纪末，每个地方都已建立一个由专员、高级专员和中央专署构成的系统组织。[47]

---

[46]　[原注 45] 马克西米连二世（Maximilian Ⅱ.）于 1570 年颁布的《骑兵委任状》（Reuterbestallung）尚未提到这种专员（见林尼希书，Ⅰ，第 126 页）。提到这种专员的文献有：1642 年斐迪南三世颁布的军人条例（1665 年修订），第 15 条，见林尼希书，Ⅰ，第 824 页；1658 年颁布的军人条例，第 11 条，见林尼希书，Ⅰ，第 671 页；1688 年颁布的汉堡军人条例，见林尼希书，Ⅱ，第 1243 页；1692 年颁布的吕贝克军人条例，见林尼希书，Ⅰ，第 1249 页；1717 年颁布的巴伐利亚军人条例，见林尼希书，Ⅱ，第 788 页。根据 1672 年颁布的巴伐利亚军人条例，士兵与专员不发生直接关系；1700 年颁布的萨克森军人条例也没怎么提到专员（林尼希书，Ⅱ，第 816 页）。相反，美因茨选帝侯领地军人条例（第 58 条，林尼希书，Ⅱ，第 750 页）要求士兵尊重和服从专员，但不要求进行入伍宣誓。1697 年和 1711 年的皇家军队誓言同样如此，参见林尼希书，Ⅱ，第 707、721、726、729 页。

[47]　[原注 46]（1）专员对体格检查、作战人员、马匹、装备存量的监控，见马克西米连二世于 1570 年颁布的《骑兵委任状》第 2、10、13、34、38 条。华伦斯坦的军队在第二个将军任期内是按如下方式组织的："总部"（军队作战与管理中心）分成两个部门，一个是作战部（负责组织军事行动，将各团分配给各上校），另一个是专（转下页）

（接上页）员总署（负责提供军队的给养，满足其各种需要）。奥地利世袭领地的每个省都设有一个邦作战专署，波希米亚也设有一个最高专署。这些专署与承担战争费用的邦内各等级协商如何筹办作战所需物资。战事专员还负责监督帝国下达的分摊额的落实情况。

华伦斯坦的专员总署署长、皇室枢密顾问、Michner-Weitzenhof 伯爵保罗同时又是波希米亚战事总专员，也被称为总军需官和拨款专员。最高专署负责三个炮兵指挥部（炮兵司令部）与总部的联系。参见杜迪克（B. Dudik），《1630 年 8 月 13 日至 1632 年 4 月 13 日华伦斯坦从被解除职务到再次接管军队最高指挥权》（Wallenstein von seiner Enthebung bis zur abermaligen Übernahme des Armee-Ober-Commandos vom 13. August 1630 bis 13. April 1632, Wien, 1858），第 185 及 186 页。另见勒韦（Victor Löwe），《华伦斯坦军队的组织和管理》（*Die Organisation und Verwaltung der Wallensteinischen Heere*, Freiburg i. B., 1895），第 32 页："一种明确的、稳定的专署组织尚不存在。"

（2）驻梯利（Tilly）军队的专员从属于总专员和受命于专员总署的专员。他们如听到异议，发现了不好的问题，必须告知将军和邦君。驻梯利军队、负责士兵体检的巴伐利亚专员以及下级专员都接受了明确指示，参见林尼希书，II，第 771 页。

（3）刚开始时，勃兰登堡邦专员与军队其他管理部门的专员并无本质区别。1630 年成立了参谋部，这是一个官方机构，由若干邦君顾问组成，负责"军事出征"事宜。参谋部不仅为驻扎于该邦的皇家部队，而且为勃兰登堡军队筹措军饷，解决部队的宿营和通行问题，与华伦斯坦的专员进行商议。常备军建立后，专员就成了常任公务专员，军队管理开始有了组织化、集中化的形态。邦君专员与邦国专员展开斗争，后者由纳税的各等级任命，以维护他们的经济利益，邦君专制主义依靠专员大获全胜。有关情况已由布赖西希（Breysig，《勃兰登堡和普鲁士史》[*Forschungen zur brandenburgischen und preußischen Geschichte*]，卷 V，Leipzig，1892，第 135 及以下诸页；另参见施莫勒 [Schmoller]，《1640—1740 年普鲁士军队的产生》["Die Entstehung des preußischen Heeres"]，Deutsche Rundschau III, 1878，第 261 页；《官方组织》["Behördenorganisationen"]，《普鲁士档案》[Acta Borussica]，卷 I，第 95 页）和普鲁士的奥古斯特·威廉亲王（《勃兰登堡–普鲁士专员署的发展》[Die Entwicklung der Kommissariatsbehörden in Brandenburg-Preußen]，斯特拉斯堡大学博士论文，1908）做了描述。

相较于其他邦国的专员总部，勃兰登堡专员总署有其特别的职责范围：一般性税收和财政管理服务于军事目的，与军队管理联系在一起。1648 年设立了一个名为"战事厅"（Kriegskammer）的合议机关，内设专人负责税收事务。同年，还在克利夫（Cleve）设立了一个具有合议性质的邦君专署。这些机构在邦国的不同地区很不（转下页）

———————————

（接上页）一样。在没有设立省级专署的地方，就派特别代表到那里（例如库尔马克 [Kurmark] 就是如此），他们面对各等级，在税收事务上代表选帝侯的利益，而库尔马克的军事专署事务则由中央专署代为处理（布赖西希，第 144 页）。在专署管理方面，真正的成就是形成了一个有序的现金和预算管理系统。1674 年设立了战事总金库（据布赖西希，第 149 页；另据伊萨克松 [Isaaksohn]，《普鲁士公务员阶层的历史》[*Geschichte des preußischen Beamtentums*]，II，1878，第 184 页，总金库的设立年代为 1676 年）。

原来那个单纯的战事机构现在发展成一个财务机构，这一变化可明显地见于丹克尔曼（Danckelmann）于 1688 年 5 月 1 日接受的指示。该指示不同于先前那些仍具有单纯军事性质的指示（载于 Acta Borussica, I, n. 60, S.181），它包含如下内容：丹克尔曼首先要确保按月将军费（Assignationen）准确地拨发给各团；各级接收者必须准确地支付款项，不得贪污；必须遵守有关宿营的规章，不得骚扰宿营的士兵；对守规矩的纳税人不采取不必要的强制措施；服役士兵要接受体检，体检工作要妥当地进行；每个专员都要服从这一指示；不得贪污；行军过程中不打扰穷人，从他们那里获取的一切东西都用现金支付，不得强取豪夺。以上涉及的主要还是通常的军队管理事务。

除此以外，还应尽力修订土地清册，必要时应编制土地清册。地区征税员的年度账目也应指定特别专员去接收；对各个城市的烟酒特别消费税要进行监控，特别留意欺骗行为，征税员、巡视员和关卡登记员要由税务专员予以监督，在各个城市都必须检查所有的账目，如此等等。这样，这个官方机构的权力就扩大了，原来以军队管理为中心任务，现在又加上税收管理。就军队内部事务而言，专署与军队统帅（即军队管理与军队指挥）之间的界限不是十分清楚。在普拉滕（Platen，死于 1669 年）担任专员期间，冲突频频发生，而普拉滕名义上是军队统帅、炮兵总指挥施帕尔（Sparr）的下级。按照丹克尔曼所接受的指示，他必须动用一切必要手段以保存军队，维护邦国安全，使部队和装备保持良好状态；根据战争原因指挥和组织所需采取的军事行动。总之，正如布赖西希所言，他"同时身兼数职：总参谋长、国防大臣和财政大臣"。

不过，部队指挥官和军事管理机关隶属于陆军元帅（迈耶－库尔比耶 [Meyer-Courbière]，《军事管理》[*Militärverwaltung*]，Berlin, 1908，第 9 页）。丹克尔曼死于 1709 年，到这时，勃兰登堡－普鲁士战事专员总署已成为一个建制齐全的固定职能机关（officium formatum）："官员人数充足，素质良好，钱库管理井井有条，出纳人员诚实可靠；各省设置了更大范围的分支专署。"（参见布赖西希书，第 155 页；奥古斯特·威廉亲王书，第 35 页）1712 年 3 月 7 日颁布的《专员总署全体委员会条例》（Act. Bor. I, S.184）规定，由于"军事装备"的加强，专员总署的日常事务已变得更加 （转下页）

　　这样，"有组织的"官方机构就取代了根据具体情况临时派出的
事务专员。军队专员是体检专员、拨款专员、军需专员或供给专员，　　68
在三十年战争期间，他们还经常要受上校的牵制。即便如此，整个战　　69
争期间，他们作为政府官员（即效力于邦君的官员）已经在一定程度
上独立于军事统帅了，从梯利军队的驻军专员所接受的指示来看，他　　70
们甚至拥有了监察权。有时候，一支外国军队在某邦过境时，该邦必
须为它提供后勤保障。遇到这种情况，也需要通过专员来处理相关事
宜。他们有的由邦君任命，有的由邦国各等级任命，其职责就是为外
国军队供应物资，同时保护本邦臣民不受过境士兵的骚扰。

　　驻军专员则完全不同于这种类型的专员，其职责大体上包括如下
几个方面：检查由上校按协议提供的雇佣军的人员储备，尤其是雇佣

（接上页）广泛和繁重，有鉴于此，专员总署现应保持委员会的形式。委员会给各主
管官员颁授委任状，任用固定的文职人员，制定议事规程，等等。为了防止与其他委
员会发生冲突，日常事务应"保持在我们为其预定的范围内"；"每个委员会的权力和
裁判权的限度"应通过特殊法令予以确定。1713 年 4 月 25 日颁布的章程（Act. Bor. I,
S.515）确立了进一步的原则，以防止各司法委员会与各专署之间发生冲突。这样就避
免了双方的冲突朝着无休止的方向发展下去。当然，国王经常通过颁布命令直接干
预管理事务，要求有关人员直接向他汇报，动用君权以内阁命令的形式撤销财政、战
事和领地管理总部的裁决，以维护公共福祉（有关实例，参见 Acta Bor. VIII, S.78-79,
1748）。

　　（4）与这类邦君专员相反，后来驻帝国军队的作战顾问企图对军事统帅实施监督，
恰恰是为了各等级的利益。按照 1664 年的一项指示（林尼希书，I，第 92 及 93 页），
作战顾问须履行如下职责：代帝国驻匈牙利军队与皇帝磋商，确保帝国各等级的特权不
受侵害，要求帝国元帅遵从皇帝的命令。简言之，他们应该做一切符合帝国利益的事
情。1720 年查理六世曾给驻扎在匈牙利的民兵颁发过规章和训令，从中可以极其清楚
地看到对各等级的这种由来已久的照顾。凡是遇到与宿营、行军路线、后方基地有关
的一切细节问题，军事统帅都要征询高级专员和战事专员的意见，而高级专员和战事
专员又要遵从皇家战事专员总署的精确指示。军队不能直接要求任何东西；它必须先向
专员提出请求，再由专员与邦国官厅协商。关于这一点，下文还将做进一步的讨论。

军的人数和素质；对部队纪律、官兵关系和处罚措施进行一般性监察；巡查部队宿营地，监督膳食官、辎重队及随军杂役；对士兵反复进行体检，不仅在雇用一个团时要对士兵进行体检，其他时候也要做这项工作；对士兵进行准确登记，查明哪些士兵正在患病或休假，对其进行监控。只要专员负有监督军队之责，他就可以随时采用如下监督手段：给军队统帅提建议，对他进行指点，但要十分慎重——梯利军队的驻军专员接到的指示中即有这一条；向上级专署和邦君汇报情况；申斥膳食官、供给官和军需官；必要时扣发军饷，以补偿所造成的损害。军饷由专员转交给部队的发薪单位。资金筹措、膳食供应和部队安置属于供给专员和军需专员的职责范围，而这类专员一般都隶属于一个特定的行政机构。

71　　　　通过这一系列活动，供给专员和军需专员便与部队需要经过或驻扎的邦国不断发生联系，也就是说，他们与这个邦国的邦君行政机关或等级行政机关及其专员不断发生联系。他们与负责军队后勤保障的邦国官厅或专员协商，分派需要执行的任务——邦国有关机构再将任务分派下去，选定宿营地，确定行军路线，如此等等。至于军事统帅在其军事行动中是否接受专署的监督和影响，抑或是否有办法利用专员充当纯粹的作战工具，那要取决于军事统帅的个人能量，具体情况各有不同。华伦斯坦曾轻蔑地将梯利称为巴伐利亚专员的奴仆(Sclavo)。无疑，他本人不受宫廷财务局的约束，因为在涉及军队给养的问题上，宫廷财务局并不给他直接做出规定。不过，（至少在华伦斯坦第一个将军任期内）如果他手下的士兵做事太过分，比如抢劫运粮车，宫廷财务局就会吁请皇帝通过宫廷军事委员会对他提出"郑重警告"，要他严明纪律。[48] 个别专员经常遭到士兵的恶劣对待，对此，1717 年颁布的军人条例专门做出规定，明确禁止士兵以轻慢的态

---

[48]　[原注 47] 哈尔维希（Hallwich），《华伦斯坦传》(*Geschichte Wallensteins*)，III, Nr. 139，第 133 页；Nr. 140，第 135 页（1626）。

度甚或"通过直接的行动"冒犯专员。[49]

帝国战争款项的筹措、对军费分摊额的监督，同样属于战事专员的职责范围。在皇帝的世袭领地，专员作为邦君的代表对邦国行政机关拥有很大的权威，远远超过皇室专员在帝国境内拥有的权威。但是，即便在这些世袭领地，也需要与该"邦"进行协商。专员所征收的税款只能是邦国根据法律和惯例，或经邦议会同意应该缴纳的税款。如果臣民无力缴纳或支付，专员就让邦国政府代为缴纳；如果臣民拒不缴纳或抗税，专员就申请动用军事手段强制执行。这也是三十年战争时期的基本法律状况，只不过实际做法经常截然不同，直接没收的情形不计其数，后来士兵干脆擅自行动，无论驻军专员，还是邦国专员，都时常被军队抛到一边，无人理睬。[50]

在实行了部队物资由军械库统一供应的制度后，就明确规定，部队给养只能由专员总署操办。如果提供宿营地的房东与士兵发生争执，房东就向本邦官厅投诉，再由本邦官厅将投诉内容通报给士兵的

---

[49]　[原注 48] 参见第三条（林尼希书，II，第 797 页）。

[50]　[原注 49] 哈尔维希的书（《奥地利历史源头》[*Fontes Rerum Austriacanum*]，卷 64，II，注 947，第 503 页）中刊载了华伦斯坦 1632 年 6 月 18 日颁发给波希米亚全体贵族、居民，特别是驻皇家军队的高级专员和低级专员的委任状，从这份委任状中可以极其清楚地看到当时的法律状况。布德维斯（Budweis）附近的议会决定继续缴纳每五个月一次的军税，因而要求全体贵族和居民必须配合。军税以谷物、燕麦、肉类的形式（若肉类短缺，则以货币的形式）缴纳。专员应把军税摊派给各县，确保各县按要求缴纳。若遇反对或纷争，他们可以置之不理，"强制征收"应缴之税。若臣民无力缴纳，他们应联系政府，让政府代为缴纳；若有人拒不缴纳，则申请对拖欠税款者采取军事强制措施，因为缴纳军税是公共利益（bonum publicum）所在。

阿尔德林根（Aldringen）致华伦斯坦的一封信（1632 年 6 月 5 日，见哈尔维希，《奥地利历史源头》，卷 64，II，注 929，第 477 页）曾提到一个事例，让人特别清楚地看到部队上校是如何对待专员的：奥萨的上校（der Oberst von Ossa）命手下用矛刺穿一个专员的身体，原因是该专员企图携款而逃。

上级和本地区的战事专员。后来还明确强调，凡遇士兵与房东发生争执的案件，部队指挥官、战事专员和房东所在邦国的官厅有权共同裁决。营地应由邦国分配，马料由战事专员总署筹办。在哈布斯堡王朝治下的各邦国，战事专员总署不仅负责马料的供应，还"以我们的宫廷财务局的名义并受其委托"制定价格。基本原则是，每到一个地方，军队统帅、战事专员和（邦国）政府机关都要通力合作。由于这个原因，工作就变得异常烦琐、复杂，如果原定行军路线和宿营地发生变化，情况就更是如此。[51]

普鲁士国内发展的典型意义

73　　　　邦君专员从事务专员变成公务专员，被纳入一个官僚组织。这样，专员就变成了拥有常规权限的从属官员。在中世纪，专员是直接

---

[51]　[原注 50] 查理六世于 1720 年颁布的规章和训令（林尼希书，II，第 731 页）有如下规定：上校、中校和少校不得擅自变更战事专员总署根据宫廷军事委员会的指示或经其批准给他们指定的驻扎地，个人享有的不提供宿营地的豁免权必须得到尊重，如此等等。接下来规定了供给工作的组织构架：总参谋部、阵地战事厅、战事专员总署办公厅（由战事总专员、战事高级专员、阵地战事专员以及属下的登记员和办公厅人员组成）；此外还有给养部，设给养专员一人。对"桀骜不驯者"（morosos），由位置最近的连或团按战事专员总署（而非个别专员）的要求予以强制执行。

凡拖欠税款者，由邦国官厅告知战事高级专员，以便对其采取强制措施。如果邦国官厅制造麻烦，导致拖欠税款者不能被确认，战事专员有权在设于该邦的后方基地的支援下派一支民兵队伍前往该邦主管部门，后者再将民兵派到拖欠税款者的田庄，在这种情况下，应收取执行费用。1713 年颁发的上莱茵皇家军队行军条例（林尼希书，II，第 729 页）规定，上校或团长在部队开拔前要先派一名军官递交一份由高级专员、战事专员或随行专员签署的正式计划书，载明人员和马匹每日所需的给养。该军官必须考虑各等级约定的行军路线，部队必须严格遵循，毫厘不爽。

的人格代表，而到了现在，他不过是一个"国家公仆"。[52]

这样一来，这个概念就被具体化了。诚然，只要委托人和受托人之间不存在作为独立手段的法律规范——如法官就要受法律规范拘束，他们就仍然保持着直接的、代理的（博丹意义上的）关系。但是，由于这里出现了职务上的从属关系，像博丹那样将独裁官的地位与专员的地位进行比较，就已经再不可能了。如果整个系统还能被称为专政的话，那只是因为它还保有事务性、技术性目标这一核心意义。这从普鲁士的发展情况可以看得尤其清楚。普鲁士的专员与奥地利、巴伐利亚或萨克森的专员担负着同样的任务，那就是为军队提供装备和给养。但是，由于这一目标被认真有效地加以实施，普鲁士专员的权力就首先扩展到税务管理，因为军队的给养离不开顺利、恰当的征税。为了实现这一目标（顺利、恰当的征税），又有必要采取一切措施提高本邦居民的纳税能力，这项工作涉及邦内的全部行政环节、工商业、福利警察（Wohlfahrtspolizei）等。欣策清楚明了地概括了这一发展历程：

> 同一些官署不仅要负责军队给养和税收，还要确保本邦的繁荣富足，提高居民的纳税能力，最重要的是，必须确保城市的食品供应和交通便利。因此，军事管理就与民事警察管理不可分割

---

[52]　[原注51] 在格鲁巴赫争端中，萨克森选帝侯在多数情况下被称为总司令，从而区别于专员。通常只有下级代理才被称为专员。例如，在 1628 年斯特拉斯堡教会事务中，奥地利大公爵利奥波德（Erzherzog Leopold）受皇帝委派采取和解行动，但由于不能亲自前往，他就派遣下级代理替他处理此事，这些下级代理被称为专员，而他本人则无此头衔（Londorp, Suppl. Ⅲ, p.30）。整个 18 世纪，"专员"一直都是参加帝国会议的皇帝代表的称谓，皇帝一般通过首席专员（Principal-Kommissarius）将议案、诏令等转达给选帝侯、邦君和各等级。照此看来，首席专员类似于现代的国王或政府派去参加人民代议机关协商的专员，两人的地位差不多。

地联系起来，由此逐步发展起来的邦内的整个"警察"系统都带有军事的印记。[53]

各等级的权利也无法阻挡权力的扩张。如果各等级的权利与目标相悖，妨碍了专制邦君，他就废弃这些权利。"在法律上，他无权这样做"（引文见普鲁士的奥古斯特·威廉亲王的著作，同上引，第17页）。在这种情况下，个别专员不过是一个由事务性、技术性目标支配的系统的手段而已，但也正因为如此，这个手段才得以在系统中发挥作用：主权者只能在加强和造就一支官员队伍的同时确立自己的专制统治。这样，专员就变成了常规官员，凭借邦君的主权，整个官僚系统取得了稳定性。

（3）作为行动专员的宗教改革专员，以施泰尔马克的宗教改革委托关系为例

执行专员的职责是采取行动——此处意义上的行动，军队专员则完全不同，即便在普鲁士，他似乎也不是一次性行动——旨在达成一个预定结果的工具，而是逐步扩大行政机构的手段。这个行政机构只遵从于它的主导性目标的内在的扩张。行动专员为邦君效力，作为邦君的从属官员执行中央国家权力，清除妨碍其使命的地方自治权。宗教改革事务专员就是行动专员的一个实例。受托执行反宗教改革任务的事例不胜枚举，根据施泰尔马克（Steirmark）、克恩腾（Kärnten）、克赖因（Krain）等地专员的报告，典型的过程是这样的：当新教运动在上述几个邦国再度活跃起来，宗教改革专员首先"依照邦君的权

75

---

[53]　[原注 52] 欣策（Festgabe für Zeumer），上引书，第494—495页。

力"向新教牧师下达敕令，命其迅即离开，否则将施以肉刑或死刑。多数牧师都遵从了这一命令，由于被任命为格拉茨城市军事长官的军官率领一支步兵中队占领了位居城市制高点的城堡，命令产生了强大的效力。[54]

　　但是没过多久，1599 年再次爆发了骚乱，新教徒宣称格拉茨的修道院教堂属于他们。虽经反复敦促，新教徒仍拒不交出钥匙，邦君于是下令派"特命专员"（两名博士和一名政府顾问）强行打开教堂大门，将教堂交还给天主教徒，用于礼拜仪式。其他宗教改革专署（Reformationskommissionen）分散在不同的邦国，其所执行的任务，按后来的说法，就是"将山羊与绵羊分开"。[55] 专署由若干专员组成，通常包括一名教士和两名皇室枢密顾问。在多数情况下，专署都配有一支"卫队"（guardia），即一个由扈从组成的步兵中队，统归

---

　　[54]　[原注 53] 参见 Londorp, Suppl., t. I, 1. II, p.179；此处刊印的报告记录了九个受托执行宗教改革任务的事例。宗教改革和反宗教改革的实施方式多种多样，取决于居民的态度和领土主人的意见。针对一个需要实施宗教改革的村庄，甚至进行过几次多少算是正规的征伐，军事占领后又针对叛乱和骚动启动了正规的刑事诉讼程序（例如在特里尔选侯领）。即便在这里，如果执行活动的时间较长，也会建立一个正规的官吏机构，内有定期履职的公务专员。

　　尤其在 1686—1800 年间，萨尔茨堡设立了一个宗教委员会，由两名教会监理会成员和两名枢密官组成，还配有一个"秘密特派代表团"，是根据 1713 年 8 月 16 日关于非常措施的邦君诏令成立的，但一直到 1747 年才开始活动。与受托执行宗教改革任务的无数事例相关的重要的法律史材料，见有关学者的专门研究，特别是宗教改革史协会论文集，尤其参考 Nr.24，蔡格勒（H. Ziegler），《西里西亚的反宗教改革》（Die Gegenreformation in Schlesien）；Nr. 36 u. 42, Frhr. v. Winzingerroda-Knorr（艾希斯费尔德）；Nr. 54, H. v. Wiese（格拉茨伯爵领地）；Nr. 67, 69, Fr. Arnold（萨尔茨堡）；Nr. 88/89, Jul. Ney（特里尔）。

　　[55]　[原注 54] 如果邦民（die Landleute）吁求宗教和平，专员就会回答说，他们不能这样做，因为宗教和平仅仅适用于罗马帝国的成员。只有邦君而非邦民才被视为罗马帝国的直属成员。参见伦德普，上引书，第 178 页。

上尉指挥，因为专员以前经常受到欺凌。专员被授予"发布命令的全权"（Befelch und vollmächtige Gewalt），如果奉行路德教的村庄出现骚乱，举行反抗活动（主要是从事采矿业的居民的反抗活动），他们有权"快速敏捷地"实施镇压。他还有权将为首分子集中起来；有权撤换市政委员会成员，代之以合格人士；有权将教堂和公墓的钥匙交给主管的天主教神甫。

76   总而言之，他们有权"做一切必要之事"（was sonst mehrers die Notthdurfft über Erfordern ins Werck zu richten）。例如，专员曾率领步兵中队开赴莱奥本（Leoben）。"矿工"（Eisenärzter）一开始还想抵抗，他们不容许专员执行邦君使命，甚至全副武装起来。面对这种形势，专员征调了三百多名邦君御用射手，矿工一见，"便惊恐万分，匍匐在地，爬行到十字架前"。"他们当即放下武器，将自己把守的两扇大门连同教堂的钥匙移交给专员。""军队专员开始实施改革，将教堂和教士宅院归还给天主教神甫。"然后，他们展开追查工作，以查明谁是策动叛乱的首恶分子。为防止进一步叛乱，矿工被全部缴械，"失去了特权和自由"。若无邦君的行政官在场，他们不得开会议事，不得举行集会。为首的叛乱分子纷纷逃窜，有几个被生擒，随即被押解到格拉茨的城堡，还有一些被驱逐出邦，或者被处以轻重不同的刑罚，但没有人被处死。收缴的教派书籍被堆在一起，当众焚毁。为了震慑暴徒，还竖起了一座绞刑架。宗教改革事务专员给已实施改革的城市的市长、法官和市政委员会留下指示，告诫他们在信仰事务上应采取何种态度，还要求他们遵守礼拜日歇业的规定，铲除秘密异端，让神甫来监督学校教育，排斥信奉路德教的市民（不得在不通报神甫的情况下授予他们市民权）。

改革完成后，邦君任命了一名城市维护官，其职责是防止一切反对天主教、损害邦君尊严和声誉、抵制专署指示的事情发生。此外，他还要负责维持一支优良的公安队伍，"从一般的和实际的层面上"（in genere und in specie）照看全部的公共利益。邦君交托的其他改革工作也按同样的方式展开。专员经常与叛乱分子谈判，偶尔也做出具有广泛的一般效力的规定，例如在占领城市后禁止市民离家外出，未经专员同意，市民不得互相走访。法官、市政委员会委员和全体市民被召集起来，当着专员的面表示臣服。专员还颁布了一项法令（伦德普书，第 205 页），禁止神职人员与姘妇同居；姘妇被斥为声名狼藉的贱人，继而被驱逐出邦。有一次，驻拉特克斯堡（Radkerspurg）的几位专员说，他们想改日再颁布几项规定，因为他们此刻还没有什么确切的指示，而实际情况是，他们在等待更多兵员到来，"以便在更安全的环境中处理宗教改革事务"。这样，他们就做了根据具体情势必须做的事情，在改革不能和平开展的地方，他们就"采取武力手段强制推行"，宣布惩处决定，剥夺特权，净化官员队伍，强迫现任官员、市政委员会和全体市民当着专员的面将职权移交给各官署的新任官员，传唤在逃市民归案，查抄其个人财产，对桀骜不驯的地区的市民一律解除武装。充分的和平安定已经实现（Et facta est tranquillitas magna），第二次奉使执行改革任务的专员曾向授权的邦君禀告。

附：作为独裁者的华伦斯坦 [56]

华伦斯坦是一支庞大军队的统帅（按时人的称呼，叫作首领

---

[56]　[原注 55] 下文引用的主要文献：Peter Philipp Wolf, *Geschichte Maximilians I. und seiner Zeit*, I. u. II. Bd., München, 1807, III. Bd. 1809, IV. Bd., 此书由 Carl Wilhelm Friedr. Breyer 续写（München, 1811）；C. Gust. Heibig（海比希），*Wallenstein und Arnim 1632—1634*, Dresden, 1850；Friedrich v. Hurter（胡尔特），*Zur Geschichte Wallensteins*, Schaffhausen, 1855；Friedrich v. Hurter, *Wallensteins vier letzte Lebensjahre*, Wien, 1872；Otto Krabbe（克拉贝），*Aus dem kirchlichen und wissenschaftlichen Leben Rostocks, zur Geschichte Wallensteins und des dreißigjährigen Krieges*, Berlin, 1863；B. Dudik, *Waldstein von seiner Enthebung bis zur abermaligen Übernahme des Armee-Ober-Commandos vom*（转下页）

[capo]），他完全无视各等级的权利，同时又善于处理与皇帝的关系，
78　维持着高度的自主权，独立于授予他权力的皇帝。职是之故，华伦斯
坦不仅在其同时代人中间，而且在后来的历史学著作里都时常被称为
独裁者。[57]

（接上页）*13. August 1630 bis 13. April 1632*, Wien, 1858；Anton Gindely（金德利），
Geschichte des dreißigjährigen Krieges, Prag I. Bd. 1869, Ⅱ. Bd. 1878, Ⅲ. Bd. 1878, IV.
Bd. 1880；Anton Gindely, *Waldsteins Vertrag mit dem Kaiser, Abhandlungen der königl.
böhmischen Gesellschaft der Wissensch.*, VⅡ. F. 3. Bd.；Anton Gindely, *Waldstein während
seines ersten Generalats*, I. und Ⅱ. Bd., Prag und Leipzig, 1886；Hermann Hallwich,
Wallensteins Ende, ungedruckte Briefe und Acten, I. und Ⅱ. Bd., Leipzig, 1879；Hermann
Hallwich, *Fünf Bücher Geschichte Wallensteins*, I., Ⅱ. und Ⅲ. Bd., Leipzig, 1910；Hermann
Hallwich, *Briefe und Akten zur Geschichte Wallensteins (1630 bis 1634)*, Fontes Rerum
Austriacarum, Österreichische Geschichtsquellen LXⅢ., LXIV. und LXV. Bd., Wien, 1912；
Edmund Schebek（舍贝克），*Wallensteiniana in Memoiren, Briefen und Urkunden*, Prag,
1875；Edmund Schebek, *Die Lösung der Wallensteinfrage*, Berlin, 1881；Edmund
Schebek, *Die Capitulation Wallensteins*, Österr.-Ungar. Revue, N. F. Bd. 11, 1891；Rich.
Wapler（瓦普勒），*Wallensteins letzte Tage*, Leipzig, 1884；Wolfgang Michael（米夏埃
尔），„Wallensteins Vertrag mit dem Kaiser im Jahre 1632", *Hist. Zeitschr.* Bd. 88 (1912), S.
385-435；Moriz Ritter, „Der Untergang Wallensteins", *Hist. Z.* Bd. 97 (1906), 237 ff. Briefe
u. Akten zur Gesch. des 30j. Krieges N. F. Ⅱ, mit Unterstützung von Fritz Endres（恩德雷
斯），bearb. von W. Goetz（格茨），Leipzig, 1918。其他情况下，也引用 Förster, *Briefe*;
Ranke（兰克），*Geschichte Wallensteins*; Onno Klopp（克洛普），*30 Jähriger Krieg* 等，
引用方式很清楚，无须另外说明。

[57]　[原注 56] 参见 Hurter, *Letzte Lebensjahre*, S.1；Opel, *Wallenstein im Stift
Halberstadt*, Halle, 1866，S.5, 21 等。可以理解，胡赫（Ricarda Huch）对华伦斯坦文学
化的心理解读，是不会放过"专政／独裁"一词的。但是，就连里特尔在使用专政一
词时也非常笼统，意思很不明确。他在《反宗教改革和三十年战争时期的德意志历史》
（*Deutsche Geschichte im Zeitalter der Gegenreformation und des dreißigjährigen Krieges*,
Stuttgart und Berlin, 1908）第 128 页中谈到西班牙使节 Oñate 在帝国政策（1620）问
题上的建议十分强势时，用了"独裁"一词；第 489 页因为瑞典国王古斯塔（转下页）

　　"独裁者"在政治上已是老生常谈，这方面的实例不胜枚举，华伦斯坦被称为"独裁者"，只是众多实例中的一个，这并非问题的关键所在。真正重要的问题是，华伦斯坦的军事和政治全权在多大程度上证明了这一称号的合理性。语言的使用已经发生了明显的变化，倾向于主权专政的含义：对外独裁权取得了一种相对于授权者的特殊的独立性，与博丹所说的委托独裁权完全相悖。在当时的国家法理论中，"独裁者"一词被用于不受其他部门干涉的最高军事指挥权。由于这个缘故，正如前面提及的，阿鲁梅乌斯将奥兰治的莫里茨亲王称为"独裁者"；克伦威尔在担任国会军总司令时也常蒙此称谓；至于华伦斯坦，普芬道夫同样称他为"独裁者"。[58]

（接上页）夫·阿道夫公开用暴力威胁的方式让萨克森选帝侯接受单方面的居高临下的条件，说阿道夫"独裁"；《历史学的发展》（*Entwicklung der Geschichtswissenschaft*, München und Berlin, 1919）第 200 页赞美路德宗神学家开姆尼提乌斯（Christian Chemnitz）时，谈到"奥地利在欧洲的专政"；在《历史杂志》（*Hist. Zeitschr.* 97）第 237 页说到华伦斯坦的第二次元帅任期时，里特尔指出华伦斯坦比第一次任元帅时拥有"更高的独裁权力"。

　　[58]　［原注 57］普芬道夫《瑞典事务评论第二十六书》（*Commentariorum de rebus Suecicis libri XXVI*, Utrecht, 1686）I, § 56：诸侯抱怨说，华伦斯坦"被不寻常的幸运冲昏了头脑，行为举止犹如独裁者，稍有不快，就既不臣服于皇帝的特使，也不听命于皇帝本人"（insolita fortuna ebrius velut dictatorem ageret, nec Caesaris mandatis nisi quantum ipsi collibitum pareret）（第 21 页）；§ 58：1630 年雷根斯堡帝国议会提起了对华伦斯坦的控诉，"关于帝国军队的不义行为和压迫，还有华伦斯坦的傲慢和独裁权威"（de injuriis et oppressionibus Caesareani exercitus ac insolentia Fridlandi, ejusque dictatoria potestate）。

　　开姆尼提乌斯《瑞典与德意志的战争》（*Belli Sueco-Germanici*, vol. I, Stettin, 1648, 1. I）称华伦斯坦为"帝国军队的最高统帅"（summus Caesariae militiae imperator）（第 10 页），并在第 242 页上说，华伦斯坦在第二次元帅任期内要求"完全无条件的条约，不受任何规则的约束"（absolutissima nullisve regulis limitata potestas），不过并没有说华伦斯坦专政。开姆尼提乌斯的著作《论国家理性》（*De ratione* （转下页）

79   针对华伦斯坦的首个元帅任期，皇帝于 1625 年 4 月 17 日首先颁发了"战争委员会"委任状（Intimax ex Consilio Bellico），任命他为"现时生活于神圣罗马帝国和尼德兰的皇帝陛下全体臣民"的首领（capo）。[59] capo 这一称谓并不像哈尔维希 [60] 看似认为的那样反常，它其实是一个普通头衔，每个军事指挥官都可以这样称呼，[61] 不过，将皇室军队统帅称为"capo"就有点不同寻常了。这个头衔仅仅意味着，华伦斯坦被授予了皇室军队的军事"指挥权"。但是，根据 1625 年 6 月 25 日颁发的元帅委任状，[62] 华伦斯坦接受的并非整个皇室军队的指挥权，而只是当时"驻扎在神圣罗马帝国的军队"的指挥权，而皇帝世袭领地（Erblanden）的军队并不听命于他。

1626 年 7 月（具体日期不详），华伦斯坦受命担任最高步兵统帅。据哈尔维希的看法，这一任命具有实质意义：从今以后，华伦斯坦成了德意志帝国、皇帝世袭领地和匈牙利的全部皇室军队的最高统帅（《华伦斯坦传》I，第 493 页）。联盟军（Heer der Liga）不归他指挥，这是确凿无疑的。如果有必要，他应与梯利协商，与选帝侯和诸侯的军队联合，但是必须"无条件地、恭敬地、虔诚地服务于皇帝陛下，满足我们的需要"，正如 1625 年 6 月 27 日皇帝敕令所要求

（接上页）*status*）第 10 章第 146 页说华伦斯坦是"最高军事统帅，被授予了最高权威"（supremus exercitus dux cum summa potestate），但是仍把他理解为皇帝权力的工具。美因茨选帝侯提到弗里德兰人（华伦斯坦）统治的枷锁。显然，所有这些概念都不是特定的国家法概念。

[59]　[原注 58] 这一称号首先由哈尔维希公开（来自 Duxer 档案），见 *Zeitschr. f. allgem. Gesch.* I (1884), S.119, 120 ；亦见 Hurter, *Gesch.*, S.153; Gindely, *Waldstein* I, S.47ff; Hallwich, *Gesch.* III, Nr. 6, S.12。

[60]　[原注 59] *Zeitschr. f. allgem. Gesch.* I, S.120.

[61]　[原注 60] 马克西米连公爵称"联盟首领"（Capo della lega）；哈尔维希作品中的例子见 *Gesch.* III, Nr. 139, S.135（战事粮草供应长官），亦见 I, S.510。

[62]　[原注 61] Hallwich, *Gesch.* III, Nr. 6, S. 12.

的。[63]1628 年 4 月 21 日颁发的皇帝委任状 [64] 清楚地说明了华伦斯坦的身份及其委托性质。按照这份委任状，华伦斯坦被任命为"最高步兵统帅"，凡是吃皇粮的皇室军队统归他指挥，而且华伦斯坦"被授予了充分的权威和为满足这一至高无上的要求所需要的特权"。他被授予了全权，可以检阅和改编军队，在必要情形下通过自己的签字支付军饷，还可以自行替换、新设、取消上校和上尉职位。只有在发布"最高指示"的时候，他才需要皇帝开恩颁布的决议书，也就是说，必须事先向皇帝呈递陈述。

此外，华伦斯坦还有权限管理和指挥军队——无论是在民事还是刑事场合下。他可以亲自或者委托全权代理人来处理"与工作相关"的一切状况和事情，但是必须"符合法律"。他成了统管粮草和弹药的大将军（Generalobrister），而在必要时，他又不得不委托他人具体筹办粮草和弹药。这种行为又一次表现了古老的代理授权原则："正如我们本人在场、决定、筹办、完成的那样。"因此，一切机关、上校、上尉、军官，包括所有专员，候补军官、警卫、军需官、出纳官，都被要求服从和尊重"真正的大将军"，并执行大将军的一切命令，无论是书面命令，还是口头命令；无论是一般命令，还是特殊命令。这遵照的同样是代理授权原则："就像我们亲自执行这些安排与命令一样。"在所有已列出的事务上，华伦斯坦都得到了充分的权力、权威和授权；凡是反对华伦斯坦的行为，都将受到来自皇帝的"不可避免的"肉刑和死刑的惩罚。

---

[63] [原注 62] 委任状首次由哈尔维希公开，见 Hallwich, *Zeitschr. f. allgem. Gesch.* I, 1884, S.122，修订见 Hallwich, *Gesch.* I, S.212 及 III, Nr. 6, S.12。根据克洛普的《三十年战争史》（*Dreißigjähriger Krieg*）卷 II 第 472 页的说法，所引文字中的"无条件服从"（unabbrüchig）等实属"怪异的附加物"；相反，哈尔维希等人的观念也许才是正确的，参见 Hallwich, *Gesch.* I, S.213, Anm.425; Gindely, *Waldstein* II, S.387。

[64] [原注 63] 刊于 Hallwich, *Gesch.* III, Nr. 365, S.329。

可见，华伦斯坦的权限纯粹是军事性质的。他得到了皇帝军队的指挥权。即便作为在作战行动中指挥军队的统帅，华伦斯坦所拥有的也不是"绝对权威"（absolute Autorität）意义上的权力，但此时的皇帝已不再是最高的军事统帅——这是毫无疑问的。在面对帝国各等级的控诉时，皇帝也总是强调这一点。直接颁布命令的是皇帝，根据1625 年的敕令，若无皇帝的"特殊训令"（particular-Ordinanz），华伦斯坦不得进入曼斯菲尔德（Ernst von Mansfeld）领地之外的其他地方，而华伦斯坦则始终在向皇帝提出质询。[65]

81　　同样，军事统帅一般拥有的权利，华伦斯坦也拥有，包括颁布保护令和通行证、赦免和宽恕、换取赎金后释放战俘等，但是对于高级战俘，如指挥官、诸侯、各等级的首领、工程师以及战争经验丰富的军人等，华伦斯坦只有在皇帝的特殊命令（皇帝的授权）之下才能释放。为维系军队所征收的战争税，必须遵照军队所在地区的规定和限度，一切数目在扣去士兵的酬劳之后，都要仔细记录在册。检阅专员、出纳专员、宿营专员都是皇帝的专员，归帝国战争委员会（Hofkriegsrat）管辖。

　　1625 年 6 月 27 日敕令给华伦斯坦指派了阿尔德林根（J. von

---

[65]　[原注 64] Hallwich, *Gesch.* III, Nr. 20, S.20；1625 年 12 月 24 日，皇帝给华伦斯坦写信，敦促其与梯利好好沟通，提到了这一则敕令；但当时皇帝认为没有必要进一步使用自己的干预权；更多例子见 Ritter, *Deutsche Geschichte* III, S.298, 299, 352, 361, 419。在形式上，萨克森－劳恩堡公爵鲁道夫·马克西米连（Rudolf Maximilian von Sachsen-Lauenburg）所收到的关于停止检阅新征募兵员的命令并非由华伦斯坦发出，而是由帝国战争委员会发出的，参见 Hallwich, *Gesch.* I, S.518, 566。当 Caraffa 在报告（见 Gindely, *Waldstein* I, S.120-122）中说华伦斯坦一切都按自己的意思来办，只不过是从实际出发，为了让皇帝取消华伦斯坦的指挥权。

　　总体而言，还必须指出，不能把现代的军事纪律观念套用到华伦斯坦的军队上。在华伦斯坦的时代，有时军官还会声明自己只从军团首长那里接受命令，而不是直接听命于元帅，见奥佩尔（Opel），上引书，第 45 页。

Aldringen）做战争顾问，由皇帝授权管理检阅、出纳和驻营，帮助华伦斯坦确保军队满员，并管理粮草筹措与储藏事宜。在这个意义上，华伦斯坦确实非常独立。[66] 要确定检阅场地，皇帝还将派出一位副官做专员（文献未说明这位专员的名字），并且强调，确定检阅场地时要体恤各等级，不要让他们因为兵痞故意的恶行而提出控诉。除了军队行政专员（阿尔德林根）和方才提到的这位检阅专员之外，华伦斯坦还有第三位专员——政治专员，即帝国枢密顾问约翰·冯·莱克（Johann Freiherr von Reckh）。

政治专员的设置是为了防止华伦斯坦在政治方面缺乏好顾问。按照神圣罗马帝国的法律，必须有专员提供政治建议；在帝国的一切政治事务中，华伦斯坦都必须听取这位驻军政府专员的建议和意见。帝国战争委员会的另外一种皇帝特使虽无专员之名，却也以代理授权的方式工作，负责密报。最后，还有第五种专员，也就是华伦斯坦自己派出去旨在以"安抚性的政治手段笼络人心"的人员。这些人负责和居民谈判，安抚民众并使之可以忍受军队带来的麻烦；合理支付雇佣兵的酬劳，防止他们肆意掠夺民财，从而避免给那些"可怜的臣民"造成不必要的压迫。[67] 据此，华伦斯坦无论在军队管理上，还是在政治事务上，都不能说是独立的。随着他实际影响力的增长，在政治问题上，他的观点自然也逐渐变得举足轻重起来。但是在1625年10月

82

---

[66]　［原注65］说明华伦斯坦相当独立的例子：1626年9月，华伦斯坦给驻军专员发布了如何进行冬季宿营的指示（Hallwich, *Gesch.* I, S.619）。后来，1628年4月21日的委任状规定了如何处理这类事务。

[67]　［原注66］华伦斯坦以军事统帅身份所派遣的这些专员和他作为诸侯派出去接受各等级效忠的专员是不同的。后者中特别有代表性的是尤利安上校（Oberst St. Julien）。被派去和各等级签署契约的专员则通过华伦斯坦本人获得了皇帝的授权。例证见弗尔斯特书，I，第102页；关于华伦斯坦派到梅克伦堡的专员，参见弗尔斯特书，I，第327页，以及克拉贝书，第99页。

29 日，华伦斯坦写道，在"由于礼俗问题或其他军事亭宜"而需要谈判时，皇帝应该告诉他（华伦斯坦）允许走多远，"因为在政治问题上，我不敢僭越"。[68] 有时，华伦斯坦会通过特殊授权被任命为皇帝的专员去参加和约谈判。[69]

军事指挥权的委托之中存在着一种代理契约。敕令的结尾说道，一切事宜无法在一道敕令之内言尽，未尽之事不得不托付给军事统帅的忠诚、警觉和战争经验，特别是，如果军事统帅每次行动都要征询意见，就会错失一些时机。军事统帅的指挥应该重建和平，捍卫皇帝的权力和帝国的法统，维护宗教和各邦的安宁，确保各等级和民众的顺服。为达此目的，他可使用"神和万民法所允许的一切手段"。委托书中写道：华伦斯坦可以"因地因势，随机应变地指挥一切，注意皇帝和国家之所亟须"。这是权力委托契约中典型的措辞，把未尽之事留给华伦斯坦去谨慎判断，让他自己把握分寸。问题只在于，为了达到上述目的，在多大程度上允许根据形势而介入现存的法律状况，授权契约在多大程度上与全权相符。

尽管华伦斯坦拥有很大的实权，但在第一次任元帅期间，他仍然只有指挥权。在作战行动的紧要关头，军事目的往往占主导地位，以至于只能考虑技术性问题而不能顾及其他，因此经常会出现一些情形，使华伦斯坦的表现看似专政。[70] 也就是说，他在这些情形下看似一个拥有绝对权力的行动专员，其权力只由目的决定。但是，根据华伦斯坦的法律地位，他并不是严格意义上的独裁者，换言之，皇帝没有给他自行斟酌并取消与目的相抵触的法律的权力。治军（ductus exercitus），除了在军队看来属于内部的军事司法事务之外，不算是行

---

　　[68]　［原注 67］Hallwich, *Gesch.* I, S.283.

　　[69]　［原注 68］如 1628 年 12 月 19 日皇帝颁发给华伦斯坦和梯刘两人的和约谈判授权书，参见 Hallwich, *Gesch.* Ⅲ, Nr. 456, S.426。

　　[70]　［德文版编者注］施米特手稿中订正此句，删去了"因此"。

使主权。皇帝本人掌握最高指挥权，有权"介入"。显然，皇帝明确禁止华伦斯坦介入任何第三方的权利，并要求他尊重传统的章程和习俗，按照现存法律来征收战争税。

通过 1630 年 8 月 24 日的敕令，皇帝派了两位顾问到华伦斯坦身边，向他说明，军队的维系必须依靠所在地区的合法帮助，而且皇帝的权力受到帝国律法的限制。[71] 一切超过法律规定限度的要求都是越权，事实上都是单纯的暴力，是现实发生的。无论皇帝与军队统帅之间的关系多么不寻常，从外部来看，军队统帅在面对第三方，尤其是各等级时，其权限只能是"符合法律规定"的。皇帝一旦宣告敌人和乱党不再受法律保护，就可以大量没收这些法外人的财产。但即便这样，也没有改变现存的法律状况。当然，在援引战争紧急状态的情况下，皇帝可以尝试检验一下自己的权力完满性，把权力拟像（simulacrum）变成真正的权力完满（plenitudo potestatis）。做法就是放权给华伦斯坦，允许他为了采取形势所要求的措施而不必顾及与此相抵触的法律。如果真的如此，那么华伦斯坦就是真正的行动专员和（代理的）独裁者。但皇帝恰恰没有这样做，反而承认了各等级关于华伦斯坦干涉他们权利的指控是有充分法律依据的。

无论如何，华伦斯坦在军事上的成功使皇帝获得了一种权力，甚至于似乎有那么一瞬间，要把德意志帝国打造成一个在一位集权君主统治之下的统一民族国家也并非不可能。如果有可能，走向统一民族国家这一最重要的实践的前提应该是两支军队——帝国军队和天主教联盟军——都归于皇帝的最高指挥之下。1630 年 9 月 5 日，皇帝提议两支军队合一，就是为了达到这个目的。这个提议给出了许多理由，其中最重要的就是，军队的合一可以让帝国内部信仰新教的各等级不能再以天主教联盟也有自己的军队为由，而维系一支新教的军队。[72]

84

---

[71] ［原注 69］Hallwich, *Fontes* I, Nr. 44, S.75.

[72] ［原注 70］Hallwich, *Fontes* I, Nr. 53, S.94.

但即便是天主教诸侯，也完全不愿意让皇帝决定战与和的权力变成真正的主权。他们对华伦斯坦提起最严正的抗议，表示自己不能臣服在一个"级别上无法和他们相提并论的"军事指挥官之下，而且说华伦斯坦嘴上总是挂着皇帝的名号，却从不尊重各等级，随时动用军事手段来执行任务。[73]对此，皇帝回答说："军事统帅就是皇帝陛下本人。"

　　但是，1630年9月4日诸侯大会的声明却表示：皇帝军队的元帅之位必须由巴伐利亚选帝侯担任，从而结束当前与法律相冲突的局面。关于帝国军队，这份文件还要求皇帝保留对军队的资助权（auspicia）和最高军事决策权（supremum armorum arbitrium），但必须符合兵役延长契约、帝国宪法以及优良传统的规定。至于皇帝军队与天主教联盟军队的合一，诸侯大会声明指出，天主教联盟军并没有违反帝国的律法，而且如果没有天主教联盟军的支持，皇帝目前所赢得的一切都将得而复失；声明还认为，如果两支军队要合一，也应该由巴伐利亚选帝侯统率——这并不意味着剥夺了皇帝陛下的威严，而是令其更加稳固。[74]众所周知，尽管皇帝的谋臣们进行了理论，但是这场关于皇帝权力完满性的斗争还是以选帝侯的利益盖过皇权而告终。[75]华伦斯坦被解职以后，皇帝的军事统帅只能间接地从皇帝那里得到命令；一部分军队被遣散，另一部分则由梯利率领。

　　没有可靠的文件可以言明华伦斯坦第二次任元帅期间（1631年12月到1634年2月）与皇帝之间的约定。时人关于华伦斯坦权力的通行说法是，华伦斯坦获得了无条件的授权（commissio in absolutissima forma），[76]负责最高战争事务（summa belli）。1631年12

---

[73]　[原注71] Londorp, *Act. publica* IV, S.52（1630年7月16日呈文）.

[74]　[原注72] Hallwich, *Fontes* I, Nr. 50, S.90，1630年9月14日天主教诸选帝侯和诸侯的答复见该书 Nr. 60, S.111。

[75]　[原注73] Ranke, S.199, 202; Gindely, *Waldstein* II, S.267.

[76]　[德文版编者注] 施米特手稿中将"时人关于华伦斯坦权力的通行（转下页）

月 15 日的帝国公告宣布了指挥权的转让，公告的正式标题与 1628 年的委任状一样，是"陆军大元帅"（General-Oberst-Feldhauptmann）。[77]

关于华伦斯坦权力的真实内容，存在许多夸大其词的想象，而且流布甚广。1632 年的一份书面材料是流传的最古老的公告，其中据说包含了华伦斯坦延长服役期限的契约，且逐一列明了条件。只有在这些条件下，华伦斯坦才接受了第二次做军事统帅的委任。这可能并不是历史上真实的公告，却为研究华伦斯坦的法律地位提供了一个合适的基础。公告的文字（按照慕尼黑国立图书馆的原稿摘录[78]）如下：

（接上页）说法"订正为"按照时人关于华伦斯坦权力的通行说法"，并且改第一虚拟式为直陈式。

[77]　[原注 74] Dudik, S.177, 443; Ranke, S.234; Gindely, *Wallensteins Vertrag*, S.12; Ritter, *His. Z.* 97, S.240; Wittich, „Zur Geschichte Wallensteins", *Hist. Z.* 68 (1892), S.255. "无条件授权"（in absolutissima forma）这个短语本身并不能证明什么，因为在当时，每一种脱离了任何一种现存约束的地位都可以适用这个短语。而主管"最高战争事务"（summa belli）不一定意味着拥有"最高权力"（summum imperium），因为"最高"（summitas）这个词还可以和除了"imperium"以外的其他概念连用。比如君主的枢密顾问拥有"最高职位"（summum officium），但是他们既没有"最高权力"，也没有"决策权"（facultas decernendi）（Horn, *Architectonica de civitate*, II, cap. VII, §3, n. 2）。

"无条件授权"这个短语还曾用在 1634 年发行的报纸《帕纳索报告》（*Relation auß Parnasso*，见 Wapler, *Wallensteins letzte Tage*, S.XVII）和 1634 年《埃格宴会实记》（*Eyndliche Abbildung und Beschreibung deß Egerischen Pankkets*, Wapler, S.XXIX），另见 Schebek, S.568。

[78]　[原注 75] Nr. 4. Eur. 362/32（vgl. Aretin, *Urkunden*, Nr. 19）. 舍贝克书第 127 页注释 1 提到布拉格大学图书馆的一个副本，但我无法接触到。相反，汉堡城市图书馆的副本（LA IIª 65 Kps. 4）部分文字清晰，因此我在这里也予以参考。米夏埃尔认为 1633 年《欧洲舞台》（*Theatrum Europaeum*）中的文字更有参考价值，他在自己书中（第 393—394 页）印出了这部分文字。里特尔在自己的书中（第 267 页）拒绝将 1632 年的文本当作对华伦斯坦的权限进行历史探讨的基础。但是里特尔后来的论述证明，他对这个文本的负面评价部分是由于他本人犯了国家法方面的错误，误认为这个文本是一份"聘用合同"（Anstellungsvertrag）。

86   兹有弗里德兰公爵，再度接受罗马帝国皇帝陛下之委任。由陛下枢密顾问和皇家军事顾问，特别是克罗茂公爵和埃根伯格公爵等商定，任命弗里德兰公爵为最高统帅（solennissimè），与他上次任命的身份相同。弗里德兰公爵在下列条件下再次接受委任：

1. 弗里德兰公爵不仅现在是，而且将继续是罗马帝国皇帝陛下、奥地利王室和西班牙王室领地的军事统帅。

2. 他应该拥有无条件的指挥权。

3. 如果皇帝陛下斐迪南三世不能亲自在军中发号施令，一旦波希米亚王国被再次占领和征服，则陛下应驻跸布拉格，巴尔塔萨尔（Balthasar）大人率 12000 人在王国内守卫，直至双方达成和平协议。

4. 作为受命的补偿，皇帝应保证弗里德兰公爵得到奥地利王室领地之一。

5. 作为额外补偿，弗里德兰公爵在所征服的土地上获得帝国内的最高王权（das höchste Regal）。

6. 弗里德兰公爵对帝国内没收的财产拥有全权，无论帝国枢密院（das Keys. Hoffrath）还是位于施佩耶尔（Speyer）的皇家法庭（Hoffkammer-Gericht），对此都无裁判权。

7. 弗里德兰公爵不仅对没收财产拥有全权，而且拥有颁发赦免令的全权。若无弗里德兰公爵的确认，帝国宫廷发行的通行许可无效，甚至无关财产，只涉及生命与安全时亦然。具体的赦免由弗里德兰公爵决定，因为皇帝陛下可能会过于宽厚仁慈，赦免任何一位宫廷成员，无法让贵族、官员和军队满意。

8. 如果因为弗里德兰公爵的个人利益而要在帝国协商和议，则和议内容必须包含梅谢尔堡（Mechelburg）公爵领地。

9. 一切因战争继续而产生的费用，都应补偿给弗里德兰公爵。

10. 帝国的一切皇室领地都应对弗里德兰公爵开放，供其军 　87
队作避难之用。

关于第 1 条：里特尔认为该条涉及军事指挥权的范围，其实不然。
这一条是要说明谁是契约的另一方，并没有提及华伦斯坦指挥天主教
联盟军或者西班牙军队的事实。实际上，这些军队都受到独立的领
导，西班牙人的军队受卡斯塔内达（Castaneda）和费里亚（Feria）指
挥。此二人虽应与华伦斯坦和天主教联盟军队都维持"良好的联系"，
但他们得到了皇帝斐迪南二世的"委托与授权"。[79]

关于第 2 条：17 世纪常用的短语"无条件授权"（in absolutissima
forma）不一定意味着华伦斯坦完全独立于帝国战争委员会。1619 年，
巴伐利亚公爵马克西米连对波希米亚执行处罚时，也向皇帝要求"完
全无条件的自由指挥权"（plenarium absolutum et liberum directorium）。
但是这项要求只针对军事指挥和军队管理，而不意味着拥有国家法意
义上的权威和至高无上性。这一条并没有提到皇帝在战争的后续进程
中就不再是最高的军事统帅。相反，皇帝甚至直接"介入"了华伦斯

---

[79]　[原注 76] Ranke, S.235. 1632 年 1 月 18 日华伦斯坦的一道军令授予阿尔德林
根指挥位于帝国内部的帝国官兵；但是阿尔德林根一如既往地听命于梯利伯爵。一切
涉及德意志帝国及其顺民的事务，阿尔德林根都会考虑梯利的意见，贯彻梯利的安排，
见 Hallwich, *Fontes* II, Nr. 563, S.66；亦见该书中记载的与巴伐利亚特使冯·鲁普（von
Rupp）的谈判：*Fontes* II, Nr. 861, 865, 866, 898, 904 以及 *Fontes* III, Nr. 1807。特别是
1632 年 2 月 8 日华伦斯坦写给阿尔德林根的信（Hallwich, *Fontes* II, Nr. 639, S.151），
其中要求梯利在有罪者不归阿尔德林根管辖的情况下，根据军事法来负责司法管理。
华伦斯坦本人认为自己这封表达要求的信和巴伐利亚选帝侯给帕彭海姆（Pappenheim）
伯爵的命令是不同的；他也提到自己已经和选帝侯"和解"了。Hallwich I, Nr. 493,
494, S.411; Nr. 397, S.331; Ranke, S.472, Michael, S.406；里特尔，上引书，第 246—
257 页；在西班牙军队的通行问题上考虑华伦斯坦的态度，只不过是顾虑华伦斯坦实际
拥有的权力地位，不能归结到"一份聘用合同"的相关规定上。

坦的行动。[80]

88　　即便皇帝放弃介入，他的放弃在国家法上也没有什么意义，就如同巴伐利亚选帝侯马克西米连对梯利表现出的克制一样。即便华伦斯坦提名有资格的下属，将军也只能由皇帝来任命；华伦斯坦任命长官，单纯是凭借自己仍然有效的元帅身份。[81] 在华伦斯坦第二次任元帅期间，司法管辖权的情况也与平常无异：陆军统帅负责骑兵的司法管辖，步兵的司法管辖则由各军团的长官负责；总指挥统管司法，陆军元帅或军团长官召集法庭并做出判决。从本质上看，华伦斯坦这次的地位和 1628 年委任状所说明的没有区别，也和他的头衔相符。

　　关于第 3 条：皇帝本人不允许在军中——这种说法广为流传，甚至被普芬道夫所接受。但公告中此条内容的文字不能给上述说法提供任何依据。不允许在军中的只是皇帝的儿子——匈牙利国王斐迪南三世（Ferdinand Ⅲ.）。[82] 1619 年，巴伐利亚选帝侯马克西米连也要求

---

[80]　[原注 77] 1633 年 12 月 9 日，枢密顾问 Trautmannsdorf 伯爵给华伦斯坦带来了"皇帝与众商定的最终决议"，要他立即对抗魏玛公爵，不得延误；Hallwich, *Wallensteins Ende*, Ⅱ, Nr. 965, 966, S.153. "最终的意愿和命令"（endlicher Will und Bevelch）这个短语在 1633 年 8 月给 Schlick 的敕令中就已出现（参见 Jacob, *Von Lützen bis Nördlingen*, S.35，注释）。里特尔（上引书，第 241 页）区分了至 1633 年为止皇帝敕令发展的三个阶段，但是这与法律的发展无关。华伦斯坦曾在皮尔森（Pilsen）抱怨皇帝命令他围攻雷根斯堡（vgl. Majlath, *Gesch. des österreichischen Kaiserstaates*, Ⅲ, S.346; Förster, *Wallensteins Prozeß*, S.112，以及 1632 年 2 月来自埃格 [Eger] 的军令，见 Hallwich, *Wallensteins Ende*, Ⅱ, Nr. 187, S.241），但并不意味着存在不执行此类命令的权利。沙夫戈奇（Hans Ulrich Schaffgotsch, 1595—1635）在辩护时说皇帝给了华伦斯坦"这么大的权力"，但此外仍旧描述了发生在皮尔森的事情（见 Hirschberg, 1829, S.17）。皇帝给下级指挥官 Gallas 和 Ossa 等人直接下令的例子见里特尔，第 240 页及以下。

[81]　[原注 78] 1632 年 7 月 18 日致波兰亲王信中第 5 条，见 Hallwich, *Fontes* Ⅱ, Nr. 946, S.500, 502；亦见 Dudik, S.182。军团的构成由上校主管。

[82]　[原注 79] 可见，上文所刊的 1632 年文本优于 1633 年刊登在《欧洲舞台》（*Theatrum Europaeum*）上的文本，因为后者只有"J. K. M."几个字；汉堡城 （转下页）

皇帝承诺，无论是皇帝本人，还是皇室的其他人，都不得妨碍自己在军事行动中无条件的自由指挥权。参见本书第 64 页。

　　第 4 条和第 5 条的内容是华伦斯坦个人的补偿和奖赏及其保证。　89
史学家兰克在解读第 5 条中"最高王权"时参考了一篇意大利语文本（其中写道"uno die maggiori regali"），并将此处的王权（regali）理解为采盐权和开矿权；米夏埃尔（见其书第 424 页）则将此处的王权理解为选帝权（Kurwürde）。里特尔的观点则完全相反。他认为这条文字唯一可能的解释是作为 [83] "权利"（jus）或"至高无上的权力"（regale supremum iure superioritas），或者说"皇权"（imperialis），也就是说，是指有利可图的开征关税和战争税的权利（相关论述见里特尔 1905 年在《哥廷根学者公告》[*Göttingische gelehrt. Anz.*] 上发表的文章《古斯塔夫·阿道夫在德国的计划与目的，兼论不伦瑞克和吕讷堡公爵》[Gustav Adolfs Pläne und Ziele in Deutschland und die Herzöge zu Braunschweig und Lüneburg]，第 206 页）。

　　里特尔指出，这个唯一可能的解释是令人难以置信的，因此他认为这只能再次说明，这份公告的文本是完全不可用的。从米夏埃尔书中所引用的 1632 年的使节报告中可以得出结论，当时确实就赋予华伦斯坦选帝权的事情进行过协商。但是，根据当时国家法的语用习惯，选帝权这个词也可以是最高王权（höchstes Regal）的代称。在米夏埃尔的书中，关于高级王权和低级王权之分的考虑反而会混淆本身十分清晰的法律状况。

　　然而，在高级王权和低级王权的内部，并不存在最高王权。从这一点出发，里特尔很轻易地就能驳倒米夏埃尔的解释。事实上，这里所说的乃是封建法律中涉及采邑的王权（Dignitas regalis）。这种涉及采邑的王权确实存在分级，存在一种等级秩序（ordo），因此也就存

（接上页）市图书馆所藏副本则明确写着"匈牙利国王斐迪南三世"。

　　[83]　[德文版编者注] 施米特手稿中将"作为"（als）订正为"指向"（auf）。

在一个最高王权。在那些代表着封建王权（feuda regalia）且只有皇帝才有权授予的采邑之中，存在着一种等级次第：王国、选帝侯国、公国、伯国、男爵领地。这里的封建王权就是那些采邑，皇帝在转让这些采邑的时候，这些采邑就获得了王权。

最高王权就是王国；但在这里，王国不在我们的考虑之内，因为公告里说的是帝国中的最高王权。因此，公告里的这条文字就完全说得通。特别是这里说的酬劳，就是特殊补偿（extraordinarii Recompens），正与一般补偿相反，它不是一笔钱，而是一种身份地位（dignitas），既不同于对军费的补偿，也不同于 1619 年巴伐利亚选帝侯马克西米连与皇帝的约定。公告中的文字表达完全符合当时国家法的准确语用习惯，因此大概可以作为这份文件可用的证明之一。[84]

90   第 6 条涉及军需之保障。《欧洲舞台》的记载中没有使用"不足的"（schlecht），而是又一次使用了"无条件授权"（in absolutissima forma）这个短语，还继续写道，针对华伦斯坦的授权，"无论是帝国

---

[84]　[原注 80] 关于涉及采邑的王权（dignitas regalis）的概念，参见阿鲁梅乌斯《论公法的学术语汇》（*Discursus academici de iure publico*）卷 III（Jena, 1621），第 14 条（Caspar Koch）"论涉及采邑的王权及与此相关的封建王权"（De regali dignitate et feudis regalem dignitatem annexam habentibus）；另见第 15 条（Konrad und Benedikt Carpzow）"Die regalibus"及该处论皇帝封赐选侯爵位及采邑的权利的第 2 章；赖因金克，《论宗教与世俗的统治》（*De regimine seculari et ecclesiastico*, Frankfurt, 1659），sec. 1. I. cl. IV, cap. XVI, n. 5-8，以及该处关于 17 世纪文献的其他证明。阿尔尼塞乌斯《论共和国》（*De republica*, II, c. II, 7 n. 33）在论及可分割性（Teilbarkeit）问题时提出了 feuda regalia 和 feuda alteri subjecta 两个概念的区分（regaia 是不可分割的）。在 18 世纪，这个观念就在现代的国家主权概念面前消失了。不过选帝权作为封建权利，自然还是受到认可的，参见莫泽尔（J. J. Moser），《德国采邑法》（*Teutsche Lehensverfassung*, 1774），第 163 页。——里特尔（上引书，第 262 页，注释 2）认为，据说华伦斯坦应该从所有占领的邦国那里获得最高王权，但是从字面意思看，这也不是唯一必然的解释。参见本章注释 41。

枢密院，还是帝国国库，或是位于施佩耶尔的皇家法庭，都不得主张任何权益，不得做一般与具体的决定，也不得以任何其他方式干涉"。（事实上，汉堡的版本也是如此。）根据 1632 年 4 月 15 日皇帝的一份授权，华伦斯坦可以依据有罪行为而做出财产充公的判决，并有权没收所涉及的财产。他不仅在帝国内，而且在世袭土地上也拥有此项权利。[85]

第 7 条同样涉及军需之保障。颁发自由通行证和保护令给个人和邦国被当作单纯的财政事务。

第 8 条除了涉及军需保障，还涉及有利于华伦斯坦的约定。

第 9 条：里特尔指出，皇帝只给予某些特定的补贴，并不承担一切开支。（见里特尔，上引书，第 258—259 页，用《欧洲舞台》的话来说，叫"巨额经费"。）但是约定中也说明，在缔结和约之后，华伦斯坦的开支将得到补偿。这也与 1619 年巴伐利亚公爵马克西米连和皇帝的约定有着相似之处。

第 10 条：正如里特尔所述，军队撤退进入皇帝的世袭领地，只能在紧急情况下，而且是"不言而喻"的（第 267 页）。但此处并不是指真正的紧急情况，而是指即便在非紧急情况下也能在皇帝世袭领地"休整"的权利（参见《三十年战争史书信与档案》[II₂]，第 328 页）。所涉及的并不是紧急情况——这点恰恰是第 10 条中最重要的。

这 10 条不能证明任何有关专政的内容。根本利益在财产法方面。从国家法来看，这份"聘用合同"没有任何问题。我们甚至可以说这份文件是一份雇佣兵契约。至于国家法意义上华伦斯坦与皇帝的关

91

---

[85]　[原注81] 关于 1633 年 11 月 24 日的再次授权，见 Hallwich II, Nr. 329, S.120：
"华伦斯坦宣称，既然皇帝把所有被罚没的财产都移交给他作战争必需物资，他自己则也有权力接收波西米亚和其他地方贵族权利登记册中那些失效的财产，或者委派全权专员执行此事。这些专员应当替代我们去做公告上涉及的一切事情，无差别地判决和行动，就如同我们亲自做一样。"

系，则皇帝始终是总指挥官，他只是把军事行动和军队管理的权利转让给了华伦斯坦，当然在这个过程中，他也赋予华伦斯坦事实上很大的行动自由。第 4、5、8 和 9 条包含了关于华伦斯坦的报酬和补偿其费用的说明。

文件中并没有谈到政治权限，第 8 条甚至还显示了相反的内容，即和平谈判并不取决于华伦斯坦。尽管有时也说华伦斯坦拥有全权（plenipotentia），或者可以决定战与和（arbitrium belli et pacis），[86] 但实际上，华伦斯坦的一切谈判都只能在皇帝特别授权或者皇帝批准的保留条件下进行。[87] 这个事实否定了华伦斯坦的所谓全权和议和权。萨克森选帝侯在 1634 年 2 月 3 日的决议中回答了阿尔尼姆（Arnim）关于和谁谈判的问题，他说："与弗里德兰公爵，作为被帝国授予全权的人……此人并非以自己的名义，而是以罗马皇帝的名义且应罗马皇帝的吩咐而作战，军队属于皇帝陛下，公爵及其军官，包括他们的军队，都熟悉皇帝陛下，而皇帝陛下并未完全交出议和权。相反，他视之为最高的皇权而为自己保留着。"这段话还特别强调，一切军事上的全权并不足以构成和平谈判的基础。[88]

92　　华伦斯坦在第二次元帅任期内所获得的特殊地位，由一种军事指挥的特殊自主权和特殊的酬劳构成。只有当他的特殊地位对客观法律

---

[86]　［原注 82］舍贝克，《华伦斯坦问题的解决》（*Lösung der Wallensteinsfrage*），第 568 页；米夏埃尔，《华伦斯坦与皇帝的契约》（*Wallensteins Vertrag mit dem Kaiser*），第 412 页；里特尔，《华伦斯坦的没落》（*Der Untergang Wallensteins*），第 283 页；参见本章注 74。

[87]　［原注 83］通过与萨克森选侯领地的谈判，华伦斯坦获得了一项全权（Förster II, Nr. 327, 329; Dudik, S.470; Heibig, S.11；参见 Wittich, *Hist. Z.* 68, S.255, 385）。华伦斯坦还从西班牙国王腓力手中获得承诺，批准自己的全权，见 Ritter, S.252。

[88]　［原注 84］《兰克选集》，第 513 页；同一份决议（Nr. 5）还得出结论：华伦斯坦的所有谈判都取决于皇帝的批准，"围绕着战争事宜的无限权力"并不是和议的基础。

状态产生影响，并意味着一种例外情况时，才构成专政。不过，为了作战需要征收战争税和没收财产，已经超过了一般的限度。在这类征税和没收财产的实践中，已经出现了上述对客观法律状态的影响。在紧急情况下，每一项军事行动都必然表现出目标的无限延展性。就作战而言，所必需的不仅是直接和军事行动的战略战术指挥相关的一切，而且还有关系到武器装备、军队维系、交通运输、通信服务、军事纪律以及己方和敌方军队士气的一切要素。因此，当军事行动的范围发生延伸且技术发生改变时，整个国家最终都要服务于军事目的，也就是说，国家将成为实现具体成功的技术手段。

历史上，普鲁士军事委员会的发展已经证明，为了达到某一目的，军事行动范围的延展能力有多大。显然，这种纯技术性的理解完全符合华伦斯坦的思维方式。华伦斯坦是一个杰出的组织者，他不仅在最艰难的情势下创建了一支大军，同时管理着众多的邦国。他的管理方式使这些邦国的治理成了在历史原初意义上的重商主义和理性功利思想主导国家管理的伟大典范。像华伦斯坦这样的人永远不可能理解，为什么要顾及神圣罗马帝国的现存律法和各等级的传统特权。在致帝国枢密顾问特劳特曼斯多夫（Trautmannsdorf）的一封信中，华伦斯坦亲笔附言说：

> 这些从帝国来的人跟我谈帝国决议（Reichsabschied）和金玺诏书云云，在他们说这些东西的时候，我毫无头绪。[89]

出于军事考虑而决定开征战争税，甚至无所顾忌地没收财产——通过这种方法，本可以轻松地扫除那些掣肘的现存法律状态。判处没收财产的权力当然只针对敌人和乱党而施行，但这也曾经是一切革命的实

---

[89] [原注 85] Hallwich, *Gesch.* III, Nr. 12, S.16.

93
践——把自己的政敌宣告为国家公敌，并以此不同程度地完全剥夺他个人及其财产所受的法律保护。然而，皇帝远不会在革命性的意义上使用这种手段。作为委托者的皇帝也不会自认为有权单纯按照物质技术的考量去行动。皇帝不敢试图贯彻权力完满性这一例外法权，从而利用战争局势来扩大自己的政治权力，也许是因为忌惮华伦斯坦过大的影响力。君主统治秘术的原则之一，就是不让某一个官员或者将军的权势过大。

1632 年的《君主之道》（*Princeps in compendio*）就以劝诫君主的形式记载了君主统治的原则。这本书归于皇帝斐迪南二世名下，很可能出自他身边人之手（作为遗嘱留给了斐迪南三世）。书中明确影射了华伦斯坦，指出君主不可以授予任何将军自由和绝对的权力（libera et absoluta potestas），不能让他在君主不知情的状况下做任何事情，尤其是那些本来由最高权力来做的事情；君主本身应该就是统帅（ut sine suo scitu is alia quaeque et quae summi et absoluti imperii sunt agere et pro libitu suo omnes vexare spoliare et opprimere audeat et possit, sed ipse Princeps maneat generalis）。[90]

另一方面，1630 年，皇帝的顾问拒绝了把军队指挥权归于巴伐利亚选帝侯马克西米连的请求。他们反对选帝侯时援引了那条政治公理（axioma politicum），即不得允许任何人的权力大到可以让一切取决于此人的自由裁量权。从两个方面看，皇帝都处于一个艰难的境地。具有决定性意义的，是顾及现存的法律状态。[91] 这才是我们讨论华伦斯坦专政的真正核心。事实上，对华伦斯坦专政的讨论涉及如下意义上皇帝的权力完满性，即在德国是否存在一种机关，能够在援引紧急状

---

[90]　[原注 86] 按雷德利希（Oswald Redlich）论文中的 1668 年版本（维也纳皇室图书馆）印出，《下奥地利方志协会月刊》（*Monatsblatt des Vereins für Landeskunde von Niederösterreich*），第 5 期（Wien, 1906），特辑，第 9 页及以下。

[91]　[德文版编者注] 施米特手稿中在此处分段。

况的条件下取消起阻碍作用的既得权利。因为皇帝并没有下定决心基于自己的权力完满性而贯彻例外法权，所以，对华伦斯坦专政的问题而言，他相对于皇帝处于何种地位的问题就变得没有意义了。

　　1636年12月24日，斐迪南三世的选举让步协议相当于在国家法意义上宣告皇帝失去了借助例外法权创造一个强大的中央权力的最后机会。在"外部的紧急情况下"，皇帝虽然不必征询各等级的看法，但为了得到最急需的税收，仍需听取六位选帝侯的意见。换言之，皇 94 帝并不能以紧急状况为由，仅凭自己的权力临时征税。即便在破坏和约或顽固违法已经成为无需特殊证明的法律事实的情况下，皇帝也不能在没有选帝侯同意的条件下宣布某一等级不受法律保护。即便法律事实确凿，也必须在未来经过一轮特殊的法律程序，而皇帝早先的立场，即可依据事实（ipso facto）执行褫夺公权令，已经不再被允许了。国家法教授李姆奈乌斯[92]评论说，紧急状态是一个受欢迎的借口，但是皇帝已经被剥夺了使用这个借口的可能。即使在最极端的必要情形下（in extremo necessitatis casus），皇帝也不允许按照自己的意志做决定，而是至少要听取选帝侯们的意见；这正是为了让皇帝不可能通过援引紧急状态而把神圣罗马帝国的中间状态（status mixtus）变成纯粹的君主政体。

----

[92]　[原注87]李姆奈乌斯早在其《德意志民族罗马帝国的公法》（*Juris publici imperii Rom. Germ.*）卷V中就讥讽地反对赖因金克，并且否认皇帝拥有权力完满性（见《德意志民族罗马帝国的公法》I, 1. II, c.10，另见1. II, c.8中论权力完满性的内容）。文中提到的地方见《帝国选举让步协议》（*Capitulationes imperatorum,* ed. alt., Straßburg, 1648），第696页；以及蔡格勒（Chr. Ziegler），《选举让步协议》（*Wahlkapitulationen,* Frankfurt, 1711），第141页。尽管如此，斐迪南二世仍然被Hippolithus a Lapide塑造为僭主，认为斐迪南二世触犯了宪法，造成臣民有权合法反抗的情况（*De ratione status,* Pars I, ch. 7. 援引选帝侯的控诉而反对斐迪南二世的内容，见Johannes Henricus Stamler, *De reservatis imperatoris,* Giessen, 1658, §24）。

第三章
18 世纪国家法学说中
向主权专政的过渡

法国国王代理人作为中央集权政府专员并对抗居间权力

法国的集权君主通过专员统治国家。代理总督（Intendant）作为国王进行管理、统一和中央集权化的载体，真正的王权代理人，就是专员。[1]

这类专员的官方名称是"国王陛下派往财政区和各省或为执行王命而任职的专员"。作为某一财政区或某一省份的最高长官，这类专员可以随时被撤销；而代理总督管辖地的范围也不与（其他总督或议会管理的）其他行政区或司法区相重合。在 18 世纪，一共有 31 个这样的省，此外还有 6 个省在殖民地。[2]一般来说，只有审理长（maîtres

---

[1]　[原注1] 阿诺托，《代理总督制的起源》（*Origines de l'institution des intendants*, Paris, 1884）；埃斯曼，《法国法律史教程》（*Cours d'histoire du droit français*, 9. ed., Paris, 1908），第 590 页；拉维斯，《法国历史》（*Histoirede France*），Ⅷ 1，第 151 页；霍尔茨曼，《法国宪法史》（*Fanzösische Verfassungsgeschichte*, Below-Meineckes Handbuch, 1910），第 396 及下页。代理总督最初是弗朗茨一世（Franz I.）治下引入的民事管理官员（trésorerie de France）的名称；这些人要么是枢密院的成员，要么是枢密院成员的正规下属。在根本上，他们的任务是监督和计算，但是这种民事管理官员还负责军事管理、炮兵、水兵、宫廷管理等领域的正式或非正式事务。这些官员的监督职能逐渐扩展为组织权力。

1790 年 6 月 26 日的法律取消了各省代理人（commissaires départis），即代理总督及其下属的全权，恰好在新的省行政机构和区行政机构产生效用的时候（迪韦吉耶 [Duvergier]，《法律集》[*Collection des lois*], Paris, 1824, I, p.262）。通过 1793 年 11 月 24 日的国民大会法令，早先的代理总督全部被逮捕，就是为了迫使他们公布自己的所作所为（Duv. Ⅵ 373）。

[2]　[原注2] 参见珀蒂（Emilien Petit），《法国公权与殖民地政府》（*Droit public ou gouvernement des Colonies françoises*, Paris, 1771; 吉罗 [A. Girault] 版，Paris, 1911）。

de requêtes），也即枢密院的成员，才能被任命为专员。根据战争部长的建议，财政总管任命专员，并将其派往边疆省份。作为专员，代理总督的权限只限于其个人以及从其所受委托之中衍生出来的职权范围。根据所涉及省份以及代理总督个人情况的不同，权限也不同；在困难的情形下，专员要寻求中央权力的指示。一般来说，但凡和司法、警察、财政管理相关的事务，代理总督都需要注意，他要维持公共秩序，还要对一切与为君王效劳和臣仆利益相关的事加以全面的监督。税赋的征收与分配，司法权威维护情况的监督，不同地方的军队分布，军队的征募并在由此产生的问题及争议上做出决断，行军沿途粮仓 [3] 中军粮的筹措，食物短缺时期最高物价的限定，耕作、贸易和手工业的促进，道路、桥梁和公共建筑的维护——简而言之，一切为了国家利益（le bien de l'état）的事。他必须向委托者——国王与枢密院呈递报告，让他们了解最新的状况，包括辖区发生了什么、哪些方面可能需要改革等。

通过枢密院的特别决议，中央权力可以委托代理总督开展调查、收集证据、提供鉴定等，但较少委托他指导诉讼程序或者做出司法裁决。一般情况下，代理总督不应当自己裁决，而应致力于使依法负责裁决的法庭独立 [4] 做出决定。至于税额厘定和征税所引起的争端，他也应当留给法庭定夺。在公开的暴乱，尤其是农收时期常有的农民起义中，则由骑警队队长或其副官通过特殊司法程序来裁决。此时的骑

---

[3]　[原注 3] 我们必须区分作为专员的代理总督与有特权的粮食协会（Getreidegesellschaften）的专员。后者在 F. Wolters 的著作《1700—1790 年法国的农业状况和农业问题研究》（*Studien über Agrarzustände und Agrarprobleme in Frankreich von 1700 bis 1790*）中被不准确地称作专员，载 Schmoller 与 Sering 编《政治学与社会学研究》（*Staats-und Sozialwissenschaftliche Forschungen*），卷 XXII，第 5 册（Leipzig, 1905），第 277 页。

[4]　[德文版编者注] 施米特手稿中删去了"独立"一词。

警队队长和副官既负责初审，也负责终审。[5] 代理总督或他本人的下级代表往往要和起义者谈判，在劳资争端中，他们还要试图在雇主与罢工的工人之间调解。通常，代理总督不愿意动用暴力手段，而是"怀着最大的谨慎"行事，因为经验告诉他，在这一类情况下，警察的禁止和制裁并没有什么作用。[6] 必要情况下，代理总督可以让枢密院赋予自己特殊的全权，借助武装力量介入事态，并采取必要措施。不过，他必须对自己的行为做出解释。作为行动专员，代理总督这种被称为"执行权威"（autorité exécutive）的职能，与一般的监督活动和行政活动完全相反，因此偶或被称为"专政"。[7] 如果枢密院没有明确做出其他规定，则用以反对代理总督的法律手段——向枢密院上诉，也就没有效果。代理总督可以任命下级代理人自行支付后者的酬劳，并可随时撤销。代理总督居住在其辖区的首府，但是每年必须至少出巡一次。

　　作为中央权力的特使，代理总督天然与地方团体形成对立，因为后者保留了各封建等级广泛的司法权和自治权。但相对于中央政府，也有些代理总督懂得保持一种相对独立的态度；作为专员，大多数代

---

　　[5]　[原注4] 委托词如下："委派骑警队队长及其副官了解缺粮时节可能爆发的骚乱和聚众闹事；命令他们妥善处理诉讼案件，审判为既无上诉权又无特赦权的终审；国王陛下禁止所有法庭过问此案。"他们随意闯入民宅，逮捕民众等；不过有命令规定，必须在 24 小时之内审问被逮捕者。托克维尔在《旧制度与大革命》中评论这道命令说："和我们今天一样，这项规定既不正规，也不被遵循。"

　　[6]　[原注5] 勒瓦瑟（Levasseur），《1789 年之前工人阶级的历史》（Histoire des classes ouvrières avant 1789），第 2 版，第 2 卷（Paris, 1901）。该书第 805—815 页描述了大量工人和学徒暴动的案例。作者指出，在一份请求下达反对寻衅滋事并执行镇压的政令的报告中，书页边缘上有一则附注：什么也做不了。

　　[7]　[原注6] 波纳德（Bonald），《权力理论》（Théorie du pouvoir, 1794），第 2 卷第 3 节"民事行政理论"（la théorie de l'administration civil），见《波纳德作品集》卷 16，第 116 页。

理总督都是中央集权化进程的得力工具，因此就陷入了与许多势力的冲突。这些势力包括议会各等级、外省各等级、城市等"中间力量"，也包括各等级为征税而任命的中间专员[8]和在任总督。总督最初是军事统帅，原本也是可以被罢免的专员，经过从临时官职到正式官职的典型发展之后，成为固定职位，而后一般终身任职，甚至世袭。因此，作为中央官僚体系的表现形式，代理总督很早就成了众矢之的。

在抨击代理总督的言论之中，最出名的当数圣西门公爵（Herzog von Saint-Simon）的回忆录和费内隆（F. Fénelon）1710 年给谢弗勒兹公爵（Herzog von Chevreuse）信中的评论。对代理总督的这些攻击贯穿整个 18 世纪。由于当时在法国有 30 个代理总督，人们用"三十僭主"来影射他们。[9] 这种官僚制度封锁了各等级接触国王的道路，而国王则只通过官僚的眼睛来看。[10] 除此以外，控诉代理总督的最重要理由是违宪：涉及那些不经过各等级同意而直接出自国王的税赋时，官僚制度在税赋的摊派和征收上给代理总督的任意专断保留了很大的

---

[8]　[原注 7] 制宪议会暂时还允许这些中间专员自由从事自己的活动；中间专员与国王一时兴起而任命并参与行政管理的后派专员（commissaires additioneis）不同。参见 1789 年 12 月 12 日法令，见迪韦吉耶，《法律集》I，第 73 页，另见第 75、106、109、181 页。中间专员的活动到 1790 年 12 月 31 日就终止了。

[9]　[原注 8] 见瓦尔（Adalbert Wahl）《法国大革命前史》（*Vorgeschichte der Französischen Revolution*, Bd. 1, Tübingen, 1905）第 8—9 页所注 Dubuc《苏瓦松的代理总督制》（*L'intendance de Soissons*, 1902）（我无法看到此书）；P. Ardasheff，《旧制度末期的代理总督》（"Les Intendants de province à la fin de l'Ancien Régime"），载《现代史与当代史评论》（*Revue d'histoire moderne et contemporaine*），1903，第 5—38 页；Jacques Necker，《论法国的财政管理》（*Traité de l'administration des finances en France*, Paris, 1784），Ⅲ，第 380 页。

[10]　[原注 9] 在这类描述中，我们可以看到卢梭笔下以及法国大革命当中保留的一切"有机"图像：代理总督是国王或枢密院的眼睛，国王或枢密院则是思想或意志；只要代理总督仍有行动的权限，他就是国王的手或臂膀，等等。

空间。那些居间权力机关，即各等级的自治机构，始终在提出控诉，反对君主的专员。

　　1648 年，路易十四尚未成年之时，巴黎各法院曾联合起来阻挠多名代理总督的任命。当然，这些代理委托关系的一部分后来又复原了。公会主义坚持反对教宗的权力完满性，主张权力完满性不可以由教宗，而应该由教会来行使，教宗不能直接改变教会内部的品秩等级，不得干涉各类神职的规定权责。[11] 德意志帝国各等级也有同样的观点（当然他们获得的结果不同），他们认为拥有皇权（majestas）的不是皇帝，而是帝国。[12] 皇帝本身只是帝国的一部分，因此法国的各

---

　　[11]　[原注 10] 参见本书第 43—44 页。

　　[12]　[原注 11] 赫费尔（Heinrich Höffer）在托马修斯指导下撰写了博士论文《论双重权威》（*De duplici majestatis subjecto*, 1672）。基尔克在论述这一学说时没有提到这篇论文（Otto von Gierke, *Johannes Althusius und die Entwicklung der naturrechtlichen Staatstheorien: Zugleich ein Beitrag zur Geschichte der Rechtssystematik*, Breslau, 1880, S.168），但是对国家法的有机理论来说，这篇论文非常重要。赫费尔回溯了格劳秀斯及其关于人民可以完全把自己的权利托付给其他人的学说；在 §18 当中（延续了奥斯兰德《格劳秀斯〈战争与和平法〉三部著作中神学最重要部分的观察》[*Observationes maximam in partem theologicae in libros tres de iure belli et pacis Hugonis Grotii*, Tübingen, 1671] 第 468 页的观点；奥斯兰德重复了英格兰詹姆士一世反对枢机主教贝拉明 [R. Bellarmine] 的论据）写道：像阿尔图修斯这样的反君权主义者混淆了人民（populus）和国家（civitas），从而将人民放在了君主的对立面，仿佛人民和君主是两种不同的事物，仿佛君主处于国家之外。

　　但是关于国家，人们不得不说，国家包含着国王，两者属于一个整体（eam tamquam totum complecti in se regem）。早在 17 世纪就有人说出"国家由国王和人民构成"这个观点，所以，尽管迈斯纳（H. O. Meisner）认为，1819 年符腾堡议员凯斯勒（Keßler）发表了"全新的、开创性的言论"，我们大概还是要否认迈斯纳为这位议员的言论所争取的特权。参见迈斯纳，《君主制原则学说》（*Die Lehre vom monarchischen Prinzip*, Breslau, 1913），第 226 页注释 3，第 230 页注释 4。

99   级议会说，国王并不超脱于国家之外，而是王国的一部分。[13] 他们认为"居间权力的分层"（gradation des pouvoirs intermédiaires）是神圣的所在，把国王的权威和人民的信任联系在了一起。在 18 世纪，各等级在司法和行政方面的独立性还很大，因此我们不能将法国国王的集权专制与拿破仑的专制相提并论。[14] 对像波纳德这样的君主主义者来说，君主制和世袭的居间权力是同属的，而委托性质的代理总督则是一种和君主制度相抵触的制度。尤其是，只有当我们考虑到居间权力思想在孟德斯鸠那里处于最重要的地位时，我们才能理解他的国家学说。[15] 孟德斯鸠和启蒙之间的张力就寓于一场在政治和行政现实之中的论争。这场论争发生在保守的等级自治和中央集权化的官僚体系之间，前者由于大量独立实体的存在而成为"间接的"国家权力，后者则在任何地方都能直接发生作用。孟德斯鸠是某一议会的成员，而

---

[13]　[原注 12] 正如 1527 年 12 月 20 日的议会决议中所说，"国王就在王国之中"——这则短语后来在 1753 年 4 月 9 日被议会的《谏书》（*Remontrances*, Utrecht, 1753）引用，也出现在弗拉默尔芒（M. T. Flammermont）的《18 世纪巴黎议会谏书：法国历史未公开的文件集》（*Remontrances du parlement de Paris au XVIIIe siècle: Collection de documents inédits sur l'histoire de France*, Paris, 1888），Nr. 56，I，第 568 页。后者还区分了主权与君主，认为君主的权力应该得到限制。——对此，国王路易十五也以同样的"统一性"为论据反驳。他威胁每一个胆敢将自己与作为独体（corps séparé）的国家分离开来的人，并且强调自己与人民是合一的。这是 1766 年御临法庭（lit de justice）上路易十五最著名的话。他从君主与人民的统一性中所推出的结论恰恰是，国王权威的"完满性"（plénitude）是不允许受到限制的。问题正在于，国王与人民，究竟是谁认为自己是这种统一性，并且在政治上把这种身份贯彻下去；无论问回答说"两者都是"还是"两者都不是，而是某个更高更广泛的第三方"，都没有解决这个问题。

[14]　[原注 13] 丰克－布伦塔诺（Funck-Brentano），《旧法国，国王》（*L'ancienne France, le Roi*, 2 ed., Paris, 1912）中有许多很好的例子。

[15]　[译注] 下文孟德斯鸠《论法的精神》相关引文的汉译参照商务印书馆1961年版张雁深译《论法的精神》。

杜尔哥（Turgot）——开明专制之中重农主义最重要的代表人物，则是从做代理总督起家的。

居间权力理论与所谓分权学说之间的联系，后者准确地说应该是孟德斯鸠的权力均衡学说

　　在孟德斯鸠看来，"居间权力"（pouvoirs intermédiaires）是尊重基本的法律的君主制政体的根本特征。法律则需要一个中介机制——国家权力的下达必须经过这个中介机制，从而防止国家意志发生任意和突然的变化。贵族、庄园世袭体系的司法权、僧侣、起着"法律仓库"（dépôt des lois）作用的各个独立法庭，也即法国各级议会——这些处于中介地位的机构都对国家的无限权力起着约束作用。但君主的枢密院则不然，这种机构天然倾向于执行君主的当下意志，而不可能是基本法律的"神圣贮藏之所"（dépôt sacré）。此外，君主的枢密院还存在弊端，那就是枢密院不像那些中间实体是"恒常"的。同样，枢密院也不拥有人民的信任。[16] 　　100

　　就此而言，孟德斯鸠所表达的思想与18世纪法国议会谏书中一再出现的思想并无二致，是一种与启蒙、伏尔泰和重农主义者形成极大反差的思想。对后者而言，传统的中间实体和世袭职位是一种野蛮

---

　　[16]　[原注14]《论法的精神》1.2.4："君主政体的性质是'居间的'、'附属的'和'依赖的'这些权力所构成。我说君主政体的性质，指的是由单独一个人依照基本法律治理国家的那种政体的性质。我说'居间的'、'附属的'和'依赖的'这些权力，因为实际上，在君主政体里，君主就是一切政治的与民事的权力的泉源。有基本法律，就必须要有'居间的'途径去施行权力。……君主的枢密院缺少人民足够高度的信任。"（楷体部分是孟德斯鸠因出版审查者的要求而进行的改动；参见维安 [Louis Vian]，《孟德斯鸠传》[Histoire de Montesquieu, Paris, 1878]，第261页。这些改动表明，集权专制国家的政府如何试图削弱封建等级制的思想。）

的（当时称为哥特式的）无意义，干扰了他们理性的范式。启蒙看待
国家的方式和有神论的形而上学看待宇宙的方式一样：尘世之外的上
帝安排了这个世界，使其如一架完美的机器，按照最初设定的法则来
运行；立法者同样地组装了国家机器。为了使自己的构思形象化，孟
德斯鸠使用了"均衡"这一观念。在 17 和 18 世纪，"均衡"被用来
形容每一种真正的和谐（宇宙的和谐、内外政治的和谐、道德和国民
经济方面的和谐），而且不一定非得是抽象的和理性的。如果不坚持
这种均衡，而只固守分割或者分离之意，则孟德斯鸠的所谓分权理论
就变得不可理解了。[17]

　　要建立起来的是一种相互监督、相互制约但又相互连接的体系。
101　"以权制权"（《论法的精神》XI，4）；在孟德斯鸠《论法的精神》中，
停止、制约、束缚、阻碍等语词构成了著名的第 11 卷第 6 章的关键
词。"均衡"的观念主要是为了说明议会和君主之间的一种沟通和
理解。君主拥有最重要的国家权力手段，一个组织如果要和君主对
立，就只能声称自己代表人民，自己就是人民，并以此要求监督国家
权力的使用情况，制定使用权力的规范，也就是立法。在这种斗争

---

　　[17]　[原注 15] 哈斯巴赫（W. Hasbach）提醒我们注意这个在德语文献中一般
被忽视的事实（除了那些篇幅较长的作品之外，还有论文《权力分立、权力分享
和混合国家形式》["Gewaltentrennung, Gewaltenteilung und gemischte Staatsformen",
Vierteljahrsschr. f. Sozial- und Wirtschaftsgeschichte, Bd. 13, 1916, S. 562 f.]）。雷姆和耶
利内克（G. Jellinek）之间的争论就是这种误解的一个特别突出的例子（雷姆，《普通
政治学》[*Allgemeine Staatslehre*]，第 233 页；耶利内克，《孟德斯鸠国家权力学说新
论》["Eine neue Theorie über die Lehre Montesquieus von den Staatsgewalten", *Zeitschrift
für das Privat-und öffentliche Recht*]，卷 30，1903，第 1—2 页，雷姆的回应见第 417—
418 页，耶利内克的二次回应见第 419 页）。自 17 世纪以来，英国、美国（《联邦党人
文集》）和法国讨论政治问题时，使用天平的图像来描述立法权和行政权、议会和国王
或执政者、联邦和邦国、上院和下院之间的关系。复辟时期的研究文献曾把天平符号
当作理性主义模式而加以攻讦。

中，如果一个权力摧毁另一个权力，统一就从中产生了。按照 18 世纪的语用习惯，这种统一就是专制（Despotismus），今天称之为专政（Diktatur）。[18]

相反，均衡则是指一种在调和妥协的道路上达成的统一。因此，所谓的分权绝不是一个教条般的公式。分权所涉及的永远都是具体的政治状况，之所以使用"均衡"这一观念，始终是为了针对那些凭借自身单方面的权力要求，通过专政来干扰和妨碍明智的均衡的人。均衡观念的使用并不像 19 世纪那些君主制的辩护士所声称的那样带有共和与民主的色彩，也不像弗朗茨（Konstantin Frantz）所认为的那样，是一种抽象的唯理主义。弗朗茨把孟德斯鸠理解为现代国家中央集权倾向的精神之父，实在是一种极其严重的判断错误。[19] 根据孟德斯鸠的学说，任何一种不符合实际的政治"超"权力（Über-Macht），都是敌人。在克伦威尔所采用的宪法之中，这种学说似乎是一种用来预防国会统治滥权的手段。在长期国会（das Lange Parlament）的实践中，我们对国会权力的滥用已经有所了解。

在 18 世纪上半叶，为了维护一个强大的王国，波林布鲁克（Bolingbroke）子爵曾使用孟德斯鸠的学说来对抗国会中辉格党的党派统治。波林布鲁克把当时最显赫的马尔博罗公爵（John Churchill, 1. Duke of Malborough）称为"独裁者"。[20]

102

---

[18]　[原注 16] 19 世纪的斯塔尔在《各等级的专政》（"Diktatur der Stände"）中就是这么说的。参见斯塔尔《历史观点下的法哲学》（*Die Philosophie des Rechts nach geschichtlicher Ansicht*, Heidelberg, 1833, II 2, S.351）、《君主制的原则》（*Das monarchische Prinzip*, Heidelberg, 1845, S.15, 23）、《当前国家与教会中的党派》（*Die gegenwärtigen Parteien in Staat und Kirche*, Berlin, 1868, S.126）。

[19]　[原注 17] 弗朗茨，《作为一切国家学说基础的国家自然法理论》（*Die Naturlehre des Staates als Grundlage aller Staatswissenschaft*, Leipzig u. Heidelberg, 1870），第 216 页及以下。

[20]　[原注 18] 1713 年《乌得勒支和约》（Frieden von Utrecht）之后，同 （转下页）

这是对辉格党人把集权君主称为"专制者"（Despot）的回应。孟德斯鸠把均衡学说与中间实体学说联系了起来，为了支持中间实体的斗争，对抗君主专制及其工具——大臣和代理总督——的优势力量。在这个意义上，孟德斯鸠仍然处于等级制的传统之中，用各等级的居间权力去制衡君主那种支配一切政治手段、统一指挥整个国家机器的权力（"君主举足轻重，并受到服从"，《论法的精神》Ⅲ，10）。

孟德斯鸠的观点与通常的歌颂式史观不同，他并不认为法兰西王国中央权力的缔造者——枢机主教黎塞留是一个伟大的人物。孟德斯鸠甚至拥有对身处18世纪社会的人而言异乎寻常的勇气，竟然敢于引用封建种族理论的先驱布兰维利耶（Henri de Boulainvilliers）的言论，甚至对之颇为认同。然而，直接民主制和集权君主制面临着同样的异议：人民不允许有"直接的权力"（《论法的精神》XIX，27）；即使在古代共和国的直接民主制中，也不存在居间权力。

在孟德斯鸠那里，以及受他影响的所有文献中，专制主义都意味着"均衡"状态的结束。在某些方面，与其说孟德斯鸠主张权力的均衡，还不如说他试图对权力完满性进行"调和"（Mediierung）。国家的无限权力永远都不应完全施展其完满性，直接有效地在某个任意的点上进行干涉，相反，国家权威的施展永远都只应是间接的，只应是103 经过调和的，要通过某个具有固定权限的负责机关或者说"有限的权

<hr>

（接上页）年4月14日，艾迪逊（J. Addison）的悲剧《加图》（*Cato*）在伦敦首演。此时，波林布鲁克组织了一场政治游行，利用《加图》剧中经典的自由激情来"捍卫自由的目标，反对长期的独裁"，也就是反对当时要成为终身统帅的马尔博罗公爵。关于这一过程，参见沃德（A. W. Ward），《英国戏剧文学史》（*History of English Dramatic Literature* Ⅲ, London, 1899, pp.440, 441）；麦考利（Macaulay），《艾迪逊的生平与创作》（*The Life and Writings of Addison*, London, 1843）；波林布鲁克的传记（*Nat. Biogr. L.*, p.133）。在波林布鲁克的作品中，与本书主题相关的有《论党派》（*Dissertation on Parties*, 1733/1734）和《爱国君主的理念》（*Idea of a Patriot King*, 1749）。

力"（pouvoir borné），而这种有限权力与其他间接权力一样，具备不能随意废除的职权。即便是最高的权力——立法和行政，也应当在权力上互相制约。国家的无限权力被固定在由有限职权组成的一张网中，这种做法的成功之处，就是保护公民的自由不受国家无限权力的侵害。无论拥有绝对权力的国家机关是一个立法机构还是一个全能的行政机构，无论直接全权的工具——向外拥有无限全权、向内无条件受到约束的代理人——是由国会还是由君主派遣，结果都是一样的，都会导致公民自由的毁灭。

　　形式上的法律概念对这种学说并无助益。国家的自我约束应在于立法，而要保证国家能自我约束，要保证法律的"牢不可破"（Unverbrüchlichkeit），立法和司法就必须相互监督，特别是法律一旦颁布，就不得随意更改（因此才要求君主有否决权）。在任何其他情况下，立法者通过法律而加诸自身的所谓自我约束，都不过是一句空话。抽象地说，主权可以是统一的和无限的。在具体执行上，每位官员的权力都是有限的，即便是两大最高权力机关——立法和行政机关，都不应有能力单方面地扩张自己的权限。如果一个机关有超越自身职权之外的自主决定权（Kompetenz-Kompetenz），那么职权也就完全不存在了。

　　孟德斯鸠用专制主义一词定义无限的国家权力直接出现的状态。专政一词在他那里，包括在整个 18 世纪，都和古典传统相关，和罗马共和国联系在一起。因此，孟德斯鸠只了解在共和宪法已经存在的情况下出现的代理专政。他不时提到苏拉和恺撒这类典型的专政实例，但也仅限于对此做一些心理上的评论。[21] 他的观点和 17 世纪

---

　　[21]　[原注 19] 如孟德斯鸠《苏拉与欧克拉底的对话》（*Dialog Sylla et Eucrate*, 1722），或《罗马盛衰原因论》（*Causes de la grandeur et de la décadence des Romains*）第 8 和 13 章。在第 8 章中，独裁官是作为贵族对抗平民的斗争中的政治工具而出现的。孟德斯鸠并没有提到独裁官的军事指挥官身份。

的政治文献相一致（事实上和克拉普玛一样），认为专政是贵族制国家形式中具有本质性的特殊情况（《论法的精神》II, 3）：在统治上受
104 到威胁的少数向某一个公民让渡无限权力，赋予其一种超越的权威（une autorité exorbitante）。君主政体的本质特征虽然是个人行使超越的权威，但是君主政体的原则——必须考虑尤以贵族为代表的"中间"权力（II, 4）——却恰恰与之相反，阻碍着专政。

　　孟德斯鸠建议，贵族制国家应在宪法中预先规定好专政的情形，就像罗马或威尼斯一样，后者为此建立起一套长期稳定的行政体系。但是，威尼斯的政制设计导致一个权力无限的秘密机构活跃起来，让某一个体的野心与家族的野心联合起来，一个家族的野心又和多个统治家族的野心联合起来。最好的情况是，任期的短暂可以抵偿权力的无限，减少后者带来的隐患。正如孟德斯鸠在《论法的精神》第11卷第6章中所论述的那样，在真正分权的理想状态下，虽然没有专政，但也存在某种特殊情况，此时立法机关可在一段明确界定的短暂时期内赋予行政机关逮捕嫌疑公民的权力。这种特殊情况产生的前提条件是，政治体内部出现密谋反叛或者面临外敌兼并的危险。不过，特殊情况下的代理人对共和国向恺撒主义的发展有着普遍意义。这一点没有逃过孟德斯鸠敏锐的历史眼光。在论述罗马人的伟大与衰落的那部分中（第11章），孟德斯鸠赞美了罗马对公权的巧妙分割。在罗马，大量的官职相互牵制，相互监督，从而每一个官职都只具备有限的权力。随着特殊的委托授权的开始，像苏拉和庞培获得的那样，这种分权状态就终结了。

　　由此，无论是人民的权力，还是官员的权力，都被毁掉了，某几位显赫的重要人物就能够强占主权。内战便是这类夺权行为适宜生长的土壤，因为内战会招致专政。为了证明这一点，孟德斯鸠列举了法国的路易十三和路易十四、英国的克伦威尔和三十年战争之后德意志诸侯的专制为例。在重整秩序的借口下，当权者会行使无限的权力，而原先被称为自由的事物，现在就变成了动乱。像孟德斯鸠这样对现

代国家起源抱有这样一种史观的人，人们怎么会发现他与《社会契约论》的精神存在亲缘性？这恐怕只能从历史—政治的角度，而非从孟德斯鸠本人观点的实际内容出发去理解了。

普遍的法律无一例外地既是政治自由的手段，也是专制主义的手段

　　自从法国大革命以来，孟德斯鸠的那条言论就经常被引用。他说，有时必须要把自由遮盖起来，就像要把众神的雕像遮盖起来一样。[22]但孟德斯鸠这么说的语境和这句话常被引用时的语境并不相同。　　105
这句话并不是在为战争的紧急状态辩护，而是在讨论是否允许发布"褫夺公权法案"（attainder-bill）的问题。颁布这类法案所须顾虑的地方在于，公民将以法律的形式受到判决，换言之，这种法案造就了一种带有法律的普遍性特征的特殊情况。法律应当是一种适用于所有人的标准，而不应该仅涉及个别情况。在这里起作用的是法律作为一种公意（volonté générale）的观念。法律的普遍性特征就在于，法律面前不存在个体差异性，法律如同自然法一样，没有例外。
　　对孟德斯鸠（包括卢梭）而言，这种法律概念[23]起源于笛卡尔的哲学。孟德斯鸠了解的笛卡尔哲学主要来自马勒伯朗士（N. Malebranche），[24]这也构成了其学术兴趣的开端。对法国的政治哲学而

---

　　[22]　[原注20]《论法的精神》XII，19："世界上自古以来最自由的一些民族的做法使我相信，在某些情形之下，人们需要拉下帐幕把自由暂时遮盖起来，像在习惯上遮盖神像一样。"
　　[23]　[原注21]亚里士多德-经院哲学理解法律的方式所产生的影响不在我们的讨论范围内。
　　[24]　[原注22]人们强调孟德斯鸠的思想与前人思想（亚里士多德、（转下页）

言，这种法律观念的意义极大。如果说 17 世纪的英国将自由教区的原则用到政治实体上，帮助英国人在美国构建了一种新国家，那么 18 世纪的法国就把一种形而上的、自然科学式的法律概念给政治化了。笛卡尔的学说认为，上帝只有一种公意，一切个别之事都与上帝的本质相异。如果把这种观点移植到政治上，那就得出这样的结论：国家只能把普遍的抽象规则树立为法律，一切个别的具体情况都只能通过纳入普遍性的法律之下才能决断，而不是直接通过法律来决断。[25]

106　　　在卢梭那里，这种法律观念和各种不同的观念混杂在一起，效果尤其明显。相反，孟德斯鸠虽然也按照西塞罗的说法，把法律称为

（接上页）马基雅维利、博丹、维柯、波林布鲁克）之间可能存在的一切关联和依赖，却往往忽视 E. Buß 的发现（见《孟德斯鸠与笛卡尔：论法国启蒙文献的历史》["Ein Beitrag zur Geschichte der französischen Aufklärungsliteratur", *Philosophische Monatshefte*, IV, 1869-1870, S.19]）。他证实了孟德斯鸠的大量重要论断与马勒伯朗士思想之间的一致性。

　　[25]　[原注23] 笛卡尔写信给梅森（M. Mersenne）说："正是神定下了自然的法律，正如国王定下了国家的法律一样。"此话并非随意评论。这是对孟德斯鸠和卢梭都有极大影响的马勒伯朗士的机缘论（Occasionalismsu）的基础：使普遍法律（lois générales）得以运行的必然是偶发原因，因为若非如此，就只能是神的作用，此外，这只能通过个别意志（volonté particulière）实现。要理解《社会契约论》的论证过程，就必须理解这种形而上学。顺便提一下，马勒伯朗士就已经论述过"激情的均衡"（balance des passions）。——在笛卡尔、马勒伯朗士、莱布尼茨的影响下，关于神只拥有一种普遍而不可改变的意志，任何个别意志都与神的地位不符的说法，成了主导 17 和 18 世纪哲学的一条公理。考夫曼（Erich Kaufmann）的功绩值得被记住，他极其清楚地论述了一种国家学说与其所在时代的关联，见其《君主制原则的国家学说研究》（*Studien zur Staatslehre des monarchischen Prinzips*, Halle, 1906）；关于 19 世纪国家学说的有机论，参见其《论 19 世纪国家学说中的有机体概念》（*Über den Begriff des Organismus in der Staatslehre des neunzehnten Jahrhundert*, Heidelberg, 1908）以及他在《情势不变条例》（*Clausula rebus sic stantibus*, Tübingen, 1913, S.93f.）中的论述；关于 18 世纪的抽象法律概念，见拉斯克（Emil Lask）《费希特的历史哲学》（*Fichtes Geschichtsphilosophie*, Tübingen, 1902）。

"对一切人的命令"（jussum in omnes），但在这个地方却表现出自己的政治观念受教条式理性主义的影响之深。尽管有所顾虑，孟德斯鸠还是认可了褫夺公权法案。在他那里，法律必须具有普遍性这一要求并不像卢梭笔下那样，和任何具体内容保持着一种抽象的距离。相反，从政治角度看，这一要求在孟德斯鸠那里之所以与卢梭不同，实际上是出于如下的考虑：一种不可改变的（immuable）、稳定的法律应该让法律生活变得平静和谐且可以预见，由此，法律的保障就同时奠定了法官的独立性和公民的自由。这和洛克在探讨先已存在的法律时的考虑如出一辙。这样的法律杜绝了受具体形势决定的唯目的论的立法（Zweckgesetzgebung）和唯目的论的司法（Zweckjurisprudenz），从而确保了现代国家法学者称为"法律牢不可破"[26]的性质。与警察国家的秩序不同，每一种法治国家的秩序都具备法律牢不可破的性质。

　　而公民自由最重要的保障就在于居间权力。孟德斯鸠认为，司法虽然是和立法、行政并立的第三种权力，但是在一定意义上，[27]司法应该是不为所见和无足轻重的（invisible et nulle）——他关于司法的这个最有名的句子似乎和理性主义的公意观念有关系，[28]似乎意味着，法官只不过是法律在具体情况下的应用者，没有独立性，是表达法律之

107

---

　　[26]　[原注24] 迈尔（Otto Mayer），《行政法》（*Verwaltungsrecht*, 2. Aufl. I, Leipzig, 1914），第47页；弗莱纳（F. Fleiner），《德国行政法制度》（*Institutionen des deutschen Verwaltungsrechts*, 3. Aufl., Tübingen, 1913），第39页。

　　[27]　[德文版编者注] 施米特手稿中将"在一定意义上"（im gewissen Sinne）订正为"在某种意义上"（in gewissem Sinne）。

　　[28]　[原注25] K. Stengel 和 M. Fleischmann 的《国家与行政法词典》（*Wörterbuch des Staats-und Verwaltungsrechts*, Bd. III, Tübingen, 1914, S.692, §5）当中，考夫曼撰写的"行政，行政法"词条也是这样理解这个地方的；亦见其《美利坚合众国的外交权和殖民权》（*Auswärtige Gewalt und Kolonialgewalt in den Vereinigten Staaten von Amerika*, Staats-und Völkerrechtliche Abhandlungen, 7.1, hg. v. G. Jellinek u. G. Meyer, Leipzig, 1908），第33页。

言的喉舌（la bouche qui prononce les paroles de la loi），是无灵魂的实体（être inanimé），因而被过去十年的自由法运动（Freirechtsbewegung）称为依法司判的自动机器。但是，另一种阐释方式更加符合第 6 章乃至孟德斯鸠整部作品的精神和语境。若如孟德斯鸠所言，司法在一定意义上[29] 是不为所见和无足轻重的，那么我们想到的就是英国的陪审团。英国的陪审团不像法国的法院那样，是永久存在的实体，也不是中间实体。即便在这里，孟德斯鸠也离要求某一原则具有绝对效力的集权专制非常遥远。对他而言，18 世纪法国理性主义所要求的合法专制（despotisme légal）并不存在。

合法专制作为启蒙理性的专政：伏尔泰，重农主义者，特别是拉里维埃

即便是伏尔泰，也并未坚定不移地发展出启蒙理性专政的学说。伏尔泰本人自然是开明专制之友。在他看来，孟德斯鸠在居间权力学说的语境下为买卖和世袭官职辩护时所说的话是无耻的。在 1756—1771 年君主专制与国会之间的斗争中，伏尔泰站在中央权力一边，认为国会的反抗是一种令人困惑的无政府状态。在中央机构的压力之下才能驱动且运转良好的行政机器符合伏尔泰的自然神论世界观，而封建等级自治那种五彩斑斓的混乱在他看来则表现出荒凉的无序。[30] 然而，伏尔泰过于认可民主制好的方面，对集权主义那种认为人性本恶的心理学过于怀疑，这使他无法成为集权政体无条

---

[29]　［德文版编者注］施米特手稿中将"在一定意义上"（im gewissen Sinne）订正为"在某种意义上"（in gewissem Sinne）。

[30]　［原注 26］见伏尔泰《哲学词典》中"法的精神"和"法兰西议会"词条。

件的支持者。[31]

另外，伏尔泰的精神天性完全不尚追求思想的体系性。相反，倒是18世纪法国那些经济哲学家、重农主义者[32]，如魁奈（Quesnay）[33]、尼莫尔（Dupont de Nemour）[34]、博多（Baudeau）[35]和米尔翰（Gabriel Sénac de Meilhan）[36]——包括重复洛克关于专制君主的一切言论的霍尔巴赫（Holbach）的《社会体系》（Système social）[37]——基于对历史上居间权力的一致反对和对开明官僚制度力量的共同信仰而提出了一种基本思想：自然的，也即理性的抽象思考，可以发展出一种普遍有效的政治社会秩序和必须由国家来实行的公平正义。

108

---

[31] ［原注27］见《哲学词典》"民主"词条；亦见伏尔泰《对话与哲学会谈》（*Dialogues et entretiens philosophiques*）中"如果人生而为恶"词条。但《哲学词典》中并不包含"专政"词条。

[32] ［原注28］此处使用的是截尔（Eugène Daire）编辑的《重农主义者》（*Physiocrates*, Paris, 1846）和《法国经济学家与社会改革家合集》（*Collection des economistes et des réformateurs sociaux de la France*, Paris, 1910）。

[33] ［原注29］此处涉及魁奈的《自然法》（*Droit naturel*）和《格言录》（*Maximes generales*）。

[34] ［原注30］见尼莫尔与杰伊（J. B. Jay）之间的通信和尼莫尔的《论一种新科学的起源与发展》（*De l'origine et des progrès d'une science nouvelle*, 1768），迪布瓦（A. Dubois）版（Paris, 1910）。尼莫尔和比他年长的米拉波（Mirabeau）及博多一样，是《公民历书》（*Ephémérides d'un citoyen*, 1772 f.）的出版人。马布利（Mably）把《公民历书》与拉里维埃（Mercier de la Rivière）的书并称为合法专制的重要文献。

[35] ［原注31］博多，《经济哲学导论》（*Première introduction à la philosophie économique*, 1767），迪布瓦版（Paris, 1910）。

[36] ［原注32］米尔翰，《哲学文学作品集》（*OEuvres philosophiques et litéraires*, Hamburg, 1795）。米尔翰本人也是审理长和代理总督。

[37] ［原注33］霍尔巴赫，《道德和政治的社会制度或自然原则》（*Système social ou principes naturels de la morale et de la politique*, 1773）；在这里，主权者也是发动政治实体的一切驱动力的首脑，见卷Ⅱ，第7章，第10节。

　　尽管重农主义者认为国家干涉贸易和手工业是有害的，但是为了实现他们的自由理念，摧毁碍事的居间权力，他们又认为一个强大的君主制和一种"真正的"（也即合法且明智的）集权专制是必要的。国家除了必须服从经济发展规律以外，有权做任何事情，其第一要务就是重视臣民的启蒙与教育。人类一旦认识到自然秩序（ordre naturel），则其余诸事自然达成。但在此之前，开明权威的统治无疑是必要的。在必要情况下，开明权威要使用强迫手段来完成教育民众的事业，而教育的目的本身则足以证明强迫措施的合理性。[38]如果人类经过教育之后能够使用自己的理性，则一种开明的公共舆论就能形成，这样的舆论比任何一种业已形成的机构更能够监督政府。

　　在智识与实践上都极其重要者如杜尔哥认为，涉及公共利益时，任何特殊实体（corps particuliers）都没有在国家内部存在的合法性。他认为公共利益是最高的法则，不允许因为迷信地尊重任何一种传统而对之稍有牵制。[39]这种国家理念的一贯表述与名称来自拉里维埃的《政治社会的自然秩序与根本秩序》（*L'ordre naturel et essentiel des sociétés politiques*）。[40]拉里维埃从最普遍的理性原则中发展出一种合法专制的体系。理性实行专政。理性专制的目的不是把人变成奴隶，而是教给人真正的自由和"文化"。正是这一目的构成了合法专制（despotisme légal）与任意专制（despotisme arbitraire）之间的区

109

---

　　[38]　[原注 34] 其中最理想的国家就是具备由受过教育的官员构成的官僚体系的中国。彼得大帝和叶卡捷琳娜二世的统治方式也受到赞誉。伏尔泰就维护过俄国，反对孟德斯鸠对俄国专制的指责，不过伏尔泰这么做并不仅仅出于实际原因，同时也在私人层面考虑到叶卡捷琳娜二世。把中国理想化为一种开明专制政体的例子见安德烈埃（F. Andreae），《中国与 18 世纪》（*China und das achtzehnte Jahrhundert*, Festgabe für Schmoller, Berlin, 1908，S.184f）；亦见托克维尔《旧制度与大革命》II 第 3 章。

　　[39]　[德文版编者注] 施米特手稿在此处分段。

　　[40]　[原注 35] London/Paris, 1767，第 21 章及以下；德皮特（E. Depitre）版（Paris, 1910），第 122—123 页。

别。尽管如此，它仍然是一种个人的专制，是一种认识到明确真理的人所实行的专制。一个拥有正确、自然、根本的洞见的人，在任何没有透彻认识或者无法获得透彻认识的人面前，就应做独裁者。

同样，在拉里维埃看来，理性统治的最大障碍也自然是人的激情。因此，在必要情况下，必须用暴力征服激情，因为独自设立法律（de dicter des lois）的权力本身并不足以真正地实施法律。因此，立法权和行政权的分离不但应受到谴责，而且毫无意义。从用来维持平衡的权力中，长此以往，必然出现其中一种权力压倒另一种权力的情况。均势学说，也即关于"制衡权力"（contre-forces）的学说，只是一种空想。"独自设立实定法，就是统治"（Dicter les lois positives, c'est commander），公权力亦属此列，若无公权力，任何立法都软弱无力。取消分权正是"集权专制"在国家法上的概念定义。为了使国家行动能够根本且彻底，一切与之对立的障碍都要予以消除，要建立起一个不可抗拒的强权（autorité irrésistible）。[41] 这个思想世界的豪言壮语就是统一：一股唯一的力量，一个唯一的意志（une seule force, une seule volonté），一个由实在性、力量和权威构成的统一体。认识社会秩序的真实法则乃是这种统一专制赖以建立的基础，因此，在这种统治关系中，主权者的利益和被统治者的真正利益是同一的。启蒙传播的范围越广，集权君主的权力就可以越大，因为随着启蒙的传播，公共舆论将会自动监督和修正君主的统治。换言之，合法专制并不是指受到某些实在法约束的专制，而是一种极其集中化的政治权力，这一政治权力起着过渡作用，最终过渡到一种自然法则无为而治的状态，其合法性就来源于理性的显明性（Evidenz des Vernünftigen）。[42]

---

[41]　[德文版编者注] 施米特手稿在此处分段。

[42]　[原注36]《政治社会的自然秩序与根本秩序》I, c. XXIV："欧几里得是一个真正的专制者，他传给我们的几何真理是真正专制的规则。这些规则的合法专制和这位立法者的个人专制都趋向于一个顶峰——那就是事实那不可抗拒的力量。"

切鲁蒂笔下王国作为世袭专政的建构

110　　在启蒙过的哲人与待启蒙的大众之间划出一条界线，这是理性专政的基础。启蒙哲人与蒙昧大众之间的区分可以防止人们得出对那个时代的思路来说本身就显而易见的一个结论，认为国家权力按照自然法而从人民意志中推导而来，这意味着统治者的绝对权力建立在民众的正式委托之上。恺撒们是根据王法（lex regia），经过委托而获得一时之权力的。在恺撒那里，这一伟大的历史先例表现为一种长期专政的形式，因此，统治者本可以独裁官的形象出现。不过，这一点在 18 世纪还没有系统地表现出来，只是偶见于青年米拉波的助手切鲁蒂（Cérutti）的《对法国人民的回忆》（*Mémoire pour le peuple français*）中。此书于 1788 年匿名出版，旨在寻找民主政体与王国之间的联系，反对特权等级，并把君主说成是"世袭且终身的共和国独裁官"（dictateur perpétuel et héréditaire de la République）。[43]

摩莱里和法布利笔下人性本恶作为集权论据的废除

即便那些要求经济和社会极端平等的代表也都坚信：现存的居间权力，包括在政治上已经组织起来的等级或阶级的利益，都使一个强大的中央权力的出现变得不可避免。对国家以及仰政治手段的无限可能的信念，都与此相关。人性本善，现存的私有财产秩序和社会政治状况才让人堕落——有意识地从这一原则出发的第一部政治著作当属摩莱里（Étienne-Gabriel Morelly）的《自然法典》（*Code de la Nature*，

---

[43]　[原注37] 切鲁蒂，《对法国人民的回忆》，柏林国家图书馆藏本，第70页。第15 及 47 页：国王作为国家的受委托人反对"统治阶级的专制"。

1755)[44]。这部作品认为，理想国家中各"部门"（départements）的各位"长官"（chefs）负责行动，他们可以在紧急情况下凭借"绝对指挥权"做自己认为好的事情。事实上，他们只是理想的代理总督。在摩莱里看来，专制主义仅仅是实现平等之理想状态的手段之一。他和启蒙哲人一样，认为国家是全能的教育者，而作为例证，位于巴拉圭的耶稣会国则证明了柏拉图的理想——共产的哲人之国——的确可以实现。

相反，马布利却主张让这种集权专制不可能实现的"均势"理论。马布利也知道，要消除某一等级或某一党派的统治，只有依靠一个强大的君主政体。他想利用这个强大的国家创造普遍平等，消除权欲和贪欲的统治，也就是取消私人财产，使得当下的腐败国家（état corrompu）至少接近自然国家（état de la nature）。在他看来，只有正确地考虑到人类的本性和激情，才可以达到上述目的。对独裁官而言，专政显然具有正确性。然而，政治手段并不单纯是这种显然正确的专政。马布利长篇大论地反对拉里维埃和后者所主张的合法专制体系。[45]哲人们以为哲学的力量不言而喻，但马布利对此尤其怀疑。对他来说，专政的显明性完全不是不言而喻的。如果哲人们认为，那种显明性就像一位坐在机器之上的神明一样（un dieu dans sa machine）指挥着一切，那他们就搞错了。人类并不是等待着聆听真理的天使。经典学说所流传下来的关于理智与情感的关系又一次在这里展开：激情会让人迷惑，而且往往比哲学的真理更加巧言善辩。由此，马布利得出一个为传统所熟悉的结论：恰恰因为人类易受激情迷惑，恶的情

111

---

[44]　[原注38] 见摩莱里，《自然法典》（*Code de la nature, ou le véritable esprit de ses lois*），多莱昂版（Ed. Dolléans, Paris, 1910）；文中所引之处见该书第98页。

[45]　[原注39] 马布利《就政治社会的自然与本质秩序向哲学经济学家提出质疑》（*Doutes proposés aux philosophes économistes sur l'ordre naturel et essentiel des sociétés politiques*），见其全集（Paris, 1794/1795）卷XI。前文引述的关于立法者的任务的地方，见卷IX，第92、115、240页。

感才支持和维系着私有财产。

　　这是一个决定性的颠覆。专制主义关于人类天性邪恶的学说发生了动摇，因为执政者作为人类，同样被激情和无知所统摄。因此，为统治者的激情和无知设置障碍和保险才是最重要的事，故而只能通过正确地划分政治职能来做到这一点："为了不致沦为公仆们的激情和无知的牺牲品，一切都在于不同公职之间的制衡。"（Il s'agit d'établir des contre-forces entre les magistratures pour qu'on ne soit pas la victime de l'ignorance et des passions des magistrats.）[46] 马布利明确地在政治上颠覆了专制主义认为人类天性本恶的学说。卢梭于 1762 年问世的《社会契约论》还没有包含后来使其声名远扬的人性善的学说，在这个意义上，马布利走在了卢梭的前面。按照马布利的看法，这一颠覆产生了一个理念，那就是政府和国家是必要的恶，但是必须被限制在最小的范围内。这一点在美国人那里表现得最为明显。托马斯·潘恩（Thomas Paine）曾说过一句完全符合北美自由主义精神的话，但他的表述却让人觉得这句话也可能来自 19 世纪。在那个时代，人们把社会和国家看作两种完全不同的事物，并且认为社会是有机生长的，而国家是被强加在社会身上的一种机械装置。潘恩说：社会（society）是人类理性地共同生活的产物，是人类需求及其满足的产物，而国家（他所说的当然是"政府"[government]）则是我们的恶习的产物。[47]

　　马布利当然还没有走 [48] 得这么远，但面对国家，他有着和美国人一样的奋斗目标，那就是建立一套相互监督和相互依存的体制，实行所谓的分权。罗马、英国（当然还不彻底）、德意志帝国、尼德兰、瑞士，特别是瑞典，这些都是这种权力均衡的典范。但马布利认为，国

---

　　[46]　[德文版编者注] 施米特手稿在此处分段。

　　[47]　[原注 40] 潘恩，《常识》（*Common Sense*, 1776），第 1 章。
　　　　　[德文版编者注] 施米特手稿在此处分段。

　　[48]　[德文版编者注] 施米特手稿中将"走"从现在时订正为过去时。

家实际权力手段或曰行政权的拥有者，因为天然的权欲而试图压倒其他权力的危险始终存在。诚然，直接的民主制也是一种专制，因为民众无知，民众的统治将在无政府的混乱状态中自我毁灭，使得拥有特殊权力的行政官又一次成为必要。但最重要的还是对行政权的不信任。马布利理解反对国王代理人、代理总督和土耳其各省长官（bachas）的斗争，他甚至赞成这种斗争。他向耶稣会国提出异议，说教育印第安人学会自治才是更正确的做法。如果这样，印第安人本可以从自己中间选出机构，对共和国进行经济而有效的管理。[49] 对那些哲学经济学家的统一狂热主义，对他们那种所谓力量和意志的统一（unité de force et de volonté)，马布利提出了质疑：在基本财产和整体生活条件都不平等，而且政治权力只是用于维持这种不平等状态的时候，一个哲学家究竟是否可以一厢情愿地以为，政治上的统一竟然还可以实现。[50]

马布利笔下专政作为宗教改革专政以及雅各宾派专政的理论先声

公民的自由自治正在于公民对立法的参与。行政权必须一再根据　　113

---

[49]　[原注41]《马布利全集》卷 XI，第 8 及 230 页。前文所引的马布利的言论，见卷 XI，第 235 页；卷 IX，第 183 页；卷 XV，第 154 及 224 页。

[50]　[原注42]《马布利全集》卷 IV，第 296 页。马布利和其他一些人倾向于认为，如果不取消私人财产这一造成不平等的最本质的权力手段，政治改革就是无意义的。我们在看到马布利的论述时，难免想到马克思的国家建构思想。但两者还是有区别的，即便不考虑马布利的斯巴达式的社会理想，两者之间的差异也是本质性的，因为马布利无法突破自己的抽象理性主义。对他而言，正确认识社会本质的障碍在于他的方法。马布利的方法总是从贸易、财政、战争、警察、商业等社会的次级元素（parties subalternes）开始。他认为，对这些元素的正确研究取决于研究者有意识或无意识地对材料进行分类的原则。应纯粹地理解这些原则，而不应拘泥于细节。

不同的行政分支来划分，否则就会出现权力的堆积，产生一个掌管一切的行政官（magistrat universel），或曰专制者。立法权力有必要通过特殊的委托关系定期监督政府；马布利甚至推荐每隔一段时间设置一个"改革年"，并在这一年中对政府进行特别严格的监督。但他似乎没有注意到，就在这种监督变成有效的目的监督的时刻，实施监督的机关就变成了一种行政机关，于是又出现了本该得以避免的专制性权力堆积的现象。不过，在实践上受马布利影响最大的雅各宾派已经通过实际行动做出了证明。与行政权力之间的敌对关系从马布利的身上转移到了法国大革命上。

　　1790 年 5 月 18 日，罗伯斯庇尔在制宪会议上援引马布利的观点，宣称只有立法机关可以决定战与和，因为立法机关在权力滥用方面利益最小，反倒是国王更容易滥用权力，因为他的武装就是能够进攻自由的强大专制。带着监督的任务，国民议会（Nationalkonvent）专员们的工作开始了，这也正是立法对行政细节的真正介入。他们唯以成功为目的，使自己的工作从监督扩张到完全侵占他们所监督的工作。即便如此，雅各宾派也只是听从了 1756 年马布利在其《公民的权利与义务》（Droits et devoirs des citoyens）中提出的一个建议：在革命中，人民的代表必须完全夺取事务的领导权，必须亲自掌握行政权力。[51]

　　可见，后世所称的雅各宾派的国民议会专政，在马布利的作品中就已初现端倪。只不过马布利仍然把专政之名归于罗马法律制度。在当时，人们不断重复着关于这种制度的刻板描述，正如《百科全书》词条中所总结的：极端情况需要极端手段，专政期间法律沉默，专政时间的限制平衡了独裁官的权力，等等。[52] 马布利却说，独裁官比国

---

[51]　[德文版编者注] 施米特手稿在此处分段。

[52]　[原注 43] 见德若古（Chevalier de Jaucourt）为《百科全书》撰写的"专政"词条，《百科全书》卷 IV（第 2 版，1759），第 794—795 页。在当时，把法律拟人化，说法律开口说话，或者法律沉默，这样的说法喜闻乐见。比如，孟德斯鸠说（转下页）

王还大，因为随着独裁官的上任，其他一切行政官员的职能都停摆 114
了。马基雅维利恰恰在行政官员的保留上看到了防止专政被滥用的保
障。相反，马布利的专政观念已经表明向一种新专政概念的过渡。专
政正在成为一种绝对的全权，在专政面前，一切现存的职权都将消
失。这种专政不同于一般的代理专政，它已经无关战争或平叛的指挥
权。马布利在论证时指出，这种专政必须出现，因为法律会逐渐用
废，腐败会过度滋生。在他看来，独裁者显然是一类改革专员，在整
个现存政权组织面前拥有无限权力。如果我们把上述内容和马布利关
于人民代表必须在革命中亲自掌握行政权的言论结合起来，我们就看
到了国民议会以人民的名义实行的专政，换言之，这不再是代理的改
革专政，而是一种主权的改革专政。

卢梭《社会契约论》语境下的专政以及专员
这一现代概念对契约思想的取代

和在其他方面一样，卢梭在专政问题上也不如马布利那样直接关
涉时代和现实。但是，如果我们把卢梭的暗示放到整个《社会契约
论》的语境下，那么出于另一个原因，卢梭对专政的构想也是专政新
概念的一个征兆。在《社会契约论》中，卢梭单辟一章来论述专政
（IV, cap. 6）。这一章重复了大量传统的内容，如果只作表面观，那么
恰恰这一章所包含的新内容是最少的。但如果进行系统的研究，事实
就远非如此。《社会契约论》被称作"雅各宾派的圣经"，它对法国大

（接上页）法官是法律的喉舌，普鲁士国王弗里德里希二世说："我已决定再也不干扰
法律进程：在法庭上，法律必须说话，国王必须沉默。"（Acta Borussica, Behördenor-
ganisation [官僚组织], IX, 329）关于马布利笔下罗马人的专政，见其《对罗马人的观察》
（*Observations sur les Romains*），《全集》卷 IV，第 296、338 页（论苏拉的长期专政）。

革命的影响常常被人夸大。我们有必要深入论述的，并非这种经过夸大的影响，而是卢梭的格言当中所暗示的实际内容。这本矛盾重重的书最能表现欧陆个人主义的境况是如何危急，最能说明欧陆个人主义究竟在什么地方会转向国家专制主义，以及个人主义的自由诉求在什么地方会骤变为对恐怖的需求。

基尔克（Otto von Gierke）在其《阿尔图修斯与自然法国家理论的发展》（1880，第116页）中指出，社会契约的出发点和目标是个体的自由。然而，出发点其实是一种无条件的、自然的、无可更改的个体自由；据说，目的亦然。社会契约要创造的是这样一个国家：这个国家没有任何一个不自由的人，没有个体需要牺牲自己的哪怕一丁点自由。《社会契约论》大手一挥，制造了一种巨大的张力，让人对回答一个此前从未有过答案的难题产生了希望：

> 要找出一种结合的形式，使它能以全部共同的力量来卫护和保障每个结合者的人身和财富，并且由于这一结合而使得每一个与全体相联合的个人又只不过是在服从其本人，并且仍然像以往一样地自由。（I 6）

当然，书中给出的回答本身并不稀奇：如果每一个人都仅仅基于自愿而与其他人达成一致，那么他就只是在听从自身，因此他就和以往一样自由；不言而喻，自由绝不是没有约束，否则就不可能有共同生活。无论什么时候，个体仅仅听从自身永远是最重要的。因此，必须协同一致地缔结基本契约，而且多数人总是可以让少数人服从义务（IV 2^7）。[53] 洛克为国家而做的决定性辩护也是如此：由于我和国家之间的共识，国家的每一个决定都是我自己的决定，我已经服从大多数

---

　　[53]　［原注44］此处及下文括号中用罗马数字代表《社会契约论》的卷数，阿拉伯数字代表章数，上标数字代表节数。

（《政府论》VII §38）。但卢梭似乎还超越了洛克的个人主义，因为卢梭认为自由整体意志的代表是不存在的。英国人民并不自由，因为他们受到一个议会的统治，而非自治（III 15[5]）。

　　人民的主权意志和人民本身一样，是不能被代表的。由此，等级实体和其他居间权力实体中所存在的对个体性的束缚就完全瓦解了。个体似乎获得了最终的、完全的、无条件的自由，唯独而且直接面对着公共意志。在国家的建构中，这一观点就表现为，国家不再是通过人民臣服于某个权力之下并且与之缔结契约的方式（统治契约）而建立起来的，相反，社会契约（pacte social）中只包含双方的协调一致。在霍布斯那里，只存在征服契约（Unterwerfungsvertrag），在卢梭那里则只有协调契约（Einigungsvertrag），在这种单一契约的单一逻辑面前，普芬道夫所代表的那种把协调契约和征服契约等不同契约结合起来的国家理论就消失了。无论是征服契约还是协调契约，其结果首先都是个体将直接面对国家。由此，关于国家产生的这种个人主义的推导方式便显现出其最重大的后果。确实，卢梭的理论决定性地推动了法国向自由共和国的转变。但在卢梭的体系中还有另外一个后果，涉及个体在国家之中的原则性意义。

　　我们前面已经提到，在所谓的自然法体系之内可能出现何种无尽的对立，以及把各种不同体系归结到自然法这同一个名称之下的一般做法是多么肤浅（见本书第22页）。在这里，这种对立表现出其最深远的后果。在不同的自然法理论家那里，作为自然法体系出发点的个体（Individuum）概念也完全不同。出发点的确定本身带有形式特征，但在这一过程中，政治结果就取决于个人主义的出发点在多大程度上被赋予一种实质性的内容。国家学说中可能存在的最大对立就出现在自然法当中。一种自然法学说把个体视为独立于任何社会组织及形式而存在的现实，因此个体在原则上是不受限制的，而与之相对的国家在原则上却受限；而在另一种自然法学说中，个体与国家的关系则恰好与上述相反。在霍布斯的科学自然法中，单独的人是一个个能量核

116

心，国家则是在这些含有能量的原子的旋涡之中产生并吞噬着个性的统一体，是利维坦。

相反，公正自然法却合乎人道地保留着个体性的概念，尽管是已经弱化的。这种个体性概念完全无法从理性主义的角度来把握，它传承自基督教自然法，在清教中发展程度最高。在清教中，个体超越于任何理性的推导和阐释，超越于任何限制和指派，超越于自身价值的任何定额分配——个体是神创造和拯救的不灭灵魂的承载者。所以，国家和社会可以被合理化，个体的这种根本的非理性甚至为社会层面彻底的合理化扫清了障碍。但是，本质上受限和本质上无限这两者之间的分配原则仍然是绝对清楚的。原则上受限的国家是一种理性的建构，个体则是实质上被赋予的。在洛克那些毫无体系且和他自身的形而上学难以协调一致的言论中，清教的影响还足够强大，足以使具体和实质的个体性及其在国家产生之前的一切权利，包括自由和财产，不受任何质疑。霍布斯所追求的数学—自然科学的结论则迫使他不考虑一切具体内容。由此，霍布斯也就剥夺了个体的个体性。这种系统性的思路和斯宾诺莎一样，因为在斯宾诺莎看来，个体空无一物，普遍才是整体。所以整体，也就是利维坦，成了实质上一切权利的承载者。

公意与恐怖统治的辩证法

卢梭的表达言简意赅：我们每一个人都共同把自己的人身和全部财产置于整体意志的主权领导之下，由此，每一个人都被共同体接纳为整体不可分割的一部分（I 6[10]）。人们经常指出，卢梭的措辞和霍布斯的说法（《论公民》V 7）很类似，甚至被称为言辞上的模仿，唯一的区别就是主权者或利维坦的位置被公意（volonté générale）所取代（阿特热，《论社会契约学说的历史》[*Essai sur l'histoire des doctrines du contrat social*, Nîmes, 1906]，第 286 页）。不管卢梭的出发点多么个人主义，最重要的还是由个体构成的整体将变成什么：这个整体究竟是会占据一切社会内容并变成原则上无限的东西，还是仍然会给个体保留一个具体的实质？卢梭把从社会契约中诞生的整体性称为共同的"我"，这个共同的"我"拥有自己的生命和意志，毫无保留地接受了每一个个体所拥有的一切，就是为了再将这一切归还给个体，使个体由此而合法地（zu Recht）占有这一切（I 6），因此这个共同的"我"对所有个体都有绝对权力（pouvoir absolu, II 4[1]），就像人对自己的肢体拥有绝对权力一样。主权者没有任何这样的个体概念（II 4[8]）。

在主权者面前，一切都被拉平。国家内部的每一个社会群体、每一个党派和每一个等级，都没有作为群体、党派或等级的权利，个人的整个存在、一切生命和力量都被拿走了，就是为了从国家的手里再把这些东西归还给个人（II 7[3]）。社会的联盟（unité sociale）所要求的一切，就算涉及宗教信念，都是合法的（IV 8[17]），除了对国家的依附关系之外，对任何事物的依附关系都来自国家（II 11[1]）。但具有决定性的是这样一个问题：这个共同的、国家的"我"，是否可以获得一种支配个体的意义，不仅是通过上面的表述，更多是通过公共意志。而代表公意的并不是个体，而是涵盖一切的统一体。

公共意志是卢梭政治哲学构思的核心概念。公共意志是主权者的意志，并且建构了作为统一体的国家。就这一特征而言，公共意志在概念上包含着一种区别于任何一种个别意志的品质：在公共意志上，实然和应然永远都是合一的。上帝将权力和公正集于一身，从概念上说，上帝所希望的，永远都是善的，而善永远都是上帝的真正意志。在卢梭那里，主权者同样如此，换言之，公共意志仅凭其单纯的存在，就永远是其必然所是的样子："主权者正由于他是主权者，便永远都是他所当然的那样。"（I 7[5]）公共意志永远都是正义（《论公民的权利与义务》，II 6[10]），公共意志不可能出错（II 3），它就是理性本身，

118

受理性的决定，就像物理世界必然受自然规律的决定一样（II 4⁴）。

公共意志是永恒的、不变的、纯粹的（IV 1）。相反，个别意志（volonté particulière）则是无价值的（III 2⁶）。在普遍性的统一和崇高面前，个别行为、个别意志、个别利益、个别依附关系（II 11¹）、个别力量和个别关切（III 15⁸），都是没有意义的。在卢梭那里，"个别"（partikulär）这个词，就像霍布斯笔下的"私人"一词，几乎已经是一个詈语。公共意志被抬升到神性尊严的高度，要毁灭一切在公共意志面前如同盗窃行为一般的特殊意志和特殊利益。个体不可让渡的权利，不受主权公共意志干涉的自由空间——这些问题已经不能再提起，而是被简单的二者择一的方式给排除了：个体性的事物要么和普遍性一致，并由于这种一致性而获得某种价值，要么和普遍性不一致，也就是无用的、虚空的、邪恶的、腐败的，甚至在道德和法律意义上是完全无足轻重的意志。

分权和间接权力有一个实践上的目的，即在一个各种职权划分明确、相互限制的体系中打破国家权力，保护个体自由。公共意志独占真正现实的尊贵，在它面前谈分权毫无意义。卢梭讲了关于日本魔术师先把孩子剁碎又重新让孩子以完整的形态现身的笑话，解决了这个问题。虽然卢梭也处于分权所构成的均衡图景的暗示性影响之下（I 8²，II 6¹⁰，III 8¹⁰，IV 6³），但主权本身是超脱于那些理论之上的。政府或行政机关所能做的无非就是执行公共意志而已，这是其唯一的合法性所在。行政权的所有活动都处于行政权和一般性法律规范的单维关系之中，就这一点而言，卢梭和洛克一样。但很遗憾，洛克通过研究对外关系而开始构思对外权（federative power）的建构，卢梭却没有进一步论述对外关系（III 15¹² 注释）。

政府（行政机关或君主）必须执行法律，政府将法律的意志变为行动的权力，也就是法律的臂膀，"行政权力不外是把力量运用在法律上而已"（III 15¹⁸）。就其性质而言，只有公意，只有立法，才是不可让渡的人民事务，相反，行政权则可归某一个人、某一群人或整体所有。根据政府形式，国家分为君主制、贵族制或民主制（II 1）。在一种按照君主制组织起来的行政权内部也存在中间等级（ordres intermédiaires），比如在一个大国之中可能不无裨益的贵族（III 6[5]）。

卢梭给公意所添加的修饰语，包括正确、坚不可摧、道德纯洁等，和其他必要前提结合在一起，为公意赋予了多重的意义。从其主体来看，公意首先是普遍的：作为整体性的意志，公意的出发点是全体（elle part de tous）。但这并不意味着单个私人意志的总和就等于整体意志；两者之所以不可等同，是因为整体意志的本质是和一切私人性质的东西对立的，每个人都拥有整体意志，但不是每一个私人，而是每一个公民（I 7[7]，II 4）。

其次，公意的普遍性还在于其目的：它把普遍利益当作目的，旨在达成公共的实利（utilité publique）和普遍的善（le bien général）（II 4）。同样，这种普遍利益也并非所有私人利益的总和。在分配正确、生活处境平等的时候，普遍利益和个体利益一般是同一的，但是如果因为结党立派而形成了某些群体利益，公共意志就会被扭曲（II 3[3]）。

再次，公共意志具有普遍性，也就是说，公共意志不可能涉及个案，不可能做出个体的区分，不可能承认特殊权利和例外权利的存在，因而也就不可能做出具体的决断。和孟德斯鸠笔下法律规范的普遍性所具备的实用、理智、简朴的意义相反，在这里占主导地位的是18世纪的抽象法律概念。法律规范和理性的教导（dictamen rationis）一样，是普适的，是理性的法（loi de raison），应该和自然的法（loi de nature）严格对应（II 4[4]）。

如果这些特征都已具备，那么意志无论在其主体意义、客体意义还是事实构成上，都是普遍的，意志就有充分的根据被当作法权，不仅是一种一般性的法律准绳或一个规定性的理念，而且是原则，正是通过这个原则，一条指示才能成为法律，换言之，其法律特性才得以建构；也正是这个原则，才能为把一条只是现实存在的命令变成一道法律规范，赋予法律约束力。但如果这些特征都不具备，那么也就不

存在法权，换言之，权力（Macht）升格为法权（Recht）过程中最重
120　要的事情就没有达成，即便通过对公共意志的代表，也无法达成。

　　一个实体无论按照什么方式形成——比如一个按照绝对民主的方
式选举出来的议会——都会将自己的意志作为国家意志表达出来。我
们也许可以从历史原因和实际考虑出发来解释这种现象，但这一切都
不能证明其正当性。公意恰恰是有特定价值品质的，不管这些价值品
质是否现成存在。这个句子的推论足以毁掉民主制。因为我们必须注
意到，根据《社会契约论》，公意是独立的，不依赖于任何政府形式。
公意是整体的意志，这是它的本质之一，但是单个的人在自己的真实
意志方面可能会受到蒙蔽，他们的意志可能受到激情的操纵，因而就
不是他们的自由意志。在这里，古典的斯多亚派传统在卢梭那里也
产生了作用。可以看到，《社会契约论》并不是所谓"卢梭式"的或
"浪漫主义"的作品。

　　换言之，卢梭在这本书里尚未颠覆把理性能力放在高于非理性情
感的位置的传统做法。人一旦腐化堕落，就应该由国家使之重新回到
一种具有人道尊严的状态中去，每一种自然力量都应该消失，道德的
存在应该取代单纯自然的存在（II 4）。如果在国家公民的大多数人身
上，道德或法律意义上正确的意志可能受到自私自利的感性意志的排
挤，那么可能只有少数人，甚至只有某一个人才拥有正确的意志。在
欧洲，卢梭只认可一个国家具备真正立法的前提条件：科西嘉岛（II
10^{5,6}）。最理想的政府形式——直接民主制需要苛刻的条件：一切关系
简单透明，风俗纯粹，无欲无求。满足这一切困难条件的这种完美的
政府形式只适合由众神组成的民族，而不适合人类（III 4^8）。[54]

　　这种有所保留的态度随处都是，使《社会契约论》变成一部如此
令人误解的书。保留态度之所以产生，是因为书中谈到全体意志和数

------

　　[54]　[德文版编者注] 施米特手稿在此处分段。

量上的一致性（IV 2⁸），谈到多数人意志和应通过相互冲突的利益之间的平衡来确定的总体利益（II 3²）。但尽管如此，意志、利益、人民都仍然是道德变量，而不是简单的事实变量。在一个由奴隶组成的民族里，即便是全体一致，也无法证明这个民族里存在公意（IV 2³）。如果一个民族是善的，那么它只需要站起来，夺取自己的自由；如果一个民族是堕落腐化的，那么它和僭主之间的关系就是纯粹真实的，至于这个民族是否反叛，都无所谓，它并没有革命的权利。

人民，也即和政府相对的被统治者，从天性上就是善的，也即在 任何条件下都是善的，就其概念本身而言就是善的——直到这个句子的出现，卢梭这部作品中的整个体系，连同他那些抽象的建构一道，才变成了一种革命的意识形态，但是这个句子却出自卢梭的其他著作，并非出自《社会契约论》。因为尽管卢梭如此多次谈及自由，这种自由却并不像英国人或孟德斯鸠所认为的那样来自实践理性对安全或舒适的追求，而是带有美德（vertu）的道德激情。只有道德上是善的人，才是自由的，才拥有自称为人民并且和人民认同的权利。

进一步的推论就是，只有具备美德的人，才有权利参与政治事务的决定。政敌是道德败坏的，是奴隶，所以必须使其无害化。如果事实证明大多数人都陷入了堕落状态，那么具有美德的少数人就可以使用一切暴力手段，帮助美德获取胜利。他们所实施的恐怖甚至都不能被称作强迫，而只是帮助不自由的自私自利者抵达自身的真实意志，唤醒其内心的公民（citoyen）。社会契约使自由人民的直接自治这一不可转让的权利成了基本公理，由此，社会契约就可以为一种专政辩护，可以为自由的专制提供一套公式。最极端的自由激情与无所顾忌地对敌人进行事实上的压迫是联系在一起的，但这恰恰只是一种实际上的压迫，而不是道德上的压迫。

此前，受到压迫的正义主张正义与权力之间是对立的，以此来反对实施统治的权力，而现在，正义与权力之间的对立被胜利的少数人当作正义与大多数人之间的对立。卢梭自动揭示了一个没有任何不自由者的国家何以可能存在，实用的答案就是：消灭不自由的人。卢梭自己说出了这句话：必要时，必须用强力迫使人类走向自由（I 7[8]）。正是在这句话里，消灭不自由者的做法拥有了合法性。

《社会契约论》中的立法者和独裁者及其对于主权专政概念的意义

122

卢梭没有把上述这种美德的统治称为专政。他仍然按照传统的方式使用[55]该词，将其局限于宪法规定的为了结束紧急状况而暂时颁布的特殊授权。在卢梭那里，关于专政的那套熟悉的说法也出现了：为了安全和公共秩序，在特殊情况下有必要采取特殊措施，法律不能"僵化死板"，法律的复杂程序在重大危险之中将变得有害，立法者必须预料到自己无法预料一切，等等。简而言之，卢梭关于专政的论述有一部分来自洛克也曾引述过的衡平（Epikie）学说。独裁官不代表立法，却控制着法律（IV 6[4]）——这句话之所以必定引人注目，是因为卢梭认为公意是完全无法被代表的；在专政期间，法律是"沉睡"的，独裁官可以让法律沉默，但无法让法律开口，等等。

不过，卢梭的论述指向了和马布利一样的结果，尽管两者方向不同。卢梭区分了两种不同形式的专政，一种是真正的专政，在这种专政之下，法律是沉默的；另一种专政则把有效法律中所规定的职权集中起来，使得行政权内部出现一种集权，但是并不改变法律现状。在卢梭看来，后一种并不严格的专政秉承"执政者要用心使共和国不受损害"（videant consules ne quid respublica detrimenti capiat）的著名原则，而且绝不像真正的专政那样为具体措施提供一个无法律限制的

---

[55]　[德文版编者注] 施米特手稿在此处插入"专政"。

空间。[56]

我们无须检验卢梭的历史观念的正确性。[57]重要的只有一点，那就是卢梭对两种专政的区分已经表明专政与后来那种戒严状态（Belagerungszustand）之间的对立，后者建立在整个行政权力过渡的基础之上。对法律的保护通过职权的规定与划分而形成，却被完全忽视了，整个法律上诉途径的取消和法律程序的极端集约化还不能被看作专政，因为这些并没有改变公意，只不过是出现在行政权力内部的、对执行同一种法律的力量的加速和强化。因此，真正专政的本质在于整个合法状态的暂时悬置。卢梭并没有清晰地表明专政的这种无法律状态建立在何种法律基础之上，他没有利用这个机会去发展一种自我悬置之法律的辩证法。公意的有效性是普遍的、无例外的；这一解释，即考虑到形势的特殊性而可以使公意在一定时间内失去效力，对具体的特殊情况的断言，就公意的普遍性本质而言，在逻辑上是不成立的。这也就是为什么被委托负责公共安全的最高指挥（chef suprême）要暂时悬置法律的权威。

这样一种委托要么是一般性的授权，要么是一种特殊行动（acte particulier）。而公意如何因为紧急状态而悬置自身，这仍然是个谜，但同样重要的是，执行机关究竟应该从何处得到这种悬置的权限。行政权除了应用法律之外，什么也不能做——在这种严格的坚持之下，行政权永远都不可能具备上述悬置法律的权限。对卢梭而言，独裁官的任命显然[58]是一种行政行为，但他还是给出一个指向公意的解释。

---

[56]　[德文版编者注]施米特手稿在此处分段。

[57]　[原注45]事实上，后来元老院的最终敕令（senatus consultum ultimum）以"执政官们要看到"（videant consules）的固定辞令开始，是因为随着时间的推移，古代的专政被弱化了，无法再产生在内战中推翻元老院权力所必需的强烈效果。见本书第一章注释2。

[58]　[德文版编者注]施米特手稿中将"对卢梭而言，独裁官的任命显然……"订正为"显然对卢梭而言，独裁官的任命……"

他说，毫无疑问，在任命独裁官的语境下，人民的意图（intention du peuple，在这里应该和他所说的公意是同一个含义）是倾向于保护国家的存在、避免国家的毁灭的。因为卢梭认为，独裁官的活动内容是纯粹事实性质的，所以和立法毫无关系。独裁官活动的法律基础并没有构建起来，但重要的是，它被称为一种"代理关系"。

卢梭把专政称为一种"重要的代理关系"。代理的概念是卢梭国家学说当中隐含的一个基本观念。这种观念所表达的是，在国家面前只有义务，没有权利，因此国家主权的任何活动都只能通过代理的方式进行。在真正的民主制度之下，公职并非权利，也不是任何意义上属于行使公职者的利好，而是一种"沉重的负担"（IV 3⁴）。政府虽然是位于作为主权者的人民和作为臣仆的人民之间的中间实体（III 1⁵），但是中间实体这个词只是一种形象的说法，它说明了在具体情况下应用公共意志时会出现的调和，因此不应该意味着中间实体在独占命令权的公意面前拥有法律上的独立地位；换言之，卢梭是在不同于孟德斯鸠的意义上使用这个词的。因为卢梭紧接着就强调说，政府或君主相对于人民的法律关系完全不是契约。"那完全是一种委托"，随时可以撤销，由主权者的意志决定，君主不过是主权者的臣下、专员、特使（III 1⁶）。[59]

基尔克在描述这一国家契约思想的历史时强调（《阿尔图修斯》，第92页），在卢梭的构思中，最具有决定性的一步[60]是取消君主和人民之间的契约，只承认人民内部形成的、使人民把自身建构为一个统一体的统一契约和社会契约，而非另一种不同的征服契约或统治契约。[61]但最重要的并不仅仅是统治契约的取消。国家契约的内容可能

124

---

[59] ［德文版编者注］施米特手稿在此处分段。

[60] ［德文版编者注］施米特手稿将"在卢梭的构思中，最具有决定性的一步"由从句订正为单独的主句。

[61] ［德文版编者注］施米特在手稿中将这个德语的主从复合句订正为两个分句。

有多种建构方式，可能是人民的统治权的最终让渡，可能是单纯的委托使用，或者是人民将权力给予君主或政府，等等——但无论如何，这都是一种双方参与的契约，因此在这种契约里，君主也可以获得权利。根据基尔克的说法（第 151 页），阿尔图修斯的大胆和原创性在于，他极其锐利地把专制主义者的主权概念转用到人民主权上。不过我们要有所保留地指出，即便在阿尔图修斯那里，双向的契约也仍然存在。根据自然法的原则，这一双向契约在国家之外也具有约束力，并且双向地在君主和人民、委托者和受托者之间构成了责任和义务。[62]

阿尔图修斯谈到"治权的委托"（commissio regni），但仅指一般意义的委托。契约（pactum）是一种双方的委托协议，因此也定义了受委托者的权利。为了构建有所约束的君主制，普芬道夫曾援引"委托条款"（clausula commissoria）并指出，根据接受统治权时缔结的契约，君主一旦违背契约的条件，就意味着失去统治权。[63] 同样，普芬道夫所依靠的仍然是对双方都有约束力的契约的思想。即便像基尔克所想要的那样（第 88 页）存在某种"纯粹的官员契约"，人民仍然受到自然法的约束。如果君主以虔诚和公正来施行自己的统治，那么按照阿尔图修斯的观念，他只要始终保持这种状态，就有权停留在君主的位置上。

相反，卢梭的主权人民观念并不包含任何权利。雷姆在其《国家法学说的历史》第 259 页谈到，卢梭主张取消统治契约，认为最高国家机关建立在单方面的国家行为之上，无异于又回到帕多瓦的马西利

---

[62] ［原注 46］阿尔图修斯，《政治方法汇纂》（*Politica methodice digesta*，第 4 版，Herbon, 1625），第 19 章"论王国或普遍执政权的委托"（De regni sive universalis imperii commissione），第 329 页。

[63] ［原注 47］普芬道夫，《论自然法与万民法》（*De iure naturae et gentium libri*，London, 1672），卷 VII，第 6 章，第 10 节（结尾处）。

乌斯和库萨的尼古拉的观念上。显然，雷姆恰恰对马西利乌斯和尼古拉等教宗全权的反对者所激烈反对的代理行使职权的本质认识不清。集权政体所塑造的代理人概念既不符合中世纪的法制观念，也与公正自然法相违背。但卢梭将这种代理人概念应用到君主与人民的关系上，只不过反其道而行之，使君主成了代理人。主权者通过法律的自我约束，甚至今天国家法意义上的公务员"契约"——这些都不存在。

125　　　　人民正在做的，人民想要做的，都全凭人民的意愿。谁若想达到和人民意志相符的目的，就永远只能以代理的方式活动。既不存在意志的委托，也不存在意志的代表，更不必说行使意志的权利了。即便存在人民的代表，那他们也只是代理人（III 15⁵）。行政权当中应该存在代表，但是行政权本身并无意志，只是法律的臂膊，其本质同样是委托关系。适用于王室专员的内容，也适用于一切代理人：只要被代表者愿意亲自出现，则代理人的代表关系就结束了（III 14¹）。整个国家职能的活动变成一种可随意取消的、绝对不独立的、代理性质的运作。这种转变主导着卢梭的一切观念，并且比任何都更能证明卢梭的国家专制主义。

　　君主、人民代表、独裁官都是代理人。独裁官向外专政，但因为他是代理人，他（在内政上）也必须接受专政。《社会契约论》中还有一个有意思的形象，但至今为止，人们基本上忽视了它和卢梭的专政概念之间富有启发性的关系。这个形象就是立法者（législateur）（II 7）。无论是立法者还是独裁官，都是例外的和特殊的。但按卢梭的说法，立法者身处宪法之外，位列宪法之前，而专政则是宪法所设定的对现存法律状态的悬置。卢梭认为，立法者不是代理人。就立法者使命的内容而言，卢梭的立法者就是 18 世纪典型的立法者，一个明智且高尚的人，其"天才"能够组装国家这台机器并使其运转起来。卢梭给这个形象冠以立法者之名，实际上有误导的作用，因为在这个形象那里，最重要的是他没有立法的权限，而只有某种立法倡议，但也绝不是在严格提议权（Vorschlagsrecht）意义上的立法倡议。

卢梭的立法者设计明智的法律，但法律制裁只能来自公意。卢梭说（Ⅱ 7⁷），如果要知道立法者所设计的东西究竟是不是符合公意，就只能组织一场与此相关的自由表决，也就是公投。决定权在人民，而且这不仅是在外部的法律意义上的决定，更是关于公意是否具备其一切建构性品质的决定——卢梭尤其强调这一点。但由此也产生了一种值得注意的混乱，卢梭本人也感到这是个"麻烦"（Ⅱ 7⁹）：正如他自己所说，人类一般是自私自利的，只考虑自身的个体利益，因此人类首先要借助法律而变善，但这部法律却是由人类自己表决出来的。

卢梭由此推论，立法者必须依靠一种完全不同性质的权威，一种神性的使命。立法者所立之法的基础是神所赋予的灵感。现在问题来了：立法者通过什么来证明自身的使命？在极端情况下，新教的反君权主义者允许出现一个"被神唤起的人"（a Deo excitatus），[64] 推翻现存的权威。关于这个被选中的人如何证明自己的身份，反君权主义者的回答是，他需要具备神性的标志和奇迹。卢梭也谈论奇迹，但他谈论的是一种人性化的奇迹：立法者不是一件压倒性的事实，而是哲学意义上的"一个伟大的灵魂"（Ⅱ 7¹¹）。

确实，灵魂的伟大可为立法者的使命和立法者所立之法的持久性做担保。但问题仍然是，灵魂的伟大是否可以保证人民会对他的立法表决出一个积极的结果？毕竟唯一重要的是人民的表决，卢梭却突然对此避而不谈了。如果人民的表决反对明智的法律和伟大的灵魂怎么办？卢梭没说，他只是重复一点：立法者是完全特殊的存在，既不是行政官员，也不是主权者，甚至什么都不是，因为这些概念都是随着国家的产生才出现的，而国家还留待立法者亲自去构建。因此，立法者的地位是无法从尚待形成的国家当中得出的。

立法者的活动内容是法律，但他没有法定的权力，他所拥有的是

126

---

[64] [德文版编者注] 施米特手稿中将"一个'被神唤起的人'"订正为"一个人'被神唤起'"。

一种无权力的法律；专政是不受法律限制的全权，是无法律的权力。卢梭没有意识到这一反题，但这丝毫无损于这一反题的重要性。在这里，无权力的法律和无法律的权力之间极端对立，以至于必然颠覆两者间的关系。立法者身处国家之外，却在法律之内，独裁者身处法律之外，却在国家之内。立法者无非是尚待建构的法律，而独裁者无非是建构完成的权力。一旦出现一种联合，可以将独裁者的权力赋予立法者，从而创造出一个专政的立法者或立法的独裁者，那么代理专政就变成了主权专政。要达成这种联合，离不开一个观念。从内容上看，这一观念是《社会契约论》的必然后果，但卢梭并没有把它称为一种特殊力量，它就是制宪权力（pouvoir constituant）。

第四章
主权专政的概念

127

人民立宪权力这一现代概念并非克伦威尔统治的理论基础

法国大革命的一系列事件发生之后，马布利和卢梭著作中关于未来革命性专政的线索似乎愈发明显起来。而大革命之前，连他们本人都没有这样明显地意识到这一点。卢梭《社会契约论》第四卷并没有把专政当作一个主权问题，而只是作为一个治理问题来探讨。专政只有在宪法业已存在的前提下才能出现，只有最高领袖（chef suprême）才能任命独裁官。独裁官的职能始终处于宪法框架之下，并不是因为其活动内容，而是因为其法律基础。独裁官全权的基础是授权，这种授权只能来自一个根据宪法而存在并依附于宪法的机关。这就是代理专政的概念。但即便是飘荡在马布利眼前的改革专政，也不能清晰地勾勒出这种对比。人们把共同体的政治及管理组织中的颠覆性活动称为革新，而这些被称作革新的颠覆性活动有一个前提，那就是革新来自某种法定机关，来自教宗，来自集权君主，由此，新生秩序和旧秩序就属于同一个来源。

在中世纪的观念中，要区分代理专政和主权专政，包括区分主权专政和主权本身，并不存在困难。上帝作为一切尘世权力的最终来源，只能通过教会的媒介——结构稳定的有机整体——来发挥作用。后来，神的最高人格统一体及其人身的代表教宗，被一种世俗化的观念所取代，"近似于上帝"却在权力上受自身领土限制的邦君取代了教宗，但是一切尘世权力的来源依然和关于某种法定机关的想象联系在一起。之前已经提到，即便是反君权主义者，也把人民理解为一种等级的代表。在宗教改革和新教反君权主义者的著作中，只有一点可以体现出一切社会形式的瓦解，那就是他们保留了这样一种可能性：某一个并无法定职位，而只是"被神唤起"（a Deo excitatus）的人，可以废除当局的权力。克伦威尔主张自身主权的理由极好地说明了虔诚的新教如何不足以瓦解现存的社会结构，并将其变为一种无所不包、统摄一切，却无法自立的人民权力。就打破现存国家秩序的延续性而言，清教革命无疑是最引人注目的范例。

128

　　清教革命过去之后，没有给同时代的政治理论思想留下任何长期的影响。[1] 但在这场革命中，19 世纪极端民主主义的一切思想和诉求都已经出现。克伦威尔军队的书面规定和宪法草案已经表明，人民是一切政治权力的来源。可见在这里，人民与人民代表之间的关系——今日国家的本质问题——已经取代了反君权主义的问题，也即人民代表与国王及政府之间的关系问题。1647 年，由长老派主导的长期国会似乎与国王取得了一致。自此以后，国会无条件依赖人民的思想就和共和思想一道，在克伦威尔的独立派军队中流传开来。当然，军队，也就是人民信任的人，自然无条件地与人民认同。在那个时代产生的宪法草案中，具有核心意义的论断就是：人民的代表唯一受制于选举了他们的人。相对于其他任何人（指政敌，也就是国王），人民代表的权力是无限的，但也不可避免要无限地受制于自己所代表的人民。

　　1647 年 11 月 28 日的《人民公约》（*Agreement of the People*）被誉为现代意义上的民主宪法的第一份草案。[2] 在出台这份文件的平均

---

　　[1]　［原注 1］格奈斯特《英国宪法史》（*Englische Verfassungsgeschichte*, Berlin, 1882）第 578 页评论道，清教革命在国家管理上也没有留下任何痕迹。

　　[2]　［原注 2］刊于加尔迪纳（Gardiner），《大内战的历史》（*History of the Great Civil War*, London, 1898），Ⅲ，第 392 页；亦见《立宪文件》（*Constitutional documents*），第 333 页；耶利内克，《人权与公民权宣言》（*Die Erklärung der Menschen-und Bürgerrechte*, 1919），第 78 页。相关内容见罗特希尔德（W. Rotschild），《英国革命中的成文宪法思想》（*Der Gedanke der geschriebenen Verfassung in der englischen Revolution*, Tübingen, 1903），第 92 页；和茨威格（Egon Zweig），《立宪权力学说》（*Die Lehre vom pouvoir constituant*, Tübingen, 1909），第 38 页。

派看来，克伦威尔就是叛徒，因为他在君主制倒台之后立刻宣称自己拥有主权。1647 年的公约是摆在克伦威尔军队委员会面前的一份宪法草案，军事委员会对此做了修改（1648 年 1 月 20 日），并交给了下议院。但《人民公约》绝对不是主权人民的表态，而只是个体的动议。一个月后，克伦威尔镇压了平均派的运动，将其作为动乱处理，并囚禁了平均派的领袖李尔本（J. Lilburne）。于是，大量传单风起，表现出民众怒火的爆发：从前英国由国王、大人、平民治理；现在却由将军、军事法庭、平民来统治，致使普遍的选举权不复存在，云云。这些传单上的文字 [3] 在政治思想史上很重要。对我们所感兴趣的上下文而言，这些文字证明，主权问题在当时就已经被决定了，克伦威尔就是主权者。但问题在于，克伦威尔的统治是不是必须被称为主权专政。

作为最高指挥官，克伦威尔被长期国会任命为英格兰、苏格兰和爱尔兰一切军事力量的最高统帅。1654 年 9 月 12 日，克伦威尔在其演讲 [4] 中把自己的上述地位描述为一种无限权威的委托。长期国会是英联邦和自由邦英格兰主权的承载者，克伦威尔的情况是一种受主权承载者委托的专政，和尼德兰的奥兰治亲王类似。随着国会的解散，由其派生出来的代理专政也就必然终结。但这并不能直接引发主权专政。毕竟是克伦威尔本人在 1653 年 4 月 20 日驱散了国会。[5] 格奈斯特把由此而产生的空位期（Interregnum）理解为"纯粹的军事专

---

[3] ［原注 3］古奇（G. P. Gooch），《17 世纪英国民主理念的历史》（*The History of English Democratical Ideas in the Seventeenth Century*, Cambridge, 1898）。

[4] ［原注 4］见卡莱尔（Th. Carlyle），《书信与演说》（*Letters and Speeches*），Ⅲ 304。（卡莱尔本人于 1845 年出版的克伦威尔书信与演说集新版，洛马斯 [Mrs. S. C. Lomas] 编辑，London, 1904，德文版见施特赫林 [M. Stähelin] 译本，Basel, 1911，第 374 页。）

[5] ［原注 5］关于后续的历史进程，参见米夏埃尔（W. Michael）的论文，载《历史杂志》（*Historische Zeitschrift*），63（1889），第 56 页，以及该页上的其他文献；亦见米夏埃尔，《克伦威尔》（*Cromwell*, I. Bd., Berlin, 1907），第 274 页。

政"。[6] 事实上，这已经是克伦威尔的主权了。

　　1653 年 6 月 4 日重开的国会，即小规模的所谓"残缺国会"（Barebone-Parlament），只不过是由军官委员会的心腹构成，并以克伦威尔作为大将军的名义召集的。1653 年 12 月 12 日，国会在被告知自身无法符合克伦威尔的期待之后，又把授权还给了克伦威尔。1653 年 12 月 16 日，克伦威尔宣布《政府约法》（*Instrument of Government*），随后，他本人就成了"护国公"或国家的摄政。借助长期国会的经验，克伦威尔政府按照执行良好的分权模式来安排立法权和行政权，并赋予行政权很大的独立性。然而，1655 年 1 月 22 日，克伦威尔还是解散了以《政府约法》为基础而召集起来的国会。1656 年 9 月 17 日召集的第三国会通过了一部新宪法，规定克伦威尔为终生执政，并且拥有指定继承人的权利。1657 年 3 月 25 日，国会敦请护国公克伦威尔接受英国国王的名号、威仪、头衔和职务，[7] 遭到克伦威尔的拒绝。1658 年 2 月 4 日，这个第三国会也被解散，此后一直到 1658 年 9 月 3 日去世，克伦威尔都在没有国会的情况下执政。[8] 其子理查德则在克伦威尔的授意下继任护国公。

　　在这种现实情况和法律状况下，克伦威尔自从长期国会被解散以来就已经是主权者了。他对其军队中各军官的照顾纯粹是政治性

---

　　[6]　[原注6] 格奈斯特，《英国宪法史》，第 580 页；但"军事专政"这个名称指涉很宽泛（[德文版编者注] 施米特手稿中在此处补充"流行"一词），并不清楚。参见加尔迪纳，《英联邦史》（*History of the Commonwealth*），Ⅱ，第 282 页；埃斯曼，《公法评论》（*Revue de droit public*, XII, Paris, 1899），第 194 页；米夏埃尔，上引书，Ⅱ，第 5 页；茨威格，上引书，第 47 页（论军事寡头）；哈切克，《宪法史》（*Verfassungsgeschichte*），第 339 页；耶利内克，《普通政治学》（*Allgemeine Staatslehre*），第 675 页，注释 1。

　　[7]　[德文版编者注] 施米特手稿中将"英国国王的名号、威仪、头衔和职务"订正为"英国国王的名号和威仪，头衔和职务"。

　　[8]　[德文版编者注] 施米特手稿中将"此后一直到 1658 年 9 月 3 日去世"订正为"此后直到去世（1658 年 9 月 3 日）"。

的；克伦威尔并没有自称为军官的代理人。他试图通过国会和宪法来
执政，乃是出于政治计谋，其目的是合乎宪法地安排自己的主权，并
由此合法地限制主权的行使。在这个意义上，我们可以把《政府约
法》看作带有强制设立宪法的君主立宪制的第一个例子。克伦威尔持
有的主权高于一切法定职权，在原则上不受限制，可以决定"紧急状
况"——这在 17 世纪的理论中被称为统治权（jura dominationis）。毫
无疑问，克伦威尔拥有这种权力完满性。至于加尔迪纳所描述的后来
的历史究竟只是试图回到伊丽莎白女王统治时期的旧状态，还是真正
包含了 19 世纪意义上立宪国家法的开端，我们无须在此做出判定。
只有 1653 年长期国会的解散才算得上法律状态的突破，算得上是一
场革命。其余事件只不过是克伦威尔试图用出于自身意志的决定来阐
释通过解散长期国会而建立起来的自身主权而已。

　　克伦威尔在 1655 年 1 月 22 日解散了基于《政府约法》而召集起
来的国会之后，曾通过十位少将统治了一段时间。这十个人可以被看
作代理性质的独裁官——只有从这件事上看，克伦威尔的执政才谈得
上是军事专政。他派遣这些少将出去，是为了向那些保王党征收额外
的战争税。为了维持公共秩序、解除政敌的武装、逮捕一切可疑人士
等，这十位少将可以支配军事力量。在他们被派去管辖的区域内，他
们确实如同行动专员一样行使着一切国家主权。在 1656 年 9 月 7 日
的演说中，克伦威尔赞扬了十位少将为重建公共安宁所付出的辛劳。
事实上，十位少将与大革命时期法国国民议会的代表非常相似，只不
过前者的独裁权力来自克伦威尔的主权，因而必须处于这一主权的框
架之内。这是一种军事专政，其特征是由军事统帅施行代理专政。但
是早在 1656 年，克伦威尔就放弃了这种军事专政，因为正如加尔迪
纳所言，克伦威尔是一切军事专政的敌人。[9] 那么，就只剩下一个问

131

---

[9]　[原注7] *Oliver Cromwell*, p.167，德文版见柯克纳（Kirchner）译本（*Historische
Bibliothek*, Bd. 17, 1903, S.178）。

题——克伦威尔自己行使的主权是否可被称为主权专政？

主权专政作为一种行动委托关系，一方面区别于绝对君主制和警察国家，另一方面也区别于代理专政

　　如果单纯取消分权就可以被称为专政，那么我们就可以肯定克伦威尔的情况就是主权专政。但是，每一个集权专制国家当中都充斥着同样的状态。如果无差别地把专政用于一切类似情况，那么专政这个概念就没有了任何的清晰性。从政治上看，我们可以把任何一种直接行使而非通过独立的间接机关来行使的国家权力称为专政，并将其理解为分权制度的对立面——集权主义。早在第一章中，我们就已经谈到这种集权理念和专政概念之间的普遍联系。军事组织最明显的特征就是受到军事命令的统治，而且这种命令不受反驳，以"电报般的速度"（Berner）被执行。因此，任何建立在严格纪律之上的体系都可以被称作专政。代理专政受委托关系主导，委托关系就是这样一种命令，因此在军事命令的法律特性之下，专政概念的应用就更容易理解。由此就进一步推导出专政与恺撒主义政治理念之间的联系。恺撒主义是通过政变实现的，由此，两者之间的联系又给专政的概念注入了与合法君主制相违背的表象。对这种不能从法学上加以分析的模糊表象而言，克伦威尔和拿破仑仅仅因为是军事统帅就算是典型的独裁者了。

132　　要从概念上把握专政，就必须抓住专政活动的行动特征。无论是主权专政，还是代理专政，独裁者的活动所必然导致的状态都属于专政概念的一部分。专政的法律本质在于，为了必须达成的目的而依具体情况取消那些实际上对目的达成构成阻碍的法律限制。由此可知，前文提到的普鲁士军事专制政体的形成并不是专政，警察国家也不能被称作专政，因为在这两种政体之中，人民福利的提升并不是从属于

专政的行动目标。不过，就其组织原则或一般性的行政委托关系而言，警察国家具备原则上有代理性质的元素，就此而言，警察国家类似于专政。[10]

　　对某个具体敌人的设想为行动赋予了确切内容，消灭这个敌人必然是紧接着要规定的行动目标。但警察国家并不具备这种敌人观念。我们这里所谈论的对行动目标的规定，并不是根据事实并借助法律概念进行界定，而是单纯事实上的详细说明。因此福利警察国家（Wohlfahrtspolizeistaat）虽然存在大量多少属于有条件的行动委托的情况，但就其基础而言，福利警察国家本身仍然不是主权专政，因为警察国家没有在法律上让自己的主权依赖于某一具体目标的执行和达成。要通过独裁者的行动而达到的成功之所以能获得某种清晰的内容，全有赖于需要排除的对手是直接存在的。

　　从心理学上看，关于必然导致的状态的观念，永远都不可能像现存状态那样清楚。因此，只有通过否定这种观念，才可能产生精确的

　　[10]　［原注 8］沃尔岑多夫《现代国家的警察思想》（*Der Polizeigedanke des modernen Staates*, Breslau, 1918）认为，一切国家事务以公共福祉为导向，这正是现代国家思想和警察之间的共同元素。唯独公共福祉具有决定性，这种唯一的决定性本身包含着"强度和范围不断增长的趋势"（第 11 页），因此，受到警察管控的领域"始终在不断增加"。但另一方面，通过"客观维持国家秩序"，警察国家已经包含了统一国家意志的主导动机，也就是"以抽象和绝对的方式努力维持权威"（第 31 页）。事实上，这已经触及了现代国家形成的"结晶点"。

　　不过，如果我们注意到，公共福祉的扩张趋势并非其自身独特的发展规则，而只是具体目标和恰当手段之间简单关系的表达，那么警察国家所表现出来的现代国家形成要素就和我们这里讨论的问题处于不同的语境之中。根据其逻辑本质，上述关系没有能力给自身一个确定的定义，因而在实际应用当中，无处不表现出同一种扩张的努力——之前，我们已经以普鲁士军事委员会为例说明了这一点。关于维护权威本身的抽象努力，参见本书第 22—24 页。关于法律目的逻辑的绝佳例证，参见沃尔夫，《自然法》（*Jus nat.*）Ⅷ，§§110 及以下各节。

限定。在论述对外权的特殊性时，洛克指出，对外权依赖于敌人所做的事情，这也论证了采取行动的本质。根据定义，紧急自卫行动是对当前违法攻击的防御，攻击的当下性特征使紧急自卫行为获得了更进一步的定义，因此对专政概念而言，我们也必须坚持认为某种有待消除的状态具有紧迫的当下性。更确切地说，消除这种状态要显得像是一种法律使命，它只根据具体形势和消除某种状态的目的，就能在法律上证明某种全权的合理性。正如紧急自卫概念由此而不依赖于形势的实质特征，不依赖于从属于进攻和因进攻而变得必要的防御等事务性技术——火器的发展已经完全改变了紧急自卫活动的具体内容，专政的概念也就具备了因形势而不同的内容，但这还不足以论证代理专政和主权专政之间的区别。

人民立宪权力的概念作为主权专政理论可能性的前提条件

　　和紧急自卫行动一样，专政并不永远只是主动的行动，它同时也是应对的行动。因此，专政的前提是敌人没有遵守法律规范，而这些法律规范被独裁者认为是决定性的法律基础。当然，视之为法律基础的专政并不将其视为自己行动的事务性技术手段。法律规范和实现法律的规范之间的对立贯穿于整个法律之中，在专政问题上就转变为法律规范和事务技术性的行动规则之间的对立。代理专政根据具体情况而暂时搁置宪法，是为了保护宪法在具体情况下的存续。从这个角度出发，有论者不断重复地论证（其中说得最多且最激烈的当数林肯）：如果宪法的存续受到威胁，那就必须通过暂时悬置宪法而保护之。专政反对要取消宪法的进攻，保护着宪法。作为一种法律问题，法律实现（Rechtsverwirklichung）的问题在方法论上的独立性在这里表现得再明显不过了。独裁者的行动应该创造一种能够实现法律的状态，因为每一种法律规范的前提都是法律自身在其中生效的一种正常状态，一种同质的媒介。因此，专政是一个具体现实的问题，同时仍然是一个法律问题。

同样，宪法也可以被暂时悬置，同时并没有停止生效，因为悬置只不过意味着一个具体的例外而已。这样就可以解释，宪法的悬置可以只针对国家的某些区域这一点。但从逻辑上看，"数量或范围无法从法律中导出或排除"（non potest detrahi a jure quantitas）的原则在这里也适用，因为在由宪法作为一种法律概念构建的国家之中，既不存在可以脱离宪法效力的领土空间，也不存在宪法无效的时间段，同样也不存在可以作为无法律保护的"敌人"或者"叛乱分子"来对待的公民群体。但恰恰是这样的例外才属于专政的本质，因为专政本身指的就是根据具体形势而产生的特定的行动委托关系。

主权专政在整个现存秩序之中所看到的，是那种自己通过行动想要消除的状态。主权专政并不是借助某一宪法当中已经建立的权利也就是合乎宪法的权利去悬置该宪法，而是试图创造一种状态，从而实现一种主权专政认为是真正宪法的宪法。因此，主权专政所援引的并非一种现存的宪法，而是一种将要实现的宪法。我们应该相信，这样一种行为脱离了任何法律上的考虑。因为从法律上看，国家只有在其宪法之中才能被理解，而事实上，对现存宪法的完全否定不得不放弃任何法律根据，因为根据其自身的前提，将要实现的宪法尚未存在。因此，这里只有单纯的权力问题。但并不是这种情况——当我们假设一种权力，它不是按照宪法建构起来的，但还是和现存的宪法处于这样一种关系中：这种权力看似立宪权力，即使它从未被宪法纳入，因此它也就不能由于被现存的宪法否定而被宪法所否定。这就是立宪权力的含义。

集权君主的地位并不取决于某一使命的达成，他的职权也不是和某种必须达到的目的相关的授权。任何专政都包含着某种委托关系，但是我们必须要问，是否存在一种可以和主权相一致的委托关系，以

134

及委托关系依赖于某种使命这一事实又在何种程度上和主权概念相违背。立宪权力的独特性导致了这种依赖性，因为立宪权力非建构且永远无法被建构的特征使得这一点是可以想见的：国家权力的所有者使自己依赖于权力，但他所依赖的权力一方面并不会成为被建构的主权者，另一方面也不会像在主权者对神的依赖性当中发生的那样，使得尘世的一切其他权力机关消失。为了支持自己的使命，克伦威尔曾以神为依据。他偶尔谈到人民同意他的统治，但在决定性的时刻，比如在解散长期国会时，克伦威尔从未让人怀疑他自己的权力来自上帝，从未让人怀疑自己的主权并不取决于同时代极端民主主义者所理解的人民。1657 年 9 月 12 日在新任命的国会面前发表长篇演说时，克伦威尔宣告说，他担心如果过早地把上帝交给自己的权力交还给国会，就会犯下罪孽，而且他宁愿带着耻辱死去，也不愿看到自己神授的护国公之位被国会推翻。

　　国会立刻确认了克伦威尔的护国公地位和主权，但同时国会的正式同意并没有成为克伦威尔主权的法律基础，因为克伦威尔可以随时解散国会，也确实解散了国会，而且解散国会也决不需要征求人民的同意。1658 年第三次解散国会时，克伦威尔表示应该让上帝来裁断，而从未提过人民。因此，埃斯曼在定义克伦威尔的宪法时所下的论断可谓切中肯綮：克伦威尔的宪法只不过是拥有神授权力的人自愿加诸自身的自我约束而已。[11] 护国公是一项个人使命的承担者，对现存秩序的消灭并没有理性的依据，而是一种例外，一种被反君权主义国家学说称为"被神唤起者"介入的情况。[12] 单纯通过法学范畴是完全无

---

　　[11]　[原注9] 埃斯曼，《被保护国的宪法》（*Constitutions du protectorat*），第209页。加尔迪纳在其克伦威尔传记中指出，无论是克伦威尔还是弥尔顿，都未曾赋予国家本身以某种权利；如果国家意志和上帝意志不一致，对国家而言就更加糟糕。

　　[12]　[原注10] 布鲁图斯，《反僭主论》（*Vindiciae contra tyrannos*），第68页。当时被阅读得最多的反君权主义著作是比沙南的《苏格兰人的统治权利》（*De* （转下页）

法理解这一过程的。人们曾经说专政是一种奇迹，因为专政悬置国家法律，就像奇迹悬置自然法则一样。[13]

事实上，专政本身并不是奇迹，这种新建立的统治之中对法律关联的突破才是奇迹。相反，无论是代理专政，还是主权专政，都有一种法律关联。主权专政所援引的是无法被任何相冲突的宪法排除的立宪权力。与这位立宪权力和神之眷顾的拥有者相比，上帝是不一样的委托者，天命（正如埃斯曼所指出，这个词在克伦威尔那里和在波舒哀的历史哲学中拥有同样的含义）也和布特米（E. Boutmy）[14] 定义立宪权力的行使时所说的"强制行动"（acte impératif）不一样。但是，人民直接委托的代理人也不再像集权君主的代理人那样在依赖性方面有一个固定的关联点。早期专员的典型结构，即代理人代表他人，并且像被代表者亲临一样代为行事——相互替代，仍然发挥着持久的影响，不过这种结构由于和作为被代表者的人民产生了联系，也就获得了完全不同的内涵。[15]

136

（接上页）*iure regni apud scotos*）。1648 年，比沙南所译的《反僭主论》英译本出版（Michael, *Cromwell*, I, S.184；亦见茨威格，上引书，第 31 页）。

　　[13]　[原注 11] 1849 年 1 月 4 日柯特在西班牙议会上的长篇演说也这么认为（法文版由弗约 [Louis Veuillot] 译出，德文版由阿贝尔 [Hans Abel] 译出，见"信仰与忠诚"[Glaube und Treue] 协会文集，卷 1，München, 1920）。

　　[14]　[原注 12] 布特米，《宪法研究：法国、英国、美国》（*Études de droit constitutionnel: France, Angleterre, États-Unis*, Paris, 1909），第 241 页。在反君权主义文献中谈及和"立宪的权力"（potestas constituens）相对立的"根据宪法而产生的权力"（potestas constituta）之处，这一点从未被忽视，即人民本身就是由上帝建构的；阿尔图修斯《政治方法汇纂》c. XVIII 93, XIX 19 及以下。

　　[15]　[原注 13] 君主本人在人民代表机构面前是由一位代理人来代表的（尤其是在议员的誓词中和各邦议会开幕时），这种观念在 19 世纪的各类宪法当中还相当明显（[德文版编者注] 施米特手稿中将"还相当明显"原文由 deutlich noch 订正为 noch deutlich）；参见黑森宪法，第 62、81、85、88—89、96、98、101 诸条（Felix Stoerck,《德意志宪法手册》[*Handbuch der deutschen Verfassungen*, Leipzig, 1884]，第 （转下页）

137 　　博丹就已经注意到，对代理人而言，究竟是受到君主意志还是人民意志的决定，是受到某一个人的意志还是数千人的意志的决定，这有很大差异。[16]

（接上页）195—201 页）；罗伊斯公国年轻一支（Reuß j. L.）宪法第 88、89、91 条（Stoerck, S.315）；萨克森宪法第 133 和 135 条（Stoerk, S.343；O. 迈尔，《萨克森国家法》[Sächsischer Staatsrecht]，第 146 页），萨克森 - 阿尔滕堡宪法第 221、222、232—234、242 各条（Stoerk, S.383-386），科堡及哥达宪法第 77 条（Stoerk, S.401），萨克森 - 迈宁根宪法第 92 及 94 条（Stoerk, S.431-432），萨克森 - 魏玛 - 埃森纳赫宪法第 27 及 29 条（Stoerk, S.440），绍姆堡 - 利佩宪法第 23、25、26 条（Stoerk, S.451），施瓦茨堡 - 桑德斯豪森宪法第 66 条（此处并未谈及专员或代理人，而是称之为"受委派的官员"，Stoerk, S.478），瓦尔德埃克（Waldeck）宪法第 56 及 63 条（Stoerk, S.488），安哈尔特宪法（1859）第 24 条（Stoerk, S.64），巴登宪法第 68、76、77 条（Stoerk, S.84-86），巴伐利亚宪法 VII 第 22 条（Stoerk, S.103）。关于邦国议会的专员，参见 1850 年 7 月 25 日巴伐利亚邦国议会业务法（Geschäftsg.-Ges.）第 10 及 14 条；Seydel-Piloty《巴伐利亚国家法》（Bayrisches Staatsrecht, 1913, S.302），不伦瑞克宪法第 131 条（Stoerk, S.131）；吕贝克宪法第 61 条（元老院专员，Stoerk, S.230，相反，汉堡和不来梅则没有这类专员），利佩宪法第 27 条（Stoerk, S.206），奥尔登堡宪法第 151 及 156 条（Stoerk, S.259）；普鲁士宪法第 77 条，罗伊斯公国年老一支（Reuß ä. L.）宪法第 64 条、第 78 条第 3 节。

　　专员这一名称保留下来，用以指称代表部长参与议会谈判的政府代表。要回答政府专员是否要服从议会纪律这个问题，就要看这个专员究竟还是不是传统意义上君主的个人代表。如果是在一个共和国里，部长让专员代表自己（参见 1875 年 7 月 16 日法国《公共权力之间关系法》，该内容实际上源于德国 1848 年宪法第 69 条），那么政府专员就只是部长的助理，只限于在议会中代表政府的意见；这些专员只不过是发言人；要负责的仍然只是部长（狄骥 [Duguit]，《论宪法》[Traité de droit constitutionel, Paris, 1859], II，第 316、319、498 页）。关于 1871 年帝国宪法，参见佩雷斯（Pereis），《公法档案》（Archiv für öffentliche Recht）卷 19，第 14—15 页。

　　[16]　[原注 14] 博丹，《国是六书》，上引版本。

立宪权力的本质

立宪权力的观念是通过西哀士（E. J. Sieyès）[17]才广为传播的，尤其是他关于第三等级的著作。他认为，一切现存权力都应该服从法律、规则和礼节的效力，不能改变法律、规则和礼节，因为权力存在的基础是宪法。按照这个观点，根据宪法建立起来的权力就不可能凌驾于宪法之上，因为宪法作为整个体系——例如分权——的调节者，正是权力本身的基础。因此立宪权力就与一切被宪法建构的权力迥然不同。在原则上，立宪权力是无限的，甚至无所不能，因为它不从属于宪法，而是决定了宪法。在这里，无论在何种意义上，任何一种强迫，任何一种法律规范，任何一种自我约束，都是完全不可想象的。即便是卢梭学说意义上由公意所统摄的不可转让的人权，在这里都是失效的。作为立宪权力所有者的人民不可以约束自我，而且随时有权设立任何一种宪法。宪法之所以是基本法（loi fondamentale），不是因为它不可更易，也不是因为它独立于国家意志之外，而是因为一切和国家权威相关的权力机关都不能丝毫改变作为其权力基础的宪法。正式的立法权也是如此。

有一种国家理论认为，国家是由各机关构成的统一体，国家意志通过各机关的活动才得以产生，它并不是被代表的，因此在机关活动之外，根本不存在国家意志。这种国家理论必然将立宪权力学说理解为一种把人民本身塑造为一种国家机关的尝试。由此，立宪问题又一次变为立宪机关组织的问题。在耶利内克的设想中，国家是一切机关功能的总和，但国家本身永远都不会"以其功能总和主体的面貌出现，而只是以另一种机关的面貌出现——被赋予职能，因而也在职能上受

138

---

[17]　[原注15] 西哀士《什么是第三等级》（*Qu'est que le Tiers Etat*）第5章（本书所用为 C. F. Cramer 编辑的《西哀士文集》[*Collection des écrits d'Emmanuel Sieyès*]），更多内容见西哀士关于人权的阐释。

限的机关"，它永远不会作为"纯粹的国家"，而永远只能"作为某一特定职能形态之中的国家"出现。职能是国家的显现形式，国家"拥有"作为"机关职能之基础的权利"。国家的实质（无论我们是否因嫌这个表达方式过于学究气而拒绝它，都不能改变事实本身）只能通过某一职能作为媒介而"显现"出来，换言之，国家永远作为有限权力而出现。我们不能把承担着机关的个体和国家混为一谈，也不能将承担机关的个体和就其本身而言完全丧失了主体性的国家机关混淆起来，即便是最高国家机关也仅仅是机关，而改变宪法也只是一种职能而已。[18]

　　如果要说明这种理论最深刻的后果是什么，那我们必须说，这种理论把国家看作统一体的承载者，因为这种理论认为，国家只存在于机关的活动之中，但作为统一体的承载者，国家什么也承载不了，反而是由它所承载的机关承载起来的。国家不再拥有职能，国家本身就是一种职能。耶利内克谈到国家意志的显现所借助的媒介时，所指的并不是间接权力学说意义上的中介，因为意志是直接通过所谓的中介机关产生的。在这里，通过机关而达到的绝对中介作用与在国家机关之中显现的意志的绝对直接性是相同的。"在各种机关后面没有任何人，只有拥有意志的国家本身。"

139

　　我们在此重复这些已经论述得比较充分且众所周知的言论，就是为了说清楚这些言论与立宪权力学说之间的反差。[19] 埃贡·茨威格的

---

　　[18]　［原注16］耶利内克，《主观公法权利体系》（*Das System der subjektiven öffentlichen Rechte*），第 228、231、225、229 页。该书第 229 页引用了布莱克斯通（Blackstone）的观点：国王在自己的法庭上始终在场，即便他本人不能司法；耶利内克把自己的理论和国王借助机关而无处不在的观念联系到一起。由此，耶利内克恰恰违背了自己的国家机关理论，因为布莱克斯通的言论并不能用人身代表的传统观念（qui vices gerit）来解释，也不能用"赋予职能"的机关理论来解释。在代表着意志的机关背后并没有意志，相反，是机关本身创造了意志。

　　[19]　［德文版编者注］施米特手稿中将"Gegensatz zu der Lehre"订正为"Gegensatz zur Lehre"（与立宪权利学说之间的反差）。

立宪权力学说提供了极其宝贵的历史描述，但这些描述把整个发展过程歪曲为从实质上的宪法概念到形式上的宪法概念的转变，指出立宪权力学说的高潮"即便不是启蒙时代的一个产物，也至少是启蒙时代的一个见证"，并且认为启蒙理性主义能以机械论的方式建构国家。[20] 这实在有损于茨威格立宪学说的价值。事实上，早在《社会契约论》中，理性主义就已经到了最危急的时刻。我们必须把孔多塞（M. Condorcet）的尝试称为理性主义的高潮。他试图用一种法律规范使抵抗权合理化。[21]

相反，西哀士的理论只有在被看作为了寻找无法组织之事的组织者时，才可以被理解。在系统性和方法论上，立宪权力（pouvoir constituant）与宪法所赋权力（pouvoir constitué）之间的关系和能生自然（natura naturans）与被生自然（natura naturata）之间的关系存在极大的可类比性，而斯宾诺莎的理性主义体系也接受了关于这两组关系的观念，恰恰证明了这一体系不仅仅是理性主义的。立宪权力学说，如果被看作纯粹的机械理性主义，也是无法理解的。人民、民族、一切国家事物的原初力量，永远都在建构新的机关。从人民和民族这一切国家事物的原初力量那无穷无尽、不可捉摸的深渊之中，新的形式不断产生，而这种力量随时可以打破这些形式，其权力也永远不会绝对地局限在这些形式之中。这种力量可以任意地表达意愿，而

---

[20]　［原注17］茨威格，《立宪权力学说》（*Lehre vom pouvoir constituant*），第4页。

[21]　［原注18］沃尔岑多夫（《国家法与自然法》[*Staatsrecht und Naturrecht*]，第390页）详尽地肯定了孔多塞的观点和构思，说明了孔多塞思想伟大的历史意义。沃尔岑多夫认为，孔多塞使抵抗权"改道"，汇入了法律组织之中。但我们不能忽视，孔多塞的做法同时消除了个体和国家之间权力分配的自由原则：个体在原则上不受限，而国家在原则上受限（参见本书第116页），并且把抵抗权从一种人权和自由权变成了一种职能，换言之，使其成了国家所允许的一种公民权；一旦把权利合理化，这种权利就会变成配给制的。

140 其意愿的内容永远和宪法规定的内容拥有同样的法律价值。因此，这种力量可以任意地通过立法、司法或单纯的行动来介入。这种力量正成为统治权的无限且不可受限的拥有者，但它拥有的统治权甚至不需要仅限于紧急情况。它永远都不建构自身，而是建构他者。因此，它与自己所建构的机关之间的关系并不是相互的法律关系。根据西哀士的一个著名论断，国家永远处于自然状态之中。

但是对自然状态学说而言，至关重要的还有：自然状态之中只存在个体。"国家处于自然状态之中"这个常见说法的意思恰恰不同于以往所说的，一个国家在面对其他国家时处于自然状态。相反，这里讨论的并不是一种国际法上的建构，而是国家和其自身宪法相应形式之间的关系，是国家与一切以它之名登场的机关职能人员之间的关系。国家是在片面意义上处于自然状态之中，国家只有权利，没有义务，立宪权力不依附于任何事物。相反，宪法所赋权力只有义务，没有权利。于是就出现了一个值得注意的后果：国家的一部分仍旧处于自然状态之中，而另一部分则处于法律状态之中，或者更确切地说，处于义务状态之中。

立宪权力专员（人民代表）不同于某一宪定权力的专员

由此，西哀士引入了代表关系的合法性问题。他还把 1789 年立宪议会的议员理解为代表，与接受强制委任（mandat impératif）的受托者不同。按照西哀士的说法，代表不应该是使者，不应该只是传达业已存在的意志，而是要"形成"意志。西哀士强调，现代国家由一种全然不同的民众构成，与古代共和国截然不同，而在今天这个分工的时代，只有一小部分人有时间和能力去研究政治事务，其他人则"更多地想着生产和消费"，从而简直成了劳动的机器（machines

de travail)。[22] 由此，他们与立宪意志的绝对权力之间就产生了一种
特殊的关系。从内容上看，人民意志根本不存在，要通过代表才得以
形成，但即便如此，代表也仍然绝对地从属和依附于这种意志，如同
代理的关系。这里说的"绝对"，就是简单干脆的"无条件"的意思。
人民意志可以不明确，如果立宪权力真的是无法被建构的，那么人民
意志甚至必须不明确。

　　西哀士所表达的这种结果已经指向了和理性主义完全相反的 19
世纪哲学。在这种哲学里，上帝是世界的中心，是一种"客观的混
沌"，正如那没有形态却不断产生新形态的立宪权力是国家生命的中
心一样。不过，以人民的名义上台的政治工作者仍旧无条件地具有从
属性。西哀士比卢梭更加强调一切国家机关活动都只是代理性质的，
国家的实体——民族可以随时以其完满的权力直接登上前台。因此，
向外最大权力和向内最大从属性之间的相互关系仍然存在，但只是形
式上的。意志进行统治和专政的最重要前提是，从属性越强，意志就
越明确。意志无条件统治的典范就是军事命令，军事命令的明确性和
执行命令的果断性必须相对应。当然，这种命令的明确性不是法律形
式的明确性，而是事务性技术的精确性。但主导着代理关系的思想恰
恰和介入因果联系的具体活动相关。强制委托本来也是代表所具有的
那种无条件的、代理式的从属性的一部分。不过，西哀士并没有得出
上述结论，他的理由是，人民意志的内容本身就是不明确的。这一意
志所涉及的仅仅是代表本人，以及关于代表关系是否应该存在的决
定。实际上，这一意志不可以是明确的，因为一旦明确，就意味着它
已经形成，其本身就是被建构的，因而不再拥有建构他物的能力。

　　可见，在形式上，以立宪权力的名义行动的代表相当于代理专
员，他必须无条件地依附于本体，但在内容上，代表所肩负的任务是

141

---

[22]　[原注 19] 见 1789 年 9 月 11 日西哀士的演说，*Arch. Parl.* Ⅷ 532。

不可以受限的。我们必须看到，代表的任务的本质内容是最广泛且最基本地形成立宪意志，也就是草创宪法。但这并不是由于宪法的法律性质，因为采取实际措施也可以被认为是人民意志的体现。不同于一般代表，那些特殊代表，也就是直接行使立宪权力的人，可以拥有任何一种全权。立宪权力的行使必须与立宪权力的本体相区分，否则立宪权力就又成为表现在其特殊代表身上的受造之物了。如果特殊代表们的任务是草创宪法，那么他们就可以根据自身对任务内容的不同理解，或自行决定宪法，或组织人民公投。无论如何，只要这些事情发生，那么任务就完成了。

主权专政作为立宪权力的革命行动委托关系

但也有可能出现如下情况：人民立宪权力的行使受到阻挠，实际情形要求先消除这些障碍，从而消灭和立宪权力相悖的阻力。由于人为的干预和外部的强迫，或者因为普遍存在的局势混乱，人民的自由意志可能变得不再自由。这种情况下，我们要区分两类情形。

为了让人民能够完全拥有主权地开展立宪行动，就必须像博格德（Ch. Borgeaud）所说的那样，能够在旧政权和新政权之间做出选择。革命打破了传统，旧宪法不复存在，人民将接受新宪法。在此过程中，人民相当于借助那些创立新宪法的人而部分地行使了自己的主权。新旧交替之际，人们往往渴望恢复秩序。这种恢复秩序的需求极大，使得在这种条件下，人民的判断不再能够处于自由状态。[23]

----

[23]　[原注 20] 博格德，《宪法的制定与修正》（*Établissement et révision des constitutions*, Paris, 1893），第 409 页。

这可以"为革命力量发布临时约法的行为提供合法性",但如果新政府成立，秩序重建起来，这种合法性就没有了。如果现存秩序被理解为自由行使立宪权力的障碍，以至于新的革命不断出现，不断有人向立宪权力呼吁，那么在革命引起动荡的情况下，革命力量也可以援引立宪权力来证明自己的合法性。通过革命推翻现存秩序，从而扫清道路——这一使命同样援引立宪权力为依据，并且从属于立宪权力。无论是革命之后重建秩序，还是通过革命推翻秩序：这两种情况中都存在一种行动委托关系，和代理专政的情况一样。同时，从功能角度看，在这两种情况当中，立宪权力的概念取决于一种正确的宪法的观念，因为在革命专政当中，无论是通过专政而要实现的宪法本身，还是始终存在的立宪权力，都被悬置了。[24]

但是，代理专政的权威是由一个宪法所确定的机关授予的，并且在既存宪法中有一个名目，而主权专政的存在则只和它做什么相关（quoad exercitium），并且直接从无形的立宪权力之中衍生出来。主权专政是一种真正的代理关系。与援引超验上帝的某种使命不同，主权专政并不意味着拒绝任何一种来自尘世的其他权力衍生关系。主权专政所诉诸的是时刻存在、随时可以投入行动、能够由此在法律上拥有直接意义。只要立宪权力受到认可，那么"最小限度的宪法"永远都在那里。[25]

但是，为了让人民的立宪权力变为现实，要先为人民创造外部条件，因此，在使专政具有合理性的具体情况下，立宪意志的内容是成问题的，而且根据其固有的前提条件，并不是当时就存在的。主权专

143

---

[24]　[德文版编者注] 施米特手稿中将关联词"无论还是"（sowohl als auch）订正为"无论……还是"（sowohl ... als auch）。

[25]　[原注 21]"最小限度的宪法"能存在，正是因为立宪权力受到认可，而不是耶利内克一厢情愿所认为的那样，是因为"维系着国家单位的事实权力"（参见耶利内克，《普通政治学》，第 491 页）。

政的权力虽然是独立自主的，但也仅仅是"过渡阶段"，因为它取决于自己所要完成的使命。因此，主权专政和专制君主或拥有主权的贵族政体完全不同。代理专政和主权专政都是无条件的代理关系，但代理独裁者是宪定权力的行动专员，而主权专政则是指代理人与立宪权力之间的行动代理关系。[26]

---

[26]　[原注 22] 在这里，我们已经看到两种后来继续发展为 19 世纪政治哲学的观念：人民的观念和历史发展的观念。启蒙哲学的教育暴政已经让自己依赖于某一任务的达成。这一暴政建立在关于人类是可完善的信仰之上，这种信仰所导致的关于发展的历史哲学超越了个体。在 19 世纪，黑格尔和孔德创造了两种完全不同的体系，都系统地奠定了关于发展的历史哲学理论。但是，杜尔哥已经表达了孔德的所谓人类发展三段论思想（神学阶段、形而上学—抽象阶段和实证阶段）和个体对环境的社会依赖性思想，而孔多塞的《人类精神进步的历史图谱》（*Tableau historique des progress de l'esprit humain*）则远远超越了 18 世纪的理性主义，以至于波纳德不无道理地称其为"启蒙的末世论"。但在我们讨论的范围内，进步始终是有意识的人类活动的工作，专政者的使命就在于发挥自己的影响，积极地促成这种进步。

雷诺维耶（Ch. Renouvier）曾中肯地强调过这种进步和 19 世纪的内在进步论之间的对立。人们常常描述康德哲学的历史哲学元素。正如考夫曼所表明的那样，康德哲学中特别重要的一点就是，它包含了一种与 18 世纪机械论截然相反的有机体概念。这是一个决定性的转折。另外，康德的法哲学是理性自然法的总和。在康德那里，理性自然法从人类共存这一出发点发展到前后最为一致且极其清晰的程度。因此，对康德而言，既不存在紧急状态法（Notrecht，因为在康德看来，紧急状态法意味着不法的强迫），也不存在恩典。

相反，费希特哲学中向历史哲学的过渡则非常明显。我们可以参考拉斯克的论述，但还要补充一下：作为"专制君主"的专政者概念才是坐标基点——专政者"处于其所在时代和人民所拥有之洞见的巅峰"，他所带有的不是一种像拿破仑那样要实现"怪念头"的"只会计算的、有限的意志"，而是"被赋予了精神的""绝对的"意志。专政者是"上帝安排的专制君主"，"其形式犹如僭主和篡位者"，他先塑造人，又让被他强迫的人们来审判他——这是关于主权专政者想象的一种极其重要的描述；人性"天生叛逆"，但"不管人们理解与否，都要被强迫处于公正和更高见解的统治下，没有任何恩典和仁慈可言"。国家不可能成为"生产儿童的工厂"，在这个意义上，国家不可能征服天性，但正因如此，国家应当成为"教育的工厂"（这番论述参见《拉斯克作品集》卷 VII，第 576 页及以下，第 435 页及以下）。（转下页）

（接上页）没有什么地方比这里更清楚地说明了启蒙合法专制变得历史哲学化的时刻。在黑格尔的哲学当中，只有当专政的内容可能是"世界历史人物"（如拿破仑）的世界历史使命之时，专政才有出现的空间，但需要专政者消除的不利状态作为一种否定（Negation），只不过是精神那符合逻辑的自我发展的内在过程中的一种因素而已。不过这里并没有给出清楚的专政概念。更有意思的是波纳德、格勒斯（J. Görres）和柯特等天主教政治哲学家对专政的理解，因为他们认为，由专制主义和雅各宾派专制所造成的中央集权化（也就是现代国家里的中央集权化）本质上就表现为专政，是理性主义的产物，因此自然只能通过其他的专政来克服。由此，那些伟大的天主教徒在论证细节上就与无产阶级专政的信徒们高度重合。专政概念的本质就在于，专政构成了有机发展的一种例外情况，就是为了证明自己的使命：消除一种和历史的内在运动相违背的机械的障碍。这种内在有机发展的概念，构成了机械的中央集权国家的反面。人民立宪权力的观念仍然存在，只不过人民变成了无产阶级。在索雷尔（Georges Sorel）的哲学中，用非理性哲学去对抗智性论—机械论的理性主义将导致无政府主义的混乱结果，这给巴枯宁和克鲁泡特金的思想提供了一种比较重要的哲学基础。在索雷尔看来，任何一种按照有计划的等级秩序建立起来的组织似乎都在尝试以智性主义的方式从外部介入发展过程，都被称为专政。所以天主教会的组织就叫作专政，因为教会把神职人员和由神职人员领导的教徒截然分开。除此以外，在索雷尔对现代国家的批判中，出现了可能在 20 世纪 30 年代的历史政治论著中存在的句子。但索雷尔认为，只有 1793 年法国国民议会的实践才是专政最纯粹的实施（[德文版编者注] 施米特手稿中将"专政最纯粹的实施"订正为"一种专政最纯粹的例子"），是典型的理性主义专政，和带着理解自身历史意义的直觉去行动的无产阶级的"创造者的暴力"（violence créatrice）完全不同。

以上是我在特别论述之前对专政概念所做的最一般化的简述，点到为止，以便读者注意到专政概念中所存在的系统性关联。要详尽地理解无产阶级专政的概念，也只有将其放在这一关联之中。凯尔森在其新作《社会主义与国家：马克思主义政治理论研究》（*Sozialismus und Staat, eine Untersuchung der politischen Theorie des Marxismus*, Leipzig, 1920）中对马克思、恩格斯、列宁和托洛茨基思想的评论虽然每一处论述都难能可贵地清楚，但仍然没有触及问题的本质，因为这些评论忽视了整个大的思想关联。凯尔森著作（第 56 页）中的人类学论证似乎来自人的天性，这一点尤其值得关注，因为这类论证在这里突然要服务于民主，而在此前，他在其他历史著作中最频繁使用的却是集权主义的国家形式（参见本书第 9 页，第 111—112 页）。

1793—1795 年间国民公会的主权专政

144
145　　　　1792 年 9 月 20 日组织起来的国民议会肩负着草创宪法的任务，属于拥有立宪权力的特殊机关。在立宪议会草创了宪法（1793 年 6 月 24 日）并被民众在普遍投票中接受之后，立宪议会的使命和权力就结束了。由于内部的战争形势和反革命活动威胁着新宪法的存续，国民议会于 1793 年 10 月 10 日决定，法国临时政府保持"革命"，直到缔结和平。由此，1793 年宪法被悬置了，此后也没有再度生效。在这个事件中，尽管一部已经被接受的宪法被悬置了，但仍然存在主权专政的情况。随着自身使命的完成，国民议会就不再是一个宪法决定的机关了。无论在草创宪法的任务中，还是在宪法本身当中，都没有对宪法的悬置。据此，根本就不存在任何宪法决定的机关可以悬置宪法。国民议会是在直接援引人民的立宪权力的条件下行动的，并且声称战争和反革命阻碍了人民行使立宪权力。因此，国民议会称自己的统治是"革命的"。

　　根据奥拉尔（F. V. A. Aulard）[27] 的说法，国民议会的统治无非就是取消了 1789 年《人权宣言》第 16 条的声明：分权是任何一部宪法的标志。1793 年的宪法就没有把分权归于基本法之下。不过，把分权的取消称为紧急状态是符合当时的语用习惯的。在专政当中，法律意义上作为职权定界的分权也被取消了，因为从内容上看，主导着行动委托关系的单纯是实际技术上的规则，而不是法律规范。但仅凭取消
146　分权这一个特征，还不足以让我们把专政概念和中央集权、专制主义或僭主统治区分开来。[28]

---

　　[27]　[原注23] 奥拉尔，《法国大革命史》（*Histoire de la révolution française*），第 4 版，第 315 页。

　　[28]　[原注24] 我在自己关于专政和围困状态的论文（*Zeitschr. f. d. Strafrechtswissenschaft*, Bd. 38, 1916, S.138ff.）中表达的观点主导着对立宪集会和后来的团体 （转下页）

从最广泛的意义上讲，任何一种和正常想象中的状态不同的特殊情况都可以被称为某种专政，以至于专政这个词时而被称为民主制的特殊情况，时而被称为受宪法保障的自由权利的特殊情况，时而被称为分权的特殊情况，或者（正如在 19 世纪历史哲学中那样）事物有机发展的特殊情况。这个概念在功能上始终依赖于某种现存的宪法或设想中的宪法。这也就是为什么专政这个词总是被泛化。关于什么是专政，人们达不成一致；人们能达成一致的，只有什么不是专政，因此这种一致是不确切的。

专政在当时是一个颇受欢迎的热词。1793 年 4 月 5 日，法国大革

（接上页）的国家法学讨论。雷德斯洛布（R. Redslob）在《法国国民议会的国家理论》（*Die Staatstheorien der französischen National versammlung von 1789*, Leipzig, 1912）中概述了关于立宪权力（第 151 页）和分权（第 221 页及以下）的看法。对专政概念而言，特别重要的还有受到美国宪法影响的温和保守派和自由派的讨论，他们重复着汉密尔顿、杰伊、曼迪逊等联邦党人的论据。阿克顿勋爵曾在自己的《关于法国大革命的演说》（*Lectures on the French Revolution*, London, 1910, p.37）中指出美国宪法影响的巨大意义。

在关于国王的否决权、两院体制、法国的联邦主义分散化（下一章还将强调联邦主义与雅各宾派专政之间的对立）等问题的讨论中，美国宪法影响的巨大意义表现得尤其明显，特别是在马卢埃（Malouet, *Arch. Parl.* VIII 590）、穆尼耶（Mounier, 援引德洛尔姆 [Delolme]，同上引，410、416）、拉利－托伦达尔（Lally-Tollendal，援引布莱克斯通，同上引，514-515）等人的言论中。后来被称为专政者的有罗伯斯庇尔、马拉、丹东、库东、居斯汀等人；这类被称为专政者的人不计其数。人们甚至谈到专政者三头同盟（triumvirat des dictateurs，参见奥拉尔书，第 203、263 页）、国民议会集体专政、巴黎公社、选区等（参见戈特罗 [Gauhterot] 那篇有意思的论文，载《历史问题杂志》[*Revue des questions historiques*]，93，第 466 页）。

罗伯斯庇尔倒台之时，民众高呼：打倒僭主！在雾月 18 日政变成功时，民众高呼：打倒专政者！在克鲁泡特金的法国大革命史中，马拉看起来几乎就像是巴枯宁和索雷尔意义上的无政府主义者。有意思的是，克鲁泡特金作品中的马拉要求专政；参见奥拉尔，第 263 页，尤其是 1792 年 9 月 25 日马拉在国民议会上的演说，马拉在其中反对急躁无序的人民运动，认为必须由一位明智之士来指挥运动。

命时期平原派代表巴雷尔（B. Barère）在论证要建立公共安全委员会（Comité du salut public）的演说中指出："人们一直在谈论专政。"比起把专政说成对分权的单纯否定，孔多塞在论文《论"革命的"一词的意义》（Über den Sinn des Wortes revolutionär）中对专政概念的描述要更好些。作为 18 世纪的理性主义者，孔多塞决不可能用自己毫不理解的分权来描述专政。他的出发点是人类的共存和国家的契约，他认为对于想瓦解国家契约的人来说，国家契约不可能是有效的。此外还有利益的权衡，他要求在权衡利益时，更高利益——国家契约的存续要高于人权。到此为止，孔多塞的论述只不过是一种完全没有法学素养的矛盾逻辑。但他接着又说，"革命的"一词意味着一种远离合法性原则的状态，这种状态由只受例外情况决定的实际措施主导。于是他把革命法律定义为"形势所迫的法律"（loi de circonstance）。[29]

　　另外的问题是，谁是革命督政府之中包含的主权专政的主体？在官方层面，人们是拒绝"专政"这个词的，因为它是一个反革命高频词，[30] 而且太容易让人想到军事统治，而雅各宾派是最畏惧"军政府"的。尽管如此，上文提到的巴雷尔的演说还是给出了一幅关于法律状况的清晰图景，与之相对的是，安全委员会或罗伯斯庇尔的专政等常用措辞消失了。演说还不乏对罗马共和国的指涉，而且指出，在革命

──────────────

[29]　[原注 25]《孔多塞作品集》（Paris, 1804），卷 XVIII，第 18、20 页。茨威格上引书第 392 页把革命督政府称为"伟大的虚无之物""罗伯斯庇尔的统治""公共安全委员会的集团专政"（第 369 页），随后他又谈到传统的专政（*Arch. Parl.* LXVI，674；茨威格，上引书，第 386 页，注释 4）。对国家学说而言，茨威格未能继续完成的论断很重要："如果我们能对革命督政府使用国家法的标准，那么我们可以说，在那个时期，国家需求的正式调节仅仅是通过（最广泛意义上的）行政命令来实现的。行政行为和具体个别的事实相挂钩，由此，真正的或曰普通的立法及其补充完全缺失，这是法国革命政府以及任何革命政府的真正标志。"

[30]　[原注 26] 同样属于反革命高频词汇的还有：农业法（loi agraire）、"马拉主义"（maratisme）、"奥尔良公爵将成为国王"（d'Orléans sera Roi）。

和暴乱的年代，为了保障自由，专政的权威是必要的。但在建议成立公共安全委员会的时候，巴雷尔却并不要求有这样的权威，因为委员会不应该得到立法的权力，国民议会仍然应该负责立法。委员会只应该监督行政活动，提升行政效率。至于这项所谓的无关紧要的监督权有何种实践意义，将在下一章里说明。

148

无论如何，巴雷尔的论证就是为了说明，公共安全委员会没有独裁权力，因为它没有把立法权和行政权统一起来。立法权和行政权的统一是一般意义上的专政概念，其内涵是取消分权。但在国民议会中，立法权和行政权是统一的。巴雷尔在演说中把国民议会称为专政的载体，这种说法一定会引人注意，因为根据18世纪对专政概念的理解，独裁者也许可以让法律沉默，但是其本身却不能颁布法律。[31]相反，对巴雷尔来说，国民议会的主权专政历历在目，因此他使用专政一词的方式也就和18世纪那种只考虑到代理专政的术语不同。他继续说道，这种专政是必要且合理的，因为在这种情况下，人民实际上在向自己施行专政，而且但凡是自由和开明的人，也都能够乐于接受这种专政。

无论公共安全委员会的权力随着时间推移变得多大，它在法律上都毫无疑问地只不过是国民议会的委员会，受国民议会的委托进行活动。在公共安全委员会的问题上也出现了典型的发展态势：负责实际工作的委员会主导了有决定权的全体大会，甚至在实际上统治着全体大会，而在委员会内部又会逐渐出现某一个人占据绝对上风的情况，比如（从丹东被处决到热月9日之间的三个月）罗伯斯庇尔主导着委

---

[31] [原注27] 参见本书第113页注43。1793年4月6日，马拉试图证明公共安全委员会没有施行专政，他的理由是，专政之下法律是沉默的（les lois se taisent）。他还试图把专政的概念限制在如下范围内：专政意味着把无限权力委托给一个个体。考茨基在《恐怖主义和共产主义》（*Terrorismus und Kommunismus*, Berlin, 1919）第28页中也认同了这个观点。

员会，委员会又主导着国民议会，以至于一切申请和文件都不经讨论而单方面地被通过。但是，如果我们看到现实的政治形势，就必须承认公共安全委员会并非国民议会唯一的委员会。特别是治安委员会（Comité de sûreté générale）也开展着一种独立的活动，可惜还没有人将其写成历史。在财政上，委员会始终依赖国民议会。因此从政治上看，狄骥 [32] 所谓的 1792—1795 年间国民议会的各种委员会是"真正的权力所有者"（véritables détenteurs du pouvoir），也未必正确。

正如热月 9 日的事件所证明的那样，从长期来看，决定性的权力机关仍然是国民议会。只有国民议会才是法律意义上的决定机关——这是无人反驳的事实。只有国民议会才是人民代表的全权的唯一来源。当人民代表在各省受到阻挠——用他们自己的话说，被分权的可笑理由所反对时，他们能够引以为据的也只有国民议会的"无限权能"（toute-puissance）。他们的一切活动只在于执行国民议会的权力，在紧急情况下，当他们没有特殊任务，不得不冒着自身生命危险去行动时（比如迪穆里埃 [Dumouriez] 叛变时），他们也只能援引立宪议会的权威。国民议会永远保持着"活力"（impulsion）。1792—1795 年间在法国如此直接而恣肆地发展起来的一切国家权威，其源头都在国民议会，或者用时人最喜欢的话语来说，都从国民议会"流溢"出来。国民议会本身的权限则只是它自身也认可的立宪权力的直接显现。

---

[32]　[原注 28] 狄骥，《宪法》（*Droit constitutionnel*），II，第 342 页。许布纳（R. Hübner）把根据"收紧法则"（Gesetz der Verengerung）发展起来的英国内阁称为"绝对且专政的国家权力"的所有者，同时，因为"受委托者的权力盖过了委托人"，第一任首相成了决定性的人物，许布纳就说首相的活动是"赤裸裸的专政"。参见许布纳，《英国的议会制治理方式》（*Die parlamentarische Regierungsweise Englands*，Tübingen，1918），第 38 页。

第五章
法国大革命期间人民代表的
实践活动 [1]

---

[1] [原注1] 在下文当中，来自《法律公报》（*Bulletin des lois*）、《法国大革命档案》（*Archives parlamentaires*）和《通报》（*Le Moniteur universel*）的相关段落，如果很容易从日期中断定出处，就不再特别注明。我会经常引用迪韦吉耶的《法律集》（*Collection des lois*），因为根据我的经验，这本著作经常在德国的图书馆里出现，而且经常引用其他集子的资料。在特殊情况下，我还会同时引用《国民议会敕令集》（Sammlung Baudouin）。引用《法律公报》时给出的数字不是指集子的篇目，而是指法律和规定的编号。

1789—1791 年制宪国民议会的专员

无论是制宪议会还是立法议会，都在自己的政令当中规定过大量的行政细节。[2]

专政的真正展开全在于代理人的活动。这些代理人不仅与一般官员和行政部门的大量公务专员（警察专员、财政专员、税务专员，以及由战争部长任命的军队管理专员、战争专员等等）并列，而且和政府各部派遣的业务专员以及根据 1792 年 11 月 26 日法令派遣的临时

---

[2] [原注 2] 立宪集会所关心事项的例子：授权市政机构接受贷款的法令，控制囚犯的数量和监狱（迪韦吉耶，《法律集》I 109），安排 1790 年 6 月 17 日的庆典（I 255），城市动乱时向机构发出指令（I 243; II 327），剥夺公民权并传讯某些人接受集会的审讯（I 252）；1791 年 2 月 24 日法令禁止阿尔奈德吕克（Arnay de Duc）市镇当局阻挠国王的女眷通行（I 247）；判决某些官方行为损害国家主权和立法权（I 465）；要求斯特拉斯堡当局关于塞莱斯塔（Schlettstadt）动乱的判决为最终判决的法令（I 421）；明令对个别煽动者进行判决和追诉（I 246）。不过，大多数决议的形式都是集会通过代表请求国王采取进一步措施（I 47, 242-243; I 289），特别是在各城市动乱的时候（II 360, 459）。1791 年 3 月 22 日的法令决定，在原先马孔内省（Mâconnais）的动乱中既不进行民事追诉，也不进行刑事追诉（II 387）。尼蒙尔尤其主张一种强硬的执行权，反对干涉行政。

实际上，立宪集会当然也没有注意到，作为公意的法律永远都必须有普遍特征。这方面最引人注目的例子可能是 1790 年 4 月 30 日的狩猎法案：为了让"国王仍能享有个人的消遣娱乐"，特别保留了这一特殊的法律（I 168），1790 年 9 月 14 日，法律颁布（I 418）。这类法律必然会引起孔多塞这样的理性主义者的愤怒，让他们坚信，君主政体是与国家事务的理性形态无法兼容的一种制度。立法集会所关心的其他事项（除了授权接受贷款之外）还有：对个别公民的大量控诉（IV 71、115、123），干预动乱（IV 83, 307），关于官员选任的决定（IV 85），要求行政部门递交报告，做出说明（IV 215, 276, 289, 291）。1792 年 8 月 10 日国王被废黜之后，国家由立法机关治理；更多内容参见该文本。

执行委员会国家专员并列。临时执行委员会国家专员的作用包括在新占领的省份废除仍然存在的封建压迫制度，维持公共秩序和安全，引导人民选举新的行政机关，留意不要让民众选举反革命分子，等等，因此，这些专员必然要被称为行动专员。[3] 我们必须把这些专员同从人民代表中直接派遣的专员区分开来。

在本土或殖民地发生动乱之时，国民制宪议会经常请求国王派遣专员去恢复秩序，并赋予专员采取行动的广泛权力。[4]

此外，国民制宪议会还有自己的专员，从制宪议会内部任命并授予其全权。起初任命的专员仅仅负责内部事务和财政事务：颁布法令、发布纪要、安排会议等。在迁至巴黎途中（1789 年 10 月），国民

---

[3]　[原注3] 奥拉尔在《公共安全委员会未发表的法案和文件集》（*Recueil des actes et documents inédits du Comité de salut public*）中编纂的国民议会颁布的法令，I, 271, 332；关于国家专员的活动，国家专员和军事机构的合作，参见 II，第 419—437 页，和国民议会专员的合作，参见 II, 17。

[4]　[原注4] 1791 年 6 月阿尔萨斯动乱时，基于国民制宪议会的法令，国王派遣专员去该地重建秩序；制宪议会还请求国王往阿尔萨斯派遣必要数量的军队（《法律集》II, 205, 235；《国民议会敕令集》卷 XX, 206, XI, 185）；另外还有法令派遣三名专员去加尔省（Gard）重建秩序，确保公共安全。1790 年 12 月 12 日的一则法令反对扰乱此前可能是由比利时军队建立起来的公共秩序，请求国王让所有指挥官采取必要措施，紧急情况下借助国民卫队防止出现混乱局面，同时安排军事指挥官或武器库的长官为行政机构提供武器，使国民卫队能够保护私人财产和维持秩序（《法律集》II, 109；《国民议会敕令集》IX, 140）。1791 年 4 月 2 日，民事专员带着特殊授权被派往艾伊（Aiy）（《法律集》II, 341；《国民议会敕令集》XIII, 8）。

和殖民地相关的有：1790 年 11 月 29 日关于安德烈斯群岛的动乱；议会请求国王派遣四名专员去殖民地，目的是（1）获取信息，（2）临时控制内政和警察部门，维持公共秩序，为此可以动用所有正规部队、民兵、国民卫队和海军。在专员的要求下，这些军事力量必须介入。如有必要，专员可以暂时取消殖民地议会的权力。随着专员的到来，一切上级部门的功能和职权全部停摆，直到获得专员的确认。国王应该为岛上的总督或受命的官员准备好军队和战舰，他们要和民事专员协作办事（《法律集》II, 71；《国民议会敕令集》VIII, 253；更多例子参见《法律集》II, 225, 350）。

制宪议会任命了一名专员负责选定会址。[5] 同时，专员还活动于铸币、认捐国库券和指券、为指券印刷提供纸张、管理国库等领域。[6] 但是，1791 年 6 月国王出逃之时，国民制宪议会发起了一次完全独立的行政行动。议会首先声明，在国王缺位期间，国民制宪议会的法令无须经过国王批准亦可生效。议会要求邮驿部门恢复交通，使邮件往来不致中断，同时原则上禁止居民离开巴黎，又组建国民卫队，通过内政部长向所有官员和军队下令，封锁边境，防止任何王室成员外逃或将任何金银和军备运往国外。议会还要求巴黎国民卫队的指挥官们就为维持公共安全和秩序所采取的措施做出解释说明，还将王宫贴上了封条。[7]

随后，国民制宪议会从自身成员中选派了三名专员至边境省 153 份，以便和当地行政机关与军事指挥官协调一致地制定并落实恰当措施，维持公共秩序，保卫国家安全。这些专员有权提出任何必要的请求。[8] 同时，又有三名国民制宪议会的专员（分别为拉图尔－莫布尔 [Latour-Maubourg]、佩蒂翁 [Pethion]、巴纳夫 [Barnave]）被派到瓦雷内（Varennes），目的是保护国王和王室成员的安全，并为王室返回巴黎制定必要措施。这几位专员被授予全权，有权向一切机构和军队发出命令；凡是他们认为对执行任务来说必要的事情，无不可为，但他们也必须注意，不能让国王应得的尊重受损。[9]

1799 年 6 月 22 日的国民制宪议会法令（《法律集》III, 72）也带

---

[5]　[原注 5]《法律集》I, 45, 59, 70, 78。

[6]　[原注 6]《法律集》I, 180, 187, 223, 320；II, 332, 341（1792 年 3 月 18 日法令：国王任命六名专员，国民制宪议会任命三名专员，共同管理国库）。

[7]　[原注 7] 1791 年 6 月 21 日法令，《法律集》III, 60-63；1791 年 6 月 22 日法令，《法律集》III, 72。

[8]　[原注 8] 1791 年 6 月 22 日法令，《法律集》III, 64；《国民议会敕令集》XV, 338。

[9]　[原注 9] 1791 年 6 月 22—23 日法令，《法律集》III, 64；《国民议会敕令集》XV, 357；1791 年 6 月 24 日《通报》（Moniteur），《法国大革命档案》XXVII，第 428 页。

有委托授权的性质，其中规定部长有权解除一切可疑军人的官职并代之以他人。制宪议会通过法令中止了布耶男爵（Herr von Bouillé）的一切军事职务，并下令逮捕他。[10] 被派到边境省份的国民制宪议会专员则通过 1791 年 6 月 24 日法令（《法律集》Ⅲ, 73）而拥有了敦促一切行政部门和当地机构采取必要措施的权力；国民卫队被放在下级军官的管辖之下，将军有权开除任何一名拒绝宣誓服从宪法的士兵，也有权暂时撤销任何可疑分子的职务，涉事者必须立刻向战争部长汇报。最后，国民制宪议会还委托巴黎的一个法院调查 1791 年 6 月 20 日到 21 日那一夜发生的事情。为此，法院应任命两名专员（必须是警探）。为了记录国王和王后的声明，制宪议会又从内部选任了三名专员。[11]

1791—1792 年的立法议会

同样，立法议会（1791 年—1792 年 9 月 20 日）也经常介入各城市的动乱，请求行政权力（国王）派遣专员去重建秩序，平息民众的情绪。[12] 被派到殖民地的专员也会得到特别广泛的授权。尽管他们受国王派遣，却是由立法议会授权。他们可以动用警察，有权叫停殖民地的选举集会、决定进行新的选举、从有关机构处获得一切必要信息，还可以逮捕有罪者并将其解送至法国进行审判，甚至还有权征调国王准备好的部分军队。他们可以向立法机关呼吁，暂时停止集会和终止官方机构的工作，并自行设置司法机构。负责重新组织各区行政部门的专员必须向立法会议专员汇报情况，并就自己的工作做出解释

---

[10]　[原注 10] 1791 年 6 月 22 日法令，《法律集》Ⅲ, 72。

[11]　[原注 11] 1791 年 6 月 26 日法令，《法律集》Ⅲ, 77；《国民议会敕令集》XV, 441。

[12]　[原注 12]《法律集》Ⅳ, 83, 98, 101, 114 注释。

说明。[13]

1792 年 6 月 31 日，立法议会任命了自己的独立专员，负责监督苏瓦松营地的粮食供应工作。[14] 1792 年 8 月 10 日行政权力停摆之后，立法议会就像 1791 年 6 月的制宪议会一样出台了一系列针对特殊现实情况的措施。立法议会决定，"为了国家的内外安全"，所有公民都必须设法获得证明自身政治可靠性的文件，必须证明自己的"公共精神"（civisme）；授权市镇机关阻止反革命作品的传播；任命四名制宪议会专员，监督当前行政权力的公务行为；在 1792 年 7 月 31 日派三名专员前往苏瓦松之后，再增派六名专员，以便在北方军、中央军、莱茵军当中活动，并向制宪议会汇报情况。当其中三名专员在色当被当地机关逮捕时，立法议会于 1792 年 8 月 17 日发布法令，将专员被逮捕一事称为对人民主权和人民代表的不可侵犯的行刺，并立即逮捕有罪的色当政府机关，重新派遣三名制宪议会专员前往色当，并赋予其调动警察和军队的全权；一切不配合专员工作的人，无论是文官军官，还是普通公民，都会被宣布为卑劣者和叛国者。

关于这些专员任务和权限的规定如下：凡是专员认为适宜（convenable）的地方，他们都可以召集行政机关，要求相关部门说明情况，令其为了祖国与公共的安宁而采取必要措施，或者由专员本身采取措施。所有行政机关都必须支持专员的工作。此外，专员的任务还包括通过宣传和教育来维持革命风气，活跃革命氛围。随着 1792 年 8 月 17 日法令的颁布，未来人民代表行使国家权力的基础也得以奠定。[15] 为了负责不同军队之中专员的相互通讯，立法议会专门成立

[13]　［原注 13］1792 年 3 月 28 日、5 月 11 日、6 月 15 日、6 月 22 日法令；《法律集》IV, 107, 177, 253, 263, 277, 283。

[14]　［原注 14］《法律集》IV, 330；《国民议会敕令集》XXIII, 180。

[15]　［原注 15］《法律集》IV, 374；《国民议会敕令集》XXIV, 33。就在同一天（《法律集》IV, 376），殖民地专员的全权得到了确认，反抗专员的人被宣告为叛国者。

了一个特别委员会（1792 年 8 月 24 日法令，见《法律集》IV, 414）。

　　同年 8 月 27 日，立法议会又任命了更多专员负责置备武器和满足其他军需，任命这些专员的指示已经初具向执行权力过渡的政令色彩：凡拥有官方职权者，务必满足专员的一切请求，若有抗拒，专员可自行采取一切必要措施。[16] 次日，为加快三万兵员 [17] 的征募，议会任命了募兵专员，随后又任命了保障军队粮食供应的专员，使之有权暂时撤销一切可能损害军需保障的现存行政机关，并将这些机关做出的一切决定作废。[18] 我们必须把立法议会的所有专员和行政权力（pouvoir exécutif）范畴内的代理人区分开来，后者在国内只有常规性的职权。

公共安全委员会成立之前国民公会专员的任务和职权

　　1792 年 9 月 20 日成立的国民议会保留了立法议会派遣的专员，[19] 同时，在内战和外敌的压力之下，国民议会本身又不断地任命新专员。于是，一个代理政府和行政体系就此形成，国民议会作为委托者和授权者，是这一体系的核心，而这个体系的各机关同样是国民议会的成员。由于事务众多，受派遣的专员数量也格外大。比如，1793 年

156

---

　　[16]　［原注 16]《法律集》IV, 431 ;《国民议会敕令集》XXIV, 240。

　　[17]　［原注 17] 1792 年 8 月 29 日法令，《法律集》IV, 445。

　　[18]　［原注 18] 1792 年 8 月 29 日法令，《法律集》IV, 450。奥拉尔在《法国大革命政治史》（*Histoire politique de la révolution française*）第 343 页提到立法权力关于任命四位专员的规定，旨在监督针对家具仓库偷窃事件的刑罚执行情况（1792 年 9 月 17 日，见《国民议会敕令集》XXIV, 154）。但这次专员任命对我们这里讨论的情况来说并不算典型；制宪议会也曾经任命过类似的专员。

　　[19]　［原注 19] 1792 年 9 月 20 日及 21 日法令，《法律集》V, 1 及 2 ;《国民议会敕令集》XXIV, 3, 4。

3月9日，共有82名国民议会专员被派往各省，要征兵30万，因为反抗普遍义务兵役制的大本营就是自治团体和各省市的当局。这些专员成了和归属战争部管辖的征兵专员并立的行动专员。但他们最初获得的特别授权仅仅是相对于地方当局而言的。

　　后来，直到罗伯斯庇尔倒台，国民议会专员往往有半数人奔波在各地。根据任务分工，这些人可以被分为在军队中的专员和在各省的专员。同时，法国又出现了大量带有特殊任务、拥有特殊授权的专员。[20] 我们在这里要讨论的专员全都是国民议会的成员（"都来自国民议会本身"）。他们往往被成群派出——按照由三至九人或者更多情况下由更多人组成的"特派代表团"的形式，可以再分组，但要独立采取行动则永远只能两人一起。[21] 他们还有统一的制服。[22]

　　自从1793年4月4日的法令（奥拉尔《公共安全委员会未发表的法案和文件集》Ⅲ, 64）颁布以来，这些专员的官方名称就是"国民议会派往……执行任务的国家代表"（Représentants de la Nation députés par la Convention nationale à...）。随着公共安全委员会的成立（1793年4月6日），这些专员就归委员会管理。由此，一种统一的组织和一种新的发展态势出现了。因此，为了观察国民议会通过专员进行的统治，我们必须把公共安全委员会成立之前的时期和后来的时期区分开来。

　　专员的任务五花八门。他们颠覆各种法定机关，但所有颠覆活动的出发点只不过是监管权，是"监督"，是一种为了消除一切政治障碍的行动的开始。一般来说，军队中的专员（注意，和被称为军队行

---

　　[20]　［原注20］如1793年4月2日逮捕Paoli的专员；奥拉尔《公共安全委员会未发表的法案和文件集》Ⅲ, 35。

　　[21]　［原注21］1793年4月4日法令，《公共安全委员会未发表的法案和文件集》Ⅲ, 63，对比Ⅰ, 356和Ⅱ, 45。

　　[22]　［原注22］同上，Ⅲ, 63。

157 政管理专员的军队文职官员不同）的活动是这样的：了解信息，包括
一切军事事务的信息，军队的情绪，军事进程和事件，军官的政治可
靠度，军队的状态、装备、食宿，讲话对士兵情绪和纪律的影响等；
宣传鼓动，分发国民议会公报，消除旧政府的国家标志，参与选举集
会，监督军官（特别是将军）；[23] 视察防御工事、边界、军火库、仓
库、兵工厂、堤岸工事、军医院；根据特殊任务，委托工程师和技术
人员修整固定据点；[24] 保障后勤供应，请求行政部门满足军需。他们
还需要保持道路畅通，调查常与军队行政管理专员合谋不法的军需供
应商的贪污情况。[25]

同时，他们必须事无巨细地向国民议会及从属于国民议会的国防
委员会（Comité de défense générale）汇报情况。起初，在各省的国民
议会专员同样只有监督权和监管权：向国民议会汇报地方机关和民众
的情绪状态，以及法律的执行情况；受理民众投诉和检举；通过号召、
结盟、演说、庆典等形式进行革命宣传，参加政治可靠的党派组织，
包括地方的雅各宾派俱乐部、社团、民众基础好的组织等，并吸引其
参与公务活动；监控反革命分子的活动。[26] 紧接着这些活动还有针对
反革命机关和贵族的"清洗"，任用可靠的共和主义者为官，更新行
政组织，划分省区等；[27] 在必要情况下直接执行法律，包括征募军队、
保障军需、打击反革命和高利贷（人们认为食物短缺是反革命阴谋导

[23] [原注 23]《公共安全委员会未发表的法案和文件集》I, 171, 246, 250；Ⅲ, 49,
64（Dumouriez 事见 Ⅲ, 49；克勒曼 [Kellermann] 事见 I, 121, 138, 164；Custine 事见
IV, 16 等）。

[24] [原注 24] 同上，Ⅲ, 111, 120-121；Ⅱ, 45, 46, 54；Ⅲ, 62。

[25] [原注 25]《公共安全委员会未发表的法案和文件集》I, 243, 265, 309, 404；Ⅱ,
12。通过 1793 年 4 月 16 日法令，国民议会取消了所有行政专员的职务，并重新任命
了 390 名行政专员取而代之（参见 IV, 30）。

[26] [原注 26] 同上，I, 211, 264, 352, 364；Ⅲ, 23, 40, 41, 52, 76-77。

[27] [原注 27] 同上，I, 277；Ⅱ, 31-32。

致的）；[28] 在因食物短缺而导致的动乱中，先通过教育民众来恢复公共 158
秩序和安全，保障粮食的自由流通，防止奸商囤积居奇，照顾缺衣少
食的民众，为失业人员和工厂主谈判，为恢复工作和工人谈判，[29] 与
受到误导的暴乱者谈判。

　　和自身的任务相应，这些专员面对各类机关时的权限仅限于监督
和监管，但是为了实现监管的目的，根据实际情况，他们的权限不断
扩大：视察一般房间和库房，呈递档案、登记册、通信，[30] 要求各种
机关配合工作，必要时机关必须授权专员自主提前行动；[31] 通过撤销
官方行为、决议或宣布其无效而自主干预官方的行动（奥拉尔《公共
安全委员会未发表的法案和文件集》I, 327），或者直接先于官方而行
动；暂时在不可靠的官员和机关那里设立"监督人"（同上，III, 28）， 159
干预职务任免，暂时罢免[32] 或者新任官员[33]，决定陪审团名单（IV,

---

[28]　[原注 28]《公共安全委员会未发表的法案和文件集》，I, 245, 265, 271, 291,
404。

[29]　[原注 29] 同上，I, 113, 238; II, 577。

[30]　[原注 30] 国民议会 1792 年 11 月 30 日法令（I, 828, 341）。

[31]　[原注 31] 国民议会 1792 年 9 月 24 日法令及 1793 年 4 月 4 日法令（III, 62）。
单方面要求采取措施恢复公共安宁（II, 4; III, 10），要求制定并提交可疑分子，甚至
"懈怠分子""冷漠分子"的名单（III, 41），要求严格检查护照（I, 253），要求军事行
政机关，特别是军队专员向将军申请召开总参谋部会议（III, 38）或者阻止军乐队演奏
忠君的歌曲（I, 375），要求在宣扬忠君的传单四处蔓延时，向军事法庭递交证物（I,
442），或者向革命法庭提交证物（IV, 16, Custine）；有资质的请求，也即经过机关授权
批准的采取行动的请求，如 III, 13（关于驱逐出境的规定）。

[32]　[原注 32] 最初，专员罢免官员是要经过特殊授权的，但他们也在未经授权的
情况下这么做（I, 178, 198, 201, 226, 245, 263, 310, 351, 352, 362; II, 4, 17）。1793 年 1
月 26 日法令授权专员可以撤销官员职务（I, 503; II, 15），有时国民议会的决议也做出
同样的授权（III, 47）；后来，职务的撤销还与官员的逮捕联系在一起（II, 387）。

[33]　[原注 33] 早在 1792 年 10 月，就有专员在紧急情况下新任官员的情况（I,
195）。杜穆里埃反叛之后，专员们把军队的指挥权委托给一位新的将军（转下页）

13），勒令可疑的国民卫队成员休假或解除其武装（I, 329）。

专员们在具体情况下的执行手段（III, 9）根据实际形势而不同：求助于机关；请求警察或军队的帮助，包括宪兵队、国民卫队、志愿军或驻扎在附近的正规军队（I, 247; III, 23, 29）。在动乱之时，他们或要求行政部门采取必要措施（II, 10, 72; IV, 13），或直接通过自己为平息动乱而征募的军队进行干预（I, 160），或通过市政府获得对国民卫队的指挥权，然后自行发布其他命令（I, 267）。专员们偶尔也会和敌人谈判，或做武器供应方面的协定等（III, 53，没有大赦！）。所有这些权限都建立在执行权力向专员转让的基础上，因此在相当广泛的法律规定之外，专员和他们所代表的或者所请求的机关相比，并没有权力更多地干涉个人自由、财产或者生命。但授予他们的权力也可以扩张到有权逮捕一切有可能干扰公共安宁的可疑分子的地步。[34]

另外，代理授权的规定是一种单纯的目的性规定，这种权力是一种受实际情况决定的无限的权力。授权的措辞内容是，通过国民议会，专员们作为主权的载体，代表着一切权力，有权采取一切对维护公共安全、安宁和秩序来说必要的，或者根据实际情况正在变为必要

160

（接上页）（III, 66）；整个市政官员新任工作的"完成"（III, 8）。关于重新任命官员的一般性授权晚至 1793 年 1 月 21 日法令发布才出现（I, 503），但是专员没有权力再度起用已经被撤销职务的人（1793 年 4 月 1 日法令，III, 7）；只有那些在公共精神方面没有问题的人，也即政治过硬的人，才能够被起用为官（III, 7）。

　　[34]　[原注 34] 国民议会 1793 年 1 月 26 日法令（II, 15）和 1793 年 4 月 1 日法令（III, 47-48）：有义务在 24 小时之内向国民议会汇报"一切有可能干扰公众情绪的可疑分子"的情况；一般性的逮捕规定，如 III, 41：针对一切仍开放的教堂的司事。这方面的规定还包括大量的驱逐令和居住限制令等。在有些情况下，为了满足被捕者必须在 24 小时之内受审的规定，专员本人不得不扮演法官的角色；关于这种情况，参见富歇（Joseph Fouché）的有趣报道（II, 431）。

的措施。[35] 这种权力实际上是一种无限的权力，这一点是大家所公认的。早在 1793 年 2 月，就有关于国民议会专员的官方说法，称他们拥有无限权力（pouvoirs illimités）。[36] 当然，专员们的无限可能也有着重要的限制，那就是他们不允许支配国家的钱财。只有军队中的专员在紧急情况下才允许向国库发出指示。一般情况下，专员需要向国民议会请求指示。[37] 向贵族和富人随意征税和收费的实践是后来才发展起来的。

进一步发展到无条件的行动委托关系

随着公共安全委员会的成立，一个更加集中的组织出现了。和有数百名成员的国民议会相比，委员会能更加准确地监督各专员的活动。委员会不仅撤销代表们的规定和决定（IV, 130），有时甚至派遣特使监控专员。由此，为使集中化程度更高，专员们的活动自由受到了损害。但另一方面，革命的立法，还有取消一切公民权利和自由，这些都使专员在具体情形下的权力无限扩大——无论是相对于机关，

---

[35] ［原注 35］可以为了安全（sûreté）、精神的稳定（tranquillité）和公共秩序（ordre public）而采取必要的措施，出台必要的决议，"这是形势所要求的必要性"（I, 60, 503；II, 15），或者"他们认为是必要的"（I, 118），或者"在他们看来，对于拯救国家而言是必要的"（I, 351, 355; II, 4; III, 61）；他们应该使用最好的、最稳妥的手段（II, 46），等等。

[36] ［原注36］早在1793 年 2 月 1 日法令（II, 41）中就提到了一切必要手段，甚至包括那些关系到一般安全的手段（même celles de sûreté générale），这给了专员们一种"无限权力"（pouvoir illimité）；更多内容参见 1793 年 5 月 7 日法令（IV, 23）。

[37] ［原注 37］1793 年 12 月 13 日法令（I, 322）；明确禁止向国库发出任何指示，也不允许支配资金，给国家造成负担（I, 259）；因此，要发出此类指示之前，必须向国民议会请示（I, 124；对比 VI, 321）。

还是相对于公民而言。可见，这里的发展也符合向外权力扩大和向内
限制更严这一特征。在真正行使权力的时候，专员受到各种不同实际
情况的限制，特别是自己能否得到当地党派组织、民众社团、雅各宾
派俱乐部以及后来由当地居民组成的当地革命委员会的支持。专员和
公共安全委员会把当地的革命委员会当作工具来使用，但在个别情
况下，当地的革命委员会同样可以统治专员，进行一种"本地专政"
（奥拉尔）。无论如何，这几个月的努力成功地在革命意义上改造了传
统的国家组织，消除了地方和各省行政体系中的保守元素，并且镇压
了强大的联邦主义运动。

　　1793 年 5 月 7 日公共安全委员会给专员们发布的指令（IV, 24）
让我们对这些代表的任务和权限有了大致的了解。指令除了又列举上
文陈述过的所有事项以外，还说明，代表们在紧急情况下可以临时采
取任何必要措施，他们的任务是："迅速地扩散和传播国民代表制的
影响和权威"，使法国成为一个统一不可分割的国家，只有"一个行
动、管理、行政的中心"。委员会必须定期接受汇报，审阅工作计划。
指令表明，代表们的监督权必须配备其所应有的一切权力手段，包括
视察权、解释权、任免权等，这些构成了他们活动的基础。因为代表
们的活动范围很广，但他们的权力又不能进一步向下委托给别人，所
以在他们所在的区内，代表们成立了一个自己的通讯委员会，相当于
一个由政治可靠人员组成的代理中心。这些人供代表们驱使，但是不
能自主做决定。至此，代表们仍然无权动用国家资金，因为这些资金
的用途早已确定。但他们可以向富裕公民施压，不仅是为了动员他们
签字同意发放革命贷款，也是为了让他们履行一切可以想象的爱国义
务。在代表面前，一切"宪法决定的"机关都消失了。由执行委员会
（Conseil exécutif）或战争部派遣的专员如果要开始活动，其护照必须
事先经过国民议会代表签署批准（IV, 219）。

　　在许多情况下，战争和内部的起义会导致各市镇成立独立的团
体，派出自己的专员。这时，国民议会的代表作为中央统一的代理

人，就会反对地方和各省的独立和自治，毁掉地方自治势力，消灭一
切"间接"行使国家主权[38]的行为，就像消灭共和国的敌人一样。在
这些代表的委托关系中，各方面都很清楚地表现出政治行动的特征。
大量的革命法令都把许多标准下属于国家成员的人宣布为祖国的敌人
（如共和二年芽月27日法令，风月23日法令，牧月22日的汇总法令）。
不仅是贵族、拒绝宣誓的神父及其信徒、用粮食放高利贷者、哄抬物
价者和散布谣言者，所有助长公民腐败之风、有利于颠覆共和精神与
权力的人，都被宣布为国家公敌，要处以死刑。这些人被剥夺了一切
法律保护，成了政治行动的目标。1793 年 8 月 16 日，国民议会宣布：
某省行政部门关于不执行代表命令的决议是对人民代表的行刺，任何
在执行代表命令方面不果断的官员，或将面临十年监禁（《法律集》
IV, 120）。

于是，所有现存机关都成了服务于代表们行动的无条件的工具。
这一事实意味着一切现存权力的转让。这种转让关系到代表们更加广
泛的权力，也即根据实际形势采取必要措施的权力。按照革命的法
律，政敌的任何权利都无须得到照顾，否则就成了革命的障碍。而任
何人，只要阻碍革命，就是政敌。代表们的专政就建立在权力转让和
政敌划分这两个因素的基础上，构成了一种国民议会主权专政框架下
的代理专政。有时候，实际情况允许走形式上的司法程序，革命法庭
就是应对此种情况的一种极其有效的补充。比如政敌被逮捕以后，尽
管程序非常紧凑，还是有时间允许对政敌进行一番以结果为导向的司
法审判，这时就需要革命法庭。就此而言，审判本身就是服务于革命

---

163

[38] [原注38] 如果把巴黎公社排除在外，"巴黎专政"（dictature parisienne）这个
词指的就是公共安全委员会的集权化统治和任何一种当地自治与联邦主义之间的对立。
我们在这里使用这个词，在联邦制国家也可以使用这个词，比如在美利坚合众国，如
果联邦中央发布一项超越了联邦制国家中各邦独立性的规定，忽视各邦作为中间体的
存在，那么就会出现简明扼要的"专政法律"（dictate laws）这样的措辞。

的一种手段，要让受审者不再有为害的能力，同时将其当作有警示效果的"惩罚"对象，用于威慑和约束敌人。

这种专政的细节和人民代表在军队中作为统帅临时指挥的情况一样，并没有多少法律意义。专政的结果是，不仅排除了内部的一切政治障碍，而且形成了一套由中央主导的政府机构。在这套机构当中，没有任何间接的独立权力可以阻挡从中心发出的"推力"。如前所述，代表对外行使的无限权力，对应到内部，就是对一种非个人的政治中心的高度依附性。人们明确强调，代表所拥有的只是一种"强制性的委托关系"，他们必须严格服从公共安全委员会的一切指示。[39] 在一套顺服的行政体系产生以后，代表本身似乎不再适用，反而有掣肘之弊。国家必然需要一定的规律性和划分明确的职权，这当然不是为了保护法律，而是为了对行动做出规定，因为一旦政治上的反抗被消灭，外部状况在一定意义上回归正常和可预料之后，行动就又可以有一种普遍性的特征了。

另外，代表的行动往往太过独立，因为他感觉自己和指挥政治中心的人是同事关系，和他们一样是人民的代表。在中世纪，由改革的委托关系往往会产生新的世袭官职，但在法国大革命当中，从委托关系变化而来的却是作为国家的一套抽象的政府和行政机构，这套体系的组织和行政活动所塑造的对象也被称为国家，但作为行政体系的国家始终高于作为塑造对象的国家。共和制的专员之所以未能发展成固定的官员，是多种阻碍因素共同作用的结果，包括共和主义的义务感，[40] 公共安全委员会和地方党派组织的监管等。另外，和中世纪

---

[39]　[原注39] 共和二年霜月5日法令；"强制性的委托关系"（mandat impératif）这个措辞出现在 1793 年 8 月 16 日法令中（《公共安全委员会未发表的法案和文件集》VI，327）。

[40]　[原注40] 1793 年 5 月 15 日塔利安（Jean Lambert Tallien）从希农（Chinon）发来的报道（《公共安全委员会未发表的法案和文件集》IV，第 212 页）中 （转下页）

相比，便利的交通技术也使监控更加容易，由此也更容易造成下级对
上级的依附性。可以说，国民议会的专员通过自己的行动造就了一
套"成形的行政官僚体系"，但在其造物主——专员本身变成国家的
障碍、退出历史舞台之后，这套体系又成了用于相反的政治方向的
工具。

向常规职权的过渡

　　共和二年霜月 14 日（1793 年 12 月 4 日，见《法律集》VI, 391；
《国民议会敕令集》XXXVII, 141），革命政府颁布了一部临时宪法。宪
法的原则是："国民议会是政府唯一的权力中心。"所有机关和官员都
处于公共安全委员会的直接监督之下，如果涉及可疑分子的监视和内
部安全督察问题，则移交治安委员会监管。临时宪法明确规定，监督
是法律执行的一部分："法律的执行分为监督和执行。"（第 II 部分，第
3 条）此前一直由国民议会专员负责的监督任务，现在落到上述两个
委员会任命、监督的国家特使（agents nationaux）身上（第 II 部分，
第 14 条）。1794 年 5 月，大部分的代表已经被召回。

　　1794 年 4 月 1 日，卡诺（L. Carnot）表明，代表的弊端在于一切
小事都要管，而且一旦到了某地，就使当地的机关如同"瘫痪"，因
为一切事务都交给代表负责了。这是代表制的成功，只要当前的机关
在政治上还不够可靠，人们就乐见这种成功。但现在，新政府所乐见
的却是各项事务的有序开展。行政方面，随着主权的稳定，官僚机构
也稳定下来，于是监督专员取代了行动专员，成为一种常规性的公务

（接上页）称："当中央委员会给我一个地址，请我在这个部门停留时，我根本不在希农
（参见上文提到过的 1793 年 5 月 7 日法令）。得知此事之时，我是强烈反对的。我告诉
这个部门，在一个共和国里，把这么多的重要性加在一个人身上，是非常危险的。"

164

专员。为了使行政体系透明和统一，共和二年霜月 14 日的临时宪法致力于使职权之间界限分明，当然前提条件是领导权仍然绝对掌握在委员会的手里。临时宪法取消了 1791 年宪法颁布以来一直存在的地方和各省机关的选举，以及自治体系的残余。无论是获得了警察权限的地方革命委员会成员，还是上文提到的"国家特使"，都由公共安全委员会来任命。

由此，国家出现了一定程度的固化。即便在罗伯斯庇尔倒台、公共安全委员会解散之后，这种中央组织继续存在。共和三年风月 14 日（1795 年 3 月 4 日）提出的一则申请，要求由当地居民来选举地方机关，但没有被受理。1795 年机构更新时仍然保留了由五人执政内阁任命的可随时召回的专员，也就是保留了中央政府任免专员的权165 力。五人内阁专员被派往各行政部门（各省和地方机关），任务是监督法律的执行，或者必要情况下通过请求的方式实现强制执行。在这里，中央集权化也渗透了进来，尽管反对派提醒革命政府注意，这些专员只不过是旧制度下代理总督的翻版，是"下级僭主"。这些专员的权限范围极大。凡是专员活动的机关，只有当专员在场或经专员同意时，机关才可以做决议（共和三年果月 21 日法）。省专员直接与内政部联系，一切重要事项都请内政部决定。

不过，政府对自治思想毕竟还有所让步，那就是专员必须从辖区居民当中产生。但是随着拿破仑行政系统的掌权（共和八年雨月 28 日法），这种让步也没有了。一省唯一的长官是省长（préfet），其下是区长（souspréfet）。但为了绝对的中央集权化，省长和区长特意不再从本地居民中任命。就这样，理想的官僚体制诞生了。旧制度下还相对独立的代理总督经过对外权力无限、对内绝对服从的国民议会革命专员，一路变成了和官僚体制融为一体的现代行政意义上的省长。现在，从中央出发就能很容易地指挥政府机器了。凭借雾月 18 日的政变，拿破仑成了这架在正常时期职权分明地运行的机器的首脑。

拿破仑一世及 1814 年和 1815 年法国政府的特别专员

相反，在极端时期，受到威胁的主权又会派生出大量的专员，直接在不同地方干预由诸种职权构成的体制。1814 年，当反拿破仑战争蔓延到法国本土时，拿破仑派遣了皇帝特殊专员（commissaires impériaux extraordinaires）到各区和各省，监督省长加快履行自己的本职工作——大量征兵。此外，专员还负责征收特殊税费、征用实物、保障军需、监管志愿军的防御措施和组织，并在必要时自行采取措施介入。皇帝专员的工作方式如下：抵达地方以后，就召集当地所有军事机关和民政机关，听取关于征兵和特别税情况的汇报，激励官民热情地行动起来。专员发布文告，通过激励和恳求打动行政机关。在紧急情况下，他们也自行公布规定，比如动用护田员做军事防卫，在敌人临近之际武装公民，毁掉有利于敌人的桥梁和道路，清理牲畜，等等。[41]

当拿破仑的失败已经注定，波旁王朝于 1814 年 4 月重新回到自己的合法财产上，重组行政机器并将其交到新的主权者手中的又是特别专员。1814 年 4 月 22 日，国王的代理人，也称"王国中将"（lieutenant général du Royaume），[42] 颁布了法令，要向每一个区派遣一名国王的特别专员。特别专员的任务包括：传播国王已经回到自己合法位置的消息，确保新政府的所有临时措施得以贯彻，了解所有公共秩序相关事项的信息，最后一条仍然是代理委托的一般性套话，即根据形势采取一切使新政府的制度建设和活动更容易的有力措施。特别专员的权限包括：向一切军事机关和民政机关发出请求，必要情况下

166

---

[41]　[原注 41] 1814 年 1 月至 3 月的《通报》几乎每一号都写满了关于皇帝特别专员活动的消息。

[42]　[原注 42]《法律公报》（Bulletin des lois）V.1，第 49 号。

发出命令，一切机关和官员均须服从；听取所有机关的汇报说明；临时任免官员（但必须立即向内政部委派的专员汇报，内政部专员做出最后决定）；释放之前根据皇帝的法令逮捕的政治犯；取消以前政府施行的极端战时措施，如征兵、征用物资、破坏道路等。国王的这些专员要和一位负责内部事务的专员（commissaire de l'intérieur）以及政府各部门委派的专员保持联络。

一年以后（1815 年 3 月至 6 月），当拿破仑再次回到巴黎，行政机器又一次服务于这位曾经的法兰西皇帝。在已任命各地省长的情况下，1815 年 4 月 20 日的一道皇帝法令[43]派遣皇帝特别专员到各区去。这些专员的任务和权限是替换机关当中的官员。他们抵达地方以后，所有的市长、地方和各省行政机关的官员、国民卫队的指挥官和军官、区长等官员的职务都取消了。根据省长的建议，专员立刻起用新官接手这些工作，并且接受了新官的宣誓。所有重新任命的情况都要立即向内政部汇报。

拿破仑第二次被打败之时，新政府的专员又出现了。无论是国王本人，还是有授权的亲王以及部长们都向各省派遣了专员，目的是让国民承认如今的合法权威，抑制不同派系。这次，骤变的局势发展迅速。除了任命几个新市长以外，新政府基本上恢复了被拿破仑撤销职位的文官和军官的工作，令其官复原职。[44]1815 年 7 月 19 日的国王训令[45]召回了特别专员，因为此后他们的工作已经是多余的，对"常规行政的要求——统一行动"而言，甚至是有害的。

167

---

[43]　[原注 43]《法律公报》VI，第 110 号。

[44]　[原注 44] 1815 年 7 月 7 日国王训令，《法律公报》VII.1，第 3 号。

[45]　[原注 45] 同上，第 18 号。

第六章
现存法治国家秩序之中的
独裁（戒严状态）

168

军事戒严法的核心：为了行动效率而取消法律状态

国民议会专员们的目的是清除现存的国家组织，而与此同时，一系列为了防止现存秩序被颠覆的制度也正在形成。论及维持或重建安全状态和法律秩序的法律手段，首先要数从前革命时代流传下来的骑警司法制。18世纪，骑警司法曾出现在农收时节的大量动乱之中。[1] 在军事上被组织起来的宪兵队（prévôts des maréchaux）在自己的辖区内对所谓的"骑警负责案件"（cas prévôtaux）进行初审和终审（包括当街抢劫、掠夺、动乱和其他干扰公共安全的案件）。

镇压内乱时期的司法是一种特殊的司法活动，其诉讼程序经过了极大的精简。镇压内乱的核心就在于司法和对这种特殊司法活动的代理式委托，这不仅符合历史发展，也符合行使国家主权就是行使司法权的观念。尤其对英国观念——英国完全够得上法治国家——来说，行使主权就是行使司法权的观点最为适用。这里的法治国家观念是指，国家仅限于履行司法的职能。但因为骑警司法制的基础是国王的特殊授权，所以在英国这样一个国王代理授权不能合法干涉个体自由权的国家，特别地精简针对动乱分子的诉讼程序就不能按照我们上面的方式来解释。

查理一世治下，国王的代理人获得了全面的授权。根据授权，在常规司法之外，无论军人还是平民都可以被判处死刑。即便是长期国会，对特殊代理的实践也并不陌生。《权利法案》废除了特殊代理。动乱之时，军队可以介入民政部门的征用活动。安妮女王和乔治一世治下《军纪法》（*Mutiny Acts*）的导言规定，王室拥有传统权限——宣布军事管制状态，但是只能在战争时期，且在大不列颠之外，比如在

169

---

[1]　［原注 1］参见本书第 96 页注释 4。

爱尔兰。自詹姆士二世以来，军人条例就已允许毁掉反叛者的私人财产，并授予军事指挥官实行肉刑乃至死刑的权力——这种权力在国外是无限的，在国内则受到一定限制。[2]

但真正的法律问题是，军事介入过程中不可避免地产生的对人身、生命、财产的直接伤害，要如何从法律角度进行解释——无论是由动乱者本身，还是由未参与动乱的第三方来解释。1780 年伦敦的动乱之中，一再出现这样的声明：对待受动乱牵连的武装平民时，就仿佛后者适用战争法规（并非军法）一样。当然，这种司法"其实只不过是一种战斗命令"。[3]

此外，这也并没有解释未参与动乱的公民生命财产受到大量干涉的情况。在不得不用军事手段镇压某种更大的动乱时，对公民生命财产的干涉是不可避免的。这种真正的军事行动的领域完全应该与军事上的紧急状态法区分开来，戒严令就适用于这个领域。戒严状态是一种没有法律的状态，在这种状态下，行政权力，在这里也就是负责介入的军队，可以无须考虑法律的限制，只看实际情况的要求，一切以有利于镇压敌人为要。在这个意义上，战争法规虽然名义上还叫作法规，但其实并不是法律，而是一种受某一实际目标主导的手段，法律的规定作用仅限于准确地说明这种手段（向民政机关征用物资、要求下台等）出现的前提条件。

这种无法律状态的法律基础在于，上述情况下，除军队外的一切国家权力都瘫痪了，失去作用，尤其是法院，更是不可能再工作。然

---

[2] ［原注 2］克洛德（Charles M. Clode），《军队与戒严状态下的司法管理》（*The Administration of Justice under Military and Martial Law*, London, 1872）。

[3] ［原注3］见1919年3月9日诺斯克（G. Noske）在德国国民议会上的讲话。但是，诺斯克的命令（在柏林的战斗中，1919 年 3 月）——"一遇到手持武器对抗政府军的人，可以立即射杀"——甚至被他本人称为"紧急状态法之下的法令"（诺斯克，《从基尔到卡普：论德国革命的历史》[*Von Kiel bis Kapp: Zur Geschichte der deutschen Revolution*, Berlin, 1920]，第 109—110 页）。

后，唯一还有作用的国家权力——军队，就作为一种代偿物（一种粗暴的替代品）而登场，军队的行动就应该集审判与执行于一身。[4] 军队在战争和动乱中替代法院活动，也就是说，戒严状态要以某种紧急状态（justitium）为前提条件，这在盎格鲁－撒克逊的法律直觉之中仍然活跃。1795 年的美国法律转让给总统这样一项权力：如果法律受到忽视，或者法律的执行受到阻碍，以致无法通过常规司法或行政权力来抑制违法状态，或者外敌入侵，则总统有权召集民兵，而召集民兵原本属于国会的职权（美国宪法第 1 条第 8 节第 16 号）。[5]

据迦尔纳（J. Garner）[6] 的看法，直到现在，1795 年的美国法律仍然有效。战场上的一切措施都受到戒严状态的决定。因此，对把分权等同于法制国家状态的法律观念而言，戒严状态就是取消分权，并代之以纯粹的军事命令。[7]

即便没有战争，只是在动乱之时，如果公共安全面临直接的危险，而常规的法院又不足以司法，那么国家也可以宣布戒严。无论是美国总统，比如林肯，还是军事指挥官，都经常在国会的授权（军事指挥官则只能由总统授权）之下使用这项权力，并且在暂停常规司法

170

171

----

[4]　[原注 4] 克洛德，《军队与戒严状态下的司法管理》，第 165 页："已故的詹姆斯·麦金托什爵士曾说过，当法院不可能开庭或强制执行其判决时，就有必要找到一些粗鲁的替代品，并为此目的动用军队。军队是社会唯一剩余的力量。"

[5]　[原注 5] 总统使用 1795 年法律授权的情况包括：1812 年（对抗敌人入侵）；1861 年 4 月（内战）；1916 年（针对墨西哥人的抢劫）；1917 年（对德战争）。参见迦尔纳（James W. Garner），《公法评论》（*Revue du droit public*）。

[6]　[原注 6] 迦尔纳，《公法评论》，第 35 卷（1918），第 16 页。

[7]　[原注 7] 克洛德上引书第 162 页引用了内皮尔（Ch. Napier）和威灵顿的如下言论："戒严状态的本质是立法权、司法权和行政权统一于一个人；戒严状态就等同于军队统帅的意志。无论是否经过审判，军事统帅都会对现行法律或他自己的命令所宣布或未宣布有罪的罪行进行惩罚。"另外，还有 1863 年 4 月美国政府为战争所发布的法令第 3 条："在敌对国家实行军事管制，在于由占领方的军事权威悬置刑法和民法，中止国内的行政机构和政府，并代之以军事规则和强迫。同样，占领方的军事权威也可以颁布一般性法律，只要存在军事必要性要求悬置、替代或发布命令。"

程序的情况下通过"军事委员会"来审判动乱者，有时甚至不经过国会的授权。

美国最高法院对"米利根案"（ex parte Milligan）的著名判决（IV Wallace U.S. Supreme Court Reports [《美国最高法院报告》]，p.127）就和上述情况相关。判决一再陈述军事管制的传统理由：在外敌入侵或内战的情况下，如果法院关闭或者不可能按照法律行使刑事司法职能，那么国家就必须在战争地区用另一种权力替代已经被消灭的国民权威，以维护军队和社会的安定。[8]

法律形式和"官方组合行动"

可见，戒严状态所指的是，为在技术上执行某一军事行动而开放的空间。在这一开放的限度之内，行动者被允许采取形势所必然要求的措施。这与骑警司法制和紧急状态法的意思都有所不同。骑警司法指的是非常规法院对涉及破坏公共安全的刑事行为进行初审和终审，不论作案人是军人还是平民。紧急状态法（judicium statarium）则指一种总括性的司法程序，最初只针对军人，[9] 后来则与骑警司法制类

---

[8]　[原注 8] 温思罗普（W. Winthrop），《军事法简编》（*An Abridgment of Military Law*, 2.ed., New York, 1893），第 329 页。伯克海默（W. E. Birkheimer），《军政府与戒严状态》（*Military Government and Martial Law*, 1894）。

[9]　[原注 9] 确切地说是因为处理军人案件的法院所在地是拥有优先权的法院所在地，整个 18 世纪都是如此。见林尼希，《神圣罗马帝国军事法汇编》（*Corpus iuris militaris des heiligen römischen Reiches*, Leipzig, 1723），II, 1415. 亦见卢多维奇（I. F. Ludovici），《战争诉讼导言》（*Einleitung zum Kriegs-Prozess*, 10 Aufl., Halle, 1771），第 124 页；温克勒（G. Ludwig Winckler），《小册子》（*Opuscula minora*），卷 I（Dresden, 1792），第 125—126 页。在这里，出于纪律的原因，法律的观点和目的论观点之间的联结非常典型地表现了出来。这些著作中即便出现动乱和暴动，所指的也是士兵的哗变。

似，扩展到对在被官方宣布为处于紧急状态的地区所犯下的特定罪行的审判。[10] 如果在戒严状态之下，军事指挥官任用法院来审判特定的违法行为，那就意味着法律规范的回归。戒严状态真正的核心体现在紧急状态中，作为一种实际行为，它虽然脱离了对法律的顾及，却服务于国家目的。这种实际行为的核心，也就是其高效的实际性，无法和法律形式的烦冗性相容。

但从两个方面来看，戒严状态还是具有一种法律形式的表象。从法律的方面看，法律程序可以精简为现实中立即执行的判决，而执行之前的判断只有事实特征。无论是在逻辑上，抑或在规范上，还是在心理学上，这种判断都和士兵思考自己对面的人究竟是不是敌人的过程没有任何区别。在辨识敌人的过程中，士兵也进行了某种归纳，并得出了判断，但是我们不能说，士兵是基于一种立即执行的总括性的判决而杀死了敌人。从另一个方面，也就是从实际的方面来看，可以证明，对一种纯粹事实上的执行方式而言，无数以建议或协商的形式而提出的论断都是必要的，因此这种执行方式也就允许被加上一个法律形式的表象。

如果革命法庭判处政敌死刑，并且事先考虑此人究竟是不是政敌，消灭此人在政治上是否有利，那么这种审判所根据的只不过是一个把法院所做的一切称为司法实践的形式概念。事实上，这类司法是革命行动的一部分。在这里所讨论的事物面前，实证主义的所谓"形式"是无效的。如果所有机关的一切法律权限都让渡给军事指挥官，那么比如同样是对国内某座房产进行摧毁，出于军事原因的摧毁和通过剥夺财产的决议而摧毁就大不相同，因为后者不仅会附加不予补偿

---

[10]　[原注 10] 如 1788 年约瑟夫二世尴尬的法院章程，以及 1803 年奥地利刑法第 500 章。参见克莱因施罗德（Kleinschrod），《论作为刑法程序的紧急状态法》（*Über das Standrecht als kriminalrechtliches Verfahren*, Neues Archiv des Criminalrechts, 9, Halle, 1827），第 275 页。此处所用材料又被用在 Rotteck-Welchker 的国家百科全书中（第 12 卷，第 421 页，见比希纳 [K. Büchner] 的文章）。

的规定，而且可能会一次性地立即驳回对决议提出的控诉。纯粹事实性的措施无法通过法律来理解，即便借助引人注意的"官方组合行动"（zusammengesetzte Amtshandlung）概念，也无法解释。在行政实践方面，普鲁士曾经采纳过类似的官方组合行动。采取这种行动是出于有利于涉事公民利益的实践法律理性，为了让公民有可能使用法律手段。[11] 在这种组合行动中，实际行动同时应该包含一种由行动所表达的法律指示。

173　　　当然，在完全让渡执行权力的过程中，就不可能存在法律手段了，因为行动（Tat）不仅表达出指示，而且拒绝了被许可的法律手段，从而可以包含着极其丰富的组合。

　　官方组合行动的概念有着一段尚未被书写却值得注意的历史，不过我们在这里只能简短地勾勒一下。普鲁士高级行政法院的每一项实践都只不过是一种法律形式和事实相结合的；一种法学的微弱的余音。这种法学在政治上既有关注行政因而保守的一面，也有革命的一面。如果关于人可以通过某种行为使自己置身法外的观念仍然活跃，如果案犯事实上已经被排除在法律保护之外，也即成为祖国的敌人和叛徒，那么按照理念来说，这个人就失去了法律的保护，可以直接成为任意执行的对象。1793 年革命时仍然常用的那句老话很清楚地说明

----

　　[11]　［原注 11］根据普鲁士一般国家行政法第 132 章第 2 节，在任何情况下要反对某一强迫手段的规定与实施，只能通过监督的途径提出控诉，而要反对强迫手段发出的命令或者反对本身就要被强制实施的命令，也可以使用同样的法律手段。如果警方违背涉事者的意志而实施直接的强迫，却未曾事先告知涉事者他们通过强迫手段想促成的行为，那么"从事实上制造所要求的状态就不仅包含着对强迫手段的使用，而且包含着通过实际行为表达的关于制造该状态的指示"，这就是说，在实践中，涉事者并不应该由于警察就事论事的行动而失去运用法律手段的权利。参见 1911 年 3 月 30 日普鲁士高级行政法院的决定，载《普鲁士行政报》（Das Preußische Verwaltungsblatt），卷 33（1912），第 199 页；另见 1909 年 9 月 24 日决定，载《普鲁士行政报》，卷 32（1911），第 346—348 页；M. von Brauchtisch，《联邦与各邦行政法》（Verwaltungsgesetze des Bundes und der Länder），卷 1，22（Berlin, 1918），第 132 章注释 10（第 263 页）。

了上述现象，也说明了"法外声明"（hors la loi-Erklärung）的效力：在法国人人得而诛之。[12]

　　在 17 和 18 世纪，人们这样解释可在紧急情况下立即射杀逃兵、畏敌不前者和叛徒的权利：这类人属于"恶人"（Schelm），不受法律保护。[13] 但在这类处决中，人们常常会伪造一则立即宣判立即执行的判决。[14] 有时，两种声明会并列出现：如果要在极端情况下立即处决公认的恶人或者叛徒，如果"处决行为本身既是原告又是证人"（林尼希书，II, 1414），那么对罪人的处决就是一个集判决和执行于一身的行动。特别是军官，允许在叛徒仍在行动之时就将其杀死。为杀死华伦斯坦辩护的那则声明同时使用了剥夺公民权（Friedlosmachung）的概念和官方组合行动的概念。[15]

174

---

　　[12]　[原注 12] 针对杜穆里埃的声明就是如此。见《公共安全委员会未发表的法案和文件集》III，第 32 页。

　　[13]　[原注 13] 卢多维奇，上引书，第 143—144 页。斐迪南二世的佣兵义务书（Artikelbrief）中写道：带着军饷逃跑的士兵无须经过审判就应失去法律的保护，不享有任何自由、安全和受到护送的权利。在英国法律中，对待重罪犯时，如果无法阻止犯人逃走，就可以直接杀死犯人。这种处置方式反映了如下观念的影响：人可以通过自己的行为而使自己失去一切权利。维尔弗林（Wilfling），《行政的武器使用》（Der administrative Waffengebrauch, Wien, 1909），第 106—107 页。

　　[14]　[原注 14] 维尔弗林，上引书，第 2 节，第 7 页及以下。

　　[15]　[原注 15] 1634 年发表的题为"关于前弗里德兰公爵及其追随者所犯可憎的叛国罪的详细而彻底的报告"的辩护书称："尽管人们被赋予了所有合理的权利，尤其是神圣罗马帝国的所有法律，但在叛国罪和特别是针对陛下的永久叛国罪的刑事案件中，这些权利必须被悬置，这是不能否认的，而且案件不能轻易上诉；因为法律程序迁延日久将威胁共同体。在这种情况下，不可能进行其他程序或判决，只有执行——在这里就如同判决。因此，每个人都有权处决祖国的公敌。"对这一辩护书的答复很有意思，载于《来自帕纳索的报告》（Relation auß Parnasso），第 23 页：安排下属作为原告、法官和执行官去处置自己的上级——这是违反一切国际法的，否则"指控和执行就要同时发生，甚至执行还早于指控"。

用耶利内克的话来说，每一个国家公民作为"偶尔的国家机关"，都可以执行这样的官方组合行动。革命当然也可以使用这个概念，并且"通过射杀判决"自己的敌人。[16]

自然法的问题，即一种普遍的紧急状态，或者所有人对所有人的战争究竟能否和一种法律状态相容，仍然具有现实意义。然而，从法学的角度来看，在这种以事实（via facti）进行司法的体系中，决定性因素恰恰是它忽视了法律的根本，也即形式。[17]

于是，出于法律的利益，人们恰恰为戒严状态寻找了一系列形式上的规定。而且这么做的原因不是为了在战场上和外敌斗争，也不是为了用于殖民地，而是为了在内部和政敌进行斗争，也就是说，用于国家针对自己的公民采取行动的领域。这些形式规定从来不触及行动本身，而是和行动的前提相关。

涉及行动本身和涉及行动前提这两种情况之间的重要区分，来自法律规定的两种完全不同的类型：一种是按照事实情况来描述内容，另一种则只是按照事实情况来描述前提。相对于无条件的合目的性（Zweckmäßigkeit）而言，法律上的任何一种规范化都意味着一种限制。国际法上通过战争法规对军事技术手段进行限制，比如禁止某些武器的使用，最清楚地表明了法律规范化与实际技术上的合目的

---

[16]　[原注 16] 在 1920 年 3 月 29 日魏玛国民议会第 157 次会议上，帝国国防部长格斯勒（Geßler）传达了杜伊斯堡共产主义革命（1920 年 4 月 25 日）领导层的呼声："秩序和安全的维持由革命的人民武装来负责。凡有人被发现正在进行抢劫、偷窃、放高利贷等，可按照紧急状态法，通过击毙来判决之。"对此，帝国国防部长评论道："您在那里看到了新的国家法"，"我们甚至可以说，击毙甚至早于判决"。但这也许仅仅指和僭越职权很难区别的一种官方组合行动，正如立即行刑和谋杀之间难以区分一样。在官方组合行动的法学黑夜中，一切母牛都是黑色的，也许这种行动的内容正是建立并重新占据某一职位。参见弗莱纳，上引书，第 181 页，注释 2。

[17]　[原注 17] 施泰因莱因（A. Steinlein）《宣战的形式》（*Die Form der Kriegserklärung*, München, 1917）第 144 页的评论很好地说明了这个问题："重点在于宣言的形式……如果一个人杀了人，他没有权利说这是一场由挑战引起的决斗。"

性之间的对立。如果努力地用法律规定针对本国公民使用的军事权力手段，可能会导致这种手段的应用不断向后拖延；就会不断创造更多的条件去保证，真的在极端情况到来之时才使用这种手段。但是，一旦有一次使用了这种极端的手段，那么如果真的要出现一次有效的行动，对这一行为内容的法律规定也不复存在了。因此在这里，规范化只能限于精确地规定极端情况出现的前提条件。于是，法律所给出的就是一个事实情况，它要么包含着真正按照事实的，也就是精确描述的概念；要么通过某种分权制度来创造保障，让军方之外的某一机关来决定进入极端情况的前提条件——也就是有效落实行动的那个机关。

　　然而，在极端情况面前，分权是无用的。同样，在紧急自卫之时，如果前提条件已具备，也就是说，当前存在某种违法的进攻行为，那么只要是抵御进攻所必需的事情，无论什么都可以发生。此时，我们不需要法律规定中关于什么允许发生的内容说明，因为这些说明并不符合当下的事实构成，而仅仅包含着一种提示，规定什么是抵御进攻所必要的事情。由此，一旦紧急行动的前提条件出现，则根据当下形势而采取的必要行动也就开始了。

　　进一步说，紧急自卫权的本质正在于，自卫行动本身决定了自卫的前提，换言之，在紧急自卫之时，不可能设置一个权力机关，在人们行使自卫权之前按照司法形式去检查紧急自卫的前提条件是否具备。同样，在真正的紧急情况下，无法区分紧急行动的执行者和紧急状态是否存在的决定者，换言之，落实紧急行动的和决定紧急状态是否存在的，只能是同一个权力机关。以上论述应被看作一般性的法律观点，从而使接下来的发展超越历史—偶然的框架。

1789 年的军事戒严法

　　从第一阶段到雅各宾派倒台，法国大革命的努力方向是让军队有

176

效率地行动（agir），但是不让军队在法律意义上做出决议和决策，也就是不让军队"考虑"（deliberieren）。这符合法国大革命历次宪法草案和宪法的规定。换言之，军事指挥官永远只应该是指挥它的民事权力机关的一个工具。军队只是工具，而不是代理人，正如指挥执行判决令的人不是代理人一样。但在对外战争中，我们就无法维持这一立场了，因为在这里，根据事物的本质来看，军事行动超出了单纯的军事紧急状态的范围。

相反，针对本国公民的内部军事行动则必须更加严格地遵循这一立场。正如西哀士在其人权和公民权宣言草案的第 13 条中所说，任何情况下，都不允许在国内把军队用在国家公民身上。在政治上，这一论断属于大革命旨在削弱国王行政权力的整个体系。如果军事指挥官不是代理人，那么同理，他也就不可能是代理的独裁者，而仅仅是专政出现之时的专政工具。不过，人们起初都认为民事权力机关请求军事支持就足以应付乱局。人们认为革命之初的混乱只不过是聚众闹事而已，远没有到内战的地步。

1789 年 10 月 21 日，按照英国《暴乱取缔法案》（*Riot-Act*）的典范，法国颁布了法律以"对抗聚众闹事，或曰戒严状态"。此时正值巴黎因食物短缺而产生动乱之时，不久之前，从凡尔赛迁至巴黎的国民议会注意到，有必要保护自己出谋划策的自由不受动乱的影响。[18] 该法把权利和义务委托给市镇当局，授权当局在公共安宁（tranquillité）受到损害时宣告将立即引入军事力量，以便恢复公共秩序。因懈怠而造成的一切后果，由市镇当局承担。在市政大楼的主窗外悬挂一面红旗，就意味着宣告戒严状态。同时，市镇当局请求国民卫队（也即国民军）或宪兵队或正规军的负责人，带领武装力量前来援助。随着红旗标志的出现，一切聚众闹事行为，无论是否具备武装

---

[18]　[原注 18]《法律集》I，第 62 页；《国民议会敕令集》I, 142。米拉波和塔尔热（Target）的构想见《法国大革命档案》IX，第 444、452、472、474 页。

性质，都将负刑事责任，且必须用武装力量予以驱散。受征调的武装力量（国民卫队、宪兵队或者正规军）必须在其军官的指挥下，由至少一名市镇官员陪同，立即开拔，并且在队伍最前方同样打出一面红旗。一名市镇官员（注意，不是军官）负责询问民众为何聚众闹事。民众可确定六名代表，提出自己的控诉，表达自己的请愿，而其余人等则必须立即平静地撤退。如果民众仍不撤退，则市镇官员将高声要求他们平静地回到自己的住所中去。要求的原话为：

> 建议所有人，现已宣布戒严状态；一切聚集均为犯罪行为；所有市民均须撤退，我们将开枪射击。(Avis est donné que la loi martiale est proclamée, que tous attroupements sont criminels; on va faire feu: que les citoyens se retirent.)

如果接下来民众平静地撤退，则只有为首者受到特殊审判，并接受惩罚。如果民众仍然向前，或者在官员宣读要求时就出现暴力行为，或者在第三次宣告要求之后还没有平静地撤退，那么就投入军队。在所谓的法律形式得到满足之后，军队活动的法律意义已经被 1789 年的法律规定得很清楚了，由此这则法律和此前关于戒严状态的论述达成了一致：如果出现暴力行为，或者三次宣布警告无效，"将直接投入武装力量对抗暴乱分子，任何人无须为接下来可能出现的事件负责"(sans que personne soit responsable des événements qui pourront en résulter)。

　　至于那些犯下暴力行为的聚众闹事参与者，如果他们"设法逃脱了军事力量的打击"，还要受到惩罚。这一整套规定的出发点是：一切倡议权和领导权都归于（由公民选出的）市镇当局，而军事指挥官只是听从命令的执行者。

　　1790 年 2 月 23 日的国民制宪议会法令（《法律集》I, 120）要求市镇当局，无论公共安全受到何种损害，都要宣布戒严状态，并在征调军队方面相互支持。1790 年 7 月 2 日法令（《法律集》I, 235）也将维持公共安全和秩序的责任委托给市镇，规定一切正派人士（honnêtes gens）都要发挥作用，把扰乱公共秩序者无害化。而这些动乱分子将被宣告为宪法、国民议会、国家乃至国王的敌人，受到逮捕并依法接受处置，但是一切"都不得影响戒严令的实施"（sans préjudice de l'exécution de la loi martiale）。为了维持公共空间的安宁，维护对法律的尊重，国民卫队、宪兵队或正规军都必须服从行政机关的征调。此外，还有受委托的特别法庭，负责审判动乱和类似的违法行为。[19]

至于国民议会本身甚至要请求国王给专员或军事统帅颁布必要的命令，我们已经在其他语境下提过了。[20]

1791 年法律中的戒严状态

179　　当动乱日渐增多，关于戒严状态的法律又多了补充说明，规定如

---

[19]　[原注 19] 为了审判类似的情况，1789 年 10 月，人们在讨论戒严状态的同时还提出了把国民议会本身变成一种法院的要求，但是出于宪法的规定和来自分权学说的顾虑，这一要求遭到了拒绝。罗伯斯庇尔认为这样的顾虑无足轻重（《法国大革命档案》IX，第 474 页）。相反，1787 年 10 月 21 日法令（《法律集》I, 63）授权巴黎的大城堡（Chatelet）在特殊法庭设立之前，无需法律手段就可以判决一切因为叛国而提起的控诉；这一"委托"还延伸到针对煽动性文章作者的法律程序上（1790 年 7 月 31 日法令，《法律集》I, 308）；另参见 1791 年 3 月 5 日法令（把对某些罪行的审判移交给奥尔良的法院进行最终裁决，《法律集》II, 289）。方才提到的 1790 年 6 月 2 日法令把关于动乱的一审和终审都移交给了一系列的行政法院（Präsidialgericht），但这些地方法院有义务向国民议会呈递调查材料和证据材料。

[20]　[原注20] 见上文第 151—152 页。在这些情况下，一省的专员被授权接管某一城市的警察，监督法律的执行情况（1790 年 6 月 8 日法令，《法律集》I, 243，塞莱斯塔特的动乱）。在那些存在抵抗活动或者权力机关履行职责严重受阻的城市，国王的专员得到明确授权，可以征调武装力量，并提起对动乱头目的刑事追诉（7 月 8 日法令，《法律集》I, 274）。

果对公共安宁的扰乱不断，则持续宣布戒严状态，且戒严令在一段时间内保持有效。直到明确解除戒严状态，这段时间内禁止一切集会。同时，随着这则补充说明一起颁布的还有 1791 年 7 月 26 日的反聚众闹事法，规定了民事权力机关拥有使用武装力量镇压此类动乱的权限，并要求每位公民负起义务，在一定条件下参与镇压动乱。[21] 法律规定市镇应对动乱造成的损失负责。

但重要的是，现在紧急状态法不可避免的后果产生作用了，而执行紧急状态法的人也可以决定进入紧急状态的前提条件是否存在：在特定的紧急情况下，武装力量即使不受征调也可介入，干预盗抢和掠夺行为。如果动乱已蔓延至一整个省，国王就将颁布重建秩序所必需的命令，由大臣负责具体事宜，大臣有义务立即向立法议会汇报自己的措施。如果立法议会尚未召集起来，则立即召集会议。这一法律规定（第 30、31 条）融入了 1791 年法国宪法当中（第 4 章第 2 条）。这部法律也重复了那条典型的规定，也就是按照该法律（要求民众散开）的前提条件，武装力量如果确实对动乱者发起了行动，则不需要承担由此产生的任何后果（第 27 条）。

1791 年 7 月 26 日的法律没有提及戒严状态，尽管不久以前 1791 年 7 月 8 日的法律规定过戒严状态（état de siège）的事宜。当然，7 月 8 日的法律所讨论的问题截然不同于镇压动乱及恢复公共安全，主要和军事技术问题相关，涉及军事据点和岗哨的维护及分类——分为三类：监管防御工事；确定任用军官的条件；军队的安置，防御工事的设置，对私人财产进行必要介入时的损失补偿，等等。7 月 8 日的法律谈到在防御工事之中也要规定军队和民事权力机关之间的关系时，才讲到戒严状态。该法精确地清点了加固的工事和岗哨的数量

180

---

[21]　[原注 21]《法律集》Ⅲ, 162；《国民议会敕令集》XVI, 306：如果公共权威的代表遭到抵抗，而且表达了法律的力量（force à la loi），那么每一位公民只要根据 1791 年 2 月 28 日法令（《法律集》Ⅱ, 250）就必须帮助他（这也是参照英国的典范）。

（109 处防御工事，59 处军事岗哨），但是并未提到可以宣布其他村镇和城区也处于战争状态或戒严状态，也没有讲到进攻内部敌人、暴乱分子和动乱者。

该法还把所清点的防御工事可能处于的"状态"分为三种：和平状态（état de paix），战争状态（état de guerre）和戒严状态（état de siège）。在和平状态下，军事机关只对军队有上级权力，而且权力只涉及直接的军事事务；而警察的工作则完全是民事权力机关的事情。在战争状态下，民事权力机关保留着自身的警察权，但在涉及秩序和警察方面，军事指挥官可以请求民事权力机关采取措施，只要这些措施有利于军事据点的安全。在此过程中，军事指挥官必须把要塞战争委员会（conseil de guerre）的决议呈递给民事权力机关，从而免除后者的责任。

在戒严状态下，民事权力机关一切涉及警察和维系内部秩序的法律权限最终都让渡给了军事指挥官，后者自负其责，行使这些权力。我们在这里讨论的并不是行政权，而是说把一切民事权力机关的一切宪定权力都让渡出去。负责维持公共秩序和安全的任何民事权力机关所拥有的法律可能性，军事指挥官都应该拥有。这并不是现代意义上执行权力的让渡，更确切地说，只是预先设定军事指挥官统揽式地自主行使权力。

此处没有提到战争状态下向民事权力机关发出请求的事。直到我们后面将讨论的 1811 年法令才规定，军事指挥官将自己的权力委托给民事权力机关。据此，要塞的指挥官并不能像国民议会专员那样通过请求或者权力下放来介入职务活动，指挥官只不过是被授权自主去做一般情况下民事权力机关也可能做的事，但是正如该法令所说，指挥官的活动具有"排他性"（exclusivement）。整个规定只有在这种情况下才能被理解，即当我们注意到，这里所讨论的戒严状态是一种紧急危难的真实状态，而且有着真正明确规定的前提条件：一旦有防守的据点同外部的一切联系都被切断（法律还给出了真实细节），那么戒严状态在事实上就存在了。[22]

相反，战争状态的宣告有两种情况：一种是通过立法议会的决议，立法议会受国王委托，决议由国王宣布；另一种是在立法团体尚未召集起来，但是有必要宣告战争状态的情况下，由国王宣布，但是保留立法议会的批准意见（第 8、9 条）。之所以有这项规定，是因为战争状态的后果就是军事权力机关有权向民事权力机关提出请求，甚至干涉私产，比如拆除军事据点附近的建筑，而且不予补偿（第 31、32 条）。在紧急情况下，如果指挥官来不及获得国王的命令，则法律一般赋予指挥官一种权力，使其有权基于战争委员会的决议，采取防卫所需的一切必要措施（第 37 条）。

这整条规定的事实性特征非常明显，无须进一步说明。état 一词所指的是一种真实状态，和法律所允许的实际后果联系在一起。要塞的戒严状态和防御状态（état de défense）或一部分军队的就绪状态（état de réquisition permanente）一样，是军事技术性质的一种实际状态。如果军事指挥官宣布戒严状态，这在法律上无非就相当于一个紧急自卫中的行动者在提醒对方注意，自己即将行使紧急自卫权。戒严状态还没有成为某种可以导致特定法律后果的拟制（Fiktion）的起点。[23]

---

[22]　［原注 22］第 11 条：“战斗区和军事哨所将处于戒严状态。”

[23]　［原注 23］1792 年 5 月 26 日法律（《法律集》IV, 208）宣告了一系列地方处于战争状态（而非戒严状态），宣告的措辞是“这些地方正如处在战争中一样”（elles seront comme étant en état de guerre），而且指出，将军有权宣告某处要塞处于戒严状态。如果国王认为某些地方根据形势而必须被看作处于战争状态，那么他有权在 1791 年法律所提到的那些地方之外再加上这些地方。在第 3 条规定中，军队的统帅有权宣告或命人宣告他们将要占领的某地将处于战争状态，只要他认为这么做是出于公共安全或军事警察的利益需要。这部法律之所以这么单纯地从军事技术的角度出发来对待事物，是因为它没有经过政治讨论而直接被转到了军事事务委员会（《法国大革命档案》卷 XLIII，第 617—618 页）。

182   雅各宾派激烈反对戒严状态，因为其政治权力来自挣脱了束缚的未经组织的人民群众，而戒严状态会压制民众的活动。这是一个普遍的原因，足以让任何一个政治反对派与维护现存秩序的制度为敌。但除此以外，戒严状态还赋予了市镇机关支配武装力量的权力。根据 1791 年宪法，市镇机关原本就拥有广泛的自治权力，如今又可利用武装力量服务于自身的联邦主义活动，镇压集中在巴黎的革命极端运动。[24]

     1793 年 7 月 23 日，国民议会通过一道法令终止了戒严状态。[25]专员、革命立法机构、革命法庭都归国民议会支配，可以通过符合司法程序的形式消灭敌人。戒严状态只不过作为单纯的军事制度被保留了下来。除防御工事之外，其他地方也可以进入戒严状态（这本身只不过是戒严概念技术性的扩大），同时，在创立一种法律拟制的意义

---

[24] [原注 24] 值得注意的是，博纳尔德作为鲁埃格（Rovergue）区米约（Milhau）市的市长，组织各市镇对抗起义者，还获得了国民议会的嘉奖（1789 年 8 月 21 日，《法国大革命档案》VIII，第 466—467 页）。罗伯斯庇尔是反对戒严状态的（《法国大革命档案》XI，第 474 页）。路易·勃朗（Louis Blanc）指出，只有一个人曾经反对这则恐怖的法律，那就是马拉。马拉认为，只要人民还在忙于挣脱束缚自己的锁链，那么这样的法律就是不恰当的。克鲁泡特金《1789—1793 年的法国革命》（*Die französische Revolution von 1789—1793*，德语版由兰道尔 [G. Landauer] 出版，I, Leipzig）第 155 页批评罗伯斯庇尔，认为罗伯斯庇尔并非从原则上反对戒严，而只是要求一个法院（参见本书第 178 页）。

    相反，邦纳罗蒂（Philipp Bounarotti）则在其《对罗伯斯庇尔的观察》（*Observations sur Maximilien Robespierre*, 1842，由 Charles Vellay 刊于《法国大革命历史评论》[*Revue historique de la Révolution française*], III, 1912，第 478 页）中称赞了罗伯斯庇尔，因为罗伯斯庇尔批判了残酷的戒严状态。1792 年 10 月 30 日，法国政治家 Fabre de l'Hérault 在食品短缺引起的动乱期间说，必须使人民知情，启蒙人民，但是不可以宣布戒严（《公共安全委员会未发表的法案和文件集》I, 211）。

[25] [原注 25]"国民大会决定废除戒严令"（《法律集》V, 435；《国民议会敕令集》XXXI, 200）。1793 年 7 月 24 日，国民议会代表 Albitte 在一份报告中写道：毫无信义的米拉波在一个自由民族的怀抱之中创造了戒严令；如今，要废除这种玷污我们权利的可耻法令，就在我们了。戒严令应该遭受最广泛的诅咒，红旗应该被撕得粉碎，等等。（《国民议会敕令集》V, 73, 74）

上对戒严状态的"宣告"取代了真实的戒严状态本身，由此，戒严概念的发展出现了转折。

这种区别很清楚地表现在共和五年果月 18 日（1797 年 9 月 4 日）五人执政内阁中激进分子发动政变前后的两种法律上。军事概念变成了法律规定的基础，这恰与国家的军事化相应——无论是葡月 13 日，还是果月 18 日，都出自军队之手。[26] 共和五年果月 10 日（1797 年 8 月 27 日）的法律把战争和戒严状态的应用延伸到"国家内部"的市镇上。五人执政内阁可以根据立法机构的授权宣告进入战争状态（并非戒严状态）。从实际层面上讲，这就意味着军事指挥官成为被宣告进入战争状态的市镇的代理市长，不再按戒严法所规定的那样处于民事权力机关的领导之下。

戒严状态仍然是一个事实，一旦市镇被军队或暴乱分子（此时已经出现了"内部"敌人）切断了与外界的联系，市镇就实实在在地处于戒严状态了。果月 18 日政变成功之后，五人执政内阁自动（也就是说无需立法机构的批准）获得了把某个市镇置于戒严状态之下的权力。由此，政府拥有了在自己认为必要之时宣布戒严令的可能性。政府公告这种形式上的行为取代了真实的紧急情况。戒严概念获得了一种政治意义，军事技术手段被用来服务于内政了。

其影响和 1791 年法律颁布之后一样：军事指挥官认为什么是有利于执行军事行动的必要措施，就做出命令。只要不涉及军事行动，面对公民时，军事指挥官的权力和民事权力机关毫无差别。为了扩大权限，五人执政内阁想出了一个概念。这个新名目未能像"戒严状态"一样成功，却是用于和政敌斗争的最值得注意的发明之一。他们把"国内骚乱状态"（état de troubles civils）和戒严状态并立。如果一个省，

---

[26]　[原注 26] 关于这一事实的官方记录是共和五年果月 18 日法律。该法律授权五人执政内阁允许军队进入宪法规定的范围之内（rayon constitutionnel），而同年果月 19 日法律则确认国内军队的统帅有功于祖国。

或者一个区，或者一个市镇，明显处于"动乱状态"，那么根据共和七年获月 24 日（1799 年 7 月 12 日）的法律（《法律集》XI, 297），五人执政内阁就可以建议立法议会，宣告该地处于动乱状态。由此就可以采取如下措施：流亡者家属和曾经的贵族，"强盗和匪帮头领"的亲属（无论男女）必须对一切谋杀案和抢劫案负责，必须作为人质被逮捕。每一个爱国者被谋杀，就要有四名人质被流放，其他人则须交罚金。被列在清单里的臭名昭著的匪帮头领要接受特殊军事法庭的审判，可以无需其他程序直接宣判死刑（第 39 条）。共和八年雾月 22 日，拿破仑政变成功之后，这则法律立刻被废除了（《法律集》XII, 5）。

宪法的悬置

虽然这则法律被废，但是共和八年霜月 22 日，宪法带来了一个新的发展时刻：宪法的悬置。根据该宪法第 92 条，任何地区，但凡武装起义和动乱威胁国家的安全（la sûreté de l'Etat），都可以宣布悬置宪法，而且可以一直悬置到国家恢复安全。宪法的悬置通过法律进行，在紧急情况下，如果立法组织未能召集，则通过政府进行，但政府同时要召集立法会议。共和十年热月 16 日（1802 年 8 月 4 日）事关组织性的参议院决议提到，宪法的悬置属于参议院的权力之一（第 55 条）。

至于戒严状态，无论是共和八年的宪法，还是那次参议院决议，都没有提到。戒严概念与悬置宪法之间的联系也就尚未出现。宣布戒严状态的权力被划归给政府，理由是政府支配武装力量，可以宣布战争。[27]

---

[27]　[原注 27] 梅兰（Merlin），《普适且合理的司法名录》（*Répertoire universel et raisonné de jurisprudence*），第 3 版（1808），IV，第 777 页；泰西耶－德法尔热（Teyssier-Desfarges），《法国及外国法律评论》（*Revue de droit français et étranger*），V（1848），第 504 页。

但真正宣告了戒严状态的情况非常少。[28] 相反，共和八年雪月 7 日决议（《法律集》V, 56）和同年雪月 23 日的法律在旺代悬置了宪法。派遣到该地镇压暴乱的军事指挥官被授权可以宣布发起动乱的市镇不受宪法保护（hors de la constitution），可以用死刑来应对威胁，也可以开征特殊税费作为罚金，等等。政府设置了特殊法庭（参见《法律集》V, 66）。拿破仑并没有把戒严状态用作政治斗争的工具。[29]

185

1811 年法令中的戒严状态

相反，拿破仑扩展了戒严状态的内容，并通过 1811 年 12 月 24 日法令奠定了戒严状态的政治实用性。从政治上看，戒严或者军事管制是为远征俄国所做的准备措施，具有军事特点。但在颁布该法令时，拿破仑已经料到被吞并的德意志地区可能会发生动乱。可以说，他已经考虑到内部敌人的问题。他的规定主要涉及防御工事中的组织和执勤工作，其方式和 1791 年的法律一样，同样，拿破仑还继承了1791 年关于和平状态、战争状态和戒严状态的三分法（第 50 条及以下）。如果客观情况要求军事警察发挥更大的作用，皇帝就通过法令宣告战争状态（第 52 条）。

相反，戒严状态则是被决定的（déterminé），或通过皇帝的法令，

---

[28]　[原注 28] 泰西耶－德法尔热在其书第 501 页提到的关于共和八年草月 17 日Alençon 的戒严状态，Sarlat、Bergerac 和 Ostende 的戒严状态的决议，都涉及了戒严状态的暂时取消。

[29]　[原注 29] 拿破仑所支配的警察权限，特别是监视状态（état de surveillance），还有特殊法庭等，都是他充分的权利手段，我们在此无须分别论述。1807 年 3 月 26 日拿破仑发布皇帝训令，宣告安特卫普和布列斯特两地进入军事戒严状态，参见《法律公报》IV，第 2238/2239 号。

或因为遭到围困，或因为受到暴力进攻或袭击，或因为内部动乱，或由于军事防御区域内出现未经许可的聚集现象，等等。拿破仑规定的重要之处在于，它把对这种形势的法令宣告和实际情况（如受围困或进攻）并列起来，作为特殊状态产生的原因。根据第 92 条，战争状态的结果包括：国家和当地的民兵组织处于军事指挥官（总督或指挥官）的命令之下；民事权力机关如果事先未和军事指挥官达成一致，不得颁布法规；凡是军事指挥官认为有利于据点安全和公共安宁的一切必要的警察措施，民事权力机关都必须颁布。

此外，军事指挥官还拥有广泛的权力，以召集人员做防御工作，驱逐外国人、可疑分子和"无用之人"（bouches inutiles），为了防御而采取一切措施，消除阻碍军队动员和防卫工作的一切（第 93—95 条）。这里似乎完全存在这样一种观念：就算不悬置宪法规定，军事行动的利益也足以为干涉公民自由权辩护。戒严状态（第 101、102 条）导致的结果是，军事指挥官成为一切维护公共秩序、行使警察职权的民事权力机关的领导，而且自动获得这些机关所拥有的权威。军事指挥官可以自己行使这些职权，或者根据自己的判断"委派"民事权力机关，使其以军事指挥官的名义，在其监督之下，在整个防御工事或封锁区域内行使这些职权。

我们可以认为，军事指挥官的权利不是从民事权力的委托中衍生的，而是一种自己的权利，因此也就不是负责维持公共秩序与安全的民事权力机关的职权的单纯叠加。军事指挥官要非常广泛地负责管理军事和民事机关的工作，在此过程中，除了"自己的秘密指示、敌人的运动、围攻者的活动"[30] 之外，他不需要考虑任何事情。军事指挥官成为所有机关的代理领导，但他的行动以军事目的为主，因此远远超出民事职权的范围，而这些机关的职责和活动只不过是其行动的一

---

[30]　[原注 30] 第 103 条："在戒严状态之下，正规军、国民卫队、民事及军事权力机关均供执政者或指挥官调遣使用，除了听从指挥官的秘密指令、根据敌人的动作和围困者的用意而行动之外，不遵守任何其他规定。"

种手段。执行权力的让渡并不是军事指挥官应得权力的基础，而仅仅是一种行政技术手段，目的是把权力机关掌握在自己手里。因此，司法权力也向军事指挥官转移：只要是他不愿意留给常规法院审理的犯罪行为，他都可以让军事纠察（prévôt militaire）去做司法警察工作（也即刑事侦查的一切事务，包括预审法官的工作）；军事法庭可以取代一般法庭（第 103 条）。

1815 年宪法中的戒严状态

虽然共和八年宪法第 92 条存在悬置宪法的规定，但当时并未考虑到因为戒严状态而宣布悬置宪法。军事司法权和其他转移给军事机关的职权一样，是保证军事目的能达到的一种手段，因此也就是军事指挥官行动的一部分。第 92 条规定谈及的悬置宪法意味着，为了使行动专员能够采取达到目的所必需的一切措施，应当让某一特定区域出现一种无宪法的状态。通过消除在实际情况下对达到目的构成障碍的法律顾忌，悬置为行动创造了空间。但是，宣告为国民公敌（hostis-Erklärung）、褫夺公权令、宣布为法外人（hors-la-loi-Erklärung）、治以重罪等等，这些仅仅对执行对象而言是法律状态的取消，但悬置宪法这种涉及整个地区的规定则涉及所有人，无论有罪无罪。根据戒严状态的宣布，采取行动可以无所顾忌。同时发布的规定可以证明，这就是根据第 92 条悬置宪法的意义。

根据之前提到的共和八年雪月 23 日（1800 年 1 月 13 日）法律，各区都将进入宪法悬置状态，在此之前的共和八年雪月 7 日（1799 年 12 月 28 日），就发布了决议（《法律集》XII, 56；《法律公报》II, 第 3518 号），大赦起义者，但同时规定，政府军的指挥者可以宣布仍然处于起义之中的市镇不受宪法保护，其后果就是这些市镇可以被“像法国人民的公敌那样”来对待。把市镇当作公敌意味着一种集体责任，这种集体责任不同于仅仅宣布某些人为公敌，后者不包含前者所面临的法律难处。当共和八年雪月 23 日法律授权军事指挥官可以宣判死刑和任意索取罚金，与此同时军事法庭被投入使用时，就说明起义的区域被当成了战场，尽管这些地区仍然属于国内，这些地区的居民也仍然属于国家公民。某一地区可以不受宪法保护，从而作为战场被对待这一观念（第 55 条，共和十年热月 16 日参议院决议：如果形势需要，参议院……宣告某些区域不受宪法保护），就成了军事指挥官进行代理专政的法律基础。尽管出于军事考虑，戒严状态也允许介入公民的自由领域，但只要认为戒严状态是为了抵抗外敌的观念仍然占上风，人们就不认为有悬置宪法的必要。因此，1811 年法令只要被应用到内部政敌身上，似乎就是违宪的。

直到 1815 年，宪法才提到戒严状态。根据 1815 年 4 月 22 日《帝国宪法附加法案》（*Acte additionnel aux Constitutions de l'Empire*）第 66 条，在公民权（Droits des citoyens）的名目之下，内乱期间（troubles civils）宣告戒严的权利将保留给某一法律。这一规定的原因在于拿破仑的执政实践。1814 年 4 月 3 日保守参议院（Sénat conservateur）的废黜法令宣告拿破仑失去皇位，并且历数了拿破仑执政的违宪之处。[31]

但是我们不能说，拿破仑恰恰利用了戒严状态作为打击内部政敌

[31]　[原注31] 这份废黜法令（*acte de déchéance*）明确提到司法独立性所受到的伤害，指出拿破仑的多次宣战违背了宪法（违背共和八年宪法第 50 条）。1807 年，梅兰在其《名录》（*Répertoire*）卷 III 第 327 页论述第 50 条说："这些规定已不复存在，因为这些规定已经在共和十年被参议院通过第 58 条，在共和十二年花月通过第 27 条暂时取消了。"人们指责拿破仑"混杂了各种权力"（confondu les pouvoirs），延误了人民代表制的实现，此后也没有再召集起人民代表制，等等。雷纳克（Th. Reinach）认为，1811 年 12 月 24 日法令是废黜皇帝的原因之一，但废黜档案的官方文本并未提起这一点，见雷纳克，《戒严状态》（*L'état de siège*, Paris, 1885），第 102 页。

的手段。不过根据 1814 年入侵的经历来看，1815 年《附加法案》试图出台的一部君主立宪式宪法主要就是为了规定这一问题。国民动乱期间，只有通过法律，也就是说，只有在人民代表制的参与之下才能宣布戒严。皇帝，也就是最高军事统帅，不能随意做出把军事力量用于对抗本国公民的决定。正如共和八年宪法及共和十年参议院决议那些仍然有效的规定，这里也没有在戒严状态的上下文中提到宪法的悬置，尽管针对 1811 年戒严规定最重要的指责，恰恰就是它损害了宪法所规定的各种权利。就像军事管制法一样，一旦在法律上具备了军事活动的前提，则对于在此条件下发生的任何事情，"无人需要负责"，这个观念仍然有效。人们觉得违宪的只有军事法庭，不仅仅是因为宪法保证了每一位公民的"天然的法官"（juge naturel），更重要的是因为在军事法庭上，军事指挥官并不是以军人的身份出现，而是以代理法官的身份出现的。法律和委托（在这里就是军事命令）之间的对立，也就是民事机关一般职权和军事之间的对立，才是拿破仑宪法真正的争议之处。

滑铁卢战败之后，议会独立执政，并在 1815 年 7 月 28 日启动了一项政府委托，即为了维护公共的安宁，授权相关人员甚至在法律规定之外监控并逮捕可疑分子和煽动性文章的传播者等，而无须在法律规定的时间内把这些人带到法官面前。为了应对控诉，议会设置了一个特殊程序，通过同一天发布的法律宣布巴黎处于戒严状态，相当于军事情形。[32] 在同一部法律中，议会规定民事机关维持运作，只有政府委托的人员才能制定用于保护公民人身财产安全的措施。军事职权

189

---

[32] ［原注 32］"巴黎城处于戒严状态"（La ville de Paris est en état de siege），《法律公报》VI，第 305、304 号（第 291—293 页）。1815 年 6 月 29 日宪法草案第 52 条之二规定，首都只有通过法律才能被宣告处于戒严状态；换言之，在宣布戒严方面，即便在外敌入侵之时，人民代表制也占有一席之地（1815 年 7 月 1 日《箴言报》[Le Moniteur]）。

只能严格限制在最严格意义上的军事行动之内。议会并没有考虑通过正式悬置宪法为政府委托的特殊职权创造一个特别的法律基础。

复辟时期

复辟时期的政府颁布了大量干涉个人自由和言论、出版自由的法律，遭到各国议会和人民的激烈反对。[33] 对复辟政府来说，戒严状态是一种特殊状态意义上的行政技术手段，在戒严时，任何机关都可以做实际形势所要求的事。于是，戒严就被用于和内部敌人斗争。1816年5月，内阁向军事指挥官发电报，宣布格勒诺布尔（Grenoble）处于戒严状态，电报称：

> 伊泽尔省必须作为处于戒严状态下那样被对待，军事及民事机关可便宜行事（pouvoir discrétionnaire）。[34]

---

[33]　[原注 33] 参见我本人的论文《专政与戒严状态》（Diktatur und Belagerungs-zustand），载《整体刑法学杂志》（*Zeitschrift für die gesamte Strafrechtswissenschaft*），卷38（1916），第 150 页及以下。

[34]　[原注34] 民事权力机关和军事权力机关之间的对等也许可以证明这样一种猜测，那就是执行权力的过渡并没有实现。但事情的真正走向所证明的却恰恰相反；参见德维耶尔－卡斯特尔（de Viel-Castel），《复辟的历史》（*Histoire de la Restauration*），第5 部分（Paris, 1862），第 91 页及以下；卡佩菲格（Capefigue），《复辟的历史》，第 3 版（Paris, 1841），第 2 部分，第 11 章，第 119 页。

《箴言报》没有提到任何关于这种戒严状态的事情，格勒诺布尔的动乱则直到 1816年 5 月 10 日才被报道。此时，动乱早已平息，对该地的军事占领只不过是为了"确保能够公然地惩罚有罪者"。当时，人们还在议论 1789 年戒严状态是否仍然有效的问题，可以看出复辟之下的法律状态是多么不清楚；1820 年 6 月，议院认可了 1789 年戒严状态的有效性。迪韦吉耶认为（《法律集》I，第 62 页注释），如果戒严状态已经不复存在，那么重新引入戒严是明智的。

但随后出现的就是为了争取宪法保障，特别是个人自由和言论自由的　190
斗争。

　　与等级制国家中的既得权利一样，相对于以紧急情况为理由的例外权，上述各种自由权正在以类似的方式变成主权问题。毫无疑问，各方面都无条件地承认，主权的行使受到法律规定的权限约束。但国家权力的实质在原则上是无限的，始终隐秘地存在。在特定形势的基础上，根据现实技术层面的合目的性原则，国家权力的无限性将会打破由诸职权构成的体系；而另一方面，按照法律规定的方式，也即有限地行使国家主权，区别于国家权力的无限性实质。在国家权力实质的无限性和国家主权行使的有限性这两者的区分之下，主权的例外权（jura extraordinaria majestatis）或统治权（jura dominationis）的问题（本书第15—16页）又以不同的形式出现了。

　　复辟政府在1814年6月14日宪法第14条中看到了特殊权限的法律基础。这一法条在"国王统治的形式"（Formes du gouvernement du Roi）名下规定，国王是国家的元首，有权指挥军事力量、宣战及缔结和约、任命官员，并做出一切对执行法律和维护国家安全而言有必要的指示。[35]复辟政府在这一条中看到的不是一种紧急情况下的代理授权，而是自身主权的表达。因此，即便仅仅根据国王的判断认定某些措施是维护现存秩序安全所必需的，并据此做出违背现存法律和宪法的决定，他们也认为并不违宪。在那个时代的政治语言中，这就叫作"专政"（dictature）。事实上，这既不是代理专政，也不是主权专政，而仅仅是主权作为原则上不受限制的国家权力所提出的非分要求。这种"专政"通过正式立法所进行的自我约束，只适用于它以为的正常状态。

------

[35]　[原注35] 国王是国家的最高主宰，领导陆上和海上力量，宣战……为法律的执行和国家的安全制定必要的规则。

从国家法的角度看，可以容纳这么多不同政治和国家理论内容[36]
的君主制原则在这里的意义就在于，它区分了一般的主权权限和特殊
的主权权限，前者由法律规定进行把握和描述，后者则是不受限制的
权力完满性的直接表达。只有对国家学说的法学基本问题以及法律和
法律实现之间的区别毫无认知的作品，才会认为我们在这里对主权实
质（Substanz）和主权行使（Ausübung）的区分是一种老学究般无关紧
要的吹毛求疵。如果主权真的是指国家的无限权力，而且对每一种并
非毫无保留地施行分权的宪法而言都是如此，那么法律规定所掌握的
只能是可预计的执行上的内容，永远不是权力本身丰富的实质。关于
谁来决定法律所未能规定情形的问题，就成为一个谁拥有主权的问题。

复辟时期的王室所援引的正是这样一种作为原则上不受限制的权
力的主权：有权为了国家安全而采取形势所要求的恰当的行动，无须
顾虑与之相反的宪政秩序。换言之，王室自己对立宪权力提出了主
张，却不把自己视为立宪权力的代理人。因此，王室的行为并非主权
专政的情形。1830 年 7 月训令正是基于王室的这一立场发布的，结果
引发了革命，导致拥有主权的王室的颠覆。在就该训令进行协商时，
当时的司法部部长尚特勒兹（J. de Chantelauze）在其鉴定意见中指
出，第 14 条并没有赋予国王更改宪法的权利，反而要求国王保护宪
法，防止其遭到篡改，而且在当前形势之下，有必要将这种"最高权
力"（pouvoir suprême）转让出去。

不过，显而易见的是，谁要是拥有上述意义上的主权，则他所关

---

[36]　［原注 36］以评论迈斯纳（H. O. Meisner）《论君主制原则的学说》（*Über die
Lehre vom monarchischen Prinzip*, Breslau, 1913）和迈尔（H. Maier）《立宪理论的思想史
基础》（*Die geistesgeschichtlichen Grundlagen der konstitutionellen Theorie*, Tübingen, 1914）
为契机，沃尔岑多夫对国家理论建构和政治理念之间的体系性和方法论矛盾发表了看
法（见《公法档案》[*Archiv des öffentlichen Rechts*]，卷 34，1915，第 477 页及以下）。
由于是为评论而发，沃尔岑多夫说得比较简略，但是他的看法仍然具有根本性意义。

心的只能是维护现存秩序。尚特勒兹的鉴定意见还说，为了捍卫宪法的精神，可以超越合法秩序，同时提到了与人民相对立的国王所拥有的立宪权力。[37]

资产阶级君主国时期

1830 年 7 月 26 日训令，"政变"，要求限制言论自由，解散议院，改变选举权。7 月 27 日，巴黎发生了动乱，国民卫队决定反抗国王。直到 1830 年 7 月 28 日，国王才发布训令，宣布"就 1811 年 12 月 24 日法令第 53、101、102 及 103 条而言"，巴黎处于戒严状态，理由是 7 月 27 日的内乱已经干扰了巴黎的安宁。在这次宣告戒严中，军事特征仍然很鲜明；最初，公民自由的中止和戒严状态并无关系，要求暂时取消公民自由的，是国王为了国家安全基于第 14 条规定而发布的训令。

1830 年革命的目标是按照英国的典范创造一个符合宪法的政府。1814 年宪章的第 14 条以同样的方式出现在 1830 年 8 月 14 日宪法之中，变成了该宪法的第 13 条，只不过规定国王只能为法律的执行做出必要的指示，还明确附加了说明，规定国王永远不能自行悬置法律，也不能停止法律的执行。这部宪法没有提到戒严状态。

早在 1832 年 6 月，法国就发布国王训令，宣告进入戒严状态。此次戒严针对两股政治特征完全不同的运动，但两者都与自由资产阶级为敌。其一是发生在旺代的保皇党起义，其二是发生在巴黎的无产阶级起义。当时，资产阶级各政党并没有反对戒严。[38]

192

---

[37]　[原注37] 鉴定意见印于卡佩菲格《自国王路易·菲力浦二世出现以来的欧洲》（*l'Europe depuis l'avènement du Roi Louis Philippe II*, Brüssel, 1845），第 2 部分，第 64 页；关于立宪权力的表达，见第 72 页。

[38]　[原注38] 国王在 1832 年 11 月 19 日议会开幕时的演说中提到 1832 年 6 月的事件，引起听众振奋的呼喊（《法国大革命档案》，第 2 部分，77，第 （转下页）

1832 年 6 月 1 日，一道国王训令宣布三个城区 [39] 进入戒严状态，使用的是一般性的理由：有必要使用一切法律手段迅速镇压该区域的叛乱活动；内政部长和战争部长负责执行该命令。这道训令没有提及 1811 年的法律。1832 年 6 月 3 日训令则未说明任何特别的理由，直接宣告多个省份的市镇进入戒严状态。[40] 1832 年 6 月 6 日的第三道训令宣布巴黎进入戒严状态，[41] 但是训令中包含了其他训令中所没有的补充说明：国民卫队的指挥和工作不得发生任何变化。理由是，公私财产受到攻击，国民卫队成员、正规军、政府官员遭到谋杀，有必要通过果断有力的措施维持公共安全。

当时，所有民事权力机关都保持着自身的职能，但之所以如此，完全是因为政府这样安排而已。战争部长给巴黎指挥官们的指示中说，因为巴黎处于戒严状态，所以军事指挥官可以行使民事权力机关的所有权限，包括管理权和司法权，但是政府让军事司法上台的意图仅仅针对和动乱相关的特殊情况，当然也包括新闻犯罪。军队不得干涉一般机关的业务程序。政府致力于"仅仅把和动乱相关的情况界定为特殊情况"，以便不损害所有未参与动乱的公民的一般权利和自由。我们可以清楚地看到，无条件军事行动的手段或者代理专政会变成规定戒严状态的法律制度。和这个资产阶级君主国（Bürgerkönigtum）的法治国家特征相应，政府不仅试图从前提条件上，而且试图从内容

（接上页）667—668 页）。保皇党人把戒严状态称为政府的专政。1849 年 1 月 4 日，柯特在西班牙议会发表演说称，1814 年宪章（Charte der Restauration）把专政隐藏在了第 14 条中，1830 年宪章则把专政隐藏在导言里，至于 1848 年的共和国，则纯粹就是共和主义名义之下的专政而已。

[39]　[原注 39] 这三个城区分别为 Lavalle、Château-Gontier 和 Vitré。见《法律公报》IX.4，第 4202 号，第 661 页。

[40]　[原注 40] 这些市镇包括 Maine-et-Loire、Vendée、Loire-Inférieure 和 les Deux-Sèvres。见《法律公报》IX.4，第 4203 号，第 662 页。

[41]　[原注 41] 同上，第 4202 号，第 662 页。

上，对军事指挥官的职权进行法律层面的限制。不应再有一个特定区域是处于宪法之外的，同时，即便在某一有限的地点和时间范围内，也不应该直接行使无限的国家权力。

然而，代理式地行使职权会产生一种典型的影响，那就是消除或者合并原先在法律上界限分明的职权，由此，组织化的职权划分以及其中所包含的法律保障至少部分地受到损害。根据新的国家学说，官员在国家面前不能要求从事自己职权之内的活动的权利，国家公民也不能无条件地拥有要求法律规定的职权保持不变的新闻权利。如果司法职权变成代理式的，司法权通过即判即决的诉讼程序来行使，上诉途径被废除，那么公民的法律保障就受到了损害。这种影响所包含的对宪法权利的清除最为引人注目。和以前的多部宪法一样，1830 年宪法第 53 和 54 条保证，没有人可以脱离其"天然"的法官，特殊法庭和委托关系不允许存在。让自己归天然的法官也即法定法官审理，是宪法认可的权利。这种权利诉求无法被当时徒有形式却无其实的论证陷阱所平息——当时就有人认为，戒严使军事委员会变成法定法官的现实具备了合法性。当时上诉法庭（Kassationshof）就认为，1811 年 12 月 24 日法令第 103 号违反了 1830 年宪法第 53 和 54 条的规定。[42] 在这里，一种按照宪法规定的方式来保障的权利似乎是军事行动的绝对障碍。其后果必然导致宪法规定的其他权利也可与军事行动作对。

194

1848 年国民议会的主权专政

1832 年宣告巴黎戒严之时，政府明确保留了国民卫队的职权。国

---

[42]　［原注 42］1832 年 6 月 30 日若弗鲁瓦（Geoffroy）案件的决定（G. 被军事法庭判处死刑，并提出撤销原判的上诉）。其他类似的决定，参见泰西耶－德法尔热，《法国及外国法律评论》（见本章注释 27）第 1 章，第 507 页；雷纳克，《戒严状态》（见本章注释 31）第 1 章，第 107 页。

民卫队怀着不寻常的愤怒和 1832 年的起义者也就是革命的无产阶级战斗。1848 年 6 月，同样的进程又重复了：1848 年 6 月 24 日，国民大会宣布戒严，目的是保护私人财产和资产阶级宪法。巴黎进入戒严状态，一切执行权都被委托给卡芬雅克[43]将军，当时的说法是委以全权（tous le pouvoirs）。[44] 但是，把权力限定在执行权上，并不意味着这里的执行权力转让是指军事指挥官仅仅拥有民事权力机关平素所具备职权的总和，而是说，有一点确凿无疑地被提出了，即将军没有任何立法方面的授权。

鉴于戒严状态和自己被授予的首都军事力量最高指挥官的权力，卡芬雅克发布了一系列规定：禁止一切不是来自政府的宣传，将不响应保卫共和国的号召的国民卫队解除武装，"按照军事法"击毙任何被抓到正在修建路障的人（对待这类人应当和对待持武器者一样），对被军官向第一师团战争法庭告发的、因 6 月 23 日起义被捕的人进行审讯，在军事机关领导下对一切在巴黎市区犯下的罪行进行刑事起诉。[45] 6 月 28 日，国民大会向卡芬雅克转让了行政权——以内阁总长的头衔，卡芬雅克接管政府，任命各部部长。1848 年 10 月 19 日国民大会决议取消戒严状态。[46]

1848 年的诸多事件导致对戒严状态有了法律规定，意味着戒严概念发展的一个终点。规定所涉及的仅仅是政治意义上的戒严状态，也即所谓的拟制（fiktiv）戒严状态，这一规定探讨了两个问题：其一是管辖权之所在，以及宣告戒严的前提条件，其二是军事指挥官权限

---

[43] [译注] 卡芬雅克（Louis-Eugène Cavaignac, 1802—1857），法国将军，在 1848 年革命中被选入法国的立法议会，法兰西第二共和国临时政府成立后被任命为陆军部长。

[44] [原注 43]《法律公报》VIII.1，第 506 号，第 571 页。

[45] [原注 44] 同上，第 508、509、511 号，第 571—573 页。

[46] [原注 45]《法律公报》X.2，第 793 号，第 539 页。

的内容。关于戒严前提条件和管辖权利所在（议会或政府）的规定并未触及至今为止我们所论述的不得不称之为专政之事的核心，这是不言自明的。正因如此，军事指挥官权限内容的确定就更为重要。1849年8月9日关于戒严状态的法律使得当下的规定对军事戒严也发生了效力。取消宪法规定的各项自由则被视为政治戒严相关规定的真正问题。

这一法律的出发点是这样一个原则：即便在戒严状态下，法律只要无法通过特殊规定中止公民的宪定权利，那么所有公民都仍然保留那些受宪法保障的权利（第11条）。规定的内容应该列明那些随着宣告戒严而被中止的权利，这意味着，这些权利对军事指挥官的具体措施不再构成法律障碍。然而，法律规定并不仅仅停留在单纯的消极性描述上，并不仅仅规定哪些权利不再有效，而且从积极的角度规定了军事指挥官拥有哪些权限。其中，军事司法权仍然是至今为止最具争议性的问题。军事司法权规定的具体内容是，可以暂时悬置宪法对天然的法官（合法的法官）的保障，并且通过进一步的规定明确特殊法院的构成及其职责，从而填补这一悬置产生的司法空缺。一方面是合法法官职权的中止，另一方面是特殊法院构成及其职责的规定：在军事司法权相关规定的情况下，这两方面的内容——某一权利的中止和特殊状态的积极性规定——就结合了起来。

同样，军事指挥官的其他权限也被列举了出来：搜查住宅、驱逐可疑分子、没收武器装备、查禁危险出版物与集会等。换言之，其中准确地规定了那些被许可的干涉行为，包括干涉个人自由、言论自由、集会自由，在涉及武器装备时，还可以干涉私人财产。但对1848年宪法所保障的其他自由权利，如私人财产、思想和文化自由、工作自由和税收许可权，军事指挥官无权干涉。

随着1848年8月9日法律的颁布，就包含着根本性观点的范围而言，戒严概念的发展就结束了。在这里，我们无须再论述后来规定当中和立法相关的细节。具有决定性的是，形势所迫之下采取必要行动的授权变成了一系列经过规定的权限，被悬置的不再是作为整体的宪法，而是宪法规定的一些自由权利，这种悬置也非绝对，而是在规定允许干涉的前提之下。然而，单纯是军事戒严状态和政治戒严状态这两者之间的基本划分就已证明，事实上规定的内容只不过是给予军事指挥官一些在转让执行权时还没有包含在内的安全警察权限，这些权限相当广泛，但其中并未包括直接行动的权力。

关于军事戒严和政治戒严之间区分的论述最早出现在 1829 年。[47] 当时把政治戒严称为一种拟制的戒严状态。这一名称是为了表达政治戒严与军事戒严不同，说明前者不像军事戒严那样存在无条件行动的自由。由此产生的后果就是，人们在排除自然法官（juge naturel）权利、人身自由、言论自由等各种权利的同时，没有考虑到军事指挥官的活动取决于敌人的抵抗和战斗方式，并且要干涉政敌的生命与财产，而按照今天的法律观念，即便在宣告戒严状态之后，政敌仍然是国家公民，仍然享有宪法保障的各种自由权利，同时，戒严状态必然会损害人身和财产处于军事行动区域之内的那些无关公民的自由权利。关于军事戒严和政治戒严之间区分最早的论述虽然没有谈及这些往往非常可怕的干涉，却详细地说明和讨论了在一段时间内进行镇压的权限，从而使真实行动的视角远不如安全警察的命令重要。相比于尝试给军事指挥官的权限划定边界，制宪议会的权力仍然不受限制，因为制宪议会作为立宪权力的载体，拥有无限权力，而且不受宪法保障的各项自由的制约。

1848 年 6 月 27 日的一则法令决定，作为一项一般性的安全措施（par mesure de sûreté générale），一切在参与动乱时被逮捕的人都要被驱逐出境。法令还规定，即便在戒严状态结束之后，针对动乱首脑的调查也将由战争法庭继续推进。[48] 据此，存在某个情形，其中可以出

---

[47]　［原注 46］雷纳克，《戒严状态》第 1 章，第 105 页。

[48]　［原注 47］《法律公报》X.1，第 513 号，第 574 页；亦见第 510 号，（转下页）

现一种原则上无限的权力，其基础就是立宪权力。但立宪权力的行使并不听凭军事指挥官的事务性技术角度的考虑，而是归属立宪议会，军事指挥官只能接受议会的委托。人们常常谈论的专政，并非军事指挥官的专政，而是立宪议会主权专政的一种情况。军事指挥官只是这种专政的代理受托人。

1919 年德国宪法的第 48 条

无论是在罗马法文献还是自然法文献当中，特别是在洛克那样的法治国家忠实代表人那里，无限权力作为最重要的表述，始终是一种可以决定生死的法权。19 世纪人们谈论的专政指的是所谓拟制的戒严状态，如果要从法律上把握专政，那么就要谈论言论自由，等等，但内战之中无数丧失生命的人们却从未被提到过，无论是内战的哪一方，人们的丧生却是实实在在的，而不是"拟制"的。这种情况出现的原因是一种特有的无能，无法把行动委托关系的内容和法律规定的程序这两者区分开来。

为了说明这种区分，我们先把别处的内容放到这里来讨论，引述一下 1919 年 8 月 11 日德国宪法第 48 条规定的特殊状态，因为这一特殊状态同样可以让此前论述的发展过程更加清楚，而如果没有这一发展过程，我们就无法理解特殊状态。根据该宪法第 48 条第 2 项，如果德意志帝国的公共安全和公共秩序受到明显的扰乱或危害，则总统有权为重建秩序和维持安全采取必要措施，若有必要，可通过武装力量介入。这里就存在一种行动委托关系的授权，这种委托关系不受

198

（接上页）第 572 页。关于立宪权力，也即一种无限权力可以通过集会来行使，参见泰西耶－德法尔热，《法国及外国法律评论》第 1 章，第 513 页；雷纳克，《戒严状态》，第 110—111 页。

法律限制。总统自行决定是否具备采用这种授权的前提条件（当然，根据第 50 条第 3 款规定，必须在帝国议会的监督之下），而且必须通过代理受托人真正地去落实行动。这一规定很明显地包含着代理专政的情况，当然，如果我们将其看作无需其他条件即可生效的权利，也就是说，如果该法条中的行动无须以第 5 款中规定的特殊状态法的颁布为前序步骤，那么这就成了一种无条件行动的授权。按今天的法治观念来看，这种无条件行动的授权是极不寻常的。

据此，帝国总统可以采取一切必要措施，只要这些措施在他自己看来是形势所要求的即可。因此，正如帝国司法部长席弗尔（E. Schiffer）在魏玛国民议会上所承认[49]的那样，如果在恢复安全和秩序的具体情况中，向城市施放毒气是必要的措施，那么帝国总统就可以施放毒气。和其他任何一条关于为在具体形势下达到某一目的而采取必要措施的指示一样，这方面不存在任何限制。只不过我们必须注意，如果不受限制的授权不应意味着整个现存法律秩序的瓦解，也不应意味着把主权委托给帝国总统，那么这些措施永远只是事实性质的措施，既不可能成为立法行为，也不可能成为司法行为。

第 48 条当中没有给出特别的限制性规定，帝国司法部长席弗尔由此得出结论说，这种授权是无限的。但这一结论就其本身而言，只适用于实际措施，正如席弗尔引用德尔布吕克（Delbrück）和多纳伯爵（Graf zu Dohna）在魏玛议会 1919 年 7 月 5 日会议上的发言时所说，立法和司法所能依据的只有宪法当中的肯定性规定。对宪法保障的自由领域的干涉永远都是具体性质的。如果在第 48 条的一般性授权之下出现了任何一种立法行为，那么这一法条就意味着一种无限的代理。在这种情况下，如果还坚称这一法条没有像复辟王室对 1814 年法国宪法第 14 条做出的解释那样取消了宪法，就显然是自相矛盾了。区别只不过在于，当时的国王享有的是特殊的、无限的权力完满性意

199

---

[49]　[原注 48] 1920 年 3 月 3 日第 107 次会议。

义上的主权，而现在的帝国总统或者监督帝国总统的议会则控制着不受限制的特殊状态决定权。于是总统或帝国议会就成了立宪权力的承载者，而宪法作为被建构的秩序的一部分，始终是一个麻烦的权宜之计。如果我们把立宪国民议会视为立宪权力的载体，把帝国总统视为其代理人，那么基于立宪国民议会的委托，帝国总统可以拥有上述的权力。根据西欧国家的宪法，这样的结构是完全可能的。不过，这种结构的后果就是，随着国民议会的解体，这种委托关系也就停止了。相反，作为立宪权力，帝国议会显然永远没有能力发起这种不受限制的委托关系。

带着这一主题的历史发展的痕迹，紧随在一般性的行动授权之后，第 48 条本身又进一步规定，帝国总统为了这一目的——恢复公共安全与秩序——可以暂时（时间没有明确限定）完全或者部分（！）取消第 114 条（个人自由）、第 115 条（私人住宅不受侵犯权）、第 117 条（通信与邮件私密权）、第 118 条（言论和出版自由）、第 123 条（集会自由）、第 124 条（结社自由）和第 153 条（私人财产）中规定的基本权利。由此，第 48 条的肯定性规定之中所存在的矛盾就表现出来了。与上一条规定当中所授予的无限权力相反，这里的权力是受限的，受限的方式就在于，此处可以被干涉的基本权利被一一列出了。根据此前的论述，这种列举绝不意味着对立法权的代表，相反，它说明这只是一种针对实际行动的授权，在这种授权的效力之下，受托人可以无须顾及具体情况中与行动相抵触的权利。

不过，这里所列举的基本权利数量众多，内容宽泛，以至于授权几乎不包含边界，但比如第 159 条就不在此列。尽管如此，还有一项特殊规定依然存在，那就是，必须先发布悬置整个现存法律状态的授权，比如悬置第 159 条，然后才能列出可以被暂时取消的有限数量的基本权利。对于被允许向城市施放毒气、宣判死刑、命人发起特殊委托等的帝国总统，在此之外再让他确认自己有权例如让行政机关禁止书报发行，无疑是毫无意义的。决定生死的法权是以隐含的方式（implicite）授予的，而取消言论自由的法权则是以显明的方式（explicite）授予的。

这些矛盾在 1919 年的德国宪法当中并不显眼，因为此时的德国宪法建立在主权专政和代理专政相结合的基础上。在专政的整个发展历史上，这种混乱就包孕其中，并未得到解决。德国宪法的这种性质正和这整个发展过程相符。整个发展过程受到这种混乱的主导，这个醒目的现象只有一种解释。在君主的专制政体向市民的法治国家过渡的过程中，国家的团结统一已经最终得到保证，这被视作一个不言而喻的前提。

动乱和起义可以扰乱国家的安全，但是国家内部的社会分层并不会真正威胁国家的同质性。如果某一个体或个体的集群破坏法律秩序，那么这就是这样一种行动，为了应对这种行动，可以预先计算和规定好反制行动，就像民事和刑事诉讼的执行准确地描述其权力手段的范围，而这正是诉讼程序的法律规定之所在。通过这样的限定，意图达到的目的可能会受影响。如果允许使用的执行手段已经用尽，强制措施在犯人面前就失败了。正义感强烈的宾登（K. Binding）对此必然最感震惊，正如他所说："这是犯人在嘲弄法律。"但这样的嘲弄不会威胁到国家的统一和法律秩序的存续。只要敌人没有动摇国家统一的权力，那么执行行动就可以被规定成法律程序。至少对于 18 和 19 世纪欧洲大陆的法治国家自由主义来说，中央集权君主政体的历史价值就在于，它摧毁了各种封建等级权力，从而创造了现代的国家统一体意义上的主权。通过这种方式而产生的统一体，是 18 世纪革命文献的根本前提。合法专制主义和《社会契约论》已经强调过，现代国家努力把个体孤立起来，消灭国家内部的每一个社会群体，从而使个体直接面对国家。在这个问题上，孔多塞也最纯粹地代表了所在时代的典型。他在关于共和国的演说中给出了自己从君主主义者变成共和主义者的原因：在我们今天生活的时代，国家内部已经不存在强大的群体和阶级了，强大的团体（associations puissantes）已经消失了。[50]

只要这样的团体仍然存在，某种武装的专制主义（un despotisme armé）就是必要的，唯其如此，才能压制他们。而现在恰恰相反，普遍的平等孤立了个体，使其直接面对统一的整体。这样一来，要迫使个体服从，只需要极少的权力手段。如果确实如此，那么我们就可以按照某种民法或刑法的执行方式那样来规定所谓的政治戒严状态。我们可以规定执行的手段，并由此为公民的自由创造保障。这样，戒严状态就真正是拟制的了。但如果事实并非如此，也就是说，国家内部又出现了强大的群体，那么整个体系就要崩溃。在戒严状态发展为一种法律制度的过程当中，1832 年和 1848 年是最重要的时间节点。早在那时，就已经出现了这样的问题：无产阶级的政治组织及其反应究竟是否会创造一种全新的政治状态，并由此而创造出新的国家法概念。

然而，无产阶级专政诉求中表达的那种专政概念，早已存在于专政的理论特殊性之中。马克思和恩格斯所继承的观念自然首先只是利用了当时普遍使用的政治热词。自 1830 年以来，各种差异极大的人物和抽象物都被用上专政这个词。人们谈论拉法耶[51]的专政、

---

[50]　[原注 49] 见孔多塞的演说《共和国还是君主：何者对维系自由而言是必要的？》（*De la République ou un Roy est-il nécessaire à la conservation de la Liberté?*，1791 年 7 月 12 日，《孔多塞作品集》卷 VII，第 18 页）。孔多塞的这一演说解释了经济结社权（Koalitionsrecht）的立法实践，也说明了他对言论自由的高度重视。他认为言论自由是舆论不受干扰的保障，而舆论应该是对政府最好的监督。孔多塞指出，如果 1649 年的伦敦有哪怕一家报社，克伦威尔就成不了护国公。不过，孔多塞还完全没有想到，监督意味着政治权力，而且随着监督的引入，如何组织这种政治权力的问题也就立刻出现了。

[51]　[译注] 拉法耶（Marquis de La Fayette, 1757—1834），法国将军、政治家，同时参与过美国革命与法国革命，晚年成为 1830 年法国七月革命的重要人物。

卡芬雅克的专政、[52] 拿破仑三世的专政，同样谈论政府专政、街头专政、新闻专政、资本专政、官僚专政等等。但是，一条从巴贝夫（F. Babeuf）和邦纳罗蒂（F. Buonarotti）到布朗基（L. Blanqui）而延续下来的传统把 1793 年清晰的观念也带到了 1848 年，不仅仅是政治经历与方式的总和。

　　至于专政概念在与 19 世纪哲学的系统化关联之中，在与世界大战经验的政治关联之中是如何发展的，我们不得不另作论述。不过在这里，我们已经可以注意到，从普通国家学说的角度来看，与人民同一的无产阶级的专政[53] 是以主权专政的概念为前提的，正如它以法国大革命国民议会的理论与实践为基础。无产阶级专政作为一种过渡，将要进入一种国家走向"灭绝"的经济状态。即便对于这种向无国家状态过渡的国家理论来说，恩格斯的话仍然适用。1850 年 3 月，恩格斯在对共产主义者同盟的讲话中向共产主义者的实践提出要求说：现在的形势"和 1793 年的法国是相同的"。

---

　　[52]　［德文版编者注］施米特手稿在此处补充"尚加尼尔的专政"（Changarnier）。［译注］尚加尼尔（Nicolas Changarnier, 1793—1877），法国将军和保守派政治家，法兰西第二共和国制宪议会和立法议会议员，1848 年 6 月以后为巴黎卫戍部队和国民自卫军司令，指挥驱散 1849 年 6 月 13 日的示威游行，1851 年路易·波拿巴政变后遭被捕和流放。

　　[53]　［德文版编者注］施米特手稿中将"与人民同一的无产阶级的专政"订正为"与人民同一的、毁灭一切其他阶级的无产阶级的专政"。

人名与主题索引

（索引中页码为原书页码，即本书页边码）

Hamilton 汉密尔顿 146 注 24, 101 注 15

Hanotaux 阿诺托 34 注 59, 48 注 13, 95 注 1

Hasbach 哈斯巴赫 101 注 15

Hatscheck 哈切克 40 注 64, 48 注 13, 129 注 6

Hauck, A. 豪克 42 注 2, 44

Haverfield 哈弗菲尔德 3 注 3

Hegel 黑格尔 143 f. 注 22

Heibig 海比希 77 注 55

Heyer 海尔 8 注 13

Hintze, O. 欣策 34 注 59, 48 注 13, 74

Hippolithus a Lapide 博吉斯拉夫·菲利普·冯·开姆尼茨（H. a Lapide 为假名）17 注 30, 94 注 87

Hobbes 霍布斯 9, 10 注 18, 21 f., 29 f., 116 f.

Hobohm 霍博姆 8 注 14

Holbach 霍尔巴赫 108

Holtzmann, R. 霍尔茨曼 48 注 13, 95 注 1

Horn, J. F. 霍恩 31 注 54

Hotman 奥特芒 19 注 34

Hübner, R. 许布纳 148 注 28

Hurter 胡尔特 77 注 55

Innozenz Ⅲ. 英诺森三世 42 f.

Intendanten des Königs von Frankreich 法国国王的代理总督 95 f.

Intermediäre Gewalten 中间力量 43, 97 f.

Isaaksohn 伊萨克松 68 注 46

Jähns 延斯 8 注 14

Jakob I. von England 英格兰詹姆士一世 98 注 11

Jaucourt de 德若古 113 注 43

Jay 杰伊 101 注 15, 146 注 24

Jellinek, G. 耶利内克 101 注 15, 128 注 2, 129 注 6, 138 f., 142 注 21

Jesuitenstaat 耶稣会国 110, 112

Jocher, W. 约赫尔 63 注 40

Judex delegatus 全权法官 45

Kant 康德 10 注 18, 143 注 22

Karl V. 查理五世 17, 56 注 25

Kaufmann, Erich 考夫曼 106 注 23, 注 25, 143 注 22

Kautsky 考茨基 148 注 27

Keckermann 凯克尔曼 1 注 1

Kellermann 克勒曼 157 注 23

Kelsen 凯尔森 145 注 22

Keßler 凯斯勒 99 注 11

Kirchner 柯克纳 131 注 7

Kleinschrod 克莱因施罗德 171 注 10

Klopp, O. 克洛普 78 注 55

Kommando 指挥权，militärisches K. und Hoheitsrecht 军事指挥与主权 52 f.,

附录
《魏玛宪法》第 48 条规定的帝国总统独裁权

一

目前对第 48 条第 2 项的通行解释

按照今天已无可争议的一般性看法，《魏玛宪法》第 48 条第 2 项所确立的法律是现行有效的。其中规定了帝国总统的几项权力。[1] 根据第 5 项，有一部尚待颁布的帝国法律，但这几项权力独立于这一帝国法律。因此，当公共安全和秩序受到重大威胁，帝国总统可以根据第 48 条第 2 项采取一切他认为必要的措施，以恢复公共安全和秩序。目前对第 48 条第 2 项的通行解释试图限制帝国总统的权力，其所假借的名义是帝国宪法 "不容侵犯" ——除第 48 条第 2 项第 2 句中自行列出的可予中止的某些规定之外。[2]

---

[1]　[译注] 1919 年的《魏玛宪法》的官方名称为 "德意志帝国宪法"（Die Verfassung des Deutschen Reichs），该法虽然是德国历史上第一部民主宪法，但是并未改变 "德意志帝国" 的国号。事实上，魏玛共和国的各项法律和权利几乎都带有 "帝国"（Reich）的字眼，故而此处的 "总统"（Reichspräsedent）一词也照字面译为 "帝国总统"，以明确魏玛德国在名义上承袭了德意志帝国国号的事实。

[2]　[原注 1] Richard Grau 将这一点说得最为明确："增添第二项的意思只能是，联邦总统被授权做某些尚未包括在采取必要措施的权力之内的事情。这一补充因而（！）是指突破某种限制的例外情形。" 参见《帝国总统和各邦政府基于帝国宪法第 48 条所拥有的独裁权力》（Die Diktaturgewalt des Reichspräsidenten und der Landesregierungen auf Grund des Artikels 48 der Reichsverfassung, Berlin, 1922），§ 7 "联邦宪法不容侵犯"。（转下页）

第 2 句的措辞（"为此目的，联邦总统可临时中止本法第 114、115、117、118、123、124 及 153 各条所规定之基本权利的全部或一部分"）似乎提供了禁止帝国总统违反其他条款的证据，因为只要采用列举的方法，就排除了未被列举的其他条款，因而逻辑上就必然施加了限制。"枚举即限制"（Enumeratio ergo limitatio）是一个古老而正确的推论，但问题在于，这一限制朝哪个方向起作用，第 2 句中的列举是否真的旨在限制第 1 句？通行的解释根本没有提出这个问题，其理论成果除依据"枚举即限制"这一似乎可信的推论之外，还另有所本。人们自以为已经在第 48 条第 2 项第 2 句中发现了一则直接而明白的法律条文，足以将联邦总统关进宪法的笼子。由此看来，通行的解释除具备表面上的逻辑简易性外，还有另外一个优点：符合法治国家的需求，即其无疑迫切地要求给帝国总统的特殊权力划定界限。

例外状态的实际实施

但是，帝国总统和帝国政府施行 [3] 第 48 条第 2 项，这实际上涉及的不仅是第 2 项第 2 句中列举的宪法条款，而且这绝不会保持在通行解释

（接上页）另参见 Strupp，《各邦根据帝国宪法第 48 条第 4 项所拥有的例外权》（Das Ausnahmerecht der Länder nach Art. 48 Abs. 4 der Reichsverfassung），载《公法档案》（*Arch. d. öff. Rechts*），N. F. 卷 5（1923），第 201 页；Preuß，《政治期刊》（*Z. f. Politik*）卷 XIII，第 105 页；Maercker，《从皇帝军队到帝国军队》（*Vom Kaiserheer zur Reichswehr*, Leipzig, 1921），第 367 页；Staff，《授权法与第 48 条》（Das Ermächtigungsgesetz und Artikel 48），载《日报》（*Der Tag*），1923 年 10 月 27 日（该文提到了 Grau 的观点），等等。

[3]　[原注 2] 我有意将如下问题搁置一旁：从政治上看，在宣布和实施例外状态时，究竟是帝国总统更有影响力，还是帝国政府更有影响力？关于这个问题，参见 1923 年 Joseph Engels 在波恩大学的博士论文《论帝国总统宣布和取消例外状态的职权》（*Die Zuständigkeit des Reichspräsidenten zur Verhängung und Aufhebung des Ausnahmezustandes*）。

所规定的限度内，也绝不可能保持在这样的限度内。原因在于，如果除
了第 2 句列举的七种基本权利外，宪法的所有其他条款都对帝国总统的
行动构成不可逾越的障碍，那就不可能有效地实施例外状态。而在涉及
第 2 句未列举的某些宪法条款时，尽管基于第 48 条，在一般性的批准下，
干预发生了，但出于形形色色的考虑，这一简单的道理却被掩盖了。

　　例如，从第 2 句列举的宪法条款的范围来看，第一条措施就格外
引人注目，因为它涉及设立特别法庭的问题。尽管宪法第 105 条（"不
得设置特别法院，无论何人，不得剥夺其受法定法官裁判之权利"）并
不属于可被临时中止的基本权利的范畴，但帝国总统还是违背了该条规
定，采取了设置特别法院的措施。通常情况下，有关战争状态或戒严状
态的典型法规（如 1851 年 6 月 4 日颁布的普鲁士法律）都会声明，为
了在戒严状态下设立战争法庭，可暂时停止保障法定法官的基本权利。

　　考虑到这一事实，帝国总统对宪法第 105 条的违背就更值得注意。
从历史的角度看，暂时中止法定法官基本权利的法规与暂时取消公民基
本权利的想法恰相吻合——当时，暂时取消公民基本权利的思想正处于
一个决定性的发展时刻。[4] 依据第 48 条，帝国最高法院判定可准许设立
特别法庭，理由是，第 105 条第 3 句明确保持了有关战争法庭和临时军
事法庭的各项规定，因而根本不存在违反第 105 条的问题。帝国最高法
院认为，这些规定涉及的范围也包括例外状态下的一切特别刑事法庭。
在我看来，帝国最高法院给出的理由并不正确。不过，这件事情很不清
楚。[5] 重要的是，应该举出一个例子来说明真正的问题是怎样被绕过的，

---

　　[4]　[原注 3] 参见本书第 194 页。

　　[5]　[原注 4]《帝国法院刑事判决》（RGStr.）56，第 151 页。不少论者围绕是否容
许在例外状态下设立特别法庭的问题解释了第 115 条。可参见如下文献：Dohna 伯爵在
国民议会第 47 次会议上的发言；Anschütz，《关于第 48 条的解释》（*Kommentar zu Art.
48*），注释 4；Grau，上引书，第 129 页；Hartmann，《普鲁士行政报》（*Pr. Verw. Bl*），
1922，第 588 页；Pencker，《普鲁士行政报》，1921，第 79 页；Felix Halle，《1918—1921
年德国特殊司法》（*Deutsche Sondergerichtsbarkeit 1918—1921*，Berlin，1922），第 37—
38 页；E. Kern，《特殊法庭》（*Ausnahmegerichte*，Tübingen，1924）。

即帝国总统能否违反所列举的七项宪法条款之外的其他宪法条款。

人们还诉诸帝国总统令的"法律"性质：帝国总统令被解释成帝国法规。正是帝国总统令和其他帝国法规一道，赋予了基本权利以肯定性的内容。涉及第 105 条时是这样，涉及其他情形时也是这样。比如，第 151 条规定保障工商业自由，但在上述逻辑下，帝国总统关闭商铺和工厂的措施虽侵犯了工商业自由，却亦可诉诸总统令的法律性质而得以实施。[6] 但是，这样的解释为什么就不能同样适用于第 48 条第 2 项第 2 句列举的可临时中止的七项基本权利呢？须知，对这七项基本权利的保障一般也仅仅依照一般法律或帝国法律予以宣布。[7]

第 2 句没有列举第 151 条，而列举了第 115 条。但只要以某项帝国总统令为依据，第 151 条与第 115 条的最终法律状况完全是相同的。帝国总统根据第 48 条赋予这两个条款以决定性的内容，这样一来，它们就不再对帝国总统的行动构成任何障碍了。既然如此，为什么第 2 句偏偏要对这七项基本权利表示青睐，将其列举出来，而且这种列举还具有如此重要的限制性效果呢？

通行解释在应对例外状态实践时的不充分

然而，通行解释的真正困难却在更深的层次上。为什么帝国总统

---

[6]　[原注 5] 参见 1923 年 9 月 7 日汉萨地区高级法院对 1922 年 10 月 12 日颁布的联邦总统令所做的判决（R. II 157/23）。

[7]　[原注 6] 第 114 条：凡妨害或褫夺人身自由者，唯依法律始得为之（相比之下，增加的第二项实际上并没有多大意义）；第 115 条：德国人民之住宅，不得侵犯，其例外应依法律为之；第 117 条：书信秘密以及邮政、电报、电话之秘密，不得侵害，其例外唯依据帝国法律始得为之；第 118 条：德国人民，在一般法律的限制内，有自由发表其意见之权；等等。v. Lilienthal 正确地指出，临时性中止既无必要，也无用处。参见《德国刑法报》（DStr. Ztg.），1921，第 274 栏（这句话针对的是 1921 年 9 月 26 日颁布的法令）。

有权根据第48条第2项颁布具有法律效力的总统令？人们通常会引证制宪国民议会中出现的某些意见，把这种权力追溯到宪法的形成史上。这当然不无道理。这些意见涉及第1句规定，而没有提及第2句规定；关于此点，我们在下面还会展开更详细的讨论。但是，不管宪法形成史透露了什么，我们都不得不假定，如果除七项基本权利外，其余的宪法条款不容侵犯，那么帝国总统就根本无权颁布任何法令。原因在于，宪法第68条及以下各条规定了立法的道路，如果除宪法指定的唯一立法者之外，还有第二个立法者处于同等的地位，并且在权利平等的基础上与之相竞争，那就从根本上违背和侵犯了这些宪法法规。

人们也许会反驳说，这里涉及的是行政法规，立法的形式道路在这里不适用，但这种反驳难以成立，因为事实上，制定行政法规同样需要正式法律的授权。如果有人回应说，宪法本身已通过第48条第2项提供了必要的授权，那这就是一种令人错愕的循环论证。问题恰恰在于，第48条第2项的授权范围究竟有多大。通行的解释用第2句中列举的条款来限制涉及授权问题的第1句，不让帝国总统偏离任何未被列举的宪法法规。

由此可见，在面对例外状态的实际施行这个问题时，对第48条的通行解释显得多么无力。在例外状态下，会出现各种各样的特殊情况。按照通行的解释，这种例外永远不能是偏离宪法法规的例外，除非涉及七项基本权利。人们似乎根本没有想到，凡是例外状态都会侵犯宪法的组织结构。处置例外状态的典型手段是转移执行权，只要采取这一手段，就必然会侵犯宪法的组织结构。帝国政府从一开始就将行政权的转移当作处置例外状态的手段，而在帝国政府采取这个手段时，相关宪法条款时而被临时中止（最早是通过1920年1月11日和1月13日颁布的法律），时而又未被临时中止（1920年3月22日颁布的法律）。执行权的转移意味着权力的集中，管辖权统一掌握在帝国总统或其民事专员或军事专员手中。这种状况改变了涉及管辖权的所有宪法条款，甚至打破了管辖权的整个分配系统，而这个系统对联邦制国家的宪法来说具有根本的重要性。

人们很难合理地否认，在一个依宪法而采取联邦制的帝国里，如果一邦的行政当局听命于联邦民事专员，或在军事紧急状态下听命于国防军司令并以其作为军事指挥官，这其实就已经违反了宪法。由帝国总统来充任一邦行政机关的首长，确实不符合帝国宪法。同样，由斯图加特来管理图林根，或由斯德丁来管理汉堡，也不符合帝国宪法。"在军事紧急状态下，一切权力要素都集中在帝国手中"，[8]正如帝国政府所确认的那样，这样的军事紧急状态乃是不可或缺的。宪法规定，国家权力要在帝国与各邦之间进行分配，既然如此，在实施集权时又怎么能不违反宪法呢？这不仅影响到第5、14、15条及其他各条，还从整体上影响到帝国的根本组织结构。

这一点在帝国对图林根和萨克森采取行动（根据1923年9月26日和1923年10月29日的帝国总统令）时清楚地表现了出来：帝国与图林根和萨克森之间正常的管辖权分配完全失效了，这两个邦的主权遭到了侵犯。邦级官员必须听从帝国军事长官的命令，在解除邦级或乡级官员的职务时，军事长官甚至保有干预权；刑警厅隶属于国防军；在图林根，规定学校在忏悔日停课，学校受到广泛的控制；采取没收手段干预自由经济，凡此种种，不一而足。[9]

1923年10月29日的总统令（《帝国法律报》[*RGBL.*] 1，第955页）规定：在总统令有效期间，帝国总理有权罢免萨克森邦国政府

---

[8]　[原注7] 帝国总理在1923年12月4日举行的国民议会会议上的讲话；内政部长又在1924年3月5日重复了这句话（第405次会议，见 *Sten. Berichte*，第12595及下页）。

[9]　[原注8] 关于行动的实施细节，参见图林根政府关于在图林根实施军事紧急状态的备忘录（尤其是1923年12月12日的备忘录）；还可参见图林根邦政府总理弗勒利希（Frölich）1923年11月22日在国民议会会议上的讲话（第392次会议，*Berichte*，第13212页）、萨克森邦政府总理费利希（Fellisch）在同一次会议上的讲话（第12219页），以及国防部长格斯勒（Geßler）在1923年11月23日的讲话（第393次会议，第12255页）。

和机关及市镇的官员，并将其领导职务委托给他人。帝国专员海因策（R. Heinze）接着规定说：萨克森邦国的各部长被免职了。特定官员受托继续开展邦国的各项事务。军区指挥官（Müller 中将）规定"行使执行权"："邦国议会暂时不再开启。"通过帝国专员罢免邦国政府以及中止邦国议会活动已经原则性地干涉了帝国的联邦制结构，此外，根据帝国宪法第 17 条，逮捕邦国议会议员可能触犯了宪法第 37 条，撤销官员的职位可能损害了第 129 条。按照通行的解释，这整个法律程序必然要被宣告为违宪行为。[10] 不过，人们在这里也可以再次试图掩盖事实，把宪法第 48 条第 1 项"帝国强制处置令"（Reichsexekution）当作上述行为的依据，而非第 2 项规定。但这样的做法缺乏任何符合宪法的前提条件。[11]

---

　　[10]　[原注 9] 因此，通行的解释必然认为图林根在帝国参议会（1923 年 11 月 10 日第 385 号）上的请求是合理的，即帝国参议院要确认："1923 年 10 月 29 日《帝国法律报》卷 I 第 995 页中帝国总统的命令无法和帝国宪法达成一致。"

　　[11]　[原注 10] 虽然对此行为的辩护仍存在一些不清楚的地方，但是帝国政府仍然在这项命令（《帝国法律报》1923，1，第 995 页）的标题中援引了第 48 条第 2 项规定。若要援引第 1 款规定，则所涉及的邦国必须没有履行自己对帝国的义务。仅仅是危害了义务的履行，尚不足以构成执行帝国强制处置令的条件。参见 1923 年 10 月 30 日《八点钟晚报》（8-Uhr-Abendblatt）上普洛伊斯（Hugo Preuß）的文章，亦见其《论魏玛宪法》（Um die Weimarer Verfassung, Berlin, 1924），第 40 页：

　　萨克森邦国政府没有服从帝国专员海因策提出的自愿退位的要求，这并不意味着践踏帝国宪法，因为宪法并没有赋予帝国政府提出这种要求的权利；这样的要求首先只能是一种强制处置措施本身；以第 17 条为依据是没有意义的，帝国政府不能决定一个邦国政府是否享有人民政府所拥有的信任；这一法律程序只能以第 2 款规定为依据；因此，通过帝国总统的命令，帝国政府把特殊的全权委托给了帝国总理。参见 1923 年 10 月 31 日《福斯报》（Voss. Ztg.）：帝国国防部长格斯勒曾禁止柏林的《福斯报》，因为该报将帝国政府针对萨克森的措施称为政变和违宪行为。《福斯报》指出，帝国政府的行为无法处处同《魏玛宪法》的文字和意义相一致（按照普洛伊斯文章中的提示）；帝国政府能够援以为据的只有第 48 条第 2 项规定，但该规定中却无任何向军事指挥官委托执行权力的内容。

如果无需任何条件就可以使用帝国强制处置令，那就等于取消宪法第 15 条为帝国所设置的限制，这无疑是一种不当行为。毫无疑问，帝国政府在利用军事特殊状态为手段，试图"在形势紧张的时代造成适用帝国强制处置令的情况"。但这不应该导致法学家们把这种情况和帝国强制处置令本身混淆起来。从另一方面看，如何造成适用帝国强制处置令的情形，同时又不触犯那七项基本权利之外的宪法法规，简直是一个谜。说宪法本身就在第 48 条规定中赋予了帝国总统独裁权，因此帝国政府的行为不存在触犯宪法规定的可能，这样的言论只不过是一种循环论证。要想用这种循环论证去证明通行解释的正确，同样无济于事。因为我们要确定的恰恰是第 48 条规定中所赋予的权力究竟可以走多远。关于第 48 条的解释认为，第 2 句对七种基本权利的列举是限制独裁权的依据。如果这样一则解释竟然出于不知何种考虑而致使独裁权扩张到可以打破那些未被列举的宪法规定的地步，那就无疑相当于放弃了自己原本的论据"枚举即限制"，因而也就放弃了自身。

帝国政府对第 48 条第 2 项规定的解释

如果帝国政府本身曾对自己的行为做出清楚的论证，那么我们在国家法上探讨第 48 条第 2 项规定就会变得更加容易。遗憾的是，帝国政府对自己的行为并未有过任何说明。在官方和半官方的各种声明中，帝国各部的部长们发表过的言论各不相同，让人无法在其中看到一种明确的立场。也许，在类似特殊状态的问题上，没有任何政府有兴趣在法学上做精确说明。我们要强调下面这种典型的说法：根据 1919 年 10 月 5 日帝国总理鲍尔（G. Bauer）签署的一份声明（帝国总理府关于第 1097 次制宪国民会议的第 9267 号文件），宪法第 48 条第 2 项对权利的列举似乎只是举例说明而已，并不包含限制的意思。

　　根据这一规定（第 48 条），帝国总统有权制定必要措施；特别是，帝国总统可以暂时中止宪法规定的基本权利的效力，必要时借助武装力量介入事态。

声明还补充说，只要未来的帝国法律不对其加以限制，则在第 48 条的框架下，帝国总统的权力是无限的。帝国司法部长席弗尔的话常被人引用，他在 1920 年 3 月 3 日魏玛国民议会第 147 次会议（*Sten. Berichte*，卷 332，第 4636 页）上发表讲话，意思是说帝国总统在第 48 条的基础上可以采取一切措施，无论涉及立法和行政，还是单纯的事实性措施，但帝国总统不能令宪法失效，也不能取消宪法，因为这类措施只有根据第 48 条第 2 项第 2 句才是可能的；第 2 句扩充了第 1 句的内容。在 1923 年 7 月 7 日帝国议会第 377 次会议（*Sten. Berichte*，第 11741 页）上，帝国内政部长厄泽尔（R. Öser）表示，帝国宪法第 36、37、38 条的豁免权不言而喻地适用于所有议员，无一例外，而且连"紧急命令"也不得对此加以限制，但厄泽尔没有对法律问题进行原则性的讨论。

　　1923 年 10 月 30 日，《德意志汇报》（*Deutsche Allgemeine Zeitung*）就帝国政府针对萨克森的行动发表了一则似乎是半官方的声明，解释了帝国政府在国家法层面的考虑。报上说：

　　帝国总统可以使之失效的只是其（基本权利）中的一部分。更多的限制来自宪法的基本规定。但是在限制的边界之内，帝国总统有权发布一切命令，只要他认为这些命令对恢复安全和秩序来说是有必要的。他可以取消法律或发布新法，投入武装力量，采取经济和财政措施，等等。帝国宪法的任何规定都不能妨碍他在紧急情况下暂时中止某一邦国部长的职务，并将其委托他人处理。1923 年 3 月 23 日针对图林根的命令已经这样做了。帝国政府基于宪法第 48 条有权采取的措施之中最严重的情况就是帝国强制处置令。

报上最后还提到，1924 年 1 月 2 日，帝国总理马克斯（W. Marx）在帝国议会上谈到用帝国宪法第 125 条来保障自由选举权（*Drucksache*，第 6412 号），并且强调，即便是第 48 条，如果不能明确地援引第 2 项第 2 句所列举的内容为依据，也不能让这一条宪法规定失效。

仔细研究第 48 条第 2 项规定的必要性

帝国政府的这些表述似乎在迎合对宪法第 48 条第 2 项的通行解释。但是，这些表述并不包含确切的法律表态，而且在谨慎地避免使用除使宪法"失效"或"取消"宪法之外的语词。1920 年 3 月 3 日，帝国司法部长席弗尔的言论似乎最符合通行的对第 48 条第 2 项规定的理解，但是席弗尔言辞之中仍然没有说明"使之失效"（außer Kraft setzen）究竟是什么意思。此外，席弗尔还强调，在实际措施方面，一切都有可能，甚至总统可以向城市施放毒气，等等。鉴于总统独裁权力实际上的这种无限性，宪法所设置的限制究竟有什么实践意义，仍然不清楚：如果帝国总统可以像第 48 条第 2 项第 1 句中那样决定生死，那么第 2 句中紧随而来的限制就不过是一纸空文，实际上没有任何意义；如果他有权动用武力直接击毙一家报社的所有编辑、排字工人、印刷工人，把印刷厂夷为平地，那么我们就完全没必要用他有权查禁报刊来宽慰他。

既然第 48 条明确地把言论自由当作一项可以被中止的权利列举出来，那就必然有其特殊意义。这件事最主要的难点是这样一个问题：对帝国组织结构的干涉，特别是执行权力的让渡，显然被认为是允许的，但是，这种干涉不可避免地会和宪法规定发生冲突，却仍然被允许，究竟是为什么？没有任何一则政府声明回答了这个问题。众所周知的肤浅之论，和言论相违背的实践，对法学难题没有确切表态

的政府声明——这一切都使问题的情况无法令人满意。因此，为了认
识第 48 条第 2 项规定的内涵，我们必须更进一步，考察其原文和形
成史。但是，研究形成史，并不意味着我们可以把该法条的大量参与
者中的任意一个人所说的任意一句话当成具有决定性的。恰恰是那些
关于特殊状态的论述，不时表现出人们尤其缺少对宪法的全局通观，
而且，这些论述往往仅仅为最眼下的政治经验和意图所主导。我们必
须注意当前条文中的文本是如何产生的，注意条文产生之时的立宪意
图，以避免对法条原文的解释迷失在吹毛求疵的咬文嚼字之中。

第 48 条已经是有效的法律，而且早在该条第 5 项所提及的帝国
法律生效之前，帝国总统就已从该条第 2 项中获得了权力，这些都是
完全受到公认的。但这一事实的依据并不直接来自第 48 条的原文，
而是来自这一法条的形成史，来自那些发言人的声明。对法条的解释
有效地为这些发言人的声明赋予了一种决定性的意义。特别是 1919
年 7 月 4 日和 5 日，议员德尔布吕克和多纳伯爵在魏玛国民议会上的
发言。他们的发言表明，帝国总统应毫无疑问地随宪法的生效而立即
获得那些特殊权力。如果这类言论在回答关于第 48 条第 2 项与第 5
项规定之间关系的问题方面具有决定性，那么在对第 2 项规定的解释
上，尤其是在第 1 句和第 2 句之间关系的问题上，我们就不能像目前
普遍存在的那样忽视那些议员的言论。与特殊状态有关的宪法法规可
能故意不做更确切的规定，如果我们要研究特殊状态的宪法规定，却
不考虑 1919 年的特殊形势，不重视宪法的草创者从这样一种形势中
得出的结论，那么我们显然在原则上就错了。同样，今天的形势也并
非绝对正常，因此我们在讨论宪法问题时仍然必须考虑现实情况。

第 48 条第 2 项的原文

第一眼看去，当前版本的第 48 条第 2 项的两句话都有些移位和

脱节，因为第 2 句的开头（"为此目的"）无法通顺地和第 1 句的结尾（"借助武装力量介入"）连在一起。该法条的成文史可以轻松地说清楚这个问题。普洛伊斯于 1919 年 1 月 3 日提出的草案在第 63 章中赋予了帝国总统为恢复公共安全和秩序而发布任何命令的权力。

> 帝国总统可以……借助武装力量介入，为恢复公共安全和秩序发布一切必要的命令。

第 2 句的内容，即可以让某些基本权利失效，则是在邦国委员会（Staatenausschuss）上补充进去的；第 2 句是通过"为此目的"一词而直接连在第 1 句上的，而且除了其中规定的可被暂时取消的基本权利的数字编号之外，该项规定始终没有变化。也就是说，帝国总统可以"为此目的"而使某些基本权利失效。"为此目的"最初连在第 1句的结尾处："为了恢复公共安全和秩序而采取必要措施"。

直到 1919 年 7 月 5 日国民议会（*Sten. Ber.*，卷 327，第 1328 页）召开，在拜尔勒（K. Beyerle）的启发之下，人们才把第 1 句当中关于军事介入的内容从原先的第一位放到了第二位，因为人们不愿意首先就提及最极端的手段，换言之，换位置是出于单纯的编辑原因。因此，"为此目的"就跟在了"借助武装力量介入"的后面，看起来似乎有些移位，但其中表达的意思是明确的。显然，"为此目的"的意思不是为了借助武装力量进行干涉，同理，也不是为了采取必要的措施（因为"借助武装力量介入"和"采取措施"两个成分在语法、句法、逻辑上是同等的）。相反，"为此目的"是指为了恢复公共安全和秩序。从成文史和无偏见地理解的字面来看，"为此目的"无论在语言上还是在思想上都不可能有其他的意思。

整个第 48 条第 2 项所服务的目的自然是恢复公共安全与秩序。使用武装力量介入，或者采取措施，都不是目的，而只是手段。如果认为"采取措施"是第 2 句的目的，那么法条的原文就必须是：为了能够采取这些措施；而不是——为了采取这些措施。为了使某种限制性的解释成为可能，通行的解释默默地在第 1 句和第 2 句之间建立了紧密联系。但无论如何，法条的文本都无法证明这种联系的合理性。文本的内容只不过是说：为了服务于恢复公共安全和秩序的目的，帝国总统可以采取措施，并使某些基本权利失效。

我们也许可以这样理解含义极其宽泛而普通的语词"措施"，那就是，使基本权利失效也可以被称为措施。若如此，那么第 2 句同样也在谈论某种措施。在这种情况下，通行解释想要拓展到整个第 1 句的限制，在逻辑上同样不成立。因为第 2 句也只不过是说：如果帝国总统采取措施的内容就是使基本权利失效，那么措施就局限在所列举的那几项基本权利上。也就是说，限制绝不可能超出第 2 句的范围，也无法在一般意义上限制帝国总统的权力。枚举即限制的可信论据只在被列举的权利的框架下是有效的，只涉及基本权利的失效。这一论据的有效性只到下面这句话为止：如果帝国总理要使基本权利失效，那他只能取消那些被列举出来的基本权利。帝国总理在不使基本权利失效的情况下可以做什么，他是否可以为了达到目的而在具体情形下不理会一些宪法规定，但并不使其失效——关于这些内容，第 2 句的列举什么也没有决定。

字面意思：使之失效

在概念上，使某条规范失效意味着，通过明确的宣告，取消某条规范对于其本身以及任何依职责行动的机关的效力。这种意义上的取消在第 48 条第 3 项和第 4 项的文字上也出现了：帝国议会可以要求帝国总统制定的措施失效。使之失效的意思就是取消和排除。但是，在实际行动中，无视某一规范（这里是指宪法规定），在具体情形中偏离它，却并不取消它，这种情况也是有可能的。比如，1923 年 10

月 13 日的授权法（《帝国法律报》I，第 943 页）就说：

> 在此过程中，可以偏离宪法所规定的基本权利。

这句话的意思和使基本权利失效并不相同，因为允许偏离规范的只有行动机关（在授权法中则是政府），而不是任何一个根据实际形势而可能被需要的机关。换言之，失效在法律上拥有一种明确的特殊地位。如果有人触犯了某一法律规定，那么此人并没有取消这一规定，也没有使其失效。犯罪者触犯了以刑法为基础的规范，偏离和打破了这一规范，但他所做的一切都没有使该规范无效。同样，因为得到授权而开启特例者，也没有使自己所偏离的某一规定失效。这类例外中最典型的例子——特赦，最清楚地表明了这种情形的法律逻辑特性：受特赦者构成了刑法和刑事诉讼规范的一个例外，但受特赦者并不可能取消刑法和刑事诉讼规范。恰恰相反，这种例外的存在反而证明了规范的效力。规范仍将不加改变地发挥作用，甚至是这类偏离规范的例外存在的前提。介入法律而不取消法律，偏离法律而不使法律失效，乃是例外概念的题中之义。但是第 48 条第 2 项规定所指的是介入有效法律的例外和例外状态下的措施，是被允许的例外。

导向基本权利悬置的法律史和宪法史发展过程证实了这一概念。按照历史的发展，能够失效的只有基本权利，而不是任意的宪法条款。其原因在于，给国家行动机关设置的法律障碍是为了有利于公民，通过暂时中止基本权利，就可以排除这些法律障碍。这种中止或者失效就取消了一切正在行动的国家机关所面临的限制。这在所谓的"小戒严状态"（1851 年 6 月 4 日普鲁士关于戒严状态的法律第 16 章）中非常清楚：政府取消了一些基本权利，但是没有发生执行权力的让渡，也就是说，国家机关形式上的职权没有发生变化，执行权力让渡过程中存在的职权集中化也没有出现。据此，基本权利对根据形势负责某一行动的机关所构成的障碍必须予以消除。形式上的职权仍然保留着，但职权的内容，即允许有关部门做的事情的范围则被扩大了。基本权利的失效消除了有关权力部门所面临的一切法律障碍。[12]

但是，如果在执行权力让渡的过程中取消基本权利，就意味着无论是执行权力的所有者，还是其之下的一切行政机关，都不受基本权利的限制了。因此，戴留斯（H. Delius）贴切地说：

> 随着宪法条款的取消，民事行政机关的权力自然而然就扩大了。（《普鲁士行政报》卷 36，1915，第 573 页）

不过，执行权力的所有者作为一切有关部门的领导者，可以向各部门发出指示，令其在任何一点上介入，从而把整个权力统一在自己手中。这并不能排除，对领导者和有关部门来说基本权利的失效消除了基本权利中存在的法律制约。

因此，无论是从概念上还是从宪法史上看，使基本权利失效的权力（不管是否伴随着执行权力的让渡）都对按照法治国家原则组织起来的国家权力构成了一种独特的影响。为国家行政设置的法律障碍制约着国家，而基本权利的失效是消除这种法律障碍的一种特殊形式，为行动创造了一个更加广阔的空间。在个别情形下忽略这种法律障碍，不同于在一段时间内完全或者部分地消除这些障碍，使其失效。暂时取消基本权利的权力是一种特殊的权力，和例外状态所产生的其他结果同时出现。

至于究竟是执行权力的所有者针对自己和其他机关宣告暂时取消基本权利，还是某个其他部门来宣告此事，并不会带来任何差别。这种职权作为一种额外的独立权力，补充了自主行动的权力。如果要严

---

[12]　[原注 11] 1923 年 9 月 26 日命令的表达方式非常准确，第 1 章说："第 114 条等将暂时失效。因此，即便在平常有效的法律边界之外，对个人自由和言论自由……的限制也是被允许的。"

格地注意第 48 条第 2 项的原文，那么我们就不能忽视——这并不是一个决定性的论据，在某种意义上，宪法的表达方式在法学上是正确的：宪法指出，根据第 1 项，帝国总统能够采取措施，但根据第 2 项，他被允许使基本权利失效。第二种授权（使基本权利失效），并非无条件地包含在第一种授权（采取一切必要措施）之中。但如果一定要把使基本权利失效称为一种措施（我们没有必要在此争论此事），那么宪法第 48 条第 2 项就是在说：在被允许的措施之中，使基本权利失效这条措施只限于那七条被列出的基本权利。一条措施如果意味着失效，那么它天然就是受限的。

比如，为了有利于节约措施的施行，某命令毫不顾及帝国宪法第 129 条的相关规定，宣告允许裁减公务员的数量，那么这条命令就是违宪的，因为命令之中包含了失效，而第 129 条不在那些可以失效的权利之列。但是，根据第 48 条第 2 项第 1 句，帝国总统可以在具体情况下禁止帝国、邦国和市镇的官员行使职权，并委托他人接管。这干涉了第 129 条的规定，但是并不意味着第 129 条的失效。相应地，所有未被列举出来的基本权利方面的规定都适用于上述情况，甚至包括争议众多的第 159 条。[13]

第 48 条第 2 项的原文说明，帝国总统拥有采取一切必要措施的一般权力，也拥有暂时取消那些被列举出来的基本权利的特殊权力。对帝国总统权力的限制只适用于他的特殊权力：如果帝国总统想暂时

---

[13]　[原注 12] 从成文史来看，通过一般性命令干涉契约自由和经济自由的权力（第 151、152 条）之所以能够发布，是因为第 153 条被纳入可以暂时被取消的权利中去了。参见 1919 年 7 月 5 日魏玛国民议会第 47 次会议上关于纳入第 153 条（彼时为第 150 条）的咨议。普鲁士邦的部长海讷（W. Heine）强调，这一条规定的纳入是为了实现对食品价格和买卖的干预。值得注意的仍然是那些大人物的表达方式：海讷部长说，执行权力的所有者应该获得这种干预的可能性；普洛伊斯则说"权力机关"应有干预的权力。但没人说到帝国总统有这样的权力。他们之所以这样表述，原因就在下文将要论述的法条成文史之中。

废除基本权利，其限制就存在于宪法对这些基本权利的列举之中。通行的解释试图把这种限制扩大到整个第 1 句上，但我们必须对这种做法加以限制。在严格考察法条原文的情形下，任何一种把这种列举建构成法律障碍的尝试——用于限制基本权利的失效或者任何触碰宪法的行为，都是对事实的歪曲。

第 48 条第 2 项的成文史

　　法条的成文史最为引人注目地证实了仔细研究宪法文本所得出的结果。第 2 句最先出现在邦国委员会上，第 1 句中普遍而不受限的授权则是后来添加的。这说明这一规定关系到各邦国的特殊利益。我们不能忽视，当时关于特殊状态的规定（普洛伊斯的草案第 63 章；第一次政府草案第 68 条）完全没有提及邦国政府。直到 1919 年 7 月 5 日，应拜尔勒在国民议会上的请求，著名的第 4 项才被加进来。帝国总统获得了暂时取消某些基本权利的授权，这创造了一种可能性，即那些本身就负责相关事务的机关，可以恢复公共安全和秩序，无须帝国总统亲自采取行动。这些机关一般是警察机关，因而也就是邦国层面的机关。通过使所列举的基本权利失效，帝国总统可以消除存在于这些基本权利之中的法治国家性质的障碍，从而为邦国机关采取有效行动扫清道路。

　　因此，帝国总统并非在公共安全和秩序受到任何威胁的时候都有必要亲自行动，干涉各邦的行政职权。在更简单的情形下，只要为那些负责相关事务的机关（无论是帝国层面还是邦国层面的机关）把基本权利取消就足够了。无论实际上，还是字面上，来自第 2 句的授权都符合 1851 年普鲁士戒严状态法所规定的小戒严状态（第 16 章）。据此，即便在不让渡执行权力的情况下，政府也可以为相关负责部门暂时取消某些基本权利，消除它们办事的障碍。无论在其原初意义上，还是在今天的实践意义上，第 2 句的意思都很容易理解：帝国总统无须亲自介入，就可以让邦国机关采取有效的行动。

然而，这种想法在印刷出来的文字材料中已经不再明显。不过，我们不能忽略议员费舍尔（H. Fischer）在 1919 年 4 月 8 日委员会第 8 次会议上的一则引人注意的言论（卷 336，第 275 页）。费舍尔指出，如果成员国的公共安全受到威胁，帝国总统可以暂时取消基本权利。讨论主要围绕着控制的手段，其次围绕着哪些基本权利可以被暂时取消的问题，但暂时取消的意义是什么，却几乎没有人思考过。一切值得注意的言论都让我们更加确定地认识到，帝国总统根据第 2 句而得到的权力和他从第 1 句中得到的权力始终是有区别的。在议员阿普拉斯（B. Ablaß）的报告中，宪法委员会的意见表达得极其精确。

报告说：在第 49 条（即现在的第 48 条第 2 项）中，帝国总统获得了一项全新的权力（这说明了这种权力与战争权和戒严权之间的不同）；首先（原文如此）是恢复公共安全和秩序，并为此在必要时动用武装力量的权力；"然后是如下权力"（原文如此），即在可能的时候，部分或者完全地取消各种基本权利。

> 彼种权力的延伸范围很广。但如果统观一下今天发生的事情，我们就会发现，这些权力诞生于时代的危难之中，而且赋予了总统一种绝对不可放弃的强大手段。我以最喜悦的情感赞成总统权力的强化。

这是关于第 2 句与第 1 句之间关系的整个成文史的最清楚的表达。没有什么说法能更清楚地表达这两句之间的关系了。其他所有言论都只不过是在证实这个观点。同为报告人的费舍尔则把帝国总统的这种权力称为双重权力：帝国总统可以动用军队，并取消宪法规定的基本权利（同上引，第 275 页）。普洛伊斯说（第 288 页）："帝国总统可以……发布必要的命令，也可以（原文如此）制定某些规定。这些规定让我们想到的是此前被称为戒严的状态。"

议员德尔布吕克和多纳伯爵在1919年7月4日和5日魏玛国民议会第46和47次会议上的发言（卷327，第1304页及以下，第1355页及以下）同样清楚。他们的言论确实成了对第48条的解释的真正来源。尽管宪法第48条第5项中存在有所保留的进一步规定，但第48条仍然可以创造直接有效的法律——关于宪法的这种已经无可争议的理解就是基于他们的言论。在国家法方面，关于第48条第2项的一切议论，都援引他们在7月4日和5日的说明作为决定性的依据。无论是1919年10月5日帝国总理的言论，还是1920年帝国司法部长席弗尔的言论，还是帝国法院的裁决，还是相关著作的作者们，概莫能外。那么，关于第48条第2项第1句和第2句之间关系的问题，我们究竟能从德尔布吕克和多纳伯爵的言论中得到什么呢？如果不把第1句和第2句中分别包含的两种权力分开，我们就完全无法理解这两位的言论。

1919年7月4日，议员德尔布吕克说，在制定出更详细的帝国法律之前，帝国总统拥有不受限制的权力；"他可以采取一切必要措施；只要必要，他可以发布法规，除非帝国法律对相关事务有更细致的规定。"话里甚至都没有暗示第2句对基本权利的列举包含着对第1句中权力的一般性限制，尽管——即便德尔布吕克对此有所暗示——任何一位法学家都不可能默默绕开这一点，因为在此前始终强调区分两种权力的情况下，这一点绝非不言而喻。恰恰相反，德尔布吕克在7月5日又一次典型地列举了帝国总统的双重权力：帝国总统可以借助武装力量介入事态，为恢复公共安全和秩序采取一切必要措施，"他还可以更进一步（原文如此），取消一系列基本权利"。在帝国法律发布之前，帝国总统在采取由第1句而来的措施时，不受任何限制，确切地说，他可以发布一切措施、法规、刑罚条例，设置特殊法庭，等等。

我愿意再一次强调这种解释，在我看来，这种解释在法条建构的时候就是不容置疑的。

同样，没有一个字提到那被列举出来的七项基本权利会形成一般性的限制。如果提到那七项，就和第48条第2项的思路背道而驰了。多纳伯爵的说法同样值得注意：他给自己提出一个问题，就是为什么在宪法第105条没有被列为可以失效的基本权利的情况下，仍然可以设置特殊法庭？如果当时的法学家认同今天的流行观念，那么在这里，他势必首先认为第2句中的列举具有限制的效果，但为了给第48条辩护，他必须提出一个理由，比如我们上面提到的帝国法院的判决（《帝国法院刑事判决》卷56，第161页），从而说明，尽管第105条不在可取消的基本权利之列，但帝国总统具有设置特殊法庭的权力。

相反，多纳伯爵却是这样解释的：必须尽快引入类似于1851年戒严法那样的关于战争法庭和紧急状态法庭的法律规定；要完成这个任务，帝国法律必须做出更加细化的规定；"恰恰因为是否可以根据这些规定（指第48条第2项）而设立紧急状态法庭、特殊战争法庭及类似机关的问题悬而未决"，帝国法律的规定就更有必要。在帝国法律颁布之前，宪法中便存在一块"空白"。但是，

> 直到这一问题得到解决，我也认为，帝国总统有权采取一切必要措施，也有权发布和特殊战争法庭诉讼程序秩序相关的规定。

这就是说，第105条是否被列为第2句中那些可失效的基本权利，这个问题并不重要；没有被列举的基本权利同样可以受到干涉，因为采取一切必要措施的权力至少也覆盖了特殊法庭的设置，尽管根据第2句的规定，这么做是可疑的。正如多纳伯爵所说，帝国总统拥有"完满的权力"（plein pouvoir）。在这里，第2句中的列举所包含的限制效果不仅被默默地无视了，而且被暗暗地拒绝了。我们不能明确地拒绝第2句的限制作用，因为所有参与法条制定的人，只要具备一种清

晰的法学直觉，都会觉得第 2 句的本义太过于不言而喻，从而不可能提及在宪法生效之后才出现的解读尝试。

总结成文史，可以得出结论：在宪法第 48 条第 2 项的发起者之中，没有一个人认为第 2 项第 2 句包含着对第 1 句赋予帝国总统的一般性权力的普遍限制。帝国总统被授予了采取一切必要措施的权力。法条的成文史说明，第 2 句对基本权利的列举不仅不包含对第 1 句中权力的根本限定，反而应当以相反的角度来理解：通过列举，第 2 句虽然就其本身而言是一项受限的权力，但除此以外，第 2 句更是一种对第 1 句中权力构成补充的独特权力。对成文史的研究和对法条原文的仔细考察所得出的结论殊途同归。无论是在实践上引入特殊状态的必要性，还是宪法文本的原文，抑或是成文史以及法律草创者的一切明显的观念，都无法和第 2 项规定的那种看似可信的阐释相容。这种阐释在逻辑上貌似合理之处在于枚举即限制的论据，但实际上，这一论据只不过是在表面上把第 2 句的内容扩展到了第 1 句上。

因此，通行解释之中的法治国家动机仍然非常明显。因为按照法治国家的观念，帝国总统的权力无论如何都必须有一个限定。问题是，这一限定究竟是要借助某种虚假论证来实现，还是要通过在法学上完全意识到宪法第 48 条第 2 项的特殊性和困难来实现。不过，站在普通政治学理论和宪法学说的立场来看，这一法条相当于一个孤本，重要的是要正确地认识其独特性。我们必须重视法律编撰者的意见，并不是因为这些法律编撰者本身，而是因为他们表明了某条特殊规定的一般基础：一种意识笼罩着魏玛国民议会，那就是，德国正面临一种非正常的情况。在帝国法律有更详细的规定之前，这种非正常的处境要求在第 2 句所颁布的权力之外还要有一种完全不同寻常的由第 1 句所授予的普遍权力。这正是第 48 条所做规定的理由所在。下面，我将试图从宪法的角度更准确地界定这种权力，并将其纳入一般性的法治国家思想中去。在例外状态作为一种法律机制的历史发展过程中，法治国家思想始终发挥着主导作用。

二

作为权宜之计的第 48 条第 2 项规定

在魏玛共和国的制宪国民议会中，人们已经意识到第 48 条第 2 项第 1 句给了帝国总统一种非同寻常的"不受约束的"权力，也即"完满的权力"。人们曾经以为，帝国各部的联署已经解决了对于这一完满权力的顾虑；同时，第 48 条第 3 项也规定，帝国总统采取措施时必须即刻知会帝国议会，在帝国议会的要求下，这些措施可以失效。显然，由此建立起来的对议会负责的机制似乎可以绝对保证杜绝权力的滥用。在宪法委员会上，普洛伊斯强调，民事权力机关不可能失去自己的特殊权利和负责义务，即便委托军事指挥官落实措施，帝国政府也始终要对帝国议会负责。[14]

然而即便在这一语境下，宪法委员会也没有谈到第 48 条第 2 项第 2 句包含着一种对帝国总统权力的简单而有效的限制。人们对过于

---

[14] [原注 13] *Berichte*，第 288 页。我不认为普洛伊斯的这个说法为罗森菲尔德（Kurt Rosenfeld）在 1923 年 11 月 23 日帝国议会第 392 次会议上的言论提供了基础。罗森菲尔德指出，根据宪法第 48 条，军事例外状态是完全不允许存在的（*Sten. Ber.*，第 12264 页）。参见 1923 年 10 月 31 日《福斯报》，其中将帝国政府针对萨克森的行动宣告为违宪行为：在一个资产阶级共和国里，一位将军对一个邦政府或者邦国代表机构发出命令，简直是无稽之谈。

宽泛的授权心怀忧虑，但杜绝这种忧虑的最重要手段并不在这第 2 句中，而是寓于即将出台的、对更具体事务进行规定的帝国法律。人们似乎认为帝国法律的出台近在眼前，甚至没有严肃地考虑到帝国议会解散过程中势必会导致的特殊情况。在整个 1919 年，一切党派的议员，包括德尔布吕克、多纳伯爵、施潘（Martin Sphan）、哈斯（Ludwig Haas）[15] 等，都提到了即将出台的帝国法律。他们之中没有人预料到，这部法律竟然在数年之后仍然未能出现。

与国家紧急状态法之间的区分

尽管宪法第 48 条第 2 项是有效法律，但是其中尚未有完整而自成一体的规定。宪法在这一点上还处于开放状态。一方面，随着宪法的生效，帝国总统获得了第 48 条第 2 项中规定的特殊权力；另一方面，宪法在这里就像多纳伯爵所说的那样，存在一个"空隙"。这个表述除了可能被误解，导致帝国总统的特殊权力和国家紧急状态法之间的混淆之外，实在是再贴切不过了。国家紧急状态法的基础在于，在极端突发情形下，一个有力量行动的国家机关在宪法规定之外，或者以和宪法规定相反的方式采取措施，目的是挽救国家危亡，并根据形势要求做必要的事情。大多数国家的政府在战争中都会使用这种国家紧急状态法。其存在的理由往往是，宪法必须存在一个"空隙"，以便在应对完全突发的情形时发挥作用。在这里，为紧急国家法辩护

---

[15] ［原注 14］德尔布吕克，第 46 及 47 次会议（*Berichte*，卷 327，第 1304、1335 页）；多纳伯爵，同上引，第 1338 页；施潘，1919 年 11 月 25 日第 118 次会议，卷 331，第 3742 页（他认为，在帝国法律出台之前，早先关于戒严状态的法律仍然有效：在 1920 年 3 月 3 日的会议上，他明确要求要有一部帝国法律，卷 332，第 4642 页）；哈斯，1919 年 10 月 29 日第 112 次会议，卷 330，第 3563 页。

和论证的具体内容并不重要。[16]

　　为了把紧急国家法和宪法第 48 条第 2 项的规定区分开来，我们应该强调的是，单凭一点就可以证明后者不包含国家紧急状态法，那就是，第 48 条第 2 项是宪法当中已经规定好的内容。可以想象，极端情况下，在第 48 条的权力之外，国家紧急状态法可以单独生效，而且根据情况不同，帝国政府可以自己出面，而不是依靠这一紧急权力的载体——帝国总统。在敌人侵占了帝国绝大部分国土或者国家发生政变的时候，为了拯救宪法，甚至可以向帝国总统施行国家紧急状态法，原因可能是帝国总统拒绝宣告国家进入例外状态。无论外敌入侵还是发生政变，都是脱离法律规定之外的突发事件。而第 48 条第 2 项则把例外状态规定为一种符合宪法的法律制度。这样就杜绝了第 48 条和国家紧急状态法之间的混淆。至于是否有可能在援引国家紧急状态法的条件下废除宪法并引入另一种宪法，也即是否存在发动政变的权利，我们在这里无须讨论。国家法学说中不时宣告应有这种权利。[17] 但宪法第 48 条中绝不存在这样一种权利。

---

　　[16]　[原注 15] 参见 Z. Giacometti,《公法年鉴》(*Jahrbuch des öffentlichen Rechts*), XI, 1922，第 340 页；Manfredi Siotto Pintor，同上引，第 159 页；Hauriou,《宪法概要》(*Précis de droit constitutionnel*, Paris, 1923)，第 499 页及以下；R. Hoerni《论瑞士联邦公法中的紧急状态》(*De l'état de nécessité en droit public federal Suisse*, Genf, 1917) 否认国家紧急状态法是一个空隙，其理由如下："紧急情况权的行使可以是可能且合法的，无须事先在宪法中提及。其合法性是由产生新权利的条件本身证明的；这一权利因其强度而优先于现有权利……从法律的角度看，宪法中缺乏预见紧急情况可能性的精确文本，并不会带来不便。宪法中不存在任何空白，因为这样的安排只会确认国家因其自身存在即拥有的权利。"

　　[17]　[原注 16] Kalthenborn 在其《建构宪制性法律导言》(*Einleitung in das konstitutionelle Verfassungsrecht*, Leipzig, 1863) I 第 347 页中举了一个很好的例子：从理性的角度看，正式的法律只有建立在全民族精神的基础上才能够要求生效；由此，如果邦君在人民群情激动的时代被迫制定了宪法，那么当这一宪法威胁到国家存续的时候，他也有权取消之；国家的政府作为国家持续性的根本载体，宁可承担形式上的违法，也不愿仅仅因为尊重形式上的法律而使人民和国家瓦解和毁灭。"在这时，对（转下页）

与主权君主地位之间的区分

同样，凭借宪法第 48 条第 2 项，帝国总统也不可能获得与君主制原则下的主权君主类似的地位。每一个基于君主制原则建立起来的国家都具有一个典型特征，那就是，即便宪法明确限定了国家职能，在某个点上，至少也始终存在让完全未经分割的国家权力重新登台的可能性。在这个层面上，在常规的、按照符合宪法的方式而分割的权力之外，还隐隐存在着一种特殊的、永远无法通过宪法规定而被统摄的国家权力。这种国家权力的载体已被证明是主权者，根据其自身的考虑，国家权力可以为了保护公共安全和国家的存续而直接以其完整的权力而出现，由此，除了君主的地位本身，国家权力可以将整个宪法变为一种权宜之计和临时让与。[18]

我们尽可以把国家权力的这种完整的显现限制在紧急情况下，尽可以试图把紧急情况当作一切情况中最为特殊的情形，或者用类似的咒语去抑制紧急情况的出现，但只要决定紧急情况是否存在的权力仍然在君主手上，那他就是真正的主权者，[19] 国家权力的根本仍然建立在君主制原则的基础上。君主制普鲁士的国家法始终代表着这样一种观点：由于第 63 条之中保留了紧急命令法，宪法就为国王的行动保留了空间，国王可以通过命令改变任何一种法律，甚至包括宪法本

（接上页）国家及其人格化的代表而言，就产生了紧急自卫行为，这里就可以谈及所谓的国家紧急状态法。"但政府必须真正拥有发动政变的权力，否则就会事与愿违。

[18] ［原注 17］1814 年 6 月 4 日围绕着 1814 年宪章第 14 条的斗争非常清楚地表现了这一点（"国王是国家的最高元首；他……制定执法和确保国家安全所需的规则和条令"）；见本书上文第 199 页及以下。

[19] ［原注 18］主权者决定究竟是否存在极端紧急情况，要把国家的存续和国家法律秩序分开。关于这种决定和主权概念之间的关系，参见拙著《政治的神学》（*Politische Theologie*, München u. Leipzig, 1922），第 11 页。

身——他所需要的只不过是签署文件而已。[20] 显然，一个共和国的总统永远都不可能是这种意义上的主权者。因此，我们也不能说第 48 条衍生出一种和一般政治制度同时运行的特殊政治制度。[21] 否则，在一个共和国里，就会出现一种混杂的国家权力的重叠。但在主权君主制下，这就不是国家权力的重叠，因为主权君主国中即便存在宪法，君主也维持着权力完满性（plenitudo potestatis），并恰恰借此代表着国家构成上的统一。

与国民议会主权专政的区分

麦尔克尔（G. Maercker）将军《从皇帝军队到帝国国防军》（*Vom Kaiserheer zum Reichswehr*）第 376 页中的说法就来自关于这种君主和共和国首脑之间差异的感觉。书中说道：

> 一个自由国家的宪法赋予国家最高公务员的权利，在范围上竟然是连皇帝和国王都不曾拥有过的，这无论如何都不可能从法律（［引按］指宪法第 48 条）上得到论证。

议员科恩博士（Dr. Cohn）也在国民议会上评论说，宪法第 48 条第 2 项甚至退回到 1851 年普鲁士法律之前，因为以目前所建议（并被接受）的形式来看，第 48 条第 2 项所提供的法律保障甚至不如 1851 年的普鲁士法律。但是，麦尔克尔将军和科恩博士所做的这种比较忽视

---

[20]　［原注 19］普鲁士宪法的一般法学特征，见 Aedidis，《德国刑法和德国宪法史杂志》（*Zeitschrift f. deutsches Strafrecht und deutsche Verfassungsgeschichte*, Berlin, 1867），第 192 页。

[21]　［原注 20］正如 R. Grau 在上引书第 105 页中的构想所尝试的那样。

了一点，那就是，即便在民主制之中，而且尤其是在民主制之中，特殊的全权也是可能存在的。恰恰是民主主义者把第 48 条所赋予的最广泛的权利理解为民主之类的东西。在国民议会上，普洛伊斯和哈斯等议员均代表这一立场。司法部长席弗尔在我们多次提过的 1920 年 3 月 3 日会议上也承认第 48 条的民主性质，其理由是，在民主制之下，议会中处于领导地位的大多数人和政府之间存在基本的一致，而这些人必须在手中掌握他们认为必需的一切权力手段。民主主义者彼得森（Peter Petersen）在同一次会议上说：

> 任何国家形式在保障权力手段方面都不如民主国家来得果断，因为民主国家建立在所有公民权利平等的基础上。

人民拥有立宪权力，立宪权力是宪法所建构和限定的一切权力的源头，但其本身则和这些权力不同，它不受限制且不可受限制——这一观念同样产生于民主思想之中。正是基于这种本质上民主的思路，一种在法律上不受限制的权力才成为可能，正如在法国大革命之后，这种权力才可能属于立宪议会。只要这个议会没有完成自己的工作——宪法，那么它就仍然拥有任何可以想象的权力。整个国家权力都统一在议会手中，而且能够以任何形式直接表现出来。对国家职权和功能的详尽规范和划分尚未具备；人民的立宪权力还没有受到宪法所规定的边界的约束，因此立宪议会可以根据自己的考虑来使用自身的权力完满性。

我之前已经建议用"主权专政"这个名称来说明这种情况，[22] 因为在这种情况下，一方面存在一种不受限制的、完全由被授权机关来

---

[22]　［原注 21］参见本书第 127 页及以下；另外可以比较 Erich Kaufmann 的精辟论述，见其《国家法院与调查委员会》(*Staatsgerichtshof und Untersuchungsausschuß*, Berlin, 1920)。

决定的合法权力，因此可以使用"主权"一词，但另一方面，立宪会议只是受到委托，就和古罗马的独裁官一样。立宪会议和绝对君主制，或者按君主制原则组织起来的政体下的君主不同。在君主制下，只有在君主有意识地与民主制原则构成对立，像法国的查理十世（Karl X.）一样声称自己拥有立宪权力之时，我们才考虑到立宪权力和宪定权力之间的对立。因此，君主是主权者，而不是独裁官。立宪议会在法律上的权力完满性建立在如下基础上：立宪议会行使立宪权力，在各种权力通过宪法生效而完成建构之前，立宪议会的全权始终存在。而在立宪议会完成自身工作，宪法成为有效法律的那一刻，那种主权专政也就结束了，从国家法的角度来看，在那一刻，甚至主权专政的可能性也完全没有了。主权专政不可能和法治国家的宪法相容。一部共和宪法如果想要保留主权专政的可能性，那么该宪法整体都只是一种权宜之计和权力的临时让与，而且掌握在主权独裁者的手中。通过特殊的国家权力，主权独裁者永远都能在宪法规定之外临时设置新的组织。无论给第 48 条第 2 项赋予帝国总统的权力用上怎样的修辞，比如"无限权力""全权"之类，帝国总统仍然不可能在这一宪法规定的基础上，哪怕仅仅和签署同意意见的帝国政府联合进行主权专政。要么主权专政，要么宪法，两者只能择一。

法治国家对例外状态的典型规定

法治国家的发展是这样纳入代理专政（与主权专政不同）的：独裁权力的前提和内容都根据事实进行规定和列举。法治国家的标准就是，通过职权的形式划分一切国家功能，并在由各种职能构成的体系之中调控国家的无限权力，使得国家权力的全部永远都不可能在任何一点上毫无障碍地以直接集中的方式出现。划分一切国家功能和职权的基础就是宪法。按照传统定义，宪法的本质在于分权。[23] 这符合法治国家思想。但对于例外状态，法治国家也必须总是有所保留。专政永远是非正常的，因为在专政的时候，法治国家对职权的划分取决于具体形势，也就是说取决于被授权者的考虑，而且其程度和范围是无法预料的，因为在非正常的情况下，不可能像在正常情况下一样随着时间的推移而自然出现一种合理的职权划分。因此，在这里，通过既有的法律，按事实对权力进行规定，这种意义上的职能并不存在。但是，针对这种情况，也确实寻找并找到了职权划分的特殊类型，这是一贯的法治国家思想，也被 19 世纪的历史发展所证明。

在 19 世纪，战争状态、戒严状态和例外状态都具有了典型的形态，具有了真正的法律制度的特征。对形势所需的一切必要措施进行一般性的无限制授权被列举所取代：执行权力的让渡（也即现存职权的集中化，但职权本身的范围并不扩大），暂时中止某些宪法规定的可能性（也即职权内涵的扩大），发布命令权，加重刑罚，以及允许特殊法庭存在（紧急军事法庭和战争法庭）。自法国大革命以来，通过这种方式，戒严状态成为依法组织起来的制度，代理专政则被纳入法治国家的发展之中。[24]

第 48 条第 2 项规定的特殊之处

人们提到，根据第 48 条第 5 项，日后将要颁布帝国法律，其意图就是适应这种发展，确切地说，就是对被允许的权力进行规定，对例外状态的前提和后果进行规定。因此，多纳伯爵说到帝国法律颁布之前所存在的"空隙"，并且要求帝国法律特别对是否允许特殊法庭

---

[23] [原注 22] 参见本书上文第 102—103、110—111 页，第 145 页及以下。

[24] [原注 23] 关于这一发展的细节，参见本书第 175 页及以下。

存在进行规定，就像早前的战争状态法和戒严状态法所做的那样。可见，第 5 项中写明的进一步规定所涉及的并不是细枝末节，而是说，必须限制帝国法律颁布之前来自第 2 项第 1 句的普遍权力。从法治国家的角度来说，只有更详细的规定才是真正的规定。但在更详细的规定出台之前，权宜之计仍然有效。我们多次提到的宪法第 48 条成文史中的言论，也就是德尔布吕克和多纳伯爵的言论，同样强调了这一点，并且对"到此为止"（从宪法生效到更详细的规定出台之前）的法律状态和有待更详细的规定来创造的法律状态进行了区分。这个"到此为止"乃是这些声明的核心。[25]

在宪法生效到帝国法律颁布之间的这段时间，来自宪法第 48 条第 2 项第 1 句的有效权力的特点在于：一方面，随着宪法生效，国民立宪议会的主权专政就结束了；另一方面，符合法治国家典型发展的代理专政权力划分尚未形成，因为鉴于德意志帝国的非正常状态，人们希望确保有更多的回旋余地。如果从第 5 项对进一步规定的保留推导出第 48 条第 2 项还完全没有成为有效的法律，那是不对的；同样，无视第 5 项对进一步规定的保留，从而将第 2 项当作一条已经完结和确定下来的规定，也是不对的。只要进一步的规定还没有出现，德国就存在一种特殊的法律状况。

尽管帝国政府和帝国议会行使着监督权，多纳伯爵在 1919 年 7

---

[25]　[原注 24] 另见议员哈斯在 1919 年 10 月 29 日国民议会第 112 次会议上的发言（*Sten. Ber.*，卷 330，第 3563 页）。哈斯的言论尤其清楚地表明了这种区分。《帝国法院刑事判决》卷 57 第 190 页的说法非常中肯："既然……宪法第 48 条第 2—5 项各规定并不仅仅包含一个纲领性的原则，而是要直接创造法律，并且赋予帝国总统和邦国政府广泛的权力，因此尚未颁布的帝国法律的任务不是论证宪法第 48 条已经提到的各种权力，也不是在此之外创造更多更新的权力，而是去限定那些已经被授予的、在帝国法律颁布之前几乎是不受限制的专政式的权力。" F. Halle 上引书第 38—39 页的观点是正确的，Grau 上引书第 110 页则是错误的。

月5日的会议上仍然认为，长此以往，这种特殊的法律状况"确实是值得忧虑的"，但目前，这一特殊状况只能存在。因此，在宪法已经生效的单一情形之下，帝国总统的专政——我们完全可以将其特殊权力称为专政——必然是一种代理专政。但帝国总统专政的许可范围被有意设置得很宽泛，而这种专政在事实上——而不是在其法律依据上——显得像国民议会主权专政的残余。

第48条第5项拟定的进一步规定迟迟不出的后果

可以说，只有第5项中拟定的帝国法律才能真正在组织上使宪法完整。另一个问题是，法治国家究竟是否有义务颁布这部法律。在国际法中，政府可能有义务提出法律草案并出台法律。同样，在国家内部，也可以有一种相应的公共—法律义务。有意拖延某一部法律的颁布进程可能是违背宪法的，根据帝国宪法第59条，这种行为还可能面临国家法院的指控。但是，帝国政府始终有理由说，帝国议会要么下达严肃的要求，促使政府提出这样一份法律草案，要么应当动用自身的倡议权（Initiativrecht），主动提出法案。如果在这两件事当中，帝国议会一件也不做，那么就会出现今天议会制实践中常有的情形之一：没有行动准备的议会默许政府做某一件事，以便自己不必被迫做出某一决定。这实际上就是授权。

除了大量公开的授权关系之外，今天议会还发展出一整套隐藏的代理系统。比如说普鲁士邦议会延迟召开，使得政府根据普鲁士宪法而在议会延迟期间获得发布紧急法令的可能性，那就构成了一个特别清楚的例子，表明了国家法形式的理性和制度之中可能出现的变化。同样，如果魏玛德国的帝国议会本身不愿颁布某些法令，或按宪法第48条第3项不允许使某些法令和措施失效，但为了使帝国总统和帝国政府可以不受阻碍地颁布这些法令和采取这些措施，帝国议会故意不颁布宪法第 48 条第 5 项所计划的帝国法律，那么这种做法产生的后果是类似的。

由此而产生的危险就是，宪法规定的一切制度和监督机制都将失去其意义，甚至宪法本身也将在上述实践中瓦解。详细地研究这个问题必将超出我们讨论的范围，因此我们提出结论就够了：在宪法第 48 条第 5 项所拟定的帝国法律无限期延迟颁布的情况下，第 48 条第 2 项的特征将发生改变，因为一部法治国家的共和宪法不可能在一个核心的地方为一种无限期的权宜之计保留位置。不过，到目前为止已经过去的时间可能还不足以让第 2 项规定出现变种。就当下来看，我们还不能说，第 5 项所拟定的进一步规定已经遥遥无期了。

三

第 48 条第 2 项中权力的一般边界

第 48 条第 2 项作为一种特殊的权宜之计，和宪法所规定的其他广泛权力及国家法上的可能性并不相同。在过去，两者之间必须有所区分。这种区分清楚地表明，第 48 条第 2 项的设置相当于在法治国家及共和民主的宪法框架之下为一种极其广泛的权力保留了一个空位，但是这种广泛的特殊权力仍然基于宪法，并且以宪法为前提。在政治上，利用第 48 条来取消魏玛宪法也许并非不可能，就像 1851 年的法国曾利用国家总统的地位通过政变引入新宪法一样。

但是，要借助第 48 条并按照符合宪法的途径把德意志帝国从一个共和国变成君主国，则绝无可能。帝国总统的权力建立在宪法规定的基础之上。凭借这样一种权力，通过一种宪法规定之外的方式去改变宪法，也即不按照宪法第 76 条的规定去改变宪法，就等于违宪。这绝不意味着排除帝国总统制定措施去干预某些宪法规定的权力，也不意味着帝国总统不能在不取消宪法的情况下开一些特例。这种被雅可比（E. Jacobi）称为对某些宪法条款的突破的现象 [26] 并不是对宪法

---

[26]　[原注25]《帝国总统的专政》（Die Diktatur des Reichspräsidenten），《德国国家法教授联合会文集》（*Veröffentlichungen der Vereinigung der Deutschen Staatsrechtslehrer*），卷 1（Berlin und Leipzig, 1924），第 109 页。

的改变，它既没有使宪法失效，也没有取消宪法。这种突破只不过是专政的典型手段：通过在某些宪法规定上破例而挽救整个宪法本身。

（1）宪法作为"公共安全和秩序"的前提条件

作为一个整体，宪法不仅仅是第48条所许可的一切措施的目的。作为第48条的基础，宪法也举足轻重。宪法规定了一个国家的根本性组织，并且决定着什么是秩序。并非每一条宪法规定都具有同等的实际意义。从政治上看，如果利用宪法，把一切可能的心愿都当作基本权利或者近似于基本权利的权利而写到宪法里，那就是一种危险的滥用。对任何一种宪法来说，最根本的是组织。正是通过组织，国家统一体作为一种秩序统一体而被创造出来。宪法规定了什么是国家内部的正常秩序。宪法的使命和价值在于就什么是公共利益、公共安全和秩序的争论做出根本的决定（不同的利益集团和不同的政党会对这些问题做出完全不同的回答，如果每一方都可以自行决定这些问题，那么国家必然要分崩离析）。公共安全和秩序的概念不仅在警察法方面十分重要，而且是宪法的一个范畴。用一种田园诗和三月革命前一般的宁静和平概念来理解公共安全和秩序，并且试图用行政法观念来把握统摄整个国家的专政，就像为了对警察权进行法治国家性质的限制而发展出警察法一样——这种行为在政治上是幼稚的，在法学上则是错误的。[27]

---

[27]　[原注26] 此处只想简要指出，对专政而言，由行政法的学说和实践发展出来的警察行动基本原则并不具有决定性。例如，这首先适用于这一基本原则，即行动最初只能针对破坏者展开，或者适用于警察法意义上紧急状态的观点，均衡性的根本原则（如果该原则不仅仅是一种陈词滥调），对个人危险和普遍危险的区分，等等。我们讨论的究竟是一种可预见的法律程序（比如《普鲁士国家普通邦法》[Allgemeines Landrecht für die preussischen Staaten] § 10 II 17 规定的警察行为）的前提，还是一种根据形势一切必要行为皆可发生的法律程序的前提，这两者是有区别的。（转下页）

把某一种实际状态假定为正常，在这方面，同样是宪法决定了作为整体的国家究竟是什么。第 48 条第 2 项是以国家出现非正常状态为前提的，因此它颁布一种特殊的授权，是为了实现正常状态的再造。但是，第 48 条只是已经生效的宪法的一个组成部分。所以根据第 48 条，就不能无视宪法而决定什么是正常，什么是公共安全和秩序。同样，一种符合宪法的制度，也不可能危害公共安全和秩序，因而也不能以恢复公共安全和秩序之必要为理由而废除之。

根据报纸的报道，1924 年 3 月 11 日，卡尔（Gustav von Kahr）在慕尼黑人民法院接受问询时说道：根据第 48 条，可以建立一个执政内阁，而且"完全有可能"基于该条规定使整个宪法失效（"这是完全有可能的，这是一个纯粹的法律问题"）。若真如报道中所说，那么卡尔的这种理解在法律上是错误的。只有第 2 项中被列举的那七项基本权利才可以失效。无论是其他宪法规定，还是作为整体的宪法，都不能借助这一条款以符合宪法的方式被废除。[28] 之所以如此，除了我们在下面还要论述的理由之外，有一个最直接的原因，那就是，宪法第 48 条的基本概念——公共安全与秩序——永远只能依靠宪法本身来决定。

（接上页）Grau 书中的论述完全模糊了警察权力和独裁权力之间的这种原则性差异，这表现出其独有的狭隘。这里还要提一下 1924 年 12 月 8 日《科隆报》上的一篇文章，单纯作为稀奇事来谈谈。在该文章中，一位法学家宣称，1923 年 12 月 8 日修改占领情况下战争税法的法令是无效的，因为据说法令涉及的并非破坏者本身。"无论在字面还是在成文史上，对帝国宪法第 48 条最极端最可疑的解释都找不到支持。"这位法学家认为，这种解释说帝国总统也许同样可以扩大"没有破坏秩序的国家公民的义务"，但在这里也不适用云云。

[28] ［原注 27］在 1924 年 3 月 7 日帝国议会第 407 次会议上，拜尔勒指出："几个月之前，当一切都朝着专政去的时候，人们在一段时间内认真地觉得，帝国总统可以借助帝国宪法第 48 条设立一种新宪法，单纯作为例外状态的一种手段。从国家法的角度出发，有充分的理由可以驳回这种想法。"（*Berichte*，第 12676 页）

换言之，在宪法第 48 条的意义上，德意志帝国是一个共和国这一事实，永远不可能意味着对公共安全和秩序的危害。至于能否为了排除某个威胁宪法的危险而突破某一宪法条款，或者能否阻止对合宪制度的违宪滥用，则又是另一回事。不过，魏玛宪法毕竟为自主决定什么是真正符合宪法的而保留了非常广阔的余地。但首先要确定，来自宪法第 48 条的权力受到何种最重要的一般性限制，这是决定性的。这种限制的基础就是，无论根据哪一条宪法规定，符合宪法的制度和机关以及作为整体的宪法本身，永远都不可能意味着对宪法的一种危害。

（2）第 48 条中包含的不可触犯的最基本组织

根据宪法第 48 条第 2 项第 1 句所能做出的一切措施，包括那些实际性质的措施，都还面临着另外一种不可逾越的边界。这是因为第 48 条本身包含着一种最基本的组织（organisatorische Minimum），其存在和作用都不允许受到阻碍。该法条先奠定了帝国总统的一项职权。帝国总统这个词意味着什么，只能从宪法当中得出。从符合法律的角度看，只有符合宪法规定的帝国总统才可以对第 48 条可能允许的措施负责，而非任何凭借该法条占据了和帝国总统相当地位的人物。

据此，帝国总统不能基于第 48 条延长自己的任期，也不能创造一种实际情况，使得帝国总统这一符合宪法的权力机关发生实质性的改变。这是第 48 条与现行宪法之间的根本联系，也是不可撤销的联系。另外，根据帝国宪法第 50 条，按第 48 条制定的措施还必须经过一位帝国部长签字同意方可生效。一旦帝国总统不受这种签字的制约，脱离了帝国政府的监督，那他就不再是宪法意义上的帝国总统。同样，在任何情况下，帝国政府都必须存在，而且必须保持宪法所规定的形态。换言之，根据宪法第 54 条，帝国政府要行使职能，就必须得到帝国议会的信任。

根据第 48 条第 2 项的规定，帝国总统可以采取让某一邦国政府停摆、禁止邦国各部长行使职能、委托他人代行其职的措施。也就是说，帝国政府对图林根（1922 年 4 月 10 日和 1920 年 3 月 22 日法令）和萨克森（1923 年 10 月 29 日法令）采取的措施是被允许的。但对帝国政府采取同样的措施，则是不允许的，因为第 48 条本身关于例外状态的规定就以那种最基本组织为前提，而帝国政府正是这个最基本组织的组成部分之一，即便通过实际性质的措施，也不能废除或者阻碍帝国政府。按帝国宪法第 53 条，帝国总理和各部长的任命与罢免均出自帝国总统。如果没有召开帝国议会，或者联盟党团的更替造成无法对总统提出明确的不信任决议，那么任免帝国总理和部长的权力，再加上第 48 条，就可以把帝国总统的政治影响提升到无限的程度。

但这无法改变以下事实：按照宪法规定，以帝国议会信任为基础的政府必须始终受到监督。——除了帝国总统和帝国政府之外，根据 1919 年宪法作为符合宪法的机关存在的帝国议会也属于第 48 条规定的不可触犯的最基本组织。如果第 48 条的政治可能性和符合宪法的其他可能性结合在一起，帝国总统的政治权力就可能变得非常大。一旦按照帝国宪法第 25 条解散帝国议会，那就是对一个共和国的国家元首来说极不寻常的情况。（因为按照第 35 条第 2 项而成立的所谓监督委员会，虽然旨在维护人民代表的利益，却既不能根据第 54 条投出不信任票，也不能要求按第 48 条第 3 项所采取的措施失效。）但帝国总统不能援引第 48 条禁止在宪法规定的期限内选举新的帝国议会，也不能禁止其开会。他不允许废止或延长宪法第 25 条第 2 项中为新一轮选举所规定的 60 天期限，他也不允许通过法令的形式干涉符合宪法的选举权，不允许通过措施妨碍选民行使选举权或者废除宪法第 125 条保障的选举自由。

不过，帝国总统可以根据自己的看法来制定措施，保证选举自由。在必要情况下，他可以决定具体情形中选举自由的内容是什么。

但是帝国总统不可以（也许是作为稳定货币的节约措施）基于第48条第2项减少议员的数量。总统甚至不能凭借这一常用的理由，取消帝国议会议员获得赔偿和在一切德国铁路上自由行驶的宪法权利。同样，帝国议会议员的豁免权（邦国议会议员无此权利）也不受根据第48条所制定措施的影响。当然，这些只是在帝国宪法第36—38条的最严格框架之下出现的情况。向选民报告情况的集会则不属于此列，[29] 一般意义上的党派组织和党派集会就更不在此列了。如果真的出现最极端的情况，因为德国大部分领土被外敌占领，或出于类似的极端原因而无法进行选举或导致帝国议会完全无法召开，那么就要考虑国家紧急状态法，而不是依靠第48条派生出来的符合宪法的权力。

（3）措施的概念和对措施的限制

我们还可以从第48条中看到限制帝国总统权力的最后一道屏障，那就是帝国总统只能采取措施。在普洛伊斯的草案（§63）和第一份政府草案使用了"安排"一词之后，"措施"一词的选择可能并非偶然。在1920年3月3日国民议会第147次会议（卷332，第4642页）上，议员科恩博士宣称：

> 我请宪法委员会的所有成员作证，我们商议宪法之时，最初没有人预料到，帝国总统为恢复公共安全和秩序而允许采取的措施符合第48条的规定，但它和恢复受到破坏的安全及宁静状态的特殊安排有所不同。这种不同非常明显，如果我们想到，下面

---

[29]　[原注28] 参见1923年7月7日帝国议会根据 Koenen 的提议而做出的决议（Drucksache, Nr. 6100）：各邦国基于特殊法令而制定的命令不能用在议员身上。在帝国议会开会期间，任何警察措施都不能阻碍议员履行自己被委托的职责，向选民汇报也应当属于议员要行使的职能。另外，帝国议会也在指出议会制国家本质的同时，要求警察措施不得阻碍议员履行自己的义务（包括举行以汇报为目的的选举集会）。

这条规定仅仅通过一个由逗号和主句分开的从句引入："必要时借助武装力量介入"。

我们所有人眼前所看到的，只有这样一种在一切戒严状态历史上都无差别的情况：国家的各个安全机关已经不足以恢复秩序，因此必须按照帝国总统的想法，采取特殊措施，尤其是动用帝国军队。这则对第 48 条第 2 项的成文史来说非常重要的言论，基于一种古老的法治国家观念：动用武力的直接行动（vi armata procedere）和任何实际行动都必须和常规的、形式化的法律程序区分开来。在国民议会的同一次会议上，帝国司法部长席弗尔回应议员科恩博士说，宪法在措施方面并未设置任何限制，因此包括立法和行政措施在内的一切措施，以及其他实质性措施和预防性措施，都是被允许的，科恩博士自己也曾承认，帝国总统可以违背现存法律而制定措施。但科恩博士始终只谈措施，而此处所用的例子——扫射城市，释放毒气等——是特别典型和极端的动用武力的情况，和符合法律形式的行为截然相反。遗憾的是，科恩博士对帝国司法部长的回复没有扣住真正的问题，反而仅仅强调自己认为帝国总统如此广泛的权力并无必要，而这对我们讨论的内容并不重要。

但对法律思想来说，并非每一种在法律上有意义的行动都是一种措施。值得注意的是，帝国司法部长在表达的时候所谈的是立法措施和行政措施，没有说到司法。在司法领域，这种任何一种法治国家思想中都会做的概念区分就很清楚地表现出来了。没有任何法学家会把一种在规范的法律程序中产生的、符合法律形式的判决称为一种措施。这样的法律判决本质上是措施的对立面。这包括，措施的行动内容由具体情况决定，完全受实际目的主导，因此情况不同，内容就不同，其本身并无固有的法律形式。法律判决的标准是要遵从普遍的决断规范（Entscheidungsnorm），这甚至是法律判决的公正性所在，而措施的标准则并不在此。法官的独立性也恰恰在于，他不是根据某一具体命令或者为了服务于某一政治目的而做出判决，而是根据某一正确的规范。独立于这种具体命令和依赖于某种既定规范，这两者相互关联。如果法庭不按照公正的既定规范进行判决，而是在具体情况下变成为达到政治目的而使用的最有效工具，如果法官作为工具被利用，以便达到具体实际的政治目的，那么上述司法活动的基本思想就被破坏了。司法判决本应公正，本应受法律思想的决定。但措施的特性则在于其对具体形势中目的的依赖性。因此，就其概念而言，措施完全由"情势不变条款"（clausula rebus sic stantibus）主导。[30] 措施的标准，也即措施的内容、程序和影响，都由实际形势决定，因情况不同而不同。

如果法律规范在根本上是一种法律原则的表达，也即首要是公正，要由正义理念主导，它就和法律判决一样，不可能是措施。法律规范既不同于也不仅仅是单纯符合实际、根据形势而制定的预防措施。以某种法律原则，而非以随形势不同而不同的具体合目的性为导向，赋予了这种规范一种特殊的尊严，也使其区别于措施。民法典就不是措施，民法典的原则远不止某种受形势决定的合目的性。在亲属法和继承法的原则上，这一点尤其突出。同样，我们也不能把宪法称为措施，因为在原则上，宪法被认为是国家的根基。因此，真正意义上的宪法更改从来都不是一项措施。

如果帝国宪法第 76 条所规定的更改宪法的方式被当作措施利用，这些措施不仅没有改变宪法，反而破坏了宪法，那就会导致巨大的混乱，必然会像滥用第 48 条那样使法治国家瓦解。在没有更改宪法文本的情况下，如果帝国议会因为某一具体情况而解散，但是没有根据宪法第 25 条应帝国总统的命令而解散，而是通过自己的决议自行解

---

[30]　[原注29] 过去几年的法律实践和法律文献中存在无数关于情势不变条款的言论，由不同场合而发，因此我们在这里至少还须提醒读者注意一部真正系统性地讨论了情势不变条款问题的书，那就是 Erich Kaufmann 的《情势不变条款和万民法的本质》（*Die clausula rebus sic stantibus und das Wesen des Völkerrechts*, Tübingen, 1911）。

散，或者帝国议会绕过第 43 条规定的程序，转而依据第 76 条所得出的决议废黜帝国总统，那么我会认为上述现象是违宪的。因为这无异于把更改宪法的形式当作措施来滥用。反过来说，更改宪法并不是措施，因此即便排除一切其他理由不谈，仅仅根据这一点，就不允许依据第 48 条来更改宪法。[31]

措施一词不局限于最严格意义上的表面预防措施，但这并不能消除措施和法律规范之间的区别，也不意味着这一区别没有根据。一般性的命令也可以作为措施，并且为宪法第 48 条所允许。帝国总统可以通过发布命令的方式采取措施，这类命令对国家机关和公民而言具有约束力，在这个意义上，其影响与法律无异。总统的命令如果表面上只带有一般性的既定指示的特征，那么也可以作为法官的判决规范，也即做出法律判决的基础。一项措施可以是法律行为的基础，但法律行为就不再是措施，因为它经过了法律形式的流程，并由此而不再直接取决于当下的形势。因此，就其对机关和公民的影响而言，一般性的命令实际上已经无法再与法律规范相区分。但仅仅因为实际影响而完全放弃法学上的这种区分，则是完全错误的。

在其他情形下，这种区分的实际意义就会突显。在属于一般性命令的措施当中，这种意义尤其表现在以下方面：根据宪法第 48 条第 2 项而采取这类措施的权利，并不是一般性的紧急命令权（Notverordnungsrecht），也就是说，采取这类措施的权利不等于临时性的立法权。在紧急情况下，临时立法权可以实现带有临时法律效力的命令，这种有法律效力的命令必须得到常规立法机关的确认。尽管情况紧急，但这类命令完全有可能是一种由法律观念主导的、原则性的规范化行为。同时，这类命令要求自己不仅仅是一种预防措施，而

[31]　[原注30] 同样，大多数人不愿意改变宪法来支持战争赔款计划，那么为了执行战争赔款，即便在外交上有必要，也不允许基于第 48 条而废除帝国宪法第 83、88 或 89 条。

且是一种在实际上绝对正确的、符合法律的规范化行为。紧急命令虽然只是临时性质的，却是真正意义上的法律。第48条第2项的目的不是赋予帝国总统这样一种普遍的紧急命令权。然而，只要紧急命令无非是一种措施，而且在大多数情况下确实如此，那么帝国总统也能够颁布——内容相同的——紧急命令。唯一不同的是，帝国总统颁布的紧急命令并不是临时的立法，而是必须和立法分开的、采取一切必要措施的权力，其中也包含向权力机关和国家公民发出的一般性命令。

帝国总统不能根据第48条第2项做出法律判决，因为法律判决不属于措施。他不能引入新的亲属法和继承法原则，因为这已超出某一措施的范围。同样，承认存在两个符合宪法的立法者——一个第68条的常规立法者，一个第48条的特殊立法者——也是错误的。帝国总统不是立法者。一切行动，只要按照宪法而受到某一特定法律程序约束，从而得到法律的形式特征，以致其不再单纯受到具体形势决定，不再是措施，这些行动就不能为帝国总统所采取。他不能根据宪法第68条来颁布某一部正式的法律。另外，他也不能在第48条的基础上，根据帝国宪法第45条来宣布战争，根据第85条来确定预算计划，或者把第18条中规定的帝国法律当作措施来实行。宪法本身已经通过形式化而把这些行动排除在措施的行列之外。为了恢复公共安全和秩序而采取的措施也许在实际结果和影响上与这类行动相似，却永远不会在法律上获得与这类行动相同的意义和效果。

在国际法意义上，一份基于第48条第2项而发布的宣战声明并不算是宣战。当然，帝国总统仍然可以按照宣战来行动，从而产生战争的事实。但这绝不能用来反驳我们在这里建议做的区分，至少不能作为法学依据，因为帝国政府无需正式法律而发起战争的可能性本来就存在，遑论需要第48条。在政治局势紧张的时候，也许任意一名下级军官就可以无需法律而导致战争，比如他命令底下的士兵越过边界或者开枪射击，就会引燃战火。但这类反驳意见和法学没有关系。在任何宪法规定的情形之下，政治对法律可能性的利用都会产生不可预料的后果，这不仅仅是第48条的问题。政治利用法律而引发不可预测的后果，不能说明我们对措施和法律的区分在法学上是无用的。法学从来不会把按照规定的形式而发生在常规法律程序之中的事和纯粹措施的后果混为一谈，无论两者在事实上的成效多么一致。

我们将用以下例证来说明这一区分在法律实践上的意义：尽管存在宪法第129条，帝国总统仍然可以援引第48条而禁止官员履行职务，并委托他人代行其事。用一种不那么准确的话来说，帝国总统可以暂时中止官员的工作，或者免除他们的职务。但实际上，帝国总统有权做的这些只是措施。这些措施具有实际影响，而且因为经过了授权，在法律上也能产生可观的效果，因此不言而喻地具备法律"效力"，却不具备惩戒性诉讼程序（Disziplinarverfahren）中所下达的判决那样特别的法律影响。从国家法的视角来看，经帝国总统或其代理人采取措施而被免除职务的官员，和任用了这类官员的国家或市镇之间，仍然存在一种公务员法上的关系，其法律地位与那些通过法律规定程序而被免除职务的官员全然不同。

相反，如果基于第48条而有人被委以公务，就不会产生公务员法上的职位，同样，也不会产生宪法第129条意义上公务员的法律状态和既得权利。因为这样产生的官员，其地位建立在措施的基础上，如果形势变化，比如原先符合目的者后来变得不符合目的，则原先形势下采取措施而产生的官员的地位也就会发生变化——一切都取决于形势。无论是基于第48条的职务免除，还是公务委托，还是其他任何一种措施，都不可能具备法律判决，或仿照法律程序而构建的行政法或处罚法判决，或严格形式化的行动所具备的特殊法律效力。

正常法律现象与例外状态法律现象之间的原则性差异

措施和其他那些受法律理念及法律形式主导的行动或规范，在理论上把这两者严格区分开来，违背了某种思维习惯。这种思维习惯不愿意放弃它为了简单起见称之为实证主义的方法。但是，只要是从法学角度出发去考察专政，就都要重复这种古老的区分。这种区分对法治国家思想而言具有根本性的意义，而且根据一切法律史的经验，每当法学家因为日常的一般流程无法解决特殊情况而被迫追溯到原则时，就会出现这种区分。这不仅是法治国家的原则，甚至也是法律本身的原则。即便在一切都无差别地建立在主权君主意志之上的专制君主国，法律实践要成为法律实践，也都必然要在单纯的措施及命令和特殊意义上的法律规范及行动之间做出区分。

特别地，当出现特殊情形，需要通过措施而消除某一异常状况时，这种区分尤为必要。此时，只是重复那句无比正确的话——特殊情况要求采取特殊手段，等等，从法学角度看是不够的。"例外状态的特性就在于它是受限的；它存在的目的就是被消除，被保持为例外。"[32] 这不仅仅是一个表面的说法而已。如果我可以这么说，那么在每一个法律原子中，都存在一道以异常情况为前提的命令，和适用于正常情况的法律不同。至少，法学不应该失去这种区别的意识。

国家法学说面对第 48 条第 2 项的局限

第 48 条第 2 项第 2 句赋予帝国总统的权力是受限的，因为他只能使被列出的基本权利失效，这不言而喻；包含着失效功能（指进一

---

[32]　[原注 31] 在 1923 年 11 月 22 日帝国议会第 392 次会议上，帝国总理如是说（*Berichte*，第 12191 页）；同样，1924 年 3 月 5 日（第 405 次会议，*Berichte*，第 12595 页），帝国内政部长也说："不言而喻的是，例外状况和其名称一样，必须保持为一个例外，而且只要情况允许，必须予以消除。"当然，在这里，问题仍然是，谁来决定情况允许什么。

步意义上的中止）的措施只允许用在那些被列举出的基本权利上（参见上文第74页），在这个意义上，来自第48条第2项第1句的权力受到了限制。抛去这两点不谈，第48条第2项赋予帝国总统的各项授权共受到三类限制。这些限制一方面来自第48条第2项在国家法和宪法史上的独特性，另一方面来自法治国家的原则。按照事实列举各项职权的法律表现出确定性，但我们在这里讨论的第48条第2项是一个临时法条，我们无法期待这样一种法律上的权宜之计在划界上能具有这种确定性。

法学家无权为了得出似乎更加明确的边界而无视宪法第48条第2项有意为之的特殊性，和任意一条宪法规定那经得起检验的意义。令人不满意之处不在于法律构想本身，而在于一种有意留白的权宜之计的本质。我们无须再强调，政治动机和目的可能会让法律解释更加混乱。从政治上看，不同的动机会使第48条的意义发生根本性的变化：民主制、君主制、单一制、联邦制等不同政治倾向对第48条的利用所产生的后果就完全不同；另外，有人希望利用该法条赋予的广泛权力来服务于自身的政策，也有人忧虑自己的政敌可能滥用第48条。一旦法律解释进入这一层面，那么任何一种相互理解的可能性就都没有了。如果我们在法学上严格坚持法治国家的观点，即某些边界必须存在，那么情况则完全不同。某些关于第48条的解释认为，从第2句的列举中可以推导出某种一般性的限制，其合理动机就在于此。

按照一般的法治国家原则，只有在法律上把一切被允许的职权列举出来，才能真正地划清界线。这种解释的谬误在于，它为了满足自己给职权定界的需求，过于急切地认为法律文本中的任意一种列举都是可靠的依据，并且认为这种列举可以替代符合法治国家规定的列举。但是通过这样的方式，这种解释无法在真正的法治国家意义上限制权力，无论是在理论上，还是在实践上，都无法达成其真正的目标——拯救宪法从而使其不致毁于无限制的专政，因为第48条第2项的宪法特殊性和历史特殊性不可能通过构想而被抹除。我们可以在考虑这种特殊性的同时发展出可行的限制。第 48 条不可能合法地废除宪法，这一点首先是毋庸置疑的：从概念上看，废除宪法或者改动宪法文本都不属于重建公共安全和秩序的手段，也不属于我们这里所论述意义上的措施。

另外，也并无必要对每一个细节问题都做出自动答复。宪法本身就放弃了这种精确性，却创造了监督手段：政府部门的签署同意程序和议会的废除权。同样，为了应对邦国政府滥用第 48 条第 4 项，宪法也设置了监督手段，即有双重机制可以要求某一法律失效：帝国总统和帝国议会都有这一权力。如果针对第 2 项和第 4 项而设置的监督机制都失败了，如果议会在一个由明确授权或暗中授权构成的系统中自我废除了，那么国家法学的任务就在于使人们意识到这种实践的法律后果，指明由此产生的弊端和疏漏。相反，为了用法学的阐释艺术创造新的法律保障而换一个方式去阐释宪法，则并非国家法体系的分内之事。负责相关事务的最高国家机关疏忽或放弃的事情，不可能通过国家法学说来弥补。和私法领域相比，公法领域更适用这句谚语：

Vigilantibus jura sunt scripta ［法律乃是为警醒者而写下的］。

四

针对帝国宪法第 48 条的实施条例

要消除特殊情况，就需要特殊手段——这句话虽是老生常谈，却常有极其不同的解释。人们在害怕出现危险动乱和总体相信太平时代已经到来的时候，对这句话的解释大相径庭。不过，尽可能精确地界定特殊授权，在战争状态、戒严状态、例外状态之类的名目下制定一系列典型的制度，从而一方面论证特殊授权的合理性，另一方面防止无限专政的出现：无论如何，这种做法是符合上世纪的法治国家思路的。

魏玛宪法无法绕开这个难题；在 1919 年，人们对"战争状态"的实践（根据 1815 年的普鲁士戒严状态法和 1912 年的巴伐利亚战争状态法）记忆犹新；同时，当年德国受损的形势极其严重，从理性的角度出发，为了掌控局面，必须进行广泛的特殊授权。第 48 条赋予了帝国总统专政的权力，但并没有制定完整的条例，而是仅仅创造了附录第三部分所描述的独特的临时状态，一种权宜之计，并且在第 48 条的最后一段计划了一部帝国法律，寄希望于这部帝国法律来规定"详细事宜"。至今为止（1927 年），这一权宜之计已经持续了七年之久，并且在 1920—1923 年的艰难岁月中被证明是不可或缺的。如果要颁布关于"详细事宜"的规定，也即针对第 48 条的所谓实施条例，那么在德意志帝国内部，围绕着例外状态的规定，就会产生两个不同

的法律问题：其一是法治国家关于例外状态规定的一般性问题，另外
一个问题则涉及此处所谓的执行条例和第 48 条已经生效的那些规定
之间的关系。

国家法状况的特殊之处在于，例外状态法的一部分是由宪法规定
的。然而，一旦第 48 条所赋予帝国总统的那种普遍权力要受到"更
细致"的规定，那么这种"更细致"的规定就不可避免地会带来限制
和改变。出台某一种无须经过帝国参议院同意的帝国法律或所谓"执
行条例"，并不可以改变在宪法上已经确定的有效法律；相反，要做
到改变现行的有效法律，必须出台一部改变宪法的法律，但帝国宪法
第 76 条规定，要出台这样一部法律，就必须在议会中得到三分之二
的同意票，而在今天的党派势力对比状况下，几乎不可能出现这样多
数同意的结果。简明的帝国法律要做到的更细致的规定，究竟要细致
到什么程度？宪法的更易又始于何处？这些都是难以回答的问题。

法治国家规定例外状态的一般模式

上文（第二部分）的论述给出了法治国家规定例外状态的典型模
式：对特殊授权的前提条件和具体内容都进行描述和限定，并设置一
套特别的监督机制。但在限定和监督的同时，必须给权力保留一定的
余地，否则例外状态的目的——实现对现状的有效干预——就会落
空，政权和宪法就可能在所谓"合法性"之中走向毁灭。通过说明更
具体的事实，比如战争或动乱，可以限定特殊授权的前提条件。[33]

根据帝国宪法第 48 条，在公共安全和秩序受到任何一种显著的
破坏或者危害的时候，专政的权力就可以登场，但如果把独裁权力的

---

[33]　[原注 32] 1878 年 4 月 3 日的法国法律第 1 条第 1 款："宣告国家进入戒严状态
的条件只能是，国家面临由外国战争或武装叛乱而导致的紧急危险。"

发生限制在战争和动乱的情况下，或者至少限制在有发生战争和动乱的危险的情况下，那就从根本上限制了特殊授权的前提条件。如果类似的限制从一开始就存在，那么自1919年以来基于第48条而下达的措施在法律上就是不可能的。除了这种对实际前提的限制以外，还出现了其他形式上限制：比如宣告进入例外状态的"声明"（第48条并没有预先规定这种声明）必须是明确和符合特定形式的。在有些邦国，独裁者在根本上甚至无权决定什么是例外状态的前提和如何宣告进入例外状态，相反，做这类决定的权力被以法律的形式掌握在议会的手里。[34]

法治国家对特殊权力前提条件的限制还包括，精确地说明特殊授权的内容。要尽可能精确地向独裁者列明他所允许使用的是哪些特殊手段，不管是明确允许他逮捕人员、入户搜查、查封报社，还是允许他暂时中止新闻自由和集会自由等基本权利的效力。他还可以得到颁布法令和设置审判流程缩短的特殊法庭的授权；例外状态声明可以和加重对某些犯罪行为的惩罚联系到一起，等等。这一切列举都是在说，独裁者在这些被列举出来的权限之外，不拥有任何行动的自由，换言之，绝不像今天第48条中的帝国总统那样，可以根据具体情况采取一切在他自己看来必要的措施。

法治国家的第三个保障在于对独裁者及其安排的监督。比如例外状态和所采取措施的持续时间可以限制在某一时段上，在时段结束之后自动失效。[35] 另外，正如第48条所规定的那样，一切措施都必须知会帝国议会，而且这些措施可以应帝国议会的要求被废除，因此，

---

[34] ［原注33］1878年4月3日的法国法律第1条第2款："只有法律才能宣告进入戒严状态。"（根据Reinach上引文，这种现象属于自由主义国家）；参见1848年11月4日宪法第106条，其中已有类似的规定。

[35] ［原注34］1878年4月3日的法国法律第1条第2款："法律规定了其持续时间。在此期限结束时，戒严状态自动停止，除非新的法律延长其效力。"

作为监督机关，议会也可以在限制独裁权力方面发挥作用。最后，法律也可以反对独裁者或受其委托的机关所做的个别安排，比如针对某一具体的报刊禁令或保护性监禁采取法律手段，向某一行政司法机关或宪法法院起诉。

现行的第 48 条宪法和"更细致的规定"

也许，计划中"更细致"的规定与现行第 48 条宪法之间的关系，决定着此前计划颁布的执行法究竟能否出台。到现在为止，对第 48 条的解读已经导致众多不小的意见分歧。鉴于这种情况，帝国宪法第 76 条谈到的变更宪法的法律在多大程度上是必要的，或者单纯出台一部帝国法律又在多大程度上足以解决问题，都是很值得怀疑的。第 48 条规定了相关的负责机关，所以我们可以认为，无论如何，至少在这个意义上，某种宪法规定是存在的。

按此规定，只有帝国总统（在各部长签署同意意见的条件下）可以获得宣布例外状态的特殊授权。人们可以明确地授予帝国总统委托他人代行职权的权力，但是，如果其他任何一个权力机关，比如帝国政府或帝国议会，以某一托词而获得某项独立授权，或者如果邦国政府按第 48 条第 4 项规定所拥有的职权需要经过帝国参议院的同意，或者如果要对第 48 条第 3 项所规定的帝国议会的监督权和帝国总统的监督权（监督邦国政府）加以限制，那这就意味着修改宪法。从第 48 条中的相关负责机关来看，例外状态的组织是存在的，但是只有一部能改变宪法的法律，才能改变例外状态的组织方式，而非一部帝国参议院可以反对的执行法。

相较于第 48 条的广泛授权，这部执行法可以在多大程度上限制特殊权力的前提和内容，这个问题要困难得多。无须帝国参议院同意的法律是否可以用战争的危险或动乱等更加明确的事实取代宽泛的

"对公共安全和秩序的显著危害"？是否可以规定，帝国总统在根据第48条采取措施之前有义务先正式宣布进入例外状态？是否可以制定一份权限目录，收录一切明确规定和列举出来的权限，以此限制帝国总统的普遍权力，即为恢复公共秩序与安全采取一切他所认为必要的措施？凡此种种，都属于这个问题的范围。

如何回答这些问题，取决于人们如何理解第48条关于例外状态的现行规定。附录第一部分所描述的理解方式试图从一种被误解的法治国家需求出发去阐释第48条，认为帝国总统绝不可能有权采取一切措施。相反，只要措施所涉及的对象在第48条第2项所列举的七种可暂时失效的基本权利之外，帝国总统就不能干涉，因为对他而言，在这七项权利之外，每一条宪法规定都构成一道不可逾越的障碍。这种理解方式的谬误在于对第48条第2项规定的临时性质认识不清，而且认为，毫无疑问需要提出的法治国家要求必定已经被置于第48条本身之中。但事实上，对1919年的国民议会来说，最重要的首先是授予帝国总统尽可能广泛的权力，以便控制住史无前例的艰难局面，而满足法治国家要求这一任务则留待日后"更细致"的规定去解决。谁要是想强行把典型的法治国家要求纳入第48条这种临时法规，从而也纳入同一宪法中，就会剥夺日后"更细致规定"的一切重要内容，并且锁死通往一种最终法规的道路。

按照正确的理解，魏玛宪法第48条第5项中所计划的帝国法律应当结束第48条这个延续至今的权宜之计，并且按照符合法治国家概念的方式来塑造例外状态。立法者不受迄今为止戒严状态法模式的约束，但必须接受戒严状态法的根本倾向，那就是进一步规定一切独裁权力的前提条件和内容，必须从第48条第2项的一般性授权之中创造出一种典型成文法意义上的例外状态法。为此，我们不需要任何能改变宪法的法律，即便这样可以显著地限制帝国总统的权力和特殊授权的条件，并创造新的监督机制。1919年夏，第48条产生的时候，人们很清楚，德国正处于一种极其异常的形势之中，因此那些实现果

断行动的权力是必要的。谁如果认为现在德国的状态已经正常到应该
出台一种关于特殊授权的正常——如果我可以这么说的话——（也即
符合典型法治国家模式的）规定，那就不能仅仅满足于细节，而是必
须要求这部执行法详尽地列举一切独裁权力的条件和内容。这不会是
对宪法的更改。

文景

社 科 新 知　文 艺 新 潮

Horizon

论专政

[德] 卡尔·施米特 著

史敏岳 译

出 品 人：姚映然
责任编辑：李　颉
营销编辑：胡珍珍
美术编辑：安克晨

出　　品：北京世纪文景文化传播有限责任公司
　　　　　（北京朝阳区东土城路8号林达大厦A座4A　100013）
出版发行：上海人民出版社
印　　刷：山东临沂新华印刷物流集团有限责任公司
制　　版：北京楠竹文化发展有限公司

开　本：890mm×1240mm　1/32
印　张：13.25　　字　数：320,000　　插页：4
2025年9月第1版　　2025年9月第1次印刷
定　价：88.00元
ISBN：978-7-208-19464-9/ D·4488

图书在版编目（CIP）数据
论专政 /（德）卡尔·施米特（Carl Schmitt）著；
史敏岳译. -- 上海：上海人民出版社，2025. --（施米
特文集 / 刘小枫主编）. -- ISBN 978-7-208-19464-9
Ⅰ. D03
中国国家版本馆CIP数据核字第20252AX412号

本书如有印装错误，请致电本社更换　010-52187586

Veröffentlicht unter Mitwirkung
des wissenschaftlichen Beirats
der Carl-Schmitt-Gesellschaft e. V.

Erste Auflage 1921
Zweite Auflage 1928
Dritte Auflage 1964
Vierte Auflage 1978
Fünfte Auflage 1989
Sechste Auflage (Neusatz auf Basis
der 1928 erschienenen zweiten Auflage) 1994
Siebente Auflage 2006
Achte, korrigierte Auflage 2015
Alle Rechte vorbehalten

社科新知 文艺新潮 | 与文景相遇

微信公众号　　　　微　博　　　　　　豆　瓣

bilibili　　　　　　抖　音　　　　　　小红书